Eine junge Frau erholt sich nur mühsam von den Folgen ihrer gescheiterten Ehe. In relativer Isolation lebt sie in einer Großstadt und verdient ihren Lebensunterhalt mehr oder weniger gelangweilt als Angestellte einer Galerie. Da verliebt sie sich eines schönen Tages mit Haut und Haar in einen Besucher ...

Ein kleines Mädchen und die erste große Liebe: Der junge Gärtner im Haus ihrer Eltern hat ihr Herz erobert, ohne es recht zu ahnen, und Teresa durchlebt alle Höhen und Tiefen kindlicher Verliebtheit ...

Erotik ist ein Grundmotiv in den Erzählungen Keto von Waberers, zumeist als Ausdruck einer Entwicklung oder Lebenskrise. Das Leben erscheint als eine sich immer wieder verändernde erotische Faszination.

»Hinter den meisten ihrer Geschichten«, schrieb Michael Krüger in der ›Zeit‹, »wird eine Person sichtbar, die – als kleines Mädchen, als Ehefrau und Mutter – ihre eigenen Erfahrungen mit Sexualität, Liebe und Erotik macht und sie gegen alle von ›außen‹ kommenden Reglementierungen durchsetzen und trotz aller Niederlagen verteidigen will.«

Und Klara Obermüller schrieb in der ›Frankfurter Allgemeinen Zeitung‹: » Es geht etwas Suggestives aus von diesen Geschichten, eine Spannung, die nicht von der Handlung herrührt, sondern von der Intensität der Beobachtung, der Dichte der Atmosphäre.« In diesem Band sind die schönsten, intensivsten, beeindruckendsten Erzählungen von Keto von Waberer versammelt.

Keto von Waberer, in Tirol aufgewachsen, lebte lange in Mexiko und den USA. Sie studierte Kunst und Architektur, arbeitete als Architektin, Übersetzerin und Journalistin und lebt heute als freie Schriftstellerin in München. Für ihr literarisches Werk wurde sie mehrfach ausgezeichnet. Im Fischer Taschenbuch Verlag erschien ihr Erzählungsband ›Das Weiß im Auge des Feindes‹ (Bd. 15005).

Unsere Adresse im Internet: www.fischer-tb. de

Keto von Waberer

Teresas Garten

Erzählungen

Fischer Taschenbuch Verlag

Die Frau in der Gesellschaft
Herausgegeben von Ingeborg Mues

Veröffentlicht im Fischer Taschenbuch Verlag,
einem Unternehmen der S. Fischer Verlag GmbH,
Frankfurt am Main, November 2002

Lizenzausgabe mit freundlicher Genehmigung
des Verlags Kiepenheuer & Witsch, Köln

Satz: Pinkuin Satz und Datentechnik, Berlin
Druck und Bindung: Clausen & Bosse, Leck
Printed in Germany
ISBN 3-596-15475-8

Inhalt

Teresas Garten

Nach den langen Regentagen kamen hellgrüne Spitzchen unter den Grasbüscheln vom letzten Jahr hervor. Die Ahornbäume aus der Baumschule sahen aus wie biegsame Stöcke, die in einem runden Rupfenkissen mit Erdreich steckten. Die hellroten Himbeerruten erkannte Teresa an ihren Stacheln, daneben lagen die geheimnisvollen Knollen der Iris, die dunkellila Tulpenzwiebeln und ein mit Draht verschnürter Torfballen. Im großen Erdhaufen neben dem Hühnerstall krochen Regenwürmer herum, als Teresa eine Kiste mit Setzlingen aufhob. Sie besah die grünen glänzenden Blättchen, eins neben dem anderen, wie eine winzige Plantage.

Der Gärtnerbursche kam aus dem Schuppen und ging mit geschultertem Spaten über die Wiese. Er grub am Zaun Löcher für die Himbeeren.

Teresa hatte ihn aus ihrem Schlafzimmerfenster beobachtet. Er warf die Steine, die er aus der Erde klaubte, so flink und fröhlich über den Zaun, als spiele er mit ihnen. Er war ganz anders als der alte Gärtner Ignaz, der immer müde aussah. Ignaz, der in seinen Gummistiefeln neben Teresas Vater schwerfällig durch den Garten gegangen war, als noch Schnee lag, und von Blumen gesprochen hatte, von denen Teresa noch nie gehört hatte. »Rudbeckia, gelbe Sterne mit schwarzem Auge, eine Margeritensorte, Ola Cola, die gelbe Iris, Adonisröschen und Ochsenzunge«, sagte er, hob etwas Erde auf und zerrieb sie zwischen den Fingern wie ein Gewürz. »Für Obstbäume ist es hier nicht einfach, die Kiesschicht kommt dicht unter der Humusschicht, wir müssen Buschbäume nehmen. Gute Birnen werden wir hier nicht bekommen, aber Äpfel.« Teresas Vater sprach vom Rasen, und der alte Gärtner hatte gelächelt und gesagt: »Der muß ganz neu angelegt werden. Ich besorge Grassamen.«

Teresa bekam im hinteren Teil des Gartens ein kleines Stück Land neben den Gemüsebeeten. Sie grub es um und riß die Queckenwurzeln, die das Erdreich wie zähe Fasern durchzogen, heraus. Dann legte sie die bunten Kacheln um das dunkle Rechteck herum. Die hatte ihr Onkel Olaf geschenkt, er war Vertreter für eine Firma, die Badezimmer ausstaffierte. Keine Kachel glich der anderen, manche sahen aus wie Knäckebrote, auf denen Honig und Butter vermischt waren, andere wie ein Stückchen blauer Himmel mit Wolken drauf.

»Was kommt in deinen Garten?« fragte der Gärtnerbursche.

Teresa hockte auf dem Boden und wischte mit den Fingern die Platten sauber, auf denen der Regen vom Vortag eine dünne Staubkruste zurückgelassen hatte.

»Blumen«, sagte sie und sah zu dem Mann auf, der mit seinen schweren genagelten Schuhen behutsam zwischen den aufgeschütteten Erdrabatten hin und her ging. »Was für Blumen?« Er zupfte an seinem Hemdkragen. »Das verrat' ich nicht«, sagte Teresa, weil ihr keine Blume einfiel.

Mittags aß er in der Küche.

Teresa mußte ihn rufen, und er kam nicht gleich, sondern spuckte noch einmal in die Hände und stach ein paar fettige Erdscheiben ab. »Warum tust du das?« fragte Teresa. Der Mann schaute sie an, als hätte sie ihn etwas Schwieriges gefragt und er müsse sich die Antwort gründlich überlegen. Teresa gefiel sein schwarzes Haar, das über der Nase mit einer Spitze tief in die Stirne wuchs. Seine Brauen waren dicht und liefen wie ein schwarzer Balken ohne Unterbrechung über die Nasenwurzel hin. Erdkrumen hingen darin. »Was?« sagte der Mann und steckte den Spaten mit einem Ruck ins Erdreich.

»Du spuckst in die Hand.« Teresa sah, wie er den Kopf zur Seite drehte und über die Beete schaute.

»Damit ich nicht rutsche, mit den Händen am Holz«, sagte er langsam. »Sag deiner Mutter, ich komme gleich.«

Teresa wußte, daß er sich an der Tonne die Hände und das Gesicht wusch, ehe er in die Küche kam. Auch seine Schuhe zog er aus. Das hatte der alte Gärtner nicht getan. Teresas Mutter war verblüfft vor den Erdsternen gestanden, die seine Sohlen auf dem Teppich im Wohnzimmer hinterlassen hatten.

»Der Walter ist noch ein Bub«, sagte Teresas Mutter in der Küche und reichte Teresa einen Teller mit Gemüse und einer Scheibe Leberkäse. Teresa stellte ihn auf den Tisch neben das Bierglas. »Du darfst ihm nicht so zuschaun beim Essen, ich glaube, du machst ihn verlegen.« Teresa strich sich mit ihren beiden Zöpfen abwechselnd über die Nase und setzte sich auf den Küchenhocker neben dem Herd.

Wenn er in der Küche saß, gefiel er ihr nicht so gut wie im Garten. Er machte ein dümmliches Gesicht, wenn ihre Mutter mit ihm sprach, und nannte sie immer Frau Demmler, viel öfter als andere Leute nannte er sie so. »Es schmeckt sehr gut, Frau Demmler, ja ich bin fertig mit den Stiefmütterchen, Frau Demmler, danke, Frau Demmler.« Es war, als fühle er sich nur im Garten wohl, und in der Küche wurden seine Bewegungen linkisch. Einmal hatte er sogar mit dem Daumen ein Fleischstück auf den Löffel geschoben. »Ich schau ihm nicht beim Essen zu, ich will nur sehen, wie er sich bekreuzigt«, sagte Teresa.

»Tut man das da, wo du herkommst?« hatte sie ihn einmal gefragt, als er sich die Stirn berührte und dann die Finger küßte.

»Tust du das nie?«

»Nein«, sagte Teresa, »aber es ist lustig, zeig es mir.« Aber er hatte das Brot langsam in die Suppe getaucht und sie nicht angesehen.

Walter war kleiner als Teresas Vater, aber Teresa kam er

ziemlich alt vor. Er trank Bier aus der Flasche und wischte sich den Mund mit dem Handrücken ab. Er arbeitete den ganzen Tag, ohne sich zu beklagen und ohne zu Teresa herüberzusehen, wenn sie an der Hauswand Ball spielte und wartete, daß er mitspielen würde. Nur einmal!

Ich bin ein Student
Ich wasch mir die Händ
Ich trockne sie ab
Ich steck sie in Sack.

Dazwischen mußte man in die Hände klatschen, die Bewegungen vom Händewaschen und Abtrocknen nachahmen und schließlich die Hände in die Schürzentaschen stecken, ohne danach den Ball zu verfehlen. Teresa konnte das sehr gut. Wer weiß, wie er dabei abgeschnitten hätte.

»Er ist nur zehn Jahre älter als du, Teresa, und arbeitet wie ein Mann.« Teresas Vater ließ keine Gelegenheit aus, um ihr zu verstehen zu geben, wie gut sie es hatte.

»Aber ich hole doch auch Schafmist von den Wiesen und leere die Aschentonne aus.« Teresa kamen zehn Jahre vor wie eine unendlich lange Zeit. So lange lebte sie noch gar nicht. Ihr Vater streichelte ihr den Kopf und lachte. »Hol das Salz aus der Küche«, sagte er. »Ein fescher Bursche ist dieser Walter, nur sehr verschlossen.«

»Aber so höflich und so angenehm«, sagte Teresas Mutter und rührte im Gulasch. Teresa mochte es nicht, wenn sie so über Walter sprachen, aber sie wußte nicht genau, warum. Sie sprachen von ihm genauso wie von der neuen silbernen Teekanne, die so gut gießen konnte.

Walter hatte Teresas Mutter von dem Bauernhof seiner Eltern erzählt. Er liege auf einem Hügel, wie ein Vogelnest, hatte er gesagt, und seine Mutter stehe auf, wenn es noch dunkel sei, um die Tiere zu füttern. Nein, er wollte nicht Bauer werden.

Es war so einsam auf dem Hof, man traf selten einen anderen Menschen, er wollte in die Stadt, und für Pflanzen habe er eine gute Hand, schon als Kind habe er den Garten der Mutter gepflegt. »Was wuchs da?« fragte Teresa. »Schnittlauch und Petersilie, Zwiebeln und Rüben«, sagte Walter und bekreuzigte sich schnell. Er schloß dabei kurz die Augen, und Teresa gefiel es gut, daß dabei am unteren Rand der Augen ein weißer glitzernder Streifen zwischen den Wimpern zu sehen war. Ob er auch, wenn er schlief, die Augen nicht ganz schloß?

»Und jetzt, wenn du weg bist, wer pflegt da den Garten?« Er hob die Schultern.

Als Teresa aus der Schule kam, ging sie sofort in den Garten hinaus, um nach Walter zu suchen. Sie zeigte ihm die beiden bunten Tütchen mit gemischten Blumensamen, die sie gekauft hatte.

»Das ist nichts wert«, sagte er. Schweißtropfen standen auf seiner Brust. Sein Pullover hing über dem Zaun.

»Schau doch die schönen Blumen auf dem Bild!« Teresa konnte ihn riechen, er roch wie der Hase, den sie im letzten Jahr in einem Körbchen gepflegt hatte, bis er gesund war und weglief. Das hatte jedenfalls Teresas Mutter gesagt, als Teresa über das leere Heunest weinte und die kleine Fellflocke an die Backe hielt, die dort zurückgeblieben war.

»Ach, das machen sie einfach drauf, damit die Leute das kaufen.« Er kratzte sich und hinterließ eine braune Spur auf seiner hellen Schulter.

»Du hast dich schmutzig gemacht«, sagte Teresa feindselig, weil er ihre Blumensamen nicht mochte. Der kleine Hase hatte einen warmen Geruch gehabt, nach Klee und Fell. Walter drehte den Kopf zur Seite und rieb sein Kinn an der erdigen Schulter.

»Erde ist kein Schmutz«, sagte er. »Ich bring dir ein paar Pflänzchen aus der Gärtnerei.«

Teresa zog mit einem Stock Furchen in ihr Beet, bohrte mit dem Finger Löcher hinein und legte in jedes Loch einen Samenkern. Manche Samen waren so klein, daß sie mehrere in ein Loch steckte.

»Gut machst du das, Teresa«, rief Walter herüber und wikkelte Bast auf seinem Arm auf. »Wirst du ein Gärtner werden, wenn du groß bist?«

»Vielleicht.« Teresa klopfte die Erde über den Rillen glatt. Sie wußte, daß sie kein Gärtner werden wollte, aber das sagte sie ihm nicht, vielleicht hätte es ihn gekränkt.

»Ein Obstbaum soll dir gehören«, sagte Teresas Vater, »such dir einen aus.«

An den Bäumchen mit ihren glatten Blättern hingen Papierzettel, auf denen ihr Name stand. Teresa wählte einen schönen Namen aus. »Er soll neben meinem Beet stehen«, sagte sie zu Walter.

»Du weißt ja, wo der Spaten steht«, sagte er. »Grab ein Loch, ich komme dann und schau nach, ob's tief genug ist.« Der belustigte Blick, den er ihrem Vater zuwarf, machte Teresa ungeduldig.

»Kann sie das?« fragte Teresas Vater, und Walter senkte den Kopf, daß sein schwarzes Haar über sein Gesicht rutschte.

»Teresa ist eine gute Gärtnerin«, sagte er und lächelte mit abgewandtem Gesicht.

»Da hörst du's.« Teresa sprang an ihrem Vater hoch und umarmte ihn. Eigentlich hätte sie gerne Walter umarmt.

Einmal hatte sie ihn schon umarmt. Sie hatte geprahlt, daß sie ihn hochheben könnte, und er hatte die Arme ausgebreitet und sich breitbeinig hingestellt, als verankere er sich mit seinen Nagelschuhen in der Erde.

Teresa hatte die Arme um ihn gelegt. Sie reichte ihm bis zur Achsel. Sie hatte ihr Gesicht an seine Brust gedrückt und die Arme um ihn gelegt. Unter den Händen hatte sie den rauhen

Stoff seiner Arbeitshose gespürt. Die zog er abends im Schuppen aus, um die saubere Hose anzuziehen, die er ordentlich zusammengelegt über die Sprossen der Leiter hängte, wenn er morgens kam. Teresa wollte zusehen, wenn er sich umzog, aber das erlaubte er ihr nicht.

Walter häufte lockere Erde um die Wurzeln der Johannisbeerbüsche. Er machte einen kleinen Graben um jeden Busch und stampfte ihn fest. Teresa goß mit der Gießkanne Wasser in den kleinen Graben. Wie vorsichtig und geschickt er die Stiefmütterchen in den großen irdenen Topf setzte, eins neben das andere, wie sanft er die Erde fest drückte, seine großen Hände hantierten zwischen den blauen Blumengesichtern. Er verletzte kein einziges. Sie schauten ihm alle zufrieden zu. Er machte es ihnen schön in dem fremden Topf. Dort wollten sie bleiben. Später steckte Teresa ihr Gesicht zwischen die samtigen Blütenblätter und küßte sie.

»Fällt Teresa Ihnen lästig?« hatte Teresas Mutter Walter am Abend gefragt. Er saß schon in sauberen Sachen und mit feuchtem, gescheiteltem Haar in der Küche und aß einen Teller Suppe. Er sah Teresas Mutter an, wie Teresa es schon kannte, nachdenklich, als müßten seine Augen sich erst langsam, während er nachdachte, an den Anblick des Fragenden gewöhnen. Dann senkte er den Kopf und schüttelte ihn, daß ein paar feuchte Strähnen aus der schon vom Kamm geriffelten Haarkappe herausrutschten und über seiner Stirne abstanden wie die Fühler eines Käfers. »Nein«, sagte er. »Teresa versteht die Pflanzen. Nein.« Teresa, die sich bei der Frage ihrer Mutter in die Hand gebissen hatte, sah, daß er rot wurde, und sie fühlte ein seltsames Ziehen in ihrem Magen. Aber als sie sich ein Leberwurstbrot gestrichen hatte, konnte sie es nicht essen.

»Er ist so geduldig mit Teresa«, sagte Teresas Mutter am Abend. Teresas Vater, der in der Zeitung las, schaute sie verständnislos über seine Brille an. »Er ist ein reizender Mensch.« Teresas Mutter betrachtete ihre Tochter mit einem zärtlichen Blick, wer gut zu Teresa war, hatte auch ihre Zuneigung.

»Ach, der Gärtnerbursche«, sagte Teresas Vater und faltete umständlich die Zeitung zusammen. »Der gefällt euch beiden besser als der alte Ignaz, was?« Er lachte. Ignaz hatte einen Kropf und erzählte Teresas Mutter immer von seiner zänkischen Frau. »Er ist ein Bauernbub aus St. Ottilien«, sagte Teresas Mutter nachdenklich. Was wußten sie schon von Walter? Teresa schloß die Augen und sah Walter auf einem Pferd durch einen Fluß reiten, das Wasser spritzte hoch um ihn auf. Er trug eine rote Jacke, wie sie Teresa an den jungen Männern in einem Buch gesehen hatte, die eine goldene Münze oder ein hohes Glas in den Händen hielten und ebenso unbeteiligt den Kopf zur Seite wandten wie Walter, wenn man ihn etwas fragte.

Sie wußte nicht, warum sie so verlegen wurde, wenn sie daran dachte. Sie mußte die Zähne zusammenbeißen bei diesem Gefühl. Sie hatte ihn nicht hochheben können. Wie fest sie die Arme um ihn geschlungen hatte, wie sie an ihm gezerrt und geschüttelt hatte, keinen Millimeter hatte sie ihn vom Boden heben können, und er hatte gelächelt über ihr, sein Kopf in der blauen Luft, seine Lippen blaßrot und gekräuselt wie eine seltene Gartenschnecke.

Teresa kämpfte mit den Schnecken, sie zogen silbrige Bänder über die Kacheln um ihr Beet, sie hockten wie braune Pilze im Erdreich und klebten an den winzigen Pflänzchen. Sie waren braun, manche hatten einen orangen geriffelten Rand. Sie konnte sie nicht töten, aber sie sammelte sie in einem Schuhkarton und fuhr mit dem Fahrrad abends zum Fluß, um sie dort unter die Weidenbüsche zu schütteln.

Walter hatte sich losgemacht und sie hochgehoben, so leicht, als wöge sie nicht mehr als das Knäuel von Bastfäden, mit denen er die Himbeerpflanzen an den Draht band. Er hatte sie hochgehoben, hoch über seinen Kopf, obwohl sie die Luft anhielt und ein böses Gesicht machte.

Teresa, die geglaubt hatte, sie wäre stark, fühlte sich gekränkt von der Leichtigkeit, mit der er sie hochgehoben hatte. Sie hatte seine harte Brust gefühlt, seine unnachgiebigen Arme, die nicht besonders kräftig aussahen, wenn sie aus den aufgekrempelten Hemdsärmeln kamen, abends, wenn er im Licht der Küchenlampe über seinen Teller gebeugt saß. Als er sie hochhob, hatte er sich nicht wie ein Mensch aus Fleisch und Blut angefühlt, sondern wie ein zäher Ledersack, wie der Ledersack, gegen den der Vater boxte und der in seinem Ankleidezimmer von der Decke hing.

Teresa zog ihre beiden Puppen, Lulu und Dede, warm an und trug sie in den Garten, sie setzte sie in ihr Beet. Sie hatte an einer Ecke einen kleinen künstlichen See aus Kacheln gemacht, aber jeden Morgen war das Wasser versickert, und Teresa mußte ihn neu mit der Gießkanne füllen, ehe sie um zehn zur Schule ging.

Lulu wollte nicht auf der Erde sitzen, und Teresa machte ihr ein Kissen aus altem Gras. Dede starrte mit ihren blauen Augen verzückt auf den roten Zelluloidfisch, der im Wasser schwamm. Teresa wollte Froschlaich aus dem See im Wald holen und eine Froschfamilie in ihrem See aufziehen, aber das Wasser versickerte in der Erde, und die Mutter versprach ihr einen alten Topf, den sie eingraben konnte. Teresa wußte nicht, ob ihr das gefallen würde. Einen kreisrunden See gab es nicht, und in der Tonne durften keine Frösche leben, hatte ihr Vater gesagt.

Teresa nahm einen Apfel und legte ihn auf ein Tablett, sie dachte nach, nahm noch einen Apfel und legte ein Messer dazu, daneben stellte sie einen Unterteller mit Erdbeermarmelade, überlegte, ob sie auch Gläser mit Milch dazustellen sollte. Sie kam davon ab, als sie sich das Tablett in den Garten hinaustragen sah.

Draußen riß ein kühler Wind an den Geranien in ihren Töpfen, und die frisch gepflanzten Rosen neben der Terrasse bogen sich.

Sie konnte Walter nicht sehen, aber sie hörte ihn singen, der Wind trug Fetzen einer Melodie herüber. Als sie nach ihm rief, tauchte er hinter den beiden Birken auf, die am Zaun standen. Er kam durch den Garten, machte einen Bogen um das frisch gesäte Stück Rasen und blieb, die schwarzen Brauen fragend erhoben, ein paar Meter vor Teresa stehen.

»Wir wollen Picknick machen«, sagte Teresa und ließ die Äpfel auf dem Tablett hin und her rollen.

»Es ist noch nicht Brotzeit«, sagte Walter und streckte sich. Er trug ein blaues verblichenes Hemd, Schweißflecken färbten den Stoff unter den Armen dunkel.

»Nur einen Apfel«, sagte Teresa und trug das Tablett vor sich her.

»Dein Vater bezahlt mich nicht fürs Faulenzen«, Walters Haare bewegten sich im Wind.

»Wo sollen wir uns hinsetzen?« Teresa gefiel nicht, was er sagte. Sie glaubte nicht, daß ihr Vater Walter keine kleine Pause gönnen würde.

Sie hockten sich an die Holzwand des Hühnerstalls, die nach Carbolineum roch, mit dem Teresas Vater sie vor ein paar Tagen gestrichen hatte.

»Wo ist deine Mutter?« fragte Walter. Er sah zu, wie Teresa die Äpfel schälte. »Dünner mußt du sie schälen, du schneidest ja die Hälfte weg.« Er streckte die Hand nach dem Messer aus, aber Teresa gab es ihm nicht.

»Mama ist nicht da, ich weiß nicht, wo sie ist.« Teresa strich Marmelade auf einen Apfelschnitz und hielt ihn Walter hin. Er besah ihn, schielte dabei und nahm ihn schließlich entgegen.

»Wirst du später eine Gärtnerei haben mit einem großen Glashaus wie der Ignaz?« fragte Teresa. Walter kaute und senkte die Augen. Teresa beobachtete ihn. »Ich bin gerne in dem Glashaus, es riecht so gut dort, und vielleicht kann man darin auch wohnen. Stell dir vor, wenn es draußen regnet und blitzt, und man sieht alles, während man im Bett liegt.«

»Ich will keine Gärtnerei«, Walter sah Teresa an. »Ich will mir ausdenken, wie ein Garten sein soll, wo die Bäume stehen sollen und wo die Sträucher hinkommen und welche Blumen zusammenpassen, verstehst du. Es ist schon recht, wie Ignaz die Blumen auf eurem Beet vor dem großen Fenster haben will, aber er macht es immer so in Gelb und Braun und mit ein bißchen Blau am Rand, der Rittersporn.«

Walter schaute hinüber, als sähe er die Blumen. Seine Augen waren sehr dunkel, vielleicht war er böse.

»Wie würdest du's denn machen?« fragte Teresa schnell.

»Ganz anders. So blau und so verschieden hoch, wie Wasser, mit azurblauer Veronika, die über die Terrasse herunterhängt und sich bewegt, wenn der Wind ... es müßten verschieden hohe Büsche und Polster sein, blauer Mohn, Amethyst-Flamme, königsblaue Schwertlilien, und wenn der Wind darüber weht ... man müßte auch was hören, schöne Töne, ich habe gelesen, es gibt Instrumente, die heißen Windharfen, das müssen Drähte sein oder Glocken, ich weiß nicht ... die Japaner machen mit Wasser Musik in ihren Gärten, Wasser, das auf Bambusrohre herunterläuft und dann die Bambusrohre zum Schwingen bringt, das habe ich gelesen.« So hatte Teresa ihn noch nie sprechen hören, sie wagte nichts zu sagen. Sie konnte sich das blaue Beet gut vorstellen und sah sich in einer Hängematte liegen, in einem blauen Kleid, und zu den Klängen der Windharfen leise hin und herschweben. Sie hatte offenes Haar und war älter als jetzt und sehr schön. Sie kratzte die drei roten Stiche an ihrem Bein.

Walter schob ihre Hand weg und besah die roten zerkratzten Hautstellen. Er drückte den Daumennagel in die Schwellung. Er preßte den Nagel zweimal fest in die Haut und hinterließ zwei kleine gekreuzte Rillen, und wirklich, sie hörten auf zu jucken, es schmerzte ein wenig, wenn er den Daumennagel ansetzte.

»Leck dran.« Teresa hob ihm das Bein entgegen. Einen Moment fühlte sie seinen warmen Atem auf ihrer Wade, dann stieß er das Bein weg und schüttelte den Kopf. »Du bist mir eine«, sagte er, und als Teresa ihm einen Stoß gab, um ihn umzuwerfen, sprang er behende auf und ging mit langen Schritten in seiner ausgebeulten Hose am Zaun entlang davon. Teresa wollte ihm nachlaufen und ihn festhalten, aber sie wußte, daß er sie hochheben und beiseite stellen konnte, ohne sich anzustrengen. Sie aß die Apfelschalen auf und wischte mit den Fingern den Rest der Marmelade vom Teller. Wenn ich groß bin, soll er mir meinen Garten machen, dachte Teresa.

Sie sprang über die Schnur, die am Rand der Terrasse gespannt war, zwei Handbreit über dem Boden, damit das Beet gerade wurde. Walter legte einen Weg aus grauen Platten durch das aufgelockerte Erdreich. Jede lag einen kurzen Schritt von der nächsten entfernt.

Teresa hüpfte von einer Platte zur anderen. Sie bewegten sich und federten, wenn man auf ihnen landete.

»Verschieb sie nicht, Teresa.« Walter betrachtete den halbfertigen Weg mit zur Seite gewandtem Kopf.

»Wir sind im Wasser«, rief Teresa, »das Wasser ist tief. Man muß auf die Hupfsteine treten, sonst ertrinkt man. Paß auf! Paß auf! Du wirst weggeschwemmt!« Sie reckte sich soweit es ging zu ihm hinüber, ohne die Füße von der Platte zu setzen, auf der sie stand. Sie streckte die Arme nach ihm aus.

»Schnell, ich zieh dich raus«, schrie sie. Walter legte die Platte, die er mit beiden Händen trug, vorsichtig an die Stelle, an der er einen Strich in die Erde gezogen hatte.

»Heut spinnst du wieder.« Er blies sich von unten mit vorgestreckter Unterlippe das Haar aus der Stirn.

Für Walters Marmeladebrot, das Teresas Mutter am Nachmittag auf einen Teller legte und Teresa reichte, nahm sie drei der kleinsten und zartesten Schnecken aus dem Schuhkarton und schob mit dem Finger Marmelade über sie. Sie sahen aus wie die schlaffen getupften Beeren, die im roten klebrigen Sirup lagen.

Sie riß sich ein Haar aus und spannte es quer über das Brot.

Walter aß das Brot und die Schnecken. Er lehnte an der Hauswand. Seine Zähne rissen gezackte Stücke aus der dicken Brotrinde. Als er zu kauen aufhörte und mit den Fingern nach etwas auf seiner Lippe suchte, wußte Teresa, daß er an das Haar gekommen war.

Sie lief zufrieden ins Haus.

Der Rasen war ausgesät und die Erde glatt gestampft. Teresa hatte eine Vogelscheuche gemacht: eine unförmige Gestalt aus einem alten Regenmantel, den sie mit Heu ausgestopft hatte. Über dem Stoffgesicht mit den wilden rotgemalten Augen saß ein Hut mit einer Feder. Sogar Teresa war die Gestalt unheimlich, wenn sie abends aus dem Fenster sah, aber die Vögel kümmerten sich nicht um sie, sondern saßen auf ihren ausgestreckten Armen. Sie wußte, daß Walter bald fertig war, und ihr wurde bang bei dem Gedanken, wie leer der Garten ohne ihn sein würde. Vielleicht starben alle Pflanzen, die er gesät hatte, wenn er fortging. Vielleicht mußte er wieder kommen, von vorne anfangen. Die Weißdornbüsche blühten. Auf ihrem Beet war die Saat aufgegangen, und die kleinen Pflanzen standen dicht und hellgrün wie ein Blätterfell. Teresa goß sie am Abend vorsichtig mit der Gießkanne und holte Walter, um ihn zu fragen, welche davon Unkraut waren und ausgerissen werden mußten. »Das sieht man erst, wenn sie größer sind«, er hockte neben ihr, und sie atmete seinen Geruch ein.

»Wie bei den Menschen ist das, alle Kinder sind schön, und dann werden oft böse Menschen draus«, sagte er traurig. Teresa wollte ihn fragen, ob er glaube, sie werde ein böser Mensch werden, aber er schaute über den Garten hin, als sei sie gar nicht da.

In dem Film, den Teresa gesehen hatte, wucherten die Pflanzen durch die Fenster ins Haus hinein. Es war der erste Film, den Teresa gesehen hatte, an einem Wintertag, mit Schnee in der Luft und Krähen, die im Park auf den Bäumen hockten, als sie nach Hause ging. In dem Film hatten auch Arme aus der Wand gegriffen, Hände, die Fackeln hielten, die Hände des großen Katzenmannes hatten geraucht, er hatte diese rauchenden Hände verstört betrachtet, im Garten stand er lange unter den blühenden Büschen. Später wurde ein Mann, ein Prinz aus ihm, der mit starrem Gesicht in den Himmel aufstieg, an der Hand des Mädchens. Teresa war enttäuscht gewesen. Der Prinz hatte ihr nicht gefallen. Sie hatte gehofft, das Mädchen würde sich in eine Katze verwandeln, ihre Mutter hatte gesagt, es sei eine ausgedachte Geschichte, ein Märchen, aber Teresa verstand vieles nicht, es war kein Märchen für Kinder. Einmal hatte das blonde Mädchen das Tier dabei überrascht, wie es am See im Garten kauerte und Wasser leckte. Da hatte sie ihre Hände wie eine kleine Schüssel mit Wasser gefüllt und das Tier aus dieser Schüssel trinken lassen.

Teresa hielt Wasser in den Händen. Sie hielt es Walter hin. An der Tonne summte es von Bienen, die im feuchten Gras und am Rand der Tonne saßen und tranken. Teresa mußte jeden Tag ein paar mit Blättern aus dem Wasser fischen.

Sie wollte Walter trinken lassen aus ihren Händen, aber er verstand sie nicht, und das Wasser lief durch ihre Finger. Er trank unter dem Wasserhahn, gebeugt, mit geschlossenen Augen und prustend. Teresa versuchte es ihm nachzutun und machte ihr Kleid naß.

Einmal, als sie am Abend in die Küche kam, saß ihre Mutter mit Walter am Tisch und hielt seinen Kopf in den Händen, hielt sein Gesicht in beiden Händen, so wie sie es manchmal mit Teresa tat, wenn sie traurig war und weinte. Aber Walter weinte nicht, und ihre Mutter hatte Teresa nachdenklich betrachtet, als wisse sie nicht genau, wer dies Mädchen im Nachthemd sei, das auf einem Bein in der Küchentür stand und sich mit dem anderen Fuß am Knie kratzte.

»Sie behandeln Walter schlecht bei Ignaz«, sagte sie zu Teresa, als sie später auf ihrem Bett saß. »Er möchte weg dort, sie nutzen ihn aus, und sein Zimmer ist feucht.«

Teresa schrieb ihm einen Brief und legte ihn unter den Stein neben dem Schuppen, unter dem der Schlüssel aufbewahrt wurde. »Wenn du gehst, nimm mich mit«, schrieb sie. Sie wußte gut, daß das nicht möglich war, aber es tat ihr wohl, den Satz aufzuschreiben. Sie wickelte einen Zahn in das Papier. Den kleinen weißen Zahn, der ihr an einem Nachmittag ausgefallen war, als sie in Walters Pullover gebissen hatte, das war in der Küche gewesen, und sie war, als die Mutter in den Keller ging, um ein Glas Pfirsiche zu holen, rasch auf Walters Schoß geklettert. Er hatte sich steif gemacht, und sein Gesicht hatte seltsam ausgesehen, so nah vor ihrem, als wäre er traurig und werde vielleicht sogar weinen. Sie atmete seinen Hasengeruch ein und wollte sich an ihn schmiegen, wie sie es auf dem Schoß ihres Vaters tat. Aber er half nicht mit. »Teresa«, sagte er, »du bist schon ganz schön schwer für ein kleines Mädchen.« Da biß sie ihn in die Schulter. Der Zahn hatte schon lange gewakkelt, und sie hatte ihn mit der Zunge bewegt und unter ihm schon den neuen gefühlt, der aus dem Zahnfleisch drängte wie ein glatter kleiner Kieselstein. Blut lief über ihr Kinn, und Walter wischte es ab mit weit geöffneten Augen. »Das ist nicht schlimm, warte.« Er hatte die Finger befeuchtet und in ihrem Gesicht herumgewischt, so ungeschickt, als wäre sie ein Pfosten oder ein Stein. Aber es gefiel ihr, wie er das tat, so wie ihr vorher der juckende Schmerz gefallen hatte, wenn sie den lockeren Zahn hin und her schob mit ihrer Zunge. So wie sie gerne an den Mückenstichen kratzte, bis sie brannten wie Feuer. Sie hielt den Zahn hoch und ließ noch etwas Blut nachfließen, das sie im Mund spürte, und drückte ihr Gesicht an Walters Backe. Der Blutfleck saß neben seinem Mund wie ein roter Schmetterling. Er atmete, als sei er schnell gelaufen. Teresa hatte eine schreckliche Verzweiflung gefühlt, wie sie ihn ansah und seine Brust sich dicht an ihr hob und senkte. Sie war weinend von seinem Schoß gesprungen.

Ihre Mutter hatte später ein Eiswürfelchen in ihren Mund geschoben und ihr einen Löffel Zucker gegeben, aber der Schmerz in ihrer Brust ließ nicht nach, und sie ging schluchzend zu Bett, ohne zu essen, den Zahn fest in der Faust.

Am Tag, als Walter in die Küche kam, um sich zu verabschieden, regnete es. Die blaue Schildmütze veränderte ihn sehr, sie verbarg sein Haar, und das Stück Gesicht zwischen Mantelkragen und Mütze sah fremd und nackt aus. Teresas Mutter hatte ein Paket mit Kleidern für ihn gemacht. Alte Hemden und Pullover von Teresas Vater und Kleider für seine Mutter, denn er wollte nach Hause fahren, um seine Leute wiederzusehen, wie er sagte. Teresa hielt sich nahe an der Mutter, war ihr im Wege, wenn sie zwischen Herd und Tisch hin und her ging, um die Teekanne abzustellen. Die Kekse im Schrank fand sie nicht, obwohl das Paket ganz vorne lag, und später, als Walter mit der Mutter über den Komposthaufen sprach, ging sie hinauf in ihr Zimmer und spielte mit ihren Puppen.

Sie zog alle schön an und setzte sie um den Tisch, stellte Tassen und Teller vor sie und ließ sie sich unterhalten. Wie immer war die blonde Lulu hochnäsig und boshaft mit der kleinen Dede, sie brachte sie zum Weinen, und Teresa mußte ihr die Röcke heben und ihr eine Tracht Prügel geben, daß es staubte. Sie aber blieb starrköpfig und trotzig, und Teresa warf sie in die Ecke und schrie: »Ich will dich nie mehr liebhaben – nie mehr. Ich gehe fort und du kannst in deiner Ecke bleiben. Dede nehme ich mit.«

In dem Jahr, als Teresa fünfzehn wurde, bekam sie einen Brief von Walter. Sonst hatte sie zum Geburtstag immer einen Blumentopf von ihm bekommen. Immer rote Blumen, Fuchsien, Geranien und Päonien, die wunderschön verpackt waren. Kleine Holzstäbe waren rings um den Topf in die Erde gesteckt, auf der ein rundes Stück Leinen festgebunden war. Teresa hatte sich nicht so gefreut wie ihre Mutter, die jedesmal ein großes Aufhebens von den Blumen machte und es ganz »entzükkend« von Walter fand, daß er so treu an Teresas Geburtstag dachte. Es war Teresa, als bekomme nicht sie, sondern die Mutter die Blumen geschickt. Auf ihrem Beet im Garten hatte sie schon lange Gemüse angepflanzt, und die Schnecken, die sie von den Salatköpfen klaubte, ertränkte sie in der Regentonne.

»Liebe Teresa«, schrieb Walter mit steiler Schrift und dunkelvioletter Tinte. »Ich habe dich gestern mit deiner Mutter im Kino gesehen. In ›Der Mann mit der roten Maske‹. Ich saß in der Reihe hinter dir. Ich hatte ein helles Jackett an. Du bist sehr groß geworden. Auch ich habe mich sehr verändert.« Er schrieb sehr groß, und die Zeilen senkten sich zum rechten Blattrand wie Äste, an denen schwere Blüten hingen. »Ich bin jetzt Gartenbauer und mein eigener Herr«, stand da. Teresa las den Satz noch einmal. Das klang wie aus einer Lesebuchgeschichte: »mein eigener Herr«. Er schrieb von französischen Filmen und italienischen Schuhen. Sie sah die Nagelschuhe, an denen dicke Erdklumpen hingen. Vor ihrem Bett standen ein Paar hohe weiße Schuhe aus dünnem Leder. Das waren italienische Schuhe. »Milano« stand auf einem Schildchen, das an der Sohle klebte. Er schrieb von einer Ausstellung in der

Stadtgärtnerei. »Vielleicht kommst du einmal mit mir hin. Die Passionsblume blüht.« Teresa setzte sich aufs Bett. »Ich habe oft an dich gedacht.« Sie fühlte, wie sie rot wurde und ärgerte sich über die italienischen Schuhe und die lila Tinte. »Damals als ich vom Haus deiner Eltern Abschied nahm« – Abschied nahm, schrieb er – »bist du auf den Koffer geklettert und wolltest, daß ich dich küsse. Das hätte ich gerne getan, heute kann ich dir's sagen, aber damals dachte ich, du wärst zu klein dafür.«

Teresa stand auf und betrachtete sich im Spiegel. Ihre kurzgeschnittenen Haare ließen die Ohren frei wie bei einem Jungen. Sie schaute sich in die Augen und versuchte darin die Augen des Mädchens zu sehen, des kleinen Mädchens, das in jenem Frühling geweint hatte, im Schuppen neben der leeren Leiter, und das manchmal Zettelchen in die Erde gesteckt hatte neben den Himbeeren, auf denen stand »Ich liebe dich Walter«. Einmal hatte sie geträumt, Walter hatte sie auf seinen Armen durch ein riesiges Feld blauer Blumen getragen und gesagt »Das ist für dich, ich habe es für dich gemacht, siehst du?« Daran, daß sie auf den Koffer geklettert war, um ihn zu küssen, konnte sie sich nicht erinnern, und sie warf den Brief zusammengeknüllt hinters Bett.

Teresas Mutter kam herein und blieb mitten im Zimmer stehen. Sie sah Teresa an und dann den Briefumschlag, der auf dem Boden lag. Sie verschränkte die Arme, hob die Schultern und sagte mit einem kleinen Lächeln: »Was schreibt denn unser Walter?«

»Wieso unser Walter. Mein Walter ist er nicht, vielleicht deiner.«

Die Mutter lächelte nun mit breitem Mund. Sie stupste den Umschlag mit der Fußspitze an. »Du warst doch so verschossen ... wie eine Klette warst du.« Sie schüttelte lachend den Kopf. »Einen daumendicken Haarbüschel hast du dir abgeschnitten für ihn. Er hat's mir damals gegeben und gesagt, ich soll's aufheben für dich, später. Erst neulich hab ich's gesehen, bei den Spielsachen in der Truhe.«

Teresa sprang vom Bett.

»Du sollst anklopfen, wenn du in mein Zimmer kommst.« Sie kniff die Augen zu, es tat weh, so laut zu schreien. »Anklopfen sollst du, anklopfen. Hast du gehört.«

Als ihre Mutter wortlos hinausgegangen war, versuchte Teresa sich zu beruhigen. Sie ging im Zimmer hin und her, stieß das Mobile aus bunten Glasblättchen an, nahm einen Apfel vom Tisch, biß hinein und legte ihn wieder hin. Draußen lag der Garten im Schnee. Die Rosenbüsche waren in unförmige Rupfensäcke verpackt. Über das glatte Weiß der Terrasse liefen Fußspuren.

Sie ekelte sich vor dem kleinen Mädchen und seinen Tränen, seinen Zöpfen und Mückenstichen.

Sie stand am Fenster und schaute hinunter in den Garten. Ihre Augen streiften über die verschneite Wiese, jenseits des Zauns über die Äcker, und folgten den kahlen Bäumen der Allee bis hin zum dunklen Waldrand.

Walter hockte da, die Knie angezogen, und schnürte sich die Stiefel auf. Er lockerte die Schnürsenkel und keuchte, als er den Schuh an der Ferse festhielt und zog. Ein weißer nackter Fuß schlüpfte aus dem dunklen Leder wie aus einer Schale. Auf seinem Rist hatten sich die Schuhbänder eingedrückt wie eine rote Naht, auch die Zehen waren gerötet. Er bewegte die Zehen, spreizte und streckte sie. Das kleine Mädchen, das neben ihm auf den Stufen der Terrasse saß, sah ihm dabei zu. Jetzt kam der zweite Fuß zum Vorschein. Er stellte die Stiefel nebeneinander. Teresa beugte sich vor, um mit den Händen nach seinen Füßen zu fassen. Sie wollte sie berühren. Sie sahen kalt aus. Walter aber streckte die Beine und stand auf.

Es fing an, dunkel zu werden. Teresa sah unten das Licht der Wohnzimmerfenster auf dem Schnee des großen Beetes liegen: Sie hatte damals seine Füße in den Händen halten wollen, hatte die Backe auf die gekreuzten Abdrücke der Schnürsenkel legen wollen, und einen Augenblick fühlte sie noch einmal die Sehnsucht von damals so stark und schmerzlich, daß sie die Augen schließen mußte.

In der Eisdiele saß Teresa an diesem Abend mit gelangweiltem Gesicht vor ihrem Schokoladeneis. Sie spielte mit der Waffel und zog mit dem Löffel Furchen in die glitzernden braunen Kugeln. Tom saß ihr an dem runden Marmortisch gegenüber. Er beugte sich über seinen Bananasplit. Er hatte sie mit dem Auto seines Vaters abgeholt, und während er aß, spielte seine Hand mit dem Autoschlüssel auf dem Tisch. Teresa sah seine blonden Brauen schön gebogen wie zwei Weidenblätter. Sie sah ihn sprechen und lachen. Sah das gelbe Eis in seinem Mund schmelzen, wenn er ihn beim Lachen weit aufmachte. Sie sah, wie er nachlässig in seinen Haaren wühlte, wie er das Geld aus seiner Hemdtasche holte, um für sie zu zahlen. Als er den Hals reckte und mit seinen runden Augen über den Tisch schaute und dann in den Becher mit zergangenem Schokoladeneis, der vor Teresa stand, fing sie zu zittern an. Sie umfaßte den schweren Glasbecher, sie hob ihn auf, um ihn nach Tom zu werfen. Sie wollte ihn treffen … mitten hinein in dieses Gesicht mit den erstaunten Augen und dem eisverschmierten Mund. Sie holte aus. Aber ihre Hand ließ den Becher nicht los, nur eine braune dickflüssige Eiszunge schwappte über den Glasrand.

Das mit der Katze

Am Morgen, als Luise aufstand und in die Küche ging, um Kaffee zu machen, schaute sie, während das Wasser heiß wurde, aus dem Fenster und sah zu, wie der Hausmeister im Hof die Blätter zusammenkehrte. Die Blätter waren gelb und glänzend feucht und klebten auf den Steinplatten. Der große Baum leuchtete im dunstigen Grau des Hofes sehr hell und sattgelb, als ginge das Morgenlicht auf den Hauswänden ringsum von ihm aus.

Luise trug die große Tasse vorsichtig durch den Gang und öffnete die Tür zur Schrankkammer, ohne etwas zu verschütten. Seit sie allein in der Wohnung lebte, trug sie die Tassen oft mit sich herum. Sie setzte sich nie an den Küchentisch, sondern stellte die Tassen auf das Bücherregal oder auf den Boden neben den Schallplattenstapel, um beim Trinken in Büchern zu blättern oder Musik zu hören.

Mit Albert hatte sie immer am Küchentisch gesessen und die Zeitung gelesen. Wer die Zeitung hereinholte, die am Morgen vor der Tür lag, durfte aussuchen, welchen Teil er zuerst lesen wollte. Meistens hatte Luise die Zeitung hereingeholt.

Auch Teller mit Essen trug sie jetzt mit sich herum, abends lag sie in der Badewanne und aß Brathering mit den Fingern, um gleichzeitig den Fernseher im Auge zu behalten, der auf einem Stuhl in der offenen Badezimmertür stand. Manchmal vergaß sie einen halbvollen Teller irgendwo und fand ihn erst nach ein paar Tagen wieder. Eingetrocknete Wurstscheiben klebten auf einer gebogenen Brotschnitte neben einem Häufchen dunkelbraunem Senf.

In der Schrankkammer suchte sie nach einem Platz für die Tasse, stellte sie gewagt auf einem Stoß T-Shirts ab. Sie wühlte in dem großen Kleiderhaufen, der auf dem Boden lag, nach Wollsocken, legte gedankenlos ein paar Jeans zusammen und warf eine zerknitterte Bluse über die aufgehängten Kleider. Sie fand Skisocken. Als sie sich aufrichtete, saß die Katze auf dem Kleiderberg und sah sie an. Die Katze war schwarz und massig. Nun erhob sie sich träge und wartete bewegungslos. Einen Herzschlag lang standen Katze und Frau Auge in Auge da, Luise verwirrt, die Katze ruhig.

In der vergangenen Nacht hatte Luise von einem Fluß geträumt, der durch die Wohnung strömte und alles mitriß, ihre Kleider, ihre Schuhe, die Kübel mit Farn. Sie hatte vom Bett aus zugeschaut und gespürt, wie auch das Bett schwankte und von der Wand abstieß, um mit fortzuschwimmen. Der Traum war so stark gewesen, daß sie am Morgen, ehe sie aus dem Bett stieg, vorsichtig mit den Zehen auf den Teppich tippte, um zu sehen, ob er naß war. Sie hatte im Vorbeigehen die Farne berührt und in der Küche, während sie das Gas anzündete, eine große Beklommenheit darüber empfunden, daß sie in der Nacht nichts hatte retten können. Sie hatte die Hand nicht ausgestreckt nach den vorbeitreibenden Büchern und im Bett gehockt wie ein Schiffbrüchiger, der auf einem Floß treibt, kalt und ohne Hoffnung auf Rettung.

Die Katze sah aus wie Kali, aber Kali war vor zwei Jahren verschwunden und zu ihrer heimlichen Erleichterung nicht wiedergekommen. Kali hatte sich nie von ihr liebkosen lassen, sondern nur gnädig Futter und Wasser angenommen, ohne sich um sie zu kümmern. Auf Alberts Schulter aber war sie gesprungen, sobald er die Tür aufsperrte, und seine erste Begrüßung hatte immer der Katze gegolten.

Luise ließ das Licht in der Schrankkammer brennen und schloß die Tür. Sie ging ins Bad und setzte sich auf den Rand der Wanne. Kali war in der Schrankkammer, dort hatte sie geschlafen wie immer. Es war Herbst, das hatte sie an dem Baum im Hof gesehen. Vielleicht war heute der Morgen eines schönen Herbsttages. Bald würde die Sonne den Dunst vertreiben, und Luise würde mit Albert in der Küche sitzen und mit der Zeitung rascheln – oder war heute Sonntag? Warum saß sie allein im Bad, mit Wollsocken an den Füßen? Jetzt fiel ihr ein, sie hatte einen langen schlimmen Traum gehabt, einen langen Traum von Albert. Albert war ausgezogen. Albert, der im Zimmer auf und ab ging, mit hochgestelltem Hemdkragen, und auf sie einsprach, während er seine Papiere in den Koffer warf, daß es staubte. Albert, der gequält aussah und fast die Hände rang, und sie, sie war auf dem Bett gesessen und hatte seine Erklärungen nicht verstanden, denn er wollte ihr etwas Unverständliches erklären. Sie hatte ihn nicht gehört, wie ihr das oft in bösen Träumen geschah, hatte sich auch nicht bewegen können, und dann hatte der Fluß ihr gelbes Kleid fortgetragen, das maisgelbe Kleid, das Albert ihr Mandarinkleid nannte. Aber das war ein anderer Traum gewesen.

Sie stand auf und sah im Spiegel eine Frau, die die Augen weit aufriß. Sie mußte gerade etwas Entsetzliches gesehen haben. Sie lächelte der Frau zu, und die versuchte auch zu lächeln. Aber so gefiel sie ihr noch weniger.

Leise ging sie durch den Gang in die Küche. Das Wasser im Kessel war noch heiß. Sie nahm eine neue Tasse aus dem Schrank und schüttete Pulverkaffee hinein. Im Hof putzte der Hausmeister sein Fahrrad. Es war jetzt heller draußen, und der Baum leuchtete nicht mehr so stark.

Ich habe vorhin eine Katze in der Schrankkammer gesehen, dachte Luise, als sie die Tasse auf den Schreibtisch im Wohnzimmer stellte. Das muß ich mir eingebildet haben. Aber sie wagte nicht nachzusehen, sondern setzte sich auf den Stuhl und knipste die Lampe neben dem Papierstapel an. Als sie sah, wieviel sie am Vortag übersetzt hatte, fühlte sie sich beruhigt. Sie spitzte die Bleistifte, trank von ihrem Kaffee und legte das Lexikon neben sich auf den Tisch.

Wenn sie den ganzen Tag arbeitete, zog sie sich manchmal

gar nicht an, wickelte höchstens ein Tuch um die Hüften, wenn ihr im Nachthemd zu kalt wurde. Sie schrieb mit Bleistift und verbesserte später mit Kugelschreiber. Albert hatte im Nebenzimmer getippt, ganz leise und mit langen Pausen, wenn er nachdachte. Sie hörte ihn oft auf und ab gehen und vor sich hinsprechen, ein genuschelter Singsang, zu dem er manchmal mit den Fingern schnalzte. Nicht an jenem Morgen. Da hatte er laut gesprochen, aber erst als er merkte, daß sie ihn nicht hören konnte. Seine Ader auf der Stirne war angeschwollen, und sein Hals hatte sich gespannt. Erst da hatte sie begriffen, daß er schrie. Vielleicht machte sie ihm angst, weil sie so still dasaß. Vielleicht dachte er, sie sei tot. Er hatte sie geschüttelt. Sie lächelte, als ihr einfiel, wie er sie geschüttelt hatte und wie sie beide fast vom Bett gefallen wären. Sie hatte sich nicht gewehrt, war nur verblüfft gewesen, wie schlaff sich ihr Körper anfühlte unter seinen Händen. Sie hatte das Gefühl gehabt, alles an ihr sei starr und hart.

Sie stand auf und horchte an der Tür zur Schrankkammer. Vorsichtig öffnete sie die Tür einen Spalt und sah hinein. Die Katze lag auf einem Mohairpullover in der Ecke, im Schatten unter den aufgehängten Kleidern, und sah zu ihr herüber. Luise wagte nicht, sie zu berühren. Kali hatte es nicht gerne, wenn man sie berührte, und es kränkte Luise, wie sich das Tier vor der näherkommenden Hand zurückzog. Einmal ertappte sie sich dabei, wie die Finger der hingehaltenen Hand sich krümmten, um die Katze zu packen und auf sie einzuschlagen. Das hatte sie verwirrt und erschreckt. Aber sie wußte, daß dies nicht der eigentliche Grund war, warum sie die Katze, die so friedlich dalag, nicht berührte.

Die braunhaarige Frau, die Albert zum Abendessen mitbrachte, hatte einen Norwegerpullover mit zwei Sternen auf der Brust angehabt. Sie arbeite bei einer Zeitung, sagte Albert, und sie lebe so tapfer und allein mit ihrem Kind, sagte Albert, und komme nicht genug unter Leute. Das Kind brachte sie tagsüber zu ihrer Mutter, erfuhr Luise, als sie die Weinflasche aufmachte. Und die Arbeit bei der Zeitung sei schwer für eine junge Frau wie sie, sie sei so schüchtern, das fügte Albert hinzu und legte der schüchternen Frau dabei Fleisch auf den Teller. Die sah ihm dabei zu und sprach nicht viel, aber als Luise den Apfelstrudel aus der Röhre holte, fing sie an zu weinen, und Albert, der ihr bis dahin mit seltsamem Stolz wie einem Kind beim Essen zugesehen hatte, geriet in eine ganz seltsame flattrige Aufregung über diese Tränen. Er rief Luise zu, sie solle den Sherry aus dem Wohnzimmer holen, in einem Ton, wie jemand nach einem Pflaster ruft. Albert schrieb Artikel für die Zeitung, in der die junge Frau dort in der Anzeigenabteilung arbeitete. Luise hatte mit Erstaunen bemerkt, wie verändert er war, wenn sie ihn in der Redaktion anrief. Einmal hatte er mittags nicht »Auf Wiedersehen«, sondern »Mahlzeit« zu ihr gesagt.

Als Luise der Frau ein Glas Sherry einschenkte, waren die Tränen versiegt, nur ihre Augen glänzten noch, und als Luise fragte, ob sie über irgend etwas traurig sei, hatte sie gelacht und sich am Sherry verschluckt. Albert hatte sie bald nach Hause gebracht.

Luise legte ihre Hand auf den Rücken der Katze; sie ließ sich ruhig aufheben, war warm und schwer, schnurrte aber nicht, sondern schloß nur etwas gelangweilt halb die Augen. Luise hob ihr den Kopf, und obwohl sie sofort sah, daß der weiße Fleck, den Kali unter dem Kinn gehabt hatte, nicht da war, suchte sie doch mit zitternden Fingern das Fell ab, als suche sie eine Zecke. Sie weinte jetzt, während sie die Katze langsam durch den Gang zur Tür trug, flüsterte ihr zu, alles würde gut werden, sie werde nach Hause finden, und sie solle sich nicht fürchten. Die Katze ließ sich zur Wohnungstür tragen, ohne sich zu wehren, aber als Luise sie hinaussetzen wollte, machte sie sich ganz plötzlich mit großer Wendigkeit von Luise los und sprang auf den Boden. Die Schiebetür, die den kleinen Gang an der Tür von der übrigen Wohnung trennte, stand einen Spalt breit offen. Mit drei Sätzen war die Katze am Kleiderständer vorbei und schlüpfte durch den Spalt. Als Luise hastig die Tür aufschob, war sie verschwunden.

Luise war wütend. Sie zitterte vor Wut. Da war keine Schreibmaschine zu hören, und auch im Schlafzimmer war das Bett leer. Was wollte die Katze hier? Sie gehörte in ein früheres Leben.

Luise setzte sich an ihren Schreibtisch und lauschte hinaus in die leere Wohnung, in der nur die Katze herumlief. Sie fühlte sich schwach und brach zwei Bleistifte ab. Um ein Wort nachzuschlagen, brauchte sie lange, die Wörter flossen vor ihren Augen ineinander und neckten sie.

In der Schrankkammer war die Katze nicht, auch nicht im Schlafzimmer unter dem Bett, auch nicht im Wohnzimmer auf dem Schrank oder hinter dem Vorhang. Die Tür von Alberts Zimmer war zugewesen, aber Luise schaute trotzdem hinein. Sie stand eine Weile auf der Schwelle und betrachtete das Bügelbrett und den Staubsauger, die sich aneinanderlehnten, als wüßten sie, daß Luise sie nicht mochte. Zuletzt suchte Luise in der Küche und im Klo, aber auch dort fand sie die Katze nicht. Als sie zum drittenmal die ganze Wohnung abgesucht hatte, begann sie sich anzuziehen. Sie schwitzte und wischte ihr Gesicht am Nachthemd ab, als sie es über den Kopf zog. Sie zerrte Kleider, Hosen und Pullover aus dem Haufen in der Kammer, ließ sie wieder fallen und wühlte weiter. Dabei schimpfte sie vor sich hin, drohte der Katze, sie umzubringen, und sagte Albert, er könne sie nicht daran hindern. Sie sagte ihm auch, er solle seine Tweedjacke abholen, endlich, oder sie würfe sie aus dem Fenster und seine Winterstiefel dazu.

In jenem Winter war Albert immer schweigsamer geworden. Wenn er neben Luise im Park durch den Schnee ging, hielt er die Hände tief in den Taschen seiner Jacke und schaute entweder zu Boden, wo seine Pelzstiefel kleine Schneewolken aufwirbelten, oder seltsam rotäugig über die Baumwipfel hin. Am zugefrorenen See ließ er Luise allein die Enten füttern. Er pfiff hin und her stampfend ein Lied, das Luise nicht kannte. Die Melodie gefiel ihr nicht, sie klang so traurig und fremd. Der Mann, der neben ihr herging und nicht sprach, kam ihr vor wie ein Mann aus einem anderen Land, der nichts weiter von dort mitgebracht hatte als dieses kleine Lied, an dem er sich festhielt, um kein Heimweh zu haben.

Nachts hatte er Luise manchmal geweckt und mit ungeschickten Küssen und kalten Händen erschreckt, um dann später im Dunkeln mit einem Marmeladebrot in der Küche zu hocken. Er war zusammengefahren, als Luise Licht machte, und hatte sich von ihr unter Fragen und Zärtlichkeiten ins Bett führen lassen. In anderen Nächten aber sperrte er sich in sein Zimmer ein, und Luise hörte keinen Laut von drinnen. Er gab auch keine Antwort, wenn sie ihn rief, behauptete am nächsten Morgen mürrisch, er müsse nachdenken. Sie störe ihn, murmelte er, ohne sie anzusehen, drohte ihr sogar an, auf der Couch in der Redaktion zu schlafen, wenn sie ihn nicht in Ruhe ließe. Luise war beleidigt gewesen und hatte nichts mehr gefragt.

Sie sah dreimal nach, ob der Hausschlüssel in ihrer Tasche steckte, denn seit sie allein lebte, hatte sie sich schon öfter ausgesperrt. Sie durchsuchte noch einmal alle Zimmer und schlug, als sie nichts fand, mit Wucht die Tür hinter sich zu.

Luise kaufte sich eine Zeitung. Im Café war es warm und halbdunkel. Sie setzte sich auf eine Bank an der Wand und sah umher. Sie hielt die Zeitung in der Hand und zwang sich, mit dem Lesen zu warten, bis der Tee vor ihr stand. Sie zwang sich auch, die anderen Leute zu betrachten, die um sie herum saßen. Drei alte Frauen am Nebentisch trugen alle Hüte. Ein Mann, der am Fenster saß, bohrte in der Nase, während er sein Ei löffelte. Dotter lief an der weißen Eierschale hinunter.

Die Katze war gewachsen und füllte die ganze Wohnung

aus. Ihr Auge spähte riesengroß aus dem Fenster nach Luise aus. Ihr Auge mit der goldenen Iris, in der sich ein brodelnder Wirbel um die Pupille zusammenzog, füllte das ganze Fenster.

Luise öffnete die Zeitung. In der Wohnung gab es keine Katze. Sie hatte die Katze geträumt. Sie war noch halb im Schlaf gewesen, als sie in die Schrankkammer trat, aber dann, als sie richtig wach geworden war, hatte sie mit ihren eigenen Augen gesehen, daß die Wohnung leer war, alle Zimmer waren leer.

Albert, der ihre Hände festhielt und sagte. »Versprich mir, versprich mir, daß du nie zuläßt, daß sie mich in ein Irrenhaus sperren.« Er schrieb an einem Artikel und war tagelang auf der geschlossenen Abteilung der Nervenheilanstalt herumgeführt worden. Luise betrachtete die Fotos der Sportseite. Eine Gruppe von Männern, die alle in verschiedenen Stellungen mit verdrehten Gliedern um einen Ball herum in der Luft hingen, gefiel ihr. Die Männer sahen aus wie die Steinchen in einem Kaleidoskop; wenn man das Bild schüttelte, rutschten sie vielleicht in die nächste, ebenso wild gesprungene Figurengruppe auf dem Foto daneben. Dort fielen alle übereinander wie eine einstürzende Menschenpyramide im Zirkus. »Aber wieso solltest du ins Irrenhaus kommen?« hatte Luise gefragt und ihn am Kopf gekrault, dabei war ihr ganz beklommen zumute gewesen. Sie dachte an die Szene aus einem Film, an die Angst einer Frau vor dem Elektroschock, an die Schnelligkeit und Freundlichkeit, mit der man sie auf dem Weg zum Behandlungszimmer führte und halb trug, an ihren Kopf mit den wirren Haaren, den sie hin und her warf, als man ihr einen Kautschukstöpsel zwischen die Zähne schieben wollte, an ihre Hände, die sich in den Arm der Schwester krallten.

Luise legte die Zeitung auf die Bank und ging zum Telefon. Sie wählte ihre eigene Nummer und wartete. Sie sah das Telefon auf ihrem Schreibtisch stehen. Es war orange. Sie wählte noch einmal und lehnte sich an die hölzerne Theke. Die alten Frauen sahen nun alle gleichzeitig zu ihr herüber, und sie hatte Lust, ihnen die Zunge herauszustrecken. Sie drehte sich weg. Albert war nicht zu Hause, Albert war nicht zu Hause.

Es war Frühling gewesen, als sie die Wohnung zum erstenmal besichtigt hatte. Ein alter Mann wohnte dort und stand in der Mitte des breiten Ganges, ohne sich zu bewegen, während der Mann vom Maklerbüro Luise herumführte und ihr die Türen zu den Zimmern aufmachte. Luise sah sich auf dem Balkon, sie beugte sich vor, um über den Hof zu sehen, die Hände auf dem gußeisernen Gitter. Luise sah sich durch die Zimmer gehen, sah ihr Bett in der einen und dann in der anderen Ecke stehen, sah sich darin liegen, neben Albert, und sah auch Albert in einem Zimmer vor seiner Schreibmaschine sitzen. Die Tapete mit den blauen Lilien löste sich von den Wänden, die eisernen Öfen schrumpften zusammen und schmolzen vor ihren Augen. Sie sah die Teppiche sich vom Holzboden heben, und ihre Pflanzen standen schon in dem Sonnenquadrat des Fensters. Alles sollte leer und hell sein, weiße Wände und helle Vorhänge.

Luise ging nicht nach Hause. Im Park lagen Blätter auf den Wegen, und später, als die Sonne herauskam, war es warm und dunstig zwischen den Bäumen. Auf der Brücke über dem Kanal blieb sie stehen und sah drei nackten jungen Männern zu, die zwischen den Felsen unter dem kleinen künstlichen Wasserfall herumplanschten und silberne Fontänen in die Luft spritzten. Sie schienen nicht zu frieren.

Es wurde Nachmittag.

Immer mehr Leute gingen an der Bank vorbei, auf der Luise saß. Sie steckte die Zeitung in einen Papierkorb.

In dem Laden an der Ecke stand Luise lange und kaufte dann außer Milch und Äpfeln eine Dose Katzenfutter. Sie nahm eine grüne Dose mit Leberbröckchen, das stand auf dem Etikett.

Die Wohnung war leer und still. Sie setzte sich an ihren Tisch und fing sofort an zu arbeiten.

In der Küche sah sie aus dem Fenster, während das Wasser für den Tee heiß wurde. Es dämmerte draußen, und der Baum leuchtete in der blauen Luft.

Die Katze hob den Kopf aus einem großen Suppentopf, als Luise sich niederhockte und die Schiebetür des Küchenschranks aufschob, um einen Teller herauszunehmen. Sie stieg steifbeinig heraus, streckte sich, gähnte und rieb sich an Luises Bein.

»Da bist du also gewesen«, sagte Luise und lachte. Sie hob sie auf und streichelte sie. Diesmal schnurrte die Katze leise und schmiegte sich ganz selbstverständlich an Luises Schulter. Luise machte die Dose mit Futter auf, ohne die Katze aus den Armen zu lassen. Sie setzte sich an den Küchentisch und trank ihren Tee, während die Katze am Boden hockte und mit kleinen ruckartigen Kopfbewegungen aus der Dose fraß. Albert wollte durch die Tür kommen und sich zu ihr an den Tisch setzen, aber sie erlaubte es ihm nicht. Er saß an einem anderen Tisch in einer anderen Stadt, eine Frau mit einem Norwegerpullover und zwei Sternen auf der Brust saß ihm gegenüber und fütterte ein Kind. Albert rauchte und wippte mit dem Fuß, er schrieb an einem Artikel über alleinerziehende Mütter, Luise lächelte und rührte in ihrem Tee. Die Katze fraß ruhig weiter, ohne sich um Albert zu kümmern.

Als es dunkel wurde, kam der Junge, der in der Wohnung unter Luise wohnte, und holte seine Katze. »In den Töpfen sitzt sie am liebsten, das macht sie bei uns auch immer«, sagte er und nahm die Katze aus Luises Arm entgegen. Er sah verweint und verzaust aus. »Seit gestern abend war sie fort«, sagte er und küßte die Katze auf den Kopf. Die Katze ließ sich das gefallen und sah dabei zu Luise hinauf. Auch der Junge sah Luise an. Er rieb sein Kinn am Fell der Katze. »Ich habe die Tür offen gelassen«, sagte Luise langsam. Sie streckte die

Hand aus und berührte mit dem Zeigefinger leicht die Ohren der Katze. »Gestern war das, da hab ich meinen Abfall hinuntergetragen.« Der Junge nickte. Luise sah ihm zu, wie er die Katze die Treppe hinuntertrug, bis er um die Biegung verschwand. Dann schloß sie mit einem Knall die Tür.

Johannas Reise zurück

Wann diese Reise begann, weiß ich nicht genau. Sicher begann sie nicht mit meiner Abreise, als ich die beiden Taschen gepackt hatte und in der Bank auf das Geld wartete. Ich beobachtete, wie die Frau hinter der Glasscheibe die Scheine zählte und in lauter kleine Stapel schichtete. Sie sah dabei unbeteiligt aus, so unbeteiligt wie ich, die zwischen den beiden gepackten Taschen im Mantel stand. Das Licht, das blasse Winterlicht, zitterte um mich her, als stiege durchsichtiger Sirup über den Heizkörpern auf und mischte sich mit der Luft, die ich atmete. Draußen lag Schnee.

Von der Bank ging ich zum Bahnhof und stieg in einen Zug, in irgendeinen Zug. Ich wollte abreisen und reiste ab. Wohin ich reiste, bedeutete mir nichts, jedenfalls anfangs noch nicht.

Ich bin schon vorher unterwegs gewesen, allerdings ohne Taschen und ohne Geld. Nachts nur selten, aber oft am Tag, wenn ich an Richard dachte, seine Schuhe stehen sah neben dem Schrank, aus dem seine Pullover hingen. Abends, wenn Richard heimkam und wir uns am Tisch gegenübersaßen, war mir, als käme ich mit ihm nach Hause, zurück in unser Zimmer. Landete zwischen den Möbeln neben ihm, brachte es fertig, mich an den Tisch zu setzen, mich an den Herd zu stellen vor die Pfanne, in der das Fleisch briet.

An vielen Tagen trieb ich wie ein Fesselballon groß und steuerlos über Land. Kalt war es auf diesem Flug, und jeder Wind konnte mich fortreißen. Ich lag auf dem Bett und fühlte mich mit schlagenden Seilen und gespannter Haut durch den Winterhimmel reisen. Manchmal versuchte ich mich an den Bildern festzutäuen, die auf den Staffeleien standen oder an der Wand lehnten. Ich hatte seit Wochen nicht mehr an ihnen gemalt.

Richard arbeitete als Beleuchter bei einer Filmgesellschaft. Es war eine Aushilfsarbeit, und er kam müde nach Hause vom Schleppen der schweren Scheinwerfer und Kabelrollen.

Seit ich nicht mehr arbeitete und nur noch malen wollte, konnte ich es nicht ertragen, wenn er den ganzen Tag um mich war. Er studierte Chemie, saß über seine Tabellen und Notizen gebeugt und sah im Licht der Lampe aus wie ein Buchhalter.

Das waren die langen Sonntagnachmittage, an denen ich untätig im Zimmer herumstrich und ihm die Schuld gab an dieser Unruhe, an meiner Langeweile und meiner Lustlosigkeit. Er war im Zimmer und war doch nicht da. Ich beneidete ihn um seine Versunkenheit und sehnte mich danach, ihn fortgehen zu sehen. Aber dann am Montagmorgen lag ich im Bett und beobachtete lauernd, wie er sich anzog, seine Haare kämmte, Kaffee machte und schließlich aus der Tür ging, leise, weil er glaubte, ich schlafe noch. Der Tag öffnete sich wie eine lange gefährliche Lichtung, in der mich der Wind anfiel, ungeschützt. Ich lag auf dem Bett und atmete flach, um mich nicht forttragen zu lassen, erst zur Zimmerdecke und dann hinaus und über die Kamine und Kirchtürme fort. Ich erzählte Richard nichts von meinen Reisen.

Ich kannte Richard seit zwei Jahren, und seit zwei Jahren wohnte er mit mir zusammen in dem großen Raum neben der Galerie. Sie hatte »Janus« geheißen, und ich verkaufte Drahtplastiken, Collagen und Computerzeichnungen. »Janus« hatte uns gut ernährt im ersten Jahr, aber je mehr ich mich an Richard gewöhnte, desto unwilliger ging ich morgens hinüber in die hellgrau gestrichenen Räume. Ich konnte den Leuten nicht mehr zuhören, die mit mir über Kunst sprechen wollten. Die Sachen, die ich ausstellte, erschienen mir lächerlich und unnötig. Die Vernissagen langweilten mich. Richard kochte für uns. Manchmal brachte er mir eine Tasse Tee an meinen Schreibtisch, und es fiel mir schwer, ihn wieder wegzulassen. Ich wollte ihn neben mich setzen und mit ihm sprechen, während ich meinen Tee trank. Wenn ich roch, daß er Brot buk, hätte ich am liebsten die Galerie abgesperrt, um ihm zuzusehen.

Richard war ein dünner Mann mit langem Hals und knochigem Körper. Wenn er sich über den dampfenden Kochtopf beugte, zwinkerte er mit den Augen. Seine breiten Lippen zogen sich zu einem Schnabel zusammen, wenn er den Mund spitzte, um vom Löffel zu kosten. Ich sah ihn im Labor über seine Kolben und Reagenzgläser gebeugt, den Kopf weit vorgestreckt, im weißen Mantel, den Rücken rund, mit sorgfältig geschlossenem Mund, seine Hände bewegten sich behutsam. Er stellte den Teller vor mich hin, das Glas, er schnitt mir Brot ab und schenkte mir ein. Ich streckte die Beine unter den Tisch und lockerte den Gürtel.

Ich bin viel kleiner als Richard und stämmig, wir sehen seltsam aus, wenn wir nebeneinander gehen, Richard schlenkert mit den Armen und wirft den Kopf hin und her, weil die kleine runde Brille sein Sichtfeld einengt, und ich hüpfe neben ihm her; ich hüpfe immer, wenn ich glücklich bin. Beim Tanzen hat mir einmal ein Mann gesagt, ich spränge herum, unberechenbar wie ein aufgezogener Spielzeugfrosch, ein Blechtier mit einer gespannten Feder im Bauch.

Zuerst war alles so selbstverständlich und friedlich. Ich stand morgens auf und malte, ich grundierte die Leinwände und fing dann einfach an, Farbe aufzutragen. Ich konnte das. Die Farben rochen gut, ich malte, was mir einfiel. Ich habe nie wirklich gelernt zu malen. Ich malte eine Frau, die auf einem Bett lag. Das Zimmer stand voller Blumen, die Frau war nackt, dick und sehr rosa. Ich setzte einen kleinen Vogel auf ihr Knie. Heute gefällt mir das Bild nicht mehr. Der Körper der Frau ist leblos und zerfließt wie Pudding, die Blumen sind flach und alle gleich. Ich weiß nicht, warum ich damals so glücklich war über dieses Bild. Richard hängte es über unser Bett und nannte es die Marzipan-Venus. Später malte ich viele Leute auf einer Wiese. Es war schwer, sie gut zu verteilen, damit sie nicht langweilig aussahen. Ich versuchte es mit geschlossenen Augen. Ich tippte mit dem Pinsel, wo ich gerade hintraf. Die Bäume wie Grünkohl, die Menschen wie Schnecken. Damals fing ich an, mir Bücher über Malerei zu kaufen. Ich zeigte sie Richard nicht, er hätte mich ausgelacht. »Für wen malst du eigentlich?« fragte er mich an einem Abend, als ich lustlos an einem Korb Äpfel arbeitete und mir ein Lob holen wollte, indem ich ihn vor das Bild zog und ihn fragte, ob er das Bild kaufen würde, wenn er es hängen sähe in einer Galerie und nicht wüßte, von wem es sei.

»Ich male für mich«, sagte ich sofort.

»Und, bist du zufrieden?«

»Nein.«

»Es soll mir gefallen?«

»Nein.«

»Aber du fragst mich.«

Irgend etwas stimmte nicht, aber ich wußte nicht, wieso ich ihn immer fragte. Seit ich nicht mehr in der Galerie arbeitete, fragte ich ihn sogar, ob er mich schön fände, ob er mich dick fände, ob ich heute den warmen Mantel anziehen sollte.

Einmal, als ich vor dem Bett auf dem Boden hockte und mich nicht entscheiden konnte, was ich anziehen sollte, merkte ich, wie Richard plötzlich ganz aufgeregt wurde. Er wuchs, seine Schultern spannten sich, seine herabhängenden Arme wurden steif, schoben sich mit geballten Fäusten aus den Ärmeln.

»Weißt du, warum ich dich geliebt habe, gleich beim erstenmal, als ich dich sah?« Ich erschrak über den Ton seiner Stimme. »Du hast ein grünes Kleid angehabt, erinnerst du dich an das Kleid?« Seine Augen funkelten.

Ja, ich erinnere mich an das Kleid. Ich hatte es aus New York mitgebracht. Ich trug grüne Schuhe dazu, Schuhe aus grüner Eidechsenhaut. Mein Froschkönigskleid. »Schrei nicht«, sagte ich. »Das Kleid war ...«

»Es war scheußlich, du sahst aus wie eine grüne übervolle Plastiktüte, aber du warst so … so dreist, so unverschämt.« Richard sprach jetzt langsam und weich. Er schaute auf den Tisch, auf dem meine Pinsel in Terpentin weichten. »… wie du dich vorgebeugt und deinen Hintern gereckt hast, wie du dich auf den Tisch setztest mit weitgeöffneten Knien, wie du deine Haare herumschütteltest und den Mund aufrißt beim Lachen.«

Ich hatte ihn an diesem Abend erst gesehen, als er nackt und dürr neben mir auf dem Bett saß. So etwas passierte mir manchmal. Ich wußte nicht genau, wie ich auf mein Bett gekommen war. Er hatte seine Brille noch auf, und sie glitzerte angstvoll, als er in mein Gesicht schaute. »Soll ich gehen?« sagte er. Auf dem Boden neben uns stand ein großer Strauß Lilien, und in meiner Betrunkenheit konnte ich seine weißen Schultern und Arme nicht von den weißen Blütenkelchen unterscheiden. Sein Kopf auf dem langen Hals bog sich mir zu und duftete. Der Wind kam durchs offene Fenster und hüllte uns in einen feinen hellen Schleier.

Jetzt war ich unterwegs. Der Zug tauchte in einen Tunnel, und in der lärmenden Dunkelheit sah ich uns beide, Richard und mich, sah mich selbst auf dem Bett sitzen, einen grünen Sack. Ich verzog mein Gesicht in der Dunkelheit, aber wieder sah ich ihn sitzen; Richard, umgeben von den Lilien, seine Nasenflügel weit geöffnet, als wäre er eben aus einem See gestiegen und sei noch atemlos und fröstelnd vom Schwimmen.

Wann also war ich auf Reisen gegangen? War es an diesem Abend gewesen, als ich unsere beiden Gestalten verglich, auf dem Bett, während ich auf dem Boden hockte und in meinen Kleidern wühlte und Richard vor mir stand, zitternd vor Wut und ohne wirklich sagen zu können, warum er so wütend war? Nein, es war später gewesen, vielleicht in dieser Herbstnacht, als ich sagte: »Du bist jünger als ich … du wirst mich nicht mehr lieben, wenn ich alt bin. Wir haben noch ein paar schöne Jahre zusammen.« Ich weiß nicht, ob ich es genauso gesagt habe, ich wußte auch, während ich es sagte, daß es komisch klang, aufgesetzt, gestelzt, so sprach ich nie, so sprachen die Frauen im Fernsehen und in den Illustrierten. Ich weiß nur noch, daß ich im Dunklen über mich lachte, aber Richard machte das Licht an und richtete sich im Bett neben mir auf, als hätte ich ihn gezwickt. Er schüttelte sich, suchte nach Zigaretten, warf seine Brille vom Tisch, gähnte, sein Kinn zitterte dabei. Er tat, als hätte ich ihn gekränkt, dabei war ich es, die sich gekränkt fühlte von seiner Fröhlichkeit, von seiner Kraft, wenn er nicht schlafen gehen wollte und ich schon müde war, von der Art, wie er sich mit Leuten unterhielt, die ich langweilig fand, von seinem jungen Gesicht, wenn er bis Mittag schlief, ohne aufzuwachen, und ich schon vor meinen Bildern auf und ab lief.

»Ich will immer bei dir bleiben«, sagte er, und ich geriet in solche Wut, daß ich aus dem Bett sprang und fast aus dem Zimmer auf die Straße gelaufen wäre. Was fiel ihm ein? Wie konnte er mir das sagen, wenn ich fürchtete, ja eigentlich jeden Tag darauf wartete, daß er eine andere Frau mit diesem kurzsichtigen verschwimmenden Blick ansah, mit dem er mich ansah. Wie er mich ansah, wenn er mich umarmte und seine Brille abgenommen hatte, um mir sein Gesicht zu nähern, wie er mich ansah, wenn er neben mir im Bett lag und leise Tiergeräusche machte, knurrte und fiepte, nachdem wir uns geliebt hatten.

Vielleicht wollte ich schon damals aus dem Zimmer fortgehen und blieb, weil draußen der Regen in den Bäumen rauschte und die Autos so traurig und langsam an unserem Haus vorbeirutschten, umgeben von einer Wasserwolke, mit blinden Scheiben.

»Ich will immer bei dir bleiben.«

Einmal habe ich einem Mann diesen Satz gesagt, der mich

jetzt so wütend machte. Damals arbeitete ich in einer Kneipe und sparte für die Galerie. Die Galerie hatte ich schon machen wollen, als ich noch in der Schule war. Meine Mutter saß mit meinem Vater abends am Tisch und las ihm aus der Zeitung vor. Sie las so leise, daß man glauben konnte, sie wolle ihn einschläfern, und manchmal schlief er auch ein. Meine Mutter war Zeichenlehrerin gewesen, ehe sie meinen Vater heiratete. Mein Vater war ein Uhrmacher, und als seine schwachen Augen nicht mehr erlaubten, lange zu arbeiten, reparierte er Fahrräder, Schreibmaschinen und Haushaltsgeräte. Meine ganze Kindheit über standen abgestoßene Maschinen mit artig um den Leib gewickelten Kabel in unserem Gang und auf unserem Tisch. Nachts hörte ich das klägliche Surren von defekten Elektromotoren bis in mein Zimmer. Zu den sperrigen Fahrrädern hatte mein Vater eine zornige Rivalität entwickelt. Aus jeder Reparatur mußte er als Sieger über den törichten und simplen Mechanismus hervorgehen. Meine kleinen Geschwister hingen wie Kletten an meiner Mutter, wenn ich abends vor dem Spiegel über dem Ausguß mein Haar kämmte.

Ich glaubte, nicht atmen zu können in dieser Küche, die voller Menschen war, voller Schniefen, Husten und Weinen, voll vom Klappern der Töpfe, dem Zischen der Gasflammen, dem Rauschen des Wassers aus dem Hahn. In der Schule hatte ich einen Film gesehen, in dem Feldmäuse in ihrem Nest lagen: Das Nest war aufgeschnitten und durch eine Glasplatte gefilmt. Mir hatte gegraut bei diesem Anblick.

Beschwingt ging ich aus den Küchendämpfen hinaus auf die Straße. Weg von dem Wachstuchtisch, auf dem die Brote gestrichen wurden und die Milchpfützen standen. Ich arbeitete als Bedienung in einer Wirtschaft. Meine Mutter sah mich ungern davongehen, ich half ihr nur noch widerwillig im Haushalt, um meine Nägel nicht abzubrechen. Andererseits hatte sie bei meinem Vater durchgesetzt, daß ich die Schule verließ und arbeitete. »Schau dir an, was aus dir geworden ist«, das sagte sie nie, aber ich las es in ihrem Gesicht, wenn ich mit Kunstbüchern aus der Bibliothek nach Hause kam. In unserer Stadt gab es eine Galerie, und ich half dort aus, zum Frühlingsfest und zur Nikolausfeier. Ich schenkte Punsch aus. Es machte mir nichts aus, wenn mir jemand den Arm um die Schultern legte oder mich unterm Kinn faßte, um mir zu sagen, was für einen prächtigen Körper ich hätte. Ich lächelte und nickte, aber diese Worte machten mich ungeduldig. Mir war, als wartete ich mit zusammengebissenen Zähnen darauf loszulaufen. Fort aus der Stadt und aus der Küche und aus der Kneipe, in der ich die Biergläser wusch oder mit schläfrigem Gesicht hinter der Theke stand und abwesend zuhörte, wie die Männer von Hundezucht und von Automarken sprachen.

Der Mann, dem ich den Satz sagte, war mager und groß wie Richard, nur viel älter, oder vielleicht kam es mir damals nur so vor. Er hatte eine Weinhandlung und roch immer säuerlich nach verschüttetem Rotwein. So roch es auch in seinem Zimmer hinter dem Laden. Plakate hingen an den Wänden, und er erzählte mir von Paris und sah so melancholisch und krank dabei aus, daß ich ihn für anders hielt als die Männer, die ich sonst kannte. Manchmal, wenn er betrunken war, sprach er französisch, und ehe er das Bett aufdeckte, zündete er Kerzen an und flocht mein Haar in zwei Zöpfen. Ich wollte ihn mitnehmen aus der Stadt, wollte mit ihm fortgehen, weit weg, wo er keine Rotweinfässer hin und her rollen mußte, und wo wir abends am Fluß spazierengehen konnten, von dem er immer sprach. Einem Fluß mit Anglern und Liebespaaren.

Ich bin dann doch allein fortgegangen. Es war nach Weihnachten, und im Zug machte ich das Paket mit Stollen auf, das meine Mutter mir mitgegeben hatte, und konnte nichts davon essen, weil mein Hals wie zugeschnürt war. Ein Buchvertreter hatte mir eine Lehrstelle in einem großen Buchladen verschafft. Ich sollte bei meiner alten Lehrerin wohnen, die in die Stadt gezogen war.

Damals wußte ich genau, wohin ich reiste, oder ich glaubte es zu wissen.

Heute saß ich wieder im Zug, aber wohin ich wollte, wußte ich nicht. Ich hatte Geld abgehoben, ich fühlte das Paket in meiner Hosentasche. Ich hatte meine Taschen gepackt. Richard hatte nichts davon bemerkt, Richard war arbeiten gegangen, hatte gegessen und gelesen, hatte mich angesehen, schräg von unten und vorsichtig gefragt: »Was macht die Malerei?« Ich hatte ihm einen Brief geschrieben. Er lag auf dem Tisch. Meine Taschen standen über mir im Netz.

An meiner Hüfte befühlte ich ab und zu das Geldpaket. Wieder war es Winter. Die Landschaft flog weiß und unbeteiligt vor dem Fenster vorbei, Baumgruppen an Abhängen, Häuser mit wehenden Rauchfahnen, dazwischen die Stille der Felder mit Krähen darüber. Ich trank Kaffee aus einem Plastikbecher. Richard ging im Zimmer umher. Richard hatte meinen Brief gelesen. Richard ging auf und ab, mehr konnte ich nicht sehen. Mehr wollte ich nicht sehen. Richard las den Brief wieder und lächelte, nein, er schimpfte, schlug mit den Türen, er suchte nach mir – nein, er glaubte mir. Als ich krank war, hatte er meine Füße massiert, um sie zu wärmen. Am See, nachts im Park, hatten wir getanzt, über die dunkle Wiese hin, zwischen den Maulwurfshügeln. Ich hatte die Musik ganz deutlich gehört, und als ich sie ihm später im Bett vorsang, hatte er mitgesungen und behauptet, auch er hätte sie gehört. Richard, der sagte, wenn ich anfing, meine Zukunft zu zerpflücken: »Da will ich jetzt nicht mit dir hin, wo du gerade bist.«

Richard, der lachte, wenn ich über Freunde schimpfte, und sagte: »Laß sie doch, was kümmern sie dich, wir sind hier, du und ich, wir kochen jetzt Tee, alles andere zählt nicht.«

Eine chemische Reaktion, hatte Richard einmal gesagt, als ich ihn fragte, was die Menschen zueinanderzöge, wenn sie sich nacheinander sehnten, nach Küssen und Umarmungen.

Er hatte es gesagt, um mich zu ärgern. Ich mochte es nicht, wenn er von seiner Arbeit sprach, nicht, wenn er mir damit auswich, auf Fragen, die ich so beantwortet haben wollte, wie ich es mir vorstellte.

Ein Tropfen fällt in eine Flüssigkeit, und die Flüssigkeit kristallisiert. Gab es ein Geräusch dabei?

Ich sah dieses Bild oft vor mir, der Tropfen, der eine Flüssigkeit gänzlich und unwiderruflich verändert. Seit Richard bei mir lebte, seit ich ihn so nah an mich herangelassen hatte, veränderte sich alles um mich her, nein, ich hatte mich verändert. Die Frau, die ich früher gewesen war, erschien mir stark und unabhängig. Hatte ich früher jemals Angst gehabt?

Ich saß im Zug, und meine Empörung ließ mich die Fäuste ballen. Und jetzt sagte er zu mir, wir würden immer zusammenbleiben. Wie konnte er das sagen, was wollte er mir antun mit diesem Versprechen? Der Orangenschnitz in meinem Mund wurde bitter. Ich spuckte ihn aus.

Richard, der mit den Zähnen in die Schale von Orangen biß.

Ich mußte mich retten.

Am Anfang meiner Reise glaubte ich, im Zug sicher zu sein. Ich glaubte, Ruhe zu finden und mich nach und nach wieder zusammenfügen zu können, manchmal glaubte ich, mein Gesicht im Spiegel sähe wieder so aus wie früher. Jünger, kantiger und fröhlicher. Ich fuhr ohne Ziel, stieg aus, wenn mir der Name der Stadt gefiel, in der wir hielten, stieg in den ersten Zug, der am Morgen wieder abfuhr. Ich genoß es, in fremden Städten herumzulaufen und abends in einem Hotelbett einzuschlafen. Ich hatte mir immer gewünscht, so zu reisen. Ich lächelte, wenn ich durch die Bahnhofshalle ging, ich pfiff, wenn ich die Formulare im Hotel ausfüllte. Ich bestellte in Restaurants große Platten mit Braten und Gemüse, ohne viel davon zu essen.

Dann kam der Nachmittag, an dem ich nicht aussteigen

konnte und weiterfuhr, die ganze Nacht. Ich blieb zurück, eingesperrt zwischen schlafenden Mitreisenden. Ich lauschte den seltsamen Stimmen der Lautsprecher auf Bahnhöfen, die ganze Nacht, wartete auf ein Zauberwort, das den Bann brach und mich befreite. Später, als ich doch ausstieg, getragen vom Aufbruch der Leute um mich her, war es schon Morgen. Und ich blieb auf den Bänken vor der Milchbar sitzen, unfähig, ein Hotel zu suchen. Mein Glücksgefühl der ersten Tage kam nicht wieder. Wie ich mich auch mühte, mich leicht zu machen und treiben zu lassen, ich wurde immer schwerer und langsamer. Die Tage verwirrten sich, die Städte glichen einander, ich sah dieselben Menschen zu mir ins Abteil steigen und dann ihre Koffer vom Netz heben und gehen. Es war, als bewegte ich mich nicht mehr fort, obwohl draußen die Brückenpfeiler vorbeisausten und der Himmel sich veränderte.

Nachts lag ich wach und besuchte in Gedanken alle Männer, die mich geliebt hatten, vor Richard, und ehe ich so steuerlos durch meine Tage zu schwimmen anfing.

Holger war mit mir in Indien gewesen, Frisko hatte mich verlassen, von anderen Männern wußte ich nicht mehr viel, ihr Lachen fiel mir nicht mehr ein, ihre Gesichter, ihre Hände. In meinem Hotelbett am Abend telefonierte ich mit Frisko. Ich war erleichtert, daß ich noch sprechen konnte, ich hatte viele Tage nicht gesprochen, meine Stimme klang lebendig und hell. Ich lachte, als Frisko lachte. Ich habe Frisko besucht und auch Holger, aber das war später, da hatte ich schon meine Haare abgeschnitten. Ich rief Holger an, ich sagte ihm, ich käme in seine Stadt, am nächsten Morgen wäre ich da.

Holger war zum Bahnhof gekommen. Wir saßen in der Bahnhofsgaststätte. Ich hatte meinen Mantel nicht ausgezogen. »Kann ich bei dir wohnen?« sagte ich, als das Bier vor uns stand. Holger ließ den Kopf hängen und sah mich von unten herauf an. Ich glaube, das war, nachdem ich meine Tasche mit

Büchern und Zeichensachen verloren hatte. Vielleicht hatte sie mir auch jemand genommen, nachts in einem Bahnhof wie diesem. Ich zog den Mantel nicht aus. Holger drehte an seinem Glas und sah mich weiter an. Am Telefon hatte er fröhlich geklungen, aber jetzt saß er müde und grau vor seiner Ledertasche, die zwischen uns auf dem Tisch lag.

»Ich arbeite jetzt als Steuerberater«, sagte er. »Ich hab einen Kurs gemacht, vor zwei Jahren. Was macht die Galerie?« Mit Holger war ich in Indien gewesen. Er hatte mich jeden Tag besucht, als ich mit einem entzündeten Fuß im Bett lag. Nicht im Bett, auf dem Boden, bei einer christlichen indischen Familie, die dafür später bei mir wohnte. Eine nicht abreißende Reihe von dunkelhäutigen kleinen Männern, die immer wieder vor meiner Tür standen, frierend und wortlos. Schmächtige Gestalten in abgetragenen Anzügen, die nachts in dem Kämmerchen neben der Küche stöhnten und im Schlaf sprachen und in der Küche einen scharfen Geruch nach Gewürzen hinterließen, wenn sie wieder verschwanden.

Holger hatte geglaubt, ich müsse sterben, damals, und der brahmanische Arzt hatte sich nicht mehr in mein Zimmer gewagt, wenn Holger neben mir auf dem Boden hockte und Verwünschungen ausstieß.

»Die Galerie habe ich aufgegeben«, sagte ich. »Ich bin jetzt unterwegs.«

»Wohin unterwegs?« fragte Holger mißtrauisch. Früher hatte er mich verstanden oder so getan, als verstünde er mich. Wir hatten nur einen Rucksack zusammen in Indien und lachten über Leute, die Koffer bei sich führten und Reiseziele abhakten.

»Weißt du, ich bin jetzt endlich zur Ruhe gekommen«, sagte Holger, er lächelte traurig. »Einmal muß Schluß sein. Einmal muß man erwachsen werden, sagt Lila.« Er warf mir einen vorsichtigen Blick zu. »Was ist mit deinen Haaren los?«

»Schluß mit was?« fragte ich.

»Lila gibt mir sowas wie eine Chance«, sagte Holger, »sie ist ganz anders als ich, sie hat ein Ziel.«

»Du hast doch studiert damals, was war's, Betriebswirtschaft oder Jura.« Jetzt lachte er, und ich sah ihn im Wasser stehen, die langen Haare hingen ihm ins Gesicht. Er hatte ein rotes Tuch um die Stirn gewickelt und hob die Arme zum Himmel. Wo war das gewesen?

»Hast du Kinder?« fragte ich. Er schüttelte den Kopf, und nach einer Weile sagte er tapfer: »Wir sparen.«

»Hast du mich geliebt damals?« fragte ich. Ich sah hinüber zu den Fahrplänen an der Wand. Ich mußte weiter.

»Ich glaube, ich habe dich damals gebraucht«, sagte Holger, »du warst viel mutiger als ich und viel verrückter. Ich wollte so sein wie du. Warum hast du die Galerie aufgegeben – Geldgründe?« Und als ich nicht antwortete, trank er aus seinem Glas und sagte langsam: »Ich bin zufrieden, weißt du, wir sind zufrieden. Du hast immer gesagt, ich bin ein Pinguin, ich kann nicht fliegen. Auf meinen Spiegel hast du's geschrieben, damals, als du auszogst.« Er lächelte, jetzt gefiel er mir gut. Seine Augen waren auf mich gerichtet, und das machte mich ängstlich und traurig.

Im Zug später aß ich eine Roulade im Speisewagen. Ich hatte Lust, ein Bad zu nehmen.

»Dieses Bein ist das Wichtigste, was es für mich gibt«, hatte Holger geschrien und den entsetzten Arzt an die Wand gedrückt. »Dieses Bein bedeutet mir alles, Ihnen ist es ganz egal.«

Holgers Telefonnummer hatte ich aus Freudenstadt mitgebracht. Friskos Frau hatte sie mir aufgeschrieben.

Zuerst hatte ich gedacht, ich würde immer bei Frisko und seiner Frau bleiben. Frisko hatte sich kaum verändert, und seine Frau sah aus wie er, ich sprach mehr mit ihr als mit ihm. Beide waren klein und rundgesichtig, beide hatten lockiges braunes Haar, auch die Kinder sahen aus wie kleine Ausgaben der Eltern. Sie setzten mir die Kinder auf den Schoß und legten eine Matratze ins Wohnzimmer. Bald rührte ich in Schüsseln und schnitt mit ihnen Gemüse. Frisko malte anders als früher. Damals hatte er kleine Bilder aus Zeitungsausschnitten geklebt und später übermalt. Jetzt füllten seine riesigen Pinselstriche die ganze Leinwand wie verknäulte Spaghetti.

Ich saß am Tisch und versuchte mich zu erinnern, wie Frisko mit mir im Bett gelegen hatte. Er zupfte trockene Tomatensauce von der Backe seiner Frau. Ich erinnerte mich an unsere Tage wie an eine Geschichte, die ich vor langer Zeit gelesen hatte, aber ich wußte nicht mehr, was ich beim Lesen gefühlt hatte. Seine Hände, die an dem Wachs der Kerze drückten, sein Mund, der sich öffnete, um den Löffel einzulassen, seine rote kurze Zunge, wenn er hustete. Martha buk einen Kuchen, und ich umarmte sie. Die Küche war warm, und die Kinder krochen zwischen unseren Beinen hin und her. Als Frisko mich verließ, hatte ich tagelang nicht essen können. Er war noch einmal zurückgekommen nach zwei Wochen, um mich zu umarmen an einem Nachmittag, an dem es regnete. Als er plötzlich in der Galerie zwischen den Leuten stand und seinen Hut auf meinen Schreibtisch warf, hatte ich geglaubt, er sei zu mir zurückgekommen, und mein ganzer Körper war weich und hell geworden.

An dem Abend, an dem ich kochen wollte für Friskos Familie, Ente mit Rotkohl, schnitt ich mir die Haare im Bad über dem verstopften Ausguß. Ich legte meine Strähnen auf die Zelluloidenten und Rasierapparate. Ich warf einige zur schmutzigen Wäsche. Es ist wahr, daß ich den ganzen Tag Weißwein getrunken hatte. Ich weinte und schnitt in die zähen Haarbüschel. Ich hatte nicht gewußt, wie viele Haare ich hatte.

Danach hatte ich nicht bleiben können.

Ich schaute jetzt den Menschen, die mit mir im Abteil saßen, ins Gesicht und versuchte mir vorzustellen, wie sie als Kinder ausgesehen hatten, wie es war, wenn sie weinten oder lachten, und ich ließ sie nach Hause kommen in eine Wohnung, die ich ihnen gab. In einen dunklen Gang, in dem es nach Bohnerwachs roch, in ein Schlafzimmer mit einem plumpen Spiegelschrank und einem zerwühlten Bett. Ich gab ihnen eine Arbeit, versuchte, ihre Hände zu beobachten, die Maschinenteile zusammenfügten oder in der Erde gruben, die Papiere bündelten und Kuchenteig kneteten. Wenn jemand mit mir sprach, ließ ich mich sogleich auf ein Gespräch ein.

Manchmal überkam mich eine große Trauer, wenn sie ausstiegen, und ich hatte Lust, auch auszusteigen, sie zu bitten, mich mitzunehmen, nach Hause.

Manchmal nachts, wenn ich an einer Stadt vorbeifuhr und die erleuchteten Fenster eines Hauses sah, wurde mir die Brust eng, und ich wußte nicht, warum.

Eines Nachts in einem Hotel lernte ich eine Frau kennen, die mir von ihrer Augenoperation erzählte. Sie trug eine dicke Brille und sagte mir, daß alles anders und schön aussähe, nachdem sie so lange hatte glauben müssen, sie würde nie mehr sehen können.

An die Brille im Gesicht meines Vaters konnte ich mich nicht erinnern.

»Seine Augen werden immer schlechter«, sagte meine Mutter leise und machte eine Kopfbewegung zu meinem Vater hinüber, der am Fenster saß und in die Dämmerung hinausschaute, ohne sich zu regen.

»Du bist einsam.« Die Frau nahm ihre Brille ab und zeigte mir ihr nacktes Gesicht unter der Lampe. Ihre Augen sahen hilflos aus und ängstlich ohne die dicken Gläser.

»Mein Freund hat mich verlassen wegen einer anderen Frau«, sagte ich. Eine Gänsehaut überlief mich bei dieser Lüge. Das hatte ich nicht sagen wollen, und doch fühlte ich in diesem Augenblick eine solche Wut und einen solchen Schmerz, daß ich meinen Worten fast selber glaubte.

»Ach ja«, die Frau setzte ihre Brille auf und nickte. »Ach ja, ach ja, dabei ist die Welt so schön.«

Wir saßen auf meinem Bett, und sie zeigte auf die Flaschen und Gläser auf dem Tisch, auf meine Schuhe und das Bild zwischen den Fenstern. Ein verschneiter Berg war darauf. In dieser Nacht schneite es stark. Ich versuchte, Richard anzurufen. Aber vielleicht hab ich das nur geträumt.

In einer Stadt, die Feldkirchen hieß, kam ich an einem trüben Morgen an und wußte nicht mehr, wen ich dort suchte. Ich hatte meine Liste verloren. Ja, ich hatte eine Liste gemacht, eines Abends in einem Restaurant, in dem die Ober mir ein Bier nach dem anderen hinstellten.

An diesem Abend fürchtete ich mich davor, in mein Hotel zu gehen. Dabei wußte ich nicht mehr genau, ob ich überhaupt schon eines gefunden hatte. Ich suchte unter dem Tisch nach meiner Tasche, fand sie aber nicht. Darüber geriet ich in solche Angst, daß ich fast geschrien hätte. Erst als ich meinen Geldbeutel und meinen Paß in der Manteltasche ertastete, beruhigte ich mich etwas. Der Mann, der mir das Bier brachte, hatte mich beobachtet, und nun trat er an den Tisch und rückte die Salz- und Pfefferbüchsen zurecht. »Etwas nicht in Ordnung?« fragte er mich. Ich schüttelte den Kopf, aber ich hatte Lust, nach seiner Hand zu greifen, die er auf die Tischkante stützte. Eine große Hand mit schwarzen Haarbüscheln auf den Fingergliedern.

Als sie anfingen, die Stühle auf die Tische zu stellen und die kleinen Kerzen auf den Tischen auszublasen, stand ich auf. Der Mann, der mich bedient hatte, nahm das Geld entgegen und sagte: »Warte.« Er sagte es so ruhig und freundlich, daß ich stehenblieb und zusah, wie er die Tafel über der Theke putzte und das Licht auslöschte. Er zog eine Jacke an, winkte den anderen Kellnern, die an einem Tisch zusammensaßen, und ging vor mir her auf die Straße hinaus. »Komm«, sagte er. Und ich ging mit. Mir war ganz wohl und getröstet zumute. Ich war auf dem Weg nach Hause. Dieser Mann würde mich nach Hause führen. Ich sah mein Bett, die gelbe Lampe, die Bücher auf dem kleinen Tisch am Kopfende. Richard wartete schon auf mich. Ich ließ mich an die Hand nehmen und durch die Dunkelheit führen, an Abfalltonnen vorbei, an Toreinfahrten vorbei. Der Mann sagte mir seinen Namen, aber ich vergaß ihn gleich wieder, es war nicht nötig, mir das zu merken. »Und du?« fragte er, es schien ihm wichtig zu sein. »Johanna«, sagte ich gutmütig. »Schön«, sagte er. Sein Zimmer war sehr kalt, und dem Bett gegenüber hing ein Plakat, auf dem ein Mann in durchsichtiger Rüstung von Luftblasen umgeben mit einem großen Fisch kämpfte. Ich wachte mitten in der Nacht auf, weil jemand neben mir hustete und im Schlaf klagte. Der Fisch schwamm im kalten Licht der Straßenlampe unter der Zimmerdecke hin auf mich zu. Im Halbdunkel konnte ich meine Sachen nicht finden. Ich ließ kein Auge von dem Fisch, während ich in meine Stiefel schlüpfte und im Mantel nach meinem Geldbeutel suchte. Der Mann wachte auf und starrte mich über die Wolkenmauer des Federbetts hinweg an. Ich weiß nicht, ob auch er den Fisch sah. Mein Atem dampfte um uns herum, als er sich übers Bett warf und meine Beine umschlang. »Bleib hier, warte.« Mein Schal senkte sich auf sein Gesicht wie ein Schatten. Er hielt mich fest, ich schlug um mich, stieß ihn zurück, kam los und stolperte durch einen eiskalten Gang, die Treppe hinunter.

Die Liste fand ich später in meiner Manteltasche und warf sie fort.

Auf ihr hatte ich alle Männer aufgeschrieben, die mich einmal geliebt hatten. Ich versuchte, sie mir vorzustellen, machte ein Bild von jedem, legte sie wie Schablonen übereinander, um zu sehen, ob sie sich deckten, stellte mir vor, wie daraus eine einzige Gestalt entstand. Aber es entstand nur ein dunkler verwirrter Knäuel von Armen, Beinen, Köpfen und Haaren. Ich konnte den Punkt, an dem sie übereinstimmten, nicht finden. Eines hatten sie alle gemeinsam, das wußte ich, sie waren nicht bei mir geblieben, aber so sehr ich mich auch mühte, mir vorzustellen, wie dieser Punkt aussah, es gelang mir nicht.

Nun stand ich in einer Stadt, die Feldkirchen hieß, auf dem Markt, und es war Morgen.

Mittags im Zug, der mich schaukelte und mir leise zuredete, »tarang, tatatatarang«, kam Richard durch den Gang und ging an meinem Abteil vorbei, ohne mich anzusehen. Ich wußte wohl, daß er es nicht war, und doch geriet ich jedesmal in Aufregung, wenn ich glaubte, ihn zu sehen. Es war nicht so, daß die Leute, die ich für Richard hielt, wie Richard aussahen. Es genügten mir kleine Dinge, wie jemand den Rauch aus der Nase blies, wie jemand die Beine übereinander schlug oder die Stirne ans Fenster lehnte, und ich sah Richard vor mir, ganz so, wie er aussah. Das Schlimme daran war, daß ich wußte, ich spielte ein Spiel, das gefährlich war. Aber ich mußte es weiterspielen wie unter einem Zwang. Vielleicht war es so, wenn man anfing, verrückt zu werden, vielleicht fing das so an und wurde dann immer schlimmer, bis die Welt am Schluß nur noch mit Richards bevölkert war. Manchmal wünschte ich mir, ich würde endlich so weit sein und nicht mehr darum kämpfen müssen, die Leute neben mir als das zu erkennen, was sie wirklich waren. Ein Mann, der seine Pelzstiefel auszog und anzog, eine junge Frau, die müde in ihren Mantel gedrückt eingeschlafen war und zu den Bewegungen des Zugs mit dem Kopf nickte.

Am Abend in einer Bar sah ich ihn wieder. Fast war ich erleichtert, fast lehnte ich mich zurück wie jemand im Kino, wenn der Hauptfilm anfängt.

In Feldkirchen stand ich auf dem Markt und betrachtete die Äpfel und Zwiebeln. An den nackten bläulichen Hühnerleibern ging ich vorbei. Meine Tasche war so leicht, daß ich sie hin und her schwang wie ein Kind beim Einkaufen. So hatte ich als Mädchen einmal den Geldbeutel verloren, die Handschuhe, den Hausschlüssel.

Am Würstchenstand überlegte ich, wer in dieser Stadt wohnte. Ich wußte nicht genau, ob ich den Mann suchte, der mir einmal ein Auto geschenkt hatte. Ich wußte auch nicht mehr, wie er hieß. Ich lehnte den Kopf an die Holzwand und dachte nach. Dann fiel mir ein, daß ich schon bei ihm gewesen war. Das war, ehe ich mir das Haar abschnitt. Er hatte mein Haar um seine Finger gewickelt und mir geraten, zu Richard zurückzukehren, und er hatte mir Geld angeboten. Das war in seinem Büro, hoch über den Bäumen des Parks. Er saß hinter dem Tisch und ich davor, im Mantel, die Tasche auf dem Schoß. Damals war sie noch schwerer. Ich aß noch ein Paar Würstchen. Die Handschuhe zog ich nicht aus. Noch hatte ich Geld, das fühlte ich, wenn ich einen Schein aus dem Packen zog. Der Widerstand war groß.

In Feldkirchen kannte ich niemand.

In der Bar sah ich Richard wieder. Draußen war es noch hell, aber das vergaß ich unter der leuchtenden Reklameschrift. Sie stand im Dunkel des Raums wie eine nächtliche Botschaft.

Richard lehnte sich zu dem Mädchen hinüber. Er hatte ein rotes Gesicht, beide hatten rote Gesichter, neben der Kaffeemaschine in der roten samtigen Luft. Die runden Neonbuchstaben zitterten manchmal, als stiege heiße Luft auf von den Schultern des Mädchens, die sich aus dem schwarzen Kleid hoben wie rote glänzende Plastikteile. Richard schob ihr das Haar vom Hals, auch dieses Haar dunkelrot und glitzernd, Glaswatte, schneidend, aber seine Hand fühlte es nicht. Sein Profil mit der schweren Unterlippe. Ich kannte diese Unterlippe. Wenn er sich zu mir neigte, wenn sein Gesicht mißmutig wurde und sich auflöste. Die Unterlippe hing schwer, entblößte die untere Zahnreihe, zog seinen willenlosen Kopf zu mir herunter, so daß er immer wie erstaunt auf mich stieß, auf meinen Mund, auf meinen Hals.

Das Mädchen machte runde Augen und sagte: »Was ist?« Zu mir. Richard hatte sich davongemacht. Immer machte er sich davon, wenn ich ihn sah mit einer anderen Frau. Im Warteraum schlief er mit abgekehrtem Gesicht, die Finger mit den Fingern seiner Nachbarin verschlungen. Er ging über den verschneiten Platz vor dem Brunnen Arm in Arm mit einer lachenden Frau. Nachts sah ich seinen Körper in nicht endenden klebrigen Umarmungen zwischen Decken und Kissen, sah seine Hände auf Knien liegen, seine Finger sich in weiches Fleisch graben, sah seinen feuchten glitzernden Nacken, wenn er sich vornüber beugte.

Ich wachte auf und wußte nicht, wo ich war. Ein Zimmer wie alle Zimmer, Morgengeräusche in einem Hotel. Immer hing mein Mantel über dem Fußende, standen meine Stiefel vor dem Bett, lag meine Tasche neben mir wie ein gelbes faltiges Tier.

Das Mädchen trank mit mir. Wir tranken einen klaren Schnaps, in dem eine Pflaume lag. Das hatte sie bestellt. »Magst du Frauen?« fragte sie mich. Sie war sehr jung und prustete bei dieser Frage in ihre Hand, die sie vor den Mund hielt. »Ich dachte nur, du hast mich angeschaut wie ein Mann.« Ich schüttelte immer noch den Kopf. »Ich hab an einen Mann gedacht und mir vorgestellt, er wäre hier«, sagte ich. »Seh ich aus wie der?« Wie sollte ich ihr erklären, daß ich Richard immer mit allen anderen Frauen sah. Ich wußte auch nicht, warum ich nicht damit aufhören konnte, ihn jeder Frau zuzugesellen, ich schloß Wetten mit mir ab, ich wartete, wie er sich diesmal an sie heranmachen würde. Es war immer anders und immer entsetzlich. Ich haßte ihn dafür.

Meine Mutter hatte nie gesagt, daß sie meinen Vater haßte. Sie saß am Tisch und winselte. Sie winselte durch die Nase, ein zusammengebrochenes Tier. Ich sah in ihr Gesicht, sah, daß sie den Mund nicht aufmachen konnte und fast erstickte an den fürchterlichen Tönen, die aus ihrer Brust heraufdrängten. Ich konnte sie dort drinnen wachsen sehen, diese langen zitternden Töne. Der Stoff des Kleides wölbte und spannte sich. Manchmal dachte ich, sie würde ein Ungeheuer ausspucken, wenn sie die Zähne auseinander brachte. Vielleicht wollte sie mich schützen. Damals arbeitete mein Vater noch als Uhrmacher. Damals hatte er noch einen schwarzen Schnauzbart und schöne weiße Hände.

Ich wußte, er war bei »der da«. So nannten sie die Nachbarinnen, die mit ihren Kopftüchern nickend an unserem Küchentisch saßen, »die da« sagten sie. Ich kannte sie. Am Morgen, wenn ich zur Schule ging, machte sie ihren Laden auf. Zigaretten und Zeitungen, immer lächelte sie mir zu. Immer schaute ich weg, immer sah sie so aus, als mache es ihr Spaß, die Zeitungen hinter die Drähte neben der Ladentür zu klemmen. Auch wenn ich in den Laden trat, um Zigaretten für meinen Vater zu kaufen, drehte sie sich so schnell und anmutig zu den Regalen, als tanze sie, reichte mir die Schachteln und sah mich dabei an, als hätten wir beide ein Geheimnis zusammen, ein wunderbares Geheimnis, das sie glücklich machte. Ich konnte sehen, daß sie schön war, obwohl ich sie mir inbrünstig häßlich wünschte. Ich konnte sehen, daß ihr Haar feine Strähnchen auf ihre Stirne legte. Ich sah, daß ihre Schultern gerne und leicht die Arme trugen und ihre Wimpern dicht waren und blond wie bei einer Schaufensterpuppe. Sie heiratete einen Mann aus der Stadt und zog fort, das war die Zeit, als mein Vater oft die Hände auf die Augen legte und manchmal tagelang im Schlafzimmer blieb, in dem Bett neben dem anderen leeren Bett, in das meine Mutter sich nicht mehr legte. Sie schlief bei uns Kindern auf dem Boden. Meine kleine Schwester lag noch in einem Korb, aber im Bauch meiner Mutter wuchs schon mein Bruder, das hatte sie mir erzählt und mein

Gesicht dabei an ihre Schürze gedrückt, daß ich nichts sagen konnte.

Einmal wachte ich nachts auf und sah meinen Vater im Mondlicht bei der Mutter liegen. Er weinte und seine Schultern zuckten. Das Gesicht meiner Mutter war mir zugekehrt, mit offenen Augen, bewegungslos. Seine Hand lag auf ihrem Bauch, der hell leuchtete wie ein kleiner Mond.

Zwei Männer, die zu mir ins Abteil stiegen, gaben mir aus einer Thermosflasche Kaffee zu trinken. »Sind Sie krank?« fragte mich der eine, er hatte stoppeliges Haar, wie eine Bürste, aus der schon viele Borsten gefallen sind. Er machte mich mißtrauisch mit dieser Frage. »Lassen Sie mich zufrieden«, sagte ich und bemerkte wohl, wie er einen Blick mit seinem Freund tauschte. Sie sprachen nicht mehr mit mir, aber ich hörte im Halbschlaf, wie sie von Booten sprachen, von Anlegestegen und Fischrevieren. Als sie ausstiegen, ging ich ihnen nach. Ich sehnte mich nach dem Anblick eines Sees, ich wußte plötzlich, daß ich gesund werden würde, wenn ich eine weite Wasserfläche sehen konnte, jeden Tag durch die Uferbäume und nachts, unter dem Mond. Das leise Geräusch von Wellen am Ufer. Richard würde kommen und mich besuchen. Ich lag in einem Stuhl im Schatten des Efeus auf dem Balkon. Ich hatte so lange auf ihn gewartet. War ich nicht immer unterwegs zu ihm? Wie weit mußte ich noch reisen, um anzukommen? Aber dann fiel mir ein, daß er eine andere liebte, und ich blieb stehen, um tief zu atmen. Ich durfte mir nicht erlauben, das zu vergessen. Ich mußte noch weit reisen, um das zu vergessen.

In der Silvesternacht stieg ein Feuerwerk über dem See hoch. Ich lief ohne Mantel hinaus und stand unter den Bäumen am Ufer. Die Boote lagen wie Riesenschildkröten im Winterschlaf unter dem Schnee. Ich hatte im Dorfladen Papier gekauft und versucht, den See zu zeichnen. Meine Finger zogen Oval neben Oval, einen Bilderbuchsee, auf dem Enten schwammen, blau wie Enzian, aber dann wurde es ein kalter, flacher Stein im Grün der Büsche, er schnitt in die Büschel wie ein rundes Messer.

Der Wirt hatte mich gefragt, wie lange ich bleiben wollte, und ich hatte für drei Nächte bezahlt. Ich hatte keine Tasche bei mir, und mein Lammfellmantel war schmutzig. Ich sah im Gesicht des Wirtes, daß ich ihm angst machte. Meine Augen waren entzündet und rot. Am Morgen konnte ich sie nur schwer öffnen, und den ganzen Tag rieb ich kleine gelbe Sandkörner aus meinen Wimpern.

Auf meinem Bettzeug waren blaßlila Rosen gedruckt. Nachts konnte ich sie riechen, ich lag in Bergen von feuchten modernden Blumen wie eine Tote. Ich sagte mir, daß man mich aus Liebe mit so vielen Rosen bedeckt habe, daß schon die ägyptischen Frauen in solchen Rosen begraben wurden, daß schon die Leichen der Steinzeitmenschen mit Rosenblättern bestreut wurden, ehe man Erde über sie häufte.

Wie immer fragte ich am nächsten Tag auf der Post nach einem Brief. Aber Richard schrieb nicht, und ich nahm den Bus, der vor der Post hielt, und fuhr lange am See entlang, vorbei an Enten und Schwänen, an Männern, die mit ihren Hunden am Eis entlanggingen, und an Kindern, die Schlittschuh liefen.

Warum antwortete Richard nicht auf meinen Brief? Ich hatte ihm geschrieben, daß er mich nicht liebe. Ich hatte ihm geschrieben, er wüßte nicht, wer ich wirklich sei. Ich hätte ihn genarrt wie alle anderen. Wenn er mich liebte, hätte er mich erkennen müssen.

Er konnte mich nicht finden, wie sollte er mich finden, wenn er mich gar nicht erkannte. Er würde mich suchen und eine andere Frau finden.

Ich wollte gefunden werden von ihm und hoffte, er würde mich nicht finden.

Ich, ich hatte ihn erkannt. Ich hatte ihn immer schon gekannt. Aber ich hatte keine Kraft mehr gehabt zu warten, bis er sich mir zu erkennen gab. So waren wir beide vorsichtig miteinander umgegangen. Ich sah uns tastend durch das Zimmer aufeinander zugehen und aneinander vorbei. Wie hatte er mir verbergen können, daß er mit all den Frauen zusammen war, mit denen ich ihn jetzt sah? Wie hatte ich ihm verbergen können, daß ich gar nicht mehr mit ihm lebte, sondern längst unterwegs war durch den Winterhimmel, ein gelber schmutziger Ballon. Unser Zimmer hatte keine Decke, der ungeheure Himmel saugte mich zwischen den Tischen und Stühlen heraus, und der Wind blies mich fort. Er hatte nichts bemerkt.

Trotzdem ging ich wieder auf die Post. »Ich habe früher lange Haare gehabt«, sagte ich zu dem Mann hinter dem Schalter. »So lang.« Ich zeigte ihm, bis wohin die Haare gereicht hatten. Vielleicht gab er mir den Brief nicht, weil er mich nicht erkannte.

Am Morgen war ich aus dem Zug gestiegen. Es war noch dunkel gewesen, und jetzt, nachdem die Kioske geöffnet hatten, trank ich Kaffee. Die Marmorbank, auf der ich saß, war warm. Ich hörte der Bahnhofsstimme zu und genoß die Wärme, die durch meinen Mantel stieg. Ich konnte meinen Körper riechen. So roch kein Mensch, der lebte, so roch jemand, der todkrank war. Aber meine Hand hob den Becher weiter zum Mund, und meine Lippen tauchten wieder in die heiße Flüssigkeit ein. Ich war sehr müde. Ich war so müde, daß ich meine Augen nicht mehr auf irgend etwas richten konnte. Die Leute verschwammen zu zusammengeballten bunten Papierknollen, die Lichter schmolzen und zerliefen zu eisigen Schlieren, die mir in die Augen schnitten. Meine Stiefelspitzen lagen weit unter mir, tief unten, ich durfte nicht hinuntersehen, sonst würde mir schwindelig werden.

»Ich möchte nach Hause«, sagte ich zu der alten Frau, die

sich neben mich gesetzt hatte. Sie nahm viel Platz ein auf der Bank mit ihren Plastiktüten, die alle prall gefüllt waren. Sie hatte eine rote Wollmütze auf, an der eine Papierblume festgemacht war, die über ihrer Stirne hing. Sie betrachtete mich mißtrauisch und sammelte ihre Plastiktüten enger um sich, sah hinein, stopfte hier und da etwas fest, ließ ihre Beine baumeln. Ich fürchtete mich vor ihr. Aber es war so, daß ich mich jetzt vor allen fürchtete. Nicht, weil mich in einer Nacht jemand geschlagen hatte, ehe ich die Augen richtig aufbekam. War das in einem Hotel gewesen? Jemand hatte mir wehgetan, meine Handgelenke gedrückt, mir glühendheiße Spuren über die Backen gezogen, am Hals entlang. Mein Kopf war hin und hergependelt, blind und losgelöst vom Körper, der auf dem Boden lag oder auf einem Bett. Ich versuchte mich wieder so hinzulegen wie damals, versuchte mich wieder dort hinzuwälzen, wo ich im Dunkeln von diesen schneidenden Händen gezerrt und gebogen wurde. War es im Zug gewesen? Aber kein Bild kam. Nur der entsetzliche Geschmack in meinem Mund, der Geruch nach Tod, der auch jetzt aus meinem Mantel aufstieg.

Die Feuersbrunst von Richards Gesicht zuckte über die weite Halle, schmolz die Fenster, die Uhr, die hellen Metallhäuschen, die gläsernen Schalteraugen. Die verwischten Gestalten, die um mich herquirlten und wimmelten, glommen zu Asche. Richards Gesicht. Er hatte ein schwarzes Bärtchen, und seine Augenhöhlen waren leer und rot.

Ich wußte, daß die Reise zu Ende war. Ich wußte es schon lange, aber ich fühlte mich so ängstlich bei dem Gedanken, daß ich mich gegen ihn stemmte. Jetzt, auf der warmen Bank, gab ich nach.

Ich war zu Hause gewesen – wann war das? Ich konnte mich nicht erinnern, nicht an mein Dorf, an die Straßen meiner Kindheit, nicht an mein Gefühl, als ich aus dem Zug stieg, war es abends gewesen und welcher Abend von den vielen Abenden im fallenden Schnee, hatte es geschneit?

Wann war das gewesen.

Ich stand in unserer Küche. Sie sah sehr eng und unwirklich aus. Jemand hatte versucht, das Bühnenbild für meine Kindheit aufzubauen, nicht gut, nicht wie es wirklich war, nur so, wie es hätte sein können. Die Wände aus Papier, der fettige Ausguß, mit Farbe präpariert. Die Uhr an der Wand bewegte ihre Zeiger nicht. Hatte ich da noch meine langen Haare? Ich muß meine Haare noch gehabt haben. Meine Mutter kam herein, und sie sagte: »Johanna, bist du das wirklich?« Sie sagte nichts von meinen Haaren. Auch sie sah klein aus, geschrumpft für diese Zwergenküche, aber ihre Augen waren wie immer, sprangen an mir hinauf und hinunter, glitten zur Tür, hinter der mein Vater im Bett lag, rutschten zum Ofen, wo Wasserdampf aufstieg. Jetzt fiel mir ein, wie mein Vater mein Haar betastet hatte. Er konnte mich nicht sehen. »Es geht uns gut«, flüsterte meine Mutter im Gang neben den Mänteln und Schirmen. »Er ist ruhiger geworden, hast du's bemerkt. Ich lese ihm alles vor, was in der Welt geschieht, nur das Gute natürlich und den Sport, weißt du?«

Ich sah zu, wie sie ihm den Teller mit Fleisch hinrückte und die Gabel in seine Hand steckte.

Einmal, als ich klein war, hatte mein Vater mich zum offenen Fenster geführt und hinaufgezeigt in den Himmel. Es war ein warmer Sommerabend, und über den Häusern war der Himmel hoch und durchsichtig blau wie Wasser. »Siehst du den Engel?« fragte er mich. »Da rechts neben dem Kamin, siehst du ihn?« Und als ich den Kopf schüttelte, hatte er mich hochgehoben. Ich lehnte mich an ihn, sein Bärtchen kitzelte mich am Ohr, ich hörte ihn atmen, fühlte seine Arme, die unter meinem Gewicht bebten. »Siehst du ihn, sein weites Kleid, seine Flügel wie Rauch?« Und da hatte ich ihn gesehen, den Engel. Er hielt sich neben den Kaminen dicht über dem Dach wie ein Vogel schaukelnd im Abendwind.

»Ihre Frau hat ein kleines Mißgeschick gehabt«, sagte eine Frauenstimme. »Es ist nicht schlimm, sehen Sie, sie macht die Augen schon auf.«

»Was ist mit ihr passiert?« fragte ein Mann. Meinen Kopf konnte ich nicht heben. Hinter meiner Stirne raste ein brausender Wirbel.

»Ein Herr hat sie uns gebracht heute morgen«, sagte die Frau, »hier ist seine Adresse, er hat sie im Auto mitgenommen, sie wollte plötzlich aussteigen oder so was, aber er hatte noch nicht angehalten, sie ist gestürzt, genau weiß ich es nicht, setzen Sie sich mit ihm in Verbindung.« Eine Pause entstand.

»Sie ist doch Ihre Frau? Sie hat immerzu gesagt, sie wollte nach Hause, und schließlich hat sie Dr. Körner Ihre Adresse gegeben. Dr. Körner hat sich sehr um sie bemüht, sie war ja … nun sie war ziemlich durcheinander, verständlich«, sagte die Frau. Meine Beine, schwer und kalt, steckten in frischem Beton. Nicht einmal die Zehen konnte ich bewegen.

»Johanna.«

Aber ich hielt meine Augen geschlossen, denn ich hatte den Mann schon gesehen. Ein großer magerer Mann mit langem Hals, seine Brille glitzerte. Wie bleich er war und wie traurig. Seine Haare standen über seiner Stirn wie ein feuchtes Astwerk.

»Johanna.«

»Ihr Mann ist da, Frau Johanna«, sagte die Frauenstimme. »Bald wird er Sie mit nach Hause nehmen können. Jetzt werden Sie schlafen.« Ich wollte die Frauenstimme nicht, sie hatte einen süßen penetranten Klang. Ich konnte aus dem Augenwinkel ihre weiß verwischte Gestalt sehen.

Jemand hielt meine Hände. Der Mann hatte die Brille abgenommen, und ich sah, daß er weinte. Vielleicht würde er vornüberkippen und auf mich fallen. Ich konnte ihm nicht ausweichen. Über mir hing eine glitzernde riesige Lampe. Vielleicht stieß er mit ihr zusammen, zerbrach sie, explodierte. Neben mir klapperte Metall, und ein scharfer Geruch wehte über mich hin.

»Erkennst du mich?« fragte er und bewegte meine schlaffen Hände hin und her. »Erkennst du mich, Johanna? Ich bin es, Richard.«

Ich versuchte, den Kopf zu schütteln, aber nichts geschah, und so schloß ich die Augen und löschte alles aus.

Streifen

Nachts sah er sie oft am Tisch sitzen, zwischen vielen Leuten, am anderen Ende des Raumes. Er sah, wie sie das Haar über dem Ohr mit der Hand ganz langsam nach oben kämmte, mit den gespreizten Fingern, und dabei die Augen schloß. So hatte er sie oft sitzen sehen. Sie war müde und hörte ihm nicht mehr zu.

Er sah nie lange zu ihr hin, denn er wollte nicht, daß sie sich umdrehte oder aufstand, um ihm zu zeigen, daß sie es nicht war, sondern eine Frau mit zwei roten Strichen über den Bakkenknochen oder eine Frau mit einem schmalen Mund, in dem eine schwarze Zigarette steckte. Er trank von seinem Bier und beobachtete den Kellner, der am Nebentisch Teller und Gläser hinstellte und den Tisch abwischte. Er kam oft in das Lokal, um dem Kellner zuzusehen. Es gefiel ihm, wie langsam und sorgfältig er die Suppenteller auf den Tisch stellte und dort zurechtrückte, ehe er sich wieder aufrichtete. Es beruhigte ihn, daß es immer der gleiche Kellner war, mit langer weißer Schürze und blauem Hemd. Die Farbe des Hemdes tat ihm wohl.

Auf dem Heimweg blieb er lange vor dem Fenster des Beerdigungsinstituts stehen und schaute durch die gekreuzten goldenen Palmwedel, die auf das Fenster gedruckt waren, hinein auf den Schreibtisch mit seinen Papierstapeln und weiter durch die immer offene Tür in ein Wohnzimmer, in dem ein alter Mann gebückt und reglos vor dem blauen glimmernden Riesenauge des Fernsehers saß.

Sie ging neben ihm her, mürrisch den Kopf in den Kragen ihres Mantels gezogen. An manchen Abenden zeigte er ihr den alten Mann im blauen Licht und eine Ecke weiter die Konditorei mit den aufgereihten runden Kuchen, zwischen denen sein Spiegelbild schwankend stehenblieb wie eine milchige Pfütze. Sie war nie mit ihm hier entlanggegangen. Einmal war sie ohne ihn hergeradelt und hatte unter den Kastanien, seiner Haustür gegenüber, gewartet, um Maja und die Kinder zu beobachten. Das hatte sie ihm erzählt und mit schmalen Augen zugehört, als er versuchte, ihr zu erklären, warum er so empört darüber war. Die Vorstellung, daß sie mit dem Fahrrad seine Straße entlangfuhr und neben dem gußeisernen Trinkbrunnen stand, einen Fuß auf den Rand des runden Beckens gestellt, aus dem Maja den Hund trinken ließ, machte ihn traurig. Er wollte sie nicht hier sehen, wollte sie am liebsten immer dortbehalten, wo er mit ihr allein war. In dem Zimmer, in dem das Bett stand, der Stuhl und die Lampe auf dem Boden, in dem Zimmer, in dem es immer dämmrig war, weil die Rouleaus immer geschlossen blieben.

Aber jetzt sah er sie überall, sie kam, wann sie wollte, kam durch alle Türen und ging alle Straßen entlang, manchmal neben ihm und manchmal vor ihm her. Beim Abendessen stand sie unter der Zimmerlinde am Fenster und fing an, sich auszuziehen, während Maja ihm ein Messer reichte, ihm den Brotlaib hinhielt und dem Kleinen den Mund abwischte, ehe sie ihn weiterfütterte.

Wie nachlässig sie sich aus- und anzog. Er lag auf dem Bett und sah ihr zu. Sie streifte die Jeans mitsamt der Unterhose ab, den Pullover mit dem T-Shirt, und ließ alles auf den Boden fallen. Manchmal hatte sie noch ihre Socken an, wenn sie zu ihm aufs Bett kroch, auf allen vieren, und mit den Zähnen an seiner Krawatte zerrte, nicht ungeduldig, nur verspielt wie ein Hund.

Er lag immer auf dem Bett und sah ihr zu, wie sie sich anzog. Er zog sich an, wenn sie fertig war und sich vor der Lampe am Boden hockend schminkte. Er hätte ihr auch dabei gerne zugesehen. Wenn sie sich trennten, fiel er immer in einen ruhelosen Zustand, den er nicht verstand. Er hielt es nicht mehr aus in dem kleinen Raum, schwitzte, schon im Mantel, wenn er noch rasch die Schuhe zuschnüren mußte. Er wäre am liebsten allein fortgegangen, ohne noch mit ihr im Lift zu stehen und jedesmal zu beobachten, daß sie beide nicht in den Spiegel an der Rückwand der kleinen Kabine schauten, sich auch nicht ansahen, sondern schweigend die vorbeirutschenden Türen beobachteten. Erst wenn er sein Haus sah, atmete er leichter. Erst wenn Maja in der Tür stand und lächelte, weil er manchmal fragte, wie es den Kindern ginge, als wäre er von einer weiten Reise zurückgekommen.

Wenn er jetzt abends durch die Tür in seine Wohnung trat, kam er nicht wirklich dort an. Es war ihm, als werde er nur eine Stunde bleiben und gleich wieder gehen. Abwesend fühlte er den warmen Mund seiner Tochter, die an seinen Fingern saugte. Er bog den Kopf zur Seite, wenn sie nach seiner Brille griff, stand vor dem Bett, in dem der Kleine lag wie ein stiller Kokon, gefüttert, eingehüllt und weggepackt. Aber das beruhigte ihn nicht. Er horchte auf Atemzüge und beugte sich so tief über das Kind, daß Maja sagte. »Weck ihn nicht auf.«

Maja, die auf Zehenspitzen ging, wenn er seine Zeitung las. Die ihm den Kaffee umrührte wie eine Krankenschwester und die er im Bad erwischt hatte, wie sie ihr Gesicht an dem Pullover rieb, den er gerade ausgezogen hatte. Maja wußte nicht, daß er nie alleine war mit ihr, auch nachts im Bett nicht, wenn er sich an ihren warmen Rücken schob, um ihre Nähe zu fühlen und um seine Augen an ihre Schulter zu drücken, weil er sie gerieben hatte in der Dunkelheit, bis goldene Würmer vor ihm tanzten.

Morgens in seinem Büro war es still und friedlich. Die glatten weißen Kartonbögen warteten auf seine bunten Striche. Mit dem Oval des Tellers fing er an. Eine feine Linie, noch eine und noch eine, seine Hand mit dem Bleistift kreiste fast gewichtslos über dem Papierbogen. Darunter die Rauten des Tischtuchs, ein zartes Netz, das er zusammenzog. Der Teller auf einem rot-weißen Tischtuch. Er betrachtete die Fische, die er am Vortag gezeichnet hatte. Der goldgesprenkelte mit breiten Schuppen – daneben eine halbe Zitrone. Oder drei Oliven? Nein, eine Zitrone mit gelbgrüner Schale und einem angeschnittenen Kern. Auf einem Zettel prüfte er verschiedene Rottöne neben dem kalten Gelb. Das Mädchen vom Archiv kam herein und legte ihm einen Stapel mit Fotos von Flaschen und Gläsern auf den Tisch. Er wählte das Foto eines dickfüßigen Sherryglases aus und stellte es neben den Teller auf das rotkarierte Tischtuch. Er hatte den Sherry nie probiert, obwohl ihm die Firma immer ein paar Flaschen schickte. Er schmeckte den Sherry, der in dem Glas stand, das er zeichnete. Er roch den Duft der Zitrone. Auf dem Heimweg kam er an zwei Plakatwänden vorbei, auf denen er seine letzten Zeichnungen betrachten konnte. Die riesige glänzende Flasche neben einem Teller mit Krabben.

Manchmal, wenn sie sich trafen in einer kleinen Bar an der Ecke unter ihrer Wohnung, hatten sie Schnaps getrunken. Er hatte den Mann, mit dem sie lebte, nie gesehen, wußte nur, daß er die Eckkneipe verabscheute und daß sie auch deshalb mit ihm an dem hellen Resopaltisch saß und ihm mit halbgeschlossenen Augen zuhörte, wenn er sprach. Er sprach viel, manchmal zwang er sich, eine Weile zu schweigen, um Platz zu schaffen für ihre Worte. Aber die kamen nur selten, und dann auch nur im halbdunklen Zimmer und dicht an seinem Ohr. Meistens hörte sie ihm zu. Sie hörte anders zu als Maja, die eifrig Fragen stellte, ihn lobte und beruhigte. Sie hörte zu, ohne ihn aus den Augen zu lassen und ohne zu nicken oder zu lächeln. Vielleicht verstand sie nicht, was er sagte. Ihre Fingernägel waren schmutzig. Wenn sie sich damit ganz langsam über den Ohren ins Haar fuhr, wußte er, daß er genug geredet hatte.

Einmal in der Nacht hatte sie ihn angerufen und gesagt: »Komm bitte gleich, komm bitte jetzt gleich.«

»Wer ist da?« hatte er gerufen, weil Maja sich neben ihm

aufrichtete. »Ich bin's«, hatte sie gesagt. »Ich.« Aber er hatte den Hörer auf die Gabel gelegt, ganz leise.

Sie hatte nie darüber gesprochen. Wenn er bei ihr anrief, war sie immer am Telefon. »Hast du keine Angst, daß dein Freund mal abnimmt?« hatte er gefragt. Ihm war wohl bei dem Gedanken, daß sie beide jemanden hintergingen, aber sie hatte nicht mitgespielt und geschwiegen. Wenn er bei ihr anrief, hatte sie immer Zeit.

»Was machst du eigentlich?« hatte er sie gefragt, »wovon lebst du?« Sie hatte die Augen zur Decke gedreht und gesagt: »Ich lebe wie die Lilie auf dem Feld.«

»Also von deinen Eltern«, sagte er. Da hatte sie sehr gelacht, war ihm mit beiden Händen ins Haar gefahren und hatte gesagt: »Jetzt frag mich noch, ob ich Geld von meinem Kerl nehme, komm – frag mich.«

»Nein.« Er war beleidigt. Er mochte diesen Mann nicht, über den sie nie sprach. Manchmal fand er feine Kratzspuren auf ihren Schenkeln oder an ihrem Hals. Da hatte er ihr rasch einen blauen Fleck gemacht, auf der Innenseite des Schenkels, und als er sah, wie leicht das ging, noch einen daneben. Sie hatte die Augen geschlossen und ihn auf sich heruntergezogen. So lagen sie oft lange aufeinander, ohne sich zu rühren. »Wie Legosteine«, sagte sie.

In jenem Sommer war sie immerzu erkältet, und er war immerzu erschöpft. Sie lagen im Bett und hielten sich umarmt. Er nickte immer wieder ein, das Gesicht auf ihrem Gesicht. Er schreckte auf, wenn sie hustete. Er war ungeduldig, wenn sie hustete. Krank waren nur Kinder, seine Kinder zu Hause, wenn Maja sich nachts seufzend neben ihm aus dem Bett rollte und das Bellen aus dem Kinderzimmer erst leiser wurde, wenn der Morgen kam. Auch Maja war krank, durfte krank sein, lag mit einem häßlichen Halswickel im Bett und warf sich nachts so heiß und unruhig hin und her, daß er auf dem Sofa schlief. Er war nie krank, nur manchmal müde.

Für einen Matratzenhersteller zeichnete er eine riesige Matratze, überdeutlich, jeden Knopf, der in dem gestreiften Stoff eingebettet saß, und jede Falte, die sich dabei bildete. Manchmal hatte er Lust, sich auf dieser Matratze auszustrecken und alle Tage und Nächte so dazuliegen, auf allen Plakatwänden, bis jemand ihn gnädig mit dem nächsten Plakat zudeckte und er verschwand.

Wie sollte er sich entspannen, wenn sie dicht neben ihm hustete und röchelte? Sie war nachlässig auch mit ihrer Krankheit. Zum erstenmal störte ihn, daß er nichts von ihr wußte, dabei hatte er gerade das immer am meisten an ihr geliebt. Sie sprach nie von sich und ihrem Leben, und das war angenehm, denn er wollte sie nur so kennen, wie er sie sah, in dem Zimmer, neben dem Bett, wenn sie sich auszog, wenn sie sich anzog, wenn sie sich schminkte, sich einen schwarzen Mund malte, langsam und mit unbeweglichem Gesicht. Sie sollte die Frau sein aus dem chinesischen Märchen, die ihr Mann abends aus der Flasche schüttelt und am Morgen wieder hineinbläst.

Maja weinte, sie riß Blätter von den Ringelblumen auf dem Balkon. Er wußte, warum sie weinte. Es war Sonntag. Der Kleine saß auf seinem Schoß und tropfte Eis auf seine Hose. Wenn Maja ihn umarmte und sich so weich und sanft an ihn drückte, wurde sein Mund trocken, und er mußte gähnen. Es juckte ihn überall, und seine Augen wollten sich nicht schließen, sondern sahen auf die winzige rote schuppige Stelle auf Majas Stirn, überdeutlich und unbarmherzig wie durch ein Vergrößerungsglas. »Du arbeitest zuviel«, sagte Maja tapfer. Er gab ihr recht, nickte dann noch lange weiter mit dem Kopf und brachte Maja dazu, ihn nachdenklich von der Seite anzusehen. Der Kleine weinte plötzlich los, vielleicht hatte er ihn zu fest gedrückt. Drüben ging eine Frau mit einem roten Rock über den Hof und befühlte die Wäsche auf der Leine.

Der rote Rock, rot wie eine Mohnblume, der rote Rock,

den sie nicht ausgezogen hatte. »Aber wo mußt du denn hin? So plötzlich?« Der rote Rock, den er zerrissen hatte, vor dem Bett stehend, in kleine Streifen, die er über die Lampe legte, über den Stuhl und später um ihren Hals – viel später um ihren Hals, als er glaubte, sie habe vergessen, was sie vorher gesagt hatte. Beim Husten fing sie an zu weinen, und er wußte nicht, ob sie weinte, weil sie hustete, oder hustete, weil sie weinte.

»Ich kann das nicht mehr so«, hatte sie gesagt. »Ich halte das so nicht aus.« Das hatte sie noch nie gesagt. Das Zimmer sei wie eine Insel, hatte sie gesagt, das Zimmer sei wie eine Höhle, wie eine Lichtung im Wald und sie würde immer auf diese Lichtung kommen, um ihn dort zu finden und um dort auszuruhen.

»Was willst du denn? Was hältst du denn nicht mehr aus?« Ihre Augenlider waren geschwollen vom Weinen, und sie sah aus wie ein Eskimo, im Schnee des Federbettes eingesunken und reglos.

Aber sie hatte sich weggerollt. Zum erstenmal hatte er sich zuerst angezogen und war allein im Lift hinuntergefahren in die gläserne Vorhalle, in der ein Gummibaum stand, den sie manchmal im Vorbeigehen gestreichelt hatte.

»Das Zimmer in den Tropen«, hatte sie gesagt, »am Gummibaum vorbei und dann bergauf.«

Auf dem Heimweg im Bus hatte er sich vorgestellt, wie sie ohne den Rock nach Hause gekommen war. Er hatte gegrinst. Sicher fand sie einen Weg. Vielleicht ein Leintuch um die Hüften oder ein Handtuch. Die Matratze sah gut aus, auf der Plakatwand in der Dämmerung. Die blauen Streifen glommen zwischen den weißen, leuchtend und gasblau.

Er saß mit Maja auf der Kiesbank am Fluß. Er warf Steine ins Wasser, und seine Tochter stand bis zu den Knien im Wasser, nackt und glitzernd. Sie aßen Zwetschgenkuchen aus dem

Korb, Kartoffelsalat und Hackbraten. Der Kleine schlief im Schatten der Büsche auf einer Decke. Möwen flogen über sie hin und hockten auf dem Treibholz am Rande der Kiesbank wie große weiße Blätter einer fremden Baumart, die aus dem Wasser wuchs.

»Geht es dir gut?« fragte Maja. Sie neigte sich zu ihm hin, und er roch den warmen Harzgeruch ihrer Haare.

Er streckte sich aus und verschränkte die Arme hinter dem Kopf. Alles war gut. Das Wasser rauschte vorbei, und das feine Klicken der Kiesel, die auf dem Grund mit dem Wasser weiterrollten, tat ihm wohl.

Er ging durch die Glastür, am Gummibaum vorbei, und fuhr mit dem Lift bergauf. Der Lift fuhr sehr langsam, und als er versuchte, die Wohnungstür aufzusperren, rutschte ihm der Schlüssel aus den Fingern und fiel auf den Boden. Er hatte ein paar Tage gewartet, ehe er sie anrief, um ihr Zeit zum Nachdenken zu geben, wie er sich sagte, aber eigentlich bestrafte er sie für die Tränen vom letzten Mal. Zuerst hatte er geglaubt, daß er sie nicht mehr treffen wollte, aber in der Mitte der Woche hatte er sie angerufen, und als niemand antwortete, immer wieder und wo es ihm gerade einfiel. Es war wie ein Zwang, es fiel ihm schwer, an einer Telefonzelle vorbeizugehen. Dabei war er manchmal froh darüber, daß niemand abhob, und manchmal wütend. Was fiel ihr ein! Er würde es ihr heimzahlen, wenn er sie erst wieder hatte. Wenn er sie erst wieder hatte.

Eine Männerstimme antwortete am Sonntagmorgen. Maja lag in der Badewanne, und seine Tochter klammerte sich an sein Bein und hielt ihm eine Kasperlhandpuppe hin, die viel zu weit für ihre Hand war und schlaff den Kopf mit der großen Nase nach vorne hängen ließ.

»Wer spricht da?« fragte er.

»Wir sind die Maler. Sind Sie von der Hausverwaltung? Ich

wollte Ihnen sagen, die Leitungen sind noch nicht alle unter Putz, wir haben jetzt auf dem Gang angefangen, aber im Wohnzimmer ist noch eine Wand tapeziert …«

»Nein, ich bin nicht von der Hausverwaltung. Ich möchte Fräulein Janiciek sprechen.« Er sagte den Namen so leise, daß der Mann ihn nicht verstand. Er mußte ihn wiederholen.

»Hier ist niemand. Ich habe auch niemand gesehen. Wir sind ja erst seit heute hier an der Arbeit. Wir sind die Maler. Die Wohnung war schon ganz ausgeräumt, als wir kamen. Vielleicht die Hausverwaltung.«

Der Kasperl fuhr ihm mit seiner großen Filznase ins Gesicht und wollte auch etwas ins Telefon sagen. Seine schwarzen Knopfaugen sahen ihm dabei prüfend und freundlich ins Gesicht.

Natürlich war das Zimmer leer. Eine halbe Pizza lag auf dem Boden, und Bierflaschen standen wie ein Wald um das Bett. Es roch nicht gut, und als er das Rouleau einen Spalt öffnete, sah er die roten Stoffstreifen noch immer über der Lampe hängen. Das Bett war schmutzig und zerdrückt. Jemand hatte ein Loch in das Kissen gebrannt. Federn fielen heraus, als er es aufhob. Im Bad lagen viele Zigarettenstummel auf dem Boden, das Handtuch hing zusammengedreht und hart aus dem Becken. Rote krause Haare waren im Kamm. Sie rauchte nicht, ihre Haare waren schwarz, Bier trank sie nie. Jemand hatte hier gewohnt. Er mußte ihr den Schlüssel abnehmen. Er setzte sich auf das Bett und fühlte, daß sein Mund sich mit Speichel füllte und er Angst hatte, er werde sich übergeben müssen. Er beugte sich vornüber und sah unter dem Bett zwischen den Staubmäusen den Schlüssel liegen. Jemand hatte ein Stück roten Stoff zu einer Schleife um den Schlüsselring gebunden.

Seit ein Student das Zimmer bewohnte, waren die Rouleaus immer geöffnet. Er sah manchmal hinauf, wenn er vorbeiging.

Auch den Gummibaum sah er stehen hinter den verschmierten Glasscheiben der Eingangshalle.

Das Licht, das durch die Schlitze im Rouleau fiel, hatte an manchen Tagen auf dem Bett gelegen. »Mein Zebra«, hatte sie gesagt und an den Streifen entlanggeleckt, die über seine Brust liefen, den Hals hinauf. »Ich bin aber ein Tiger.« Er spannte seine Brust und zeigte die Zähne. »Nein.« Sie hatte sein Gesicht mit der Hand beschattet, um die hellen Streifen über seinen Augen auszulöschen. »Du bist ein Zebra, vielleicht auch nur ein Pferd, das gerade träumt, es wäre ein Zebra.«

Die heimliche Wut der Pflanzen

Es war das Jahr, in dem ich beschloß, allein zu leben. Das Jahr der neuen weißen Vorhänge vor allen Fenstern und das Jahr, in dem die Wollspinnen in meine Palmen zogen. Ich war dreißig Jahre alt in diesem Jahr, und meine beiden Töchter schrieben mir aus dem Internat kleine traurige Briefe mit gezeichneten Hasen und Herzen.

Abends im Bett machte ich Listen von den Sachen, die ich in die nächsten Pakete packen wollte, Strumpfhosen, Gummibärchen und Vitamintabletten, aber das beruhigte mich nicht, und ich ging auf Zehenspitzen an der Tür des Kinderzimmers vorbei, als könnte ich ihren Schlaf stören. Ich konnte nicht begreifen, warum ich immerzu gähnen mußte, wenn ich mich mit ihrem Vater im Café traf, meistens, um über Wochenenden oder Geld zu sprechen. Seine Stimme lullte mich sofort ein. Er hatte sich nicht verändert, und manchmal griff er nach meiner Hand über den Tisch und betrachtete mich eindringlich und beunruhigt. Er spürte wohl, wie ich mich gegen seine vernünftigen Sätze wappnete, gegen seine Fragen nach meinem Leben, seine langen Monologe über seine Arbeit. Er arbeitete als Geschäftsführer in einem Reisebüro, und am Ende unserer Ehe hatten mir die Schaufenster mit Strohhüten und Farbfotos von Elefanten und Segelschiffen Übelkeit bereitet. Manchmal kam er abends vorbei, um rasch noch eine Schallplatte zu holen oder die alten Gummistiefel, die noch in der Kammer standen. Dabei lebten wir seit einem Jahr getrennt. Das Wohnzimmer hatte sich noch nicht ganz erholt vom Verlust verschiedener Möbel, der Art-deco-Schreibtisch und die Sessel fehlten. Ich hatte sie nie gemocht, aber die übrigen Möbel standen trotzdem verschreckt herum, als habe eine Bombe eingeschlagen. Manchmal suchte sogar ich noch nach dem Spiegel, dem viktorianischen Spiegel mit den Obstgirlanden. Ich hatte an der alten Nähmaschine weiße Vorhänge genäht und sie vor alle Fenster gehängt. Sie hingen an Messingringen, die mit kleinen Messingkrallen den Stoff festgeklemmt hielten. Auch im Kinderzimmer; nur, die Kinder fanden sie langweilig und klebten alles mögliche an den Stoff, so hoch sie eben reichten. Runde Sticker von Musikgruppen und Schildchen aus Cornflakespaketen.

Albert fand die Vorhänge hübsch. Das sagte er, wenn er auf dem Sofa sitzend sein Sherryglas umständlich auf dem Parkett abstellte. Auch der Glastisch war abgewandert. Nur die Palmen und Avocadopflanzen streckten die Zweige verschwiegen und selbstgenügsam vor den Fenstern. Albert mochte keine Zimmerpflanzen. Seine neue Wohnung kannte ich nicht. Ich war stolz, daß ich Sherry für ihn im Haus hatte. Es sah so aus, als käme öfter jemand vorbei, säße auf dem Sofa in der Mitte des Parketts und stelle sein Glas neben sich auf den Boden. Nur ich wußte, daß nie jemand kam. Am Abend schloß ich die Vorhänge und ging früh zu Bett. Es ist schon richtig, daß mich die Tage in der Galerie müde machten, dabei saß ich nur an dem weißen plastikbeschichteten Tischchen neben dem Eingang und begrüßte die Leute, die begleitet von einem Summton hereinkamen. Ich lächelte, um ihnen die Schwellenangst zu nehmen. Manche Leute fühlten sich gehemmt in einer Galerie, hatte man mir erklärt.

In diesem Frühling hingen große Gouachen an den Wänden. Riesige Blumengesichter, Orchideen und Hibiskus, die sich im Inneren allmählich in Tiergesichter verwandelten, Tiger und Affenköpfe mit gebleckten Zähnen und roten Zungen, dort, wo man Stempel und Staubgefäße erwartete.

Der Mann kam herein, als ich gegen Abend schon Licht angemacht hatte. Er steuerte, ohne mich eines Blickes zu würdigen, auf den niedrigen Graphikschrank zu, der in der Mitte des

Raumes stand, und setzte sich darauf. Ich schrieb Adressen auf Briefumschläge und wartete mit erhobenem Stift, um ihn zur Begrüßung anzulächeln, wie Frau Contini es von mir verlangte. Er war ein älterer Mann mit rotbraunen Haaren und dunkelblauem Mantel. Er holte eine Brille irgendwo aus diesem Mantel und erhob sich entschlossen, um vor der Pfingstrose stehenzubleiben, in deren Herzen ein kleiner kompakter Leopardenkopf saß, der sich aus den schwachen Flecken auf den übrigen wilden Blättern gesammelt hatte, zusammengelaufen war und den Beschauer lauernd betrachtete. Ich fing wieder an zu schreiben und behielt dabei den hellen Raum, der von den Rosa- und Rottönen der Bilder in ein warmes Licht getaucht war, im Auge und auch die dunkle Gestalt, die sich sehr langsam die Wand entlang schob, wie eine schwarze Gartenschnecke. Ich stapelte die Umschläge und rückte den Karteikasten zurecht.

»Wie heißt der Künstler?« Der Mann war, ohne daß ich es bemerkt hatte, herangekommen und stützte sich breit auf den Tisch. Eilfertig reichte ich ihm das glänzende Kartonfaltblatt und sagte den Namen so, als wäre es keineswegs wichtig, ihn zu kennen. Es war ein amerikanischer Name, der mich an eine amerikanische Pulverkaffeemarke erinnerte. Man durfte Besucher nicht verunsichern, auch das hatte Frau Contini mir gesagt, man durfte nicht zum Kauf drängen, aber Erklärungen anbieten, soweit man dazu aufgefordert wurde. Ich öffnete den Mund, um auf das Ungewöhnliche der Arbeiten hinzuweisen. Der Mann lächelte mir zu, sehr lieb und abwehrend wie bei einem Kind. Er legte das Faltblatt auf den Tisch und sagte: »Ich möchte etwas von ihm kaufen, aber ich würde gerne mit Ihnen über seine Arbeiten sprechen.«

»Was gefällt Ihnen?« Ich stand auf.

»Wann schließen Sie hier?«

Ich schaute auf die Uhr, wir schlossen in fünf Minuten. Frau Contini sagte nie, daß ich verkaufen müsse, und doch fühlte ich immerzu ihr leises und drohendes Warten, wenn sie mich morgens nach den Verkäufen fragte. Wenn wir etwas verkauften, belohnte sie mich mit guter Laune und kleinen Neckereien. »Wie, dieses unverkäufliche Blatt haben Sie ihm aufgeschwatzt? Ich dachte schon, wir müßten es dem dummen Menschen vom Museum anbieten, aber die zahlen so schlecht.« Wir beide wußten, daß sie nicht wirklich meinte, was sie sagte, und wenn der Mann vom Museum kam, glitt sie träge und melancholisch zwischen den Bildern herum, als wolle sie sich von keinem trennen, verstehe aber die Notwendigkeit, der breiten Öffentlichkeit dieses Meisterwerk zugänglich zu machen.

Natürlich wäre ich, um dem Mann im blauen Mantel etwas zu verkaufen, bis Mitternacht geblieben.

»Mir gefallen einige«, sagte er gedehnt und blickte über seine Brille. »Ich bin, wie soll ich sagen, etwas verwirrt … diese Gewalt …« Er beendete den Satz nicht. Die Affen und Tiger schauten tückisch zu uns herüber. Er hat natürlich keins gekauft, später.

Ich fand die Bilder plump und konstruiert, nie stellte sich bei mir der Zauber ein, der nötig war, um die Verwandlung einer zarten Blume in ein brüllendes Tier mitzuerleben.

»Die heimliche Wut der Pflanzen«, sagte ich versuchsweise. Ich hatte viele solcher Sätze. Manche hatte ich von Frau Contini gelernt. Ihr Lieblingssatz war: »Das malerische Element kommt einem hier besonders stark entgegen.« Ich hatte diesen Satz schon öfter verwenden wollen, aber es gelang mir nicht, ihn mit der nötigen Gelassenheit auszusprechen.

»Sie schließen hier ab?« sagte er und lächelte voller Verständnis, als wisse er, daß Frau Contini nie versäumte, mich daran zu erinnern, ehe sie ging. Sie hatte eine übertriebene Angst, ich könne ohne abzusperren heimgehen und die Galerie läge am Morgen leer und ausgeraubt da, alles wäre fort, die Bilder von den Wänden, auch die Chagall- und Miró-Graphiken, die wir für schlechte Zeiten in den Schubladen verwahrten. Chagall- und Miró-Graphiken verkauften sich immer.

Im Café fing meine Hand an zu zittern, als ich einschenkte. Die Trauer des Abends mit dem fallenden Schnee vor dem Fenster hüllte mich ein und machte mich schwer und kalt. Der Mann mir gegenüber hatte rotbraunes Haar, auch graue Haare sah ich im Licht der Lampe, die über dem Tisch hing. Seine Haut war hell und unter den Augen und an den Schläfen fast blau. Er sah müde aus und dabei ganz ruhig und zufrieden. Sein langes eckiges Kinn zog er hoch, wenn er lachte. Seine Brille hatte er abgenommen.

Ich weiß nicht mehr, von was wir sprachen. Wir kamen von der Malerei ab, nachdem er mir nachsichtig zugehört hatte und ich alles über den Maler, sein Leben und seine Ausstellungen ausgebreitet und wieder eingesammelt hatte.

Sein Anzug war sehr schön, ein matter grauer Stoff, sein Hemd sehr weiß und gut gebügelt. Ich sah eine Frau, die zischend den feuchten Finger an den Rand eines Bügeleisens tupfte. Er trug einen Ring. Er hatte überhaupt die gut gepflegte und unaufdringliche Sattheit eines Familienvaters. Sicher bürstete ihm seine Frau die Schultern ab, morgens, ehe sie ihm in den Mantel half und ins Büro entließ.

Wir sprachen, ich weiß nicht mehr worüber, wir tranken dabei. Sicher Weißwein. Später aßen wir, das weiß ich noch: ich ein Sandwich, aus dem die Tomatenscheiben rutschten und auf meinen Teller klatschten. Er ein Omelett mit Kräutern.

Wenn er lächelte und mich dabei ansah und die sandhellen Brauen sich dabei über der Nasenwurzel hoben und sein Gesicht traurig machten, fing ich wieder an zu zittern wie am Anfang, als wir uns an den Tisch gesetzt hatten. Meine Mundwinkel senkten sich wie zur Antwort auf das Zeichen seiner Brauen, sein Gesicht war jetzt gerötet. Er war viel älter als ich. Ich kannte diese Zeichen. In meiner Verwirrung versuchte ich, ihn gnadenlos genau zu betrachten, seinen langen mageren Hals mit dem Adamsapfel. Die feinen Adern an seiner Schläfe. Ich hatte mich noch nie in einen rothaarigen hellhäutigen Mann verliebt, noch nie in einen älteren Mann, noch nie in einen Mann mit solch einem Anzug, mit Weste und Monogramm auf dem Hemd. Ich selbst bin hellhäutig, auch mein Haar ist hell und kraus und unterscheidet sich in der Farbe wenig von meiner Haut. Die Brauen muß ich nachziehen, sonst sieht man sie nicht. An Albert hatte mir sein kurzes schwarzes Haar am besten gefallen, auf seiner Brust war sein Haar braun und seidenweich wie Fell. Mit Erstaunen bemerkte ich, wie ekelhaft ich diese Vorstellung fand. Was war mit Albert und mir geschehen? Wer war die Frau gewesen, die ihr Gesicht in dieses Haar rieb und es nachts an ihrem Rücken fühlte, beim Aufwachen, wie ein weiches Hemd? Wann war das gewesen, als ich von ihm abrückte, wenn mich sein Haar berührte, und mich eine Gänsehaut überlief, wenn ich zusah, wie er sich in der Badewanne einseifte?

Im Taxi schaute er aus dem Fenster. Er kannte die Stadt nicht und schaute hinaus wie ein Tourist auf einer Stadtrundfahrt. Dabei hielt er mich sanft an sich gedrückt. Ich schaute nicht hinaus, sondern hörte der Musik zu, die der Taxifahrer sehr laut gestellt hatte. Es war Musik aus Trinidad, und, als habe die Musik sie herbeigelockt, standen drei schwarze Männer vor meiner Haustür, und der Schnee fiel auf ihre Schildmützen und Schultern wie auf drei nasse schwarze Holzpfosten.

Er hängte seine Jacke über die Stuhllehne, und seine Hose legte er zusammen. Ich fand das nicht komisch, obwohl ich noch nie gesehen hatte, daß ein Mann sich so gelassen auszog, wenn er mit mir schlafen wollte. Er hatte Kniestrümpfe an, dunkle Kniestrümpfe, und eine weiße Unterhose, die aussah wie eine Tennishose. Ich saß auf dem Bett in meinem Kimono und klapperte mit den Zähnen. Immer noch versuchte ich, zu mir zu kommen, versuchte, seine rötlich behaarten kräftigen Beine fremd zu finden und seine Krawatte, die auf den Boden rutschte und die er ganz ruhig wieder aufhob und vor die Fotos der Kinder auf die Kommode legte. Er fragte mich nicht nach den Fotos, aber besah sie liebevoll und eingehend, oder bildete ich mir das ein?

Er setzte sich ganz nackt neben mich aufs Bett und schob seine Hände hinter den Ohren in mein Haar. Es ist schwer, mit dem Finger durch mein krauses Haar zu fahren, und er tat es ganz langsam. Er breitete mein Haar auf dem Kissen aus, als bereite er sich einen altgewohnten Liegeplatz. Er legte sich darauf.

Beim Frühstück war sein Kinn wie mit Zimtstaub gepudert. Er strich sein Brot und trank höflich und abwesend Kaffee aus dem großen Napf, den ich ihm hingestellt hatte. Ich fand keine Rasierklingen für den Rasierapparat, ich fand auch kein sauberes Handtuch.

Als er ging, umarmte er mich. Er hatte einen Arm frei, mit dem anderen hielt er den Mantel und das lederne Aktenköfferchen. Den Mantel muß er im Treppenhaus angezogen haben. Als ich ihn aus der Tür kommen sah, unten, hatte er ihn an.

Ich fragte ihn nicht, ob er wiederkäme. Er hatte erwachsene Kinder und eine Frau, die Goldie hieß. Damals machten mir weder der Name noch die Tatsache, daß er eine Frau hatte, zu schaffen. Später habe ich sie mir oft vorgestellt und ihr in Gedanken Schlimmes angetan.

In der Galerie betrachteten mich die Blumentiere lauernd. Frau Contini kam, und ich hörte sie in ihrem Büro telefonieren. Worte wie »einmalig«, »realistisch«, »surrealistisch« und »Gelegenheiten« klangen heraus. Sie telefonierte mit kaufunfreudigen »Sammlern«, wie sie sie nannte, auch wenn sie nur eine Lithographie im Jahr kauften.

Gegen Mittag kam eine junge Frau und kaufte den Affen. Sie war schon dreimal dagewesen. Als sie vor dem großen Bild stand und mir zusah, wie ich es aus den Haken an der Wand löste, um es auszurahmen, trat sie mit verliebten Augen von einem Fuß auf den anderen, als könne sie nicht erwarten, das Untier heimzutragen. Später hängte ich mit Frau Contini ein Flußpferd an dieselbe Stelle, es tauchte mit mürrischem Gesicht aus einem Narzissenherzen auf.

Ich kaufte drei rote Handtücher, Rasierklingen und zwei Porzellantassen. Dazu Heftpflaster, eine durchsichtige Seife und eine Dose Lachs, Weißwein und eine sehr schöne blanke Haushaltsschere.

Ich dachte an ihn, nicht leidenschaftlich, sondern freundlich. Ich hatte viel Zeit zu denken, während ich die Plastikhüllen im Graphikständer putzte, Preisschilder erneuerte oder einfach nur dasaß und Männchen auf den Block neben dem Telefon zeichnete, während irgendwer vor den Bildern herumstand oder in den Graphiken blätterte. Es war schön, an ihn zu denken und nicht daran, ob die beiden Mädchen noch zu klein wären, um im Internat zu leben, und darüber, daß Albert mich mehr oder weniger dazu gezwungen hatte, sie dort hinzugeben, weil er sie ungern bei mir aufwachsen lassen wollte. Er hatte mit schmalen Augen gerufen, ich könnte ›abhauen‹ oder ›durchdrehen‹ oder mich weiter vor der Welt ›vergraben‹, das alles sei nicht gut für die beiden. Wenn ich an ihre verschlafenen Morgengesichter dachte und an ihre Stimmen, stellte ich mir schnell vor, wie der rothaarige Mann an einem Schreibtisch saß und mit den Nägeln auf der Tischkante trommelte oder an seinem Kinn zupfte, während er in seinen Papieren blätterte. Ich stellte mir vor, wie ich ihm wiederbegegnete. Es war ein warmer Tag, und ich hatte ein helles Kleid an, das im Wind flatterte, als ich auf ihn zuging, lächelnd und ohne ihn festhalten zu wollen, wenn er an mir vorbeigehen würde.

Als er anrief, nach ein paar Tagen, trafen wir uns am Mittag in einem Café, in dem die Tische rot und gelb gestrichen waren und der Wirt die Gerichte mit Kreide auf den Spiegel schrieb.

Ich hatte mich gewappnet gegen seinen Abschied und saß ihm gegenüber, machte mich so leicht und hell, wie ich konnte. Ich erzählte ihm von der Frau, die den Affen gekauft hatte. Er erzählte mir von der Oper, die er angesehen hatte. Ich erzählte ihm von den Kindern, aber ich machte eine lustige Geschichte daraus, beschrieb, wie ich Namensschilder in alle Wäschestücke genäht hatte, sogar in die Socken, und wie ich, wenn ich ein Paket abschickte, alles einkaufte und auf dem Postamt einen großen gelben Karton damit füllte, der oft nicht voll wurde, so daß ich noch schnell im Laden an der Ecke Orangen oder Äpfel kaufen mußte, um sie hineinzuschichten.

Von seinen Kindern erzählte er nichts, und über seine Frau Goldie ließ er sich nur ein paar langweilige Sätze entlocken. Ja, sie wäre an seine Reisen gewöhnt, sie habe ihre eigenen Freunde, Frauen, wie sie selbst, sie sei eine begeisterte Ornithologin und stehe oft früh auf, um am Fluß die Vögel zu beobachten. Er nannte mir ein paar seltene Vögel, die in den Auen am Fluß vorkamen, aber ich kannte keinen davon. Er lächelte und sah selbst aus wie ein Vogel, ein Fischreiher vielleicht, und ich wartete darauf, daß er sein rotes Haar am Oberkopf aufstellen würde, wie ich es den Reiher im Zoo hatte tun sehen, aber das tat er nicht, und der Reiher damals hatte gebalzt, aber er balzte nicht, nicht um mich. Ich fragte nicht, ob er jetzt abreisen würde, und er sagte nichts davon. Ich lachte viel, runzelte dabei die Nase und gestikulierte beim Sprechen mit den Händen, ohne mich im Zaum halten zu können. Er ist ziemlich alt, dachte ich, und ich bin eine junge Frau, die in einer Galerie arbeitet, und er versteht weder mich noch die Blumentiere, und Frau Contini würde ihn eine Fehlinvestition nennen wie Herrn Birnbaum, der immer nur kam, um mit ihr zu plaudern, und nie etwas kaufte, aber immer so tat, als wäre er begeistert und überlege es sich noch ein wenig, ehe er zugriffe. Er machte das gut, und ich fiel fast immer darauf herein und holte eilfertig die Preislisten hervor, wenn er sich vor mir stehend Gedanken über das beste Blatt machte.

Als wir aufstanden, stießen wir zusammen, und er hielt mich fest, drückte mich an seine Anzugbrust, und da fühlte ich seine Hand durch meinen Pulloverrücken und hatte Lust, mich an ihn zu lehnen mit geschlossenen Augen, und merkte, wie meine Haare knisterten, und wußte, wie er mit ihnen gespielt hatte in der Nacht, als sie um meinen Kopf standen, elastisch wie lauter kleine Metallspiralen, und er sie niedergedrückt hatte und zugesehen hatte, wie sie zurückfederten.

»Ich hole Sie heute abend ab«, sagte er, und ich nickte. Er roch nach fremden Hölzern und war wie verpackt in dem Anzug und der Weste, glatt und geschlossen.

»Wollen Sie ein Bild kaufen?« fragte ich.

»Ja, suchen Sie eines aus für mich.« Aber er hat dann doch keins gekauft. Ich hatte eines für ihn ausgesucht, einen Pelikan mit Mimosen, aber das gefiel ihm nicht.

Am schönsten waren die Abende auf meinem Bett. Er zog seinen Anzug aus, die Kniestrümpfe, die Unterhosen, das Unterhemd, ja er trug ein Unterhemd aus sehr feinem Baumwolltrikot, aber konnte es mir nicht dalassen, und ich fragte ihn nicht warum. Ich ging in die Küche und füllte ein großes Tablett mit allen möglichen Eßsachen, die er mitgebracht hatte. Käse und in Cognac eingelegte Feigen, bittere Schokolade und Pastete. Wenn er viel gearbeitet hatte am Tag, schlief er manchmal auf dem Bett ein. In meinem großen T-Shirt sah er aus wie ein Clown, sein langer Hals ragte weit aus dem verknitterten Trikotstoff. Er war Makler, ich glaube, er makelte mit Häusern, Grundstücken und dergleichen. Er kam manchmal in unsere Stadt, aber er erzählte mir, daß er immer nur in seinem Hotel geblieben wäre, abends, oder im Restaurant um die Ecke gegessen hätte. Ich glaubte ihm das nicht ganz. Und er schüttelte lange den roten verzausten Kopf, als ich ihn fragte, warum er in die Galerie gekommen sei.

Ein Freund seiner Frau habe ihn in die Galerie geschickt, aber er hätte sich verirrt. Eigentlich wollte er in die Galerie im Stockwerk unter Frau Contini, dort handelten sie mit alten Meistern oder neuen Fälschungen, wie Frau Contini sagte.

Ich weckte ihn nicht, denn es machte ihn verlegen, so einzuschlafen. Er wachte immer erst auf, wenn ich mit den Bestecken klapperte oder mit den Gläsern klirrte. Dann griff er sofort nach seiner Brille und sah mich sehr aufmerksam an, als sei ich ein Grundstück, das er besichtigen solle.

Wenn ich mit ihm im Bett lag, nachts, und sein leises Schnarchen hörte, wollte ich ihn wecken und ihm sagen, daß ich ihn liebte. Er schlief so rücksichtsvoll, nahm wenig Platz ein, bewegte sich kaum, am Morgen war das Bett nicht zerwühlt, und er versuchte nie, das große Kopfkissen für sich zu nehmen, sondern lag auf einem kleinen Polster, das mit Blumen bedruckt war und unter seinem Kopf sehr schön aussah, so als schliefe man gut darauf. Er veränderte auch den Frühstückstisch, alles wurde seltsam fremdartig und eigen durch ihn, die Teller, die nicht zusammenpaßten, und der alte Zukkertopf mit den Sprüngen, die Orangen in der Porzellanschüssel mit den gelben Rosen. Er benutzte alles ernsthaft und selbstverständlich. Wenn er das weiße Brot bestrich und vorsichtig Marmelade darauf verteilte, hatte ich Lust, über den Tisch zu greifen und es auf meinen Teller zu holen. Aber am schönsten waren die Abende auf meinem Bett, wenn wir Wein tranken und nackt im Zimmer hin und her gingen, wenn er vor meinem Bücherschrank stand und eins von meinen Kunstbüchern herauszog, um es mit mir zu betrachten. Ich hielt ihm lange Vorträge; wenn ich nichts zu sagen wußte, dachte ich es mir aus. Giorgione gefiel ihm, aber die modernen Maler verwirrten ihn mit ihrer Häßlichkeit, wie er sagte, und er unterbrach meinen Unterricht mit Küssen und Liebkosungen, bis das Buch auf den Boden fiel. Er zog die Decken über uns. Manchmal auch über unsere Köpfe, so daß wir wie in einem Zelt lagen und uns in der Dunkelheit alle möglichen »schlimmen Dinge« sagten, wie er es nannte. Kinderworte, die ich schon lange nicht mehr gehört hatte und über die wir lachten. Es gefiel ihm, über das zu sprechen, was wir taten, mir zu beschreiben, was seine Hand gerade machte, und mich auch zu fragen, was ich gerade fühlte oder was ich mir von ihm wünschte, jetzt.

Am Frühstückstisch sprach er wenig, vielleicht sehnte er sich nach einer Zeitung, aber als ich ihn danach fragte, lächelte er und sagte, Goldie erlaube ihm keine Zeitung beim Frühstück. »Sie nimmt mir damit ein kleines Stück von dem, was man Glück nennt«, sagte er immer noch lächelnd. Ich wußte nicht, ob ich ihn wegen dieses Satzes nicht mochte an diesem Morgen oder deswegen, weil er Goldie erlaubte, ihm das zu nehmen.

An dem Tag, als ich die Grippe bekam und mittags nach Hause mußte, weil mir so schwindelig und heiß war, rief er mich zum erstenmal zu Hause an. »War das ein Kunde?« fragte Frau Contini am Telefon. Sie hatte ihm meine Nummer gegeben, aber erst, als sie ihm den Grund seines Anrufs entlockt hatte. Sie hatte ihn dazu gebracht, ihr zu gestehen, daß er von mir über unseren amerikanischen Maler informiert werden wolle. Sie wußte, daß ich besser Auskunft geben konnte als sie. Ich hatte Kunstgeschichte studiert, ehe ich Albert heiratete, und das beeindruckte sie. »Wird er kaufen?« fragte sie mich. »Ich glaube schon«, sagte ich. Ich wollte sie beruhigen. Ich sah sie mürrisch an meinem Platz sitzen, den langen trüben Nachmittag. Sicher fand sie unerledigte Briefe in meiner Schublade oder falsche Preisschilder an den Graphikmappen. Sie behandelte solche Entdeckungen wie persönliche Anschläge und brach über meine Lieblosigkeit der Galerie gegenüber fast in Tränen aus. Manchmal untersuchte sie meine Tasche, ehe ich ging, und entschuldigte sich dann überschwenglich. Sie hatte schon Fürchterliches erlebt in dieser Hinsicht. Der junge Mann vor mir hatte ganze Stöße Graphiken aus der Galerie geschmuggelt, dabei hatte sie ihm vertraut.

Er kam früher als sonst. Ich lag im Bett mit einem seltsam leichten Kopf, groß und porös, wie aus Balsaholz.

Er setzte sich auf mein Bett, noch im Mantel, und stellte seinen kleinen Koffer neben sich. Sanft und unvermutet mütterlich legte er seine Hand auf meine Stirn und sagte: »Du hast Temperatur. Soll ich gehen und dir Saft kaufen?« Aber ich wollte nicht, daß er fortginge, und rückte zur Seite, um ihm Platz zu machen im Bett. Er legte sich auch neben mich, immer noch im Mantel, das nasse Fell am Kragen streifte über mein Gesicht. »Komm ins Bett«, sagte ich. Er betrachtete mich seltsam böse und rührte sich nicht. »Hast du Angst, dich anzustecken?« fragte ich. »Nein, natürlich nicht«, sagte er, »aber du bist krank.« Er küßte mich. »Wie heiß du bist, und dein Mund schmeckt bitter«, sagte er. »Du brauchst mich nicht zu küssen«, sagte ich, aber er küßte mich, hielt mich am Nacken und küßte mich dringlich und atemlos mit gerunzelter Stirne, und zum erstenmal lag er schwer und rücksichtslos auf mir, und ich roch das nasse Fell seines Mantelkragens und fühlte seine kalten Finger meinen Nacken kneten. Ich weiß nicht, wie lange wir uns küßten. Ich lag nicht mehr auf dem Bett, ich flog durch schöne rotgeflammte Fieberräume, geschmolzenes Gold tropfte von den Wänden, und in meinen Ohren brausten Feuersäulen, ich brannte wie ein riesiger Holzstoß und brauchte allen Sauerstoff um mich her auf, die Luft zitterte.

Weit weg sah ich ihn später sich ausziehen, er sah hell und verletzlich aus, als er so aus dem dunklen Anzug zutage trat. Ich hatte ihn angesengt, ich würde ihn verbrennen. Aber obwohl er immerzu in mein Gesicht sah, während er die Strümpfe herunterzog, das Hemd über den Kopf hob und die Schuhe vor den Stuhl stellte, konnte ich nicht richtig an ihn glauben und schloß schließlich die Augen, um ohne ihn fortzuschwimmen. Aber das ließ er nicht zu.

Ich zitterte, als er sich zu mir legte. Er war eisig, hart und kristallen wie Hagelkörner, die auf mich fielen. »Liebst du mich?« fragte ich, er machte mir angst. Er küßte mich unbarmherzig, öffnete meinen Mund weit, versuchte sein Kinn zwischen meine Zähne zu schieben und später seine Nase. Er flüsterte, daß ich ihn verrückt mache, was sollte das heißen, es klang wie aus einer blöden Geschichte. So etwas hatte er noch nie gesagt. »Du riechst nach Gift«, sagte er, »du bist giftig, eine Tollkirsche, ein Mutterkorn.« Jetzt schwitzten wir beide und rutschten übereinander. Ich konnte ihn nicht mehr von meiner Hitze unterscheiden oder von meiner Kälte. Wir rollten aus dem Bett, und ich hörte unsere nassen Rücken und Beine auf den Holzboden klatschen. Er schüttelte mich, befahl mir, mich aufzurichten, warf mich wieder um, zwang mich, über ihm zu liegen, setzte mich wieder auf. Er sagte mir, was ich ihm antat, was ich ihm antun würde. Er machte mich wieder zum Feuer, und ich fühlte mein Haar lodern und prasseln. Irgendwann muß er mir gesagt haben, ich solle ihn schlagen, und ich schlug ihn mit fest geschlossenen Augen und aller Kraft, selber wimmernd und voller Entsetzen, als schlüge er mich. Ich fühlte Fleisch, Haare, Zähne unter meinen Fäusten. Ich weiß nicht, wie fest ich ihn traf und wo. Es war, als wären die Bewegungen meiner Arme Schwimmbewegungen, die mich über Wasser hielten, gegen die Strömung, die an mir riß und zerrte. Irgendwann ging ich unter, gingen wir beide unter.

In der Nacht wachte ich auf, weil er mir ein Glas an die Lippen setzte. Ich trank. »Du bist sehr krank«, sagte er und drückte mich zurück aufs Kissen, »du bist sehr krank, sei ganz ruhig.« Aber ich war ganz ruhig, nur mein Kopf tat mir weh.

Er aber sprach mit einer Stimme zu mir, die ich noch nie gehört hatte, hoch und röchelnd. Und dann umarmte er mich wieder, und ich weinte und fragte ihn, ob er mich liebe, und er küßte mich mit seinem trockenen Mund, als wäre ich eine Frucht, aus der er Saft saugen konnte, und wieder entstand dieser seltsame Ringkampf, aber ich konnte ihn nicht mehr angreifen und lag schlaff und heiß an ihn gedrückt, ohne mich zu wehren, und erlaubte, daß mich die fremde gefährliche Strömung hin und her warf, an ihn gedrückt mit geschlossenen Augen.

Am Morgen stand unser Tablett vor meinem Bett. Er hatte Saft gekauft und Milch, Äpfel und Bananen. In der Thermosflasche war Zitroneneis, es war fast geschmolzen, und ich trank davon und schlief mit klebrigen Händen wieder ein. Die Tage und Nächte verwischten sich. Ich lag und sah zu, wie der helle Fleck des Fensters am Nachmittag an der Wand über meinem Bett entlangrutschte. Nachts glaubte ich manchmal, jemand in der Wohnung auf und ab gehen zu hören. Aber die Tür meines Zimmers öffnete sich nicht. Wenn das Telefon läutete, erschrak ich. Ich hielt den Atem an und wartete auf seine Stimme, aber er rief nicht an. Das Telefon stand neben meinem Bett auf dem Boden. Wenn ich hinunterging, um die Zeitung heraufzuholen, hängte ich es aus.

Wenn er anrief, gefiel er mir nicht. Er machte lange Pausen, ich zwang mich, sie nicht zu füllen. Ich wollte, daß er sprach, aber hatte nichts zu sagen. Ja, es ginge ihm gut. Nein, er wollte nur anrufen, weil er so einfach weggefahren sei. Ob meine Grippe noch schlimmer geworden wäre nach ... also nach der Nacht? Sonst sagte er nichts von der Nacht. Ich fragte ihn auch nicht, wann er wiederkäme, ich wappnete mich gegen den Schmerz. Wollte nicht warten auf einen Anruf, nicht warten auf einen Besuch von ihm. Wollte trotzig, daß er vor meiner Tür stünde, am Abend, wenn ich nach Hause kam. Oder daß er in die Galerie träte kurz vor fünf Uhr und sich auf den Graphikschrank setzte.

Dorothea und Lilly kamen nach Hause und husteten schon, als sie aus dem Zug stiegen. Auf jedem Nachttisch stand ein Osterhase, etwas verfrüht, aber ich hatte nicht daran vorbeigehen können. Dorothea ist zehn Jahre alt und Lilly elf. Sie saßen auf ihren Betten wie zwei alte Damen, die zu Besuch gekommen sind und die ungestüme Freude eines Kindes mit ernsten Mienen hinnehmen und die kleinen Geschenke wohlwollend betrachten, die man für sie aufgebaut hat. Comichefte und Mandarinen, einige in Goldpapier verpackt. Ich betrachtete alle Hefte in den mitgebrachten Schultaschen. Hängte Zeichnungen auf und strickte abwechselnd an zwei Strickzeugen am Tisch, während sie den Nudelauflauf aßen. Sie beobachteten genau, wieviel braune Kruste jeder auf seinem Teller hatte, wie hoch der Saft in beiden Gläsern stand. Abwechselnd saßen sie auf meinem Schoß. Wenn Lilly stand, lehnte sie sich an mich, unruhig und eifersüchtig; behielt ich nicht Dodo länger auf meinen Knien als sie? Dorothea wollte mein Haar flechten, als später ihre Schwester an mich geschmiegt saß. Aber Lilly fing an zu weinen und wollte es nicht erlauben. »Es stört mich«, rief sie. »Geh aus dem Zimmer.« Zusammen wollten sie nicht auf mir sitzen, nur auf dem Bett lagen sie rechts und links an mich gekuschelt.

Ich grämte mich wegen der unverbrauchten Tube Zahnpasta im Plastikbeutel von Lilly. Putzte sie nicht die Zähne? Doch, doch immer, sagte Lilly. Ich sah die dünnen Fußknöchel, die schon wieder handbreit aus Dorotheas Jeans ragten. Bitte keine Lederflecken mehr aufs Knie, ich bin doch kein Baby mehr. Albert hatte ihnen rote Schirmmützen gekauft, auf denen Bob-cat stand. Sie wollten beide die Wollmützen nicht tragen, die ich ihnen aufsetzen wollte wegen des Hustens.

Im Zoo lungerten wir lange in der scharfen, heißen Luft des

Affenhauses herum. Eine junge Säuglingsschwester in hellblauer Tracht fütterte die beiden rothaarigen Orang-Utan-Babys mit Milch, sie legten dabei ihre langen Arme und Beine um sie und blickten schwermütig zu uns heraus, während sie tranken. »Daß man so einem jungen Ding diese wertvollen empfindlichen Tiere anvertraut«, sagte eine Frau mit Jägerhut neben mir. Ich fing an zu weinen. Lilly zog mein Gesicht zu sich herunter und sagte streng zu Dorothea: »Mama hat Kopfweh, laß uns nach Hause gehen.«

Nachts husteten beide Kinder, und ich rieb die beiden hellen Rücken mit Tigerbalsam ein und zog ihnen Pullover über den Kopf, »ganz weiche Angorawolle, kratzt nicht«.

Später kam Dorothea zu mir ins Bett. »Lilly hustet viel lauter als ich, sie läßt mich nicht schlafen.« Als ich sie umarmte neben mir, kam sie mir sehr klein und zerbrechlich vor, und ich wußte, daß ich an seinen großen Körper dachte, der wie ein Baumstamm neben mir durch die Dunkelheit trieb.

Es wurde Frühling, ehe ich ihn wiedersah. Ich war nach Düsseldorf geflogen, um mit der Galerie Tito zu verhandeln, von der wir eine Ausstellung übernehmen wollten. Vorher hatten wir ein paarmal telefoniert. Fürchterlich zähe Gespräche, in denen er mir schließlich, weil er nichts anderes zu sagen wußte, von seinen Münchner Geschäften erzählte, offenbar weil er glaubte, das würde mich interessieren, weil ich in München lebte, jedenfalls mehr als die Düsseldorfer Geschäfte. Auch übers Theater sprachen wir, das war noch schlimmer, denn er sagte lauter allgemeine Dinge, solche Sätze, wie man sie manchmal nachts in einem Restaurant vom Nebentisch hört, wo eine Gruppe herausgeputzter Leute sitzt und über den herrlichen Abend spricht, über die Intensität der Darstellung und das zauberhafte Bühnenbild.

Schlimm war, daß mir die Knie zitterten, wenn ich seine Stimme hörte, daß ich die kleinen ungeduldigen Knurrlaute zwischen den Sätzen wie einen Stich ins Herz fühlte und daß ich diese Reaktionen, die mir lächerlich und kitschig vorkamen, so deutlich an mir beobachtete wie Symptome einer Krankheit, mit der er mich angesteckt hatte.

Schlimm war, daß die Wut, die in mir aufstieg wegen dieses Leidens, mir den Kopf benebelte und auf meine Stimmbänder drückte, daß ich mich quäken hörte wie die Frauenstimme auf dem Tonband der Zeitansage. Ich sagte ihm nicht, daß ich nach Düsseldorf fahren würde.

Ich sehnte mich danach zuzuhören, wie er Wein bestellte, sein Gesicht zu betrachten, wenn er mir lächelnd zuhörte und von meinen Kindern als »deine kleinen Mädchen« sprach. Ich wollte mit ihm unter dem dunklen Zeltdach der Decke liegen und ihn leise fragen hören: »Weißt du, was ich jetzt gleich tun werde … weißt du es … hier mit dieser Hand. Sag, daß du es willst, daß du darauf wartest …« Und warum hatte er mich in jener Nacht so verzweifelt an sich gedrückt gehalten? War es das Wissen wegzureisen oder war es die Grippe gewesen, und warum veränderte er sich so, wenn ich krank war?

In Düsseldorf hatte ich Halsweh, und wenn ich mich vorbeugte, tanzten gelbe Punkte vor meinen Augen. Das magere Mädchen, das in der Galerie Tito arbeitete, machte mir eine Tasse Kaffee, ehe wir ins Depot gingen. Ich hatte eine Liste gemacht und ging unschlüssig zwischen den Leinwänden und Objekten hin und her. Ich wußte nicht, ob Frau Contini meine Wahl billigen würde. Den ganzen Tag suchten wir in dem staubigen Raum nach Objekten für unsere neue Ausstellung. Es waren große und kleine Glaskästen, in denen alle möglichen Dinge lagen. Ein Alphabet aus Würfelzucker, Taschen und Schuhe aus Plastilin roh geformt, kleine Äste, an denen mit Verbandsmull halbierte Rasierklingen festgebunden waren. Der Künstler war ein junger dunkelhaariger Mann. Ich hatte ihn auf Fotos gesehen. Er versuchte Erinnerungen aus seiner Kindheit zu beschwören und sie nachzubilden, oft versuchte er einen einzelnen Gegenstand viele Male nachzuformen, aus verschiedenen Materialien und mit verschiedenen Details, wenn er sich nur ungenau erinnern konnte. Auch Fotos waren dabei. Mir gefielen seine Arbeiten sehr, und manchmal fiel mir meine eigene Kindheit ein, schmerzlich fremd und undeutlich. Aber vielleicht lag das auch an dem engen Schal um meinen Hals. Als Kind hatte ich oft Angina gehabt.

Er kam mit einer Gruppe von Leuten herein.

Es war der zweite Abend, an dem ich den widerstrebenden Besitzer der Galerie Tito in dieses Lokal gezwungen hatte. Wir saßen lustlos vor unseren Schinkenplatten, und ich trank den zweiten Grog. Das Lokal hieß »Transsibiria« und war, wie er mir einmal auf meine Fragen gestanden hatte, ein Geheimtip, ein Untergrundlokal, in das er mit seinen Freunden manchmal ging, um die verrückten Leute zu betrachten. Ich konnte keine verrückten Leute entdecken, auch das Lokal war gewöhnlich, vielleicht etwas rauchiger und enger als andere Lokale. Der Mann, der die Teller vor uns hinstellte, hatte einen glattrasierten Kopf und einen Goldring im Ohr, aber das war alles. Der dicke Mann, dem die Galerie Tito gehörte, fühlte sich unbehaglich eingeklemmt in der Couchecke vor dem runden Tisch, die aussehen sollte, als säßen wir in einem Wohnzimmer. Ich konnte ihn verstehen. Er warf mir einen demütigen, aber vorwurfsvollen Blick zu. Ich gefiel ihm gut, das wußte ich, auch Frau Contini wußte das, sonst wäre sie selbst hergereist. So aber hoffte sie auf bessere Zahlungsbedingungen.

Ich sah ihn gleich. Er drehte mir den Rücken zu, es war nicht sein Haar, sondern die Art, wie er aus dem Mantel schlüpfte. Mit ein paar kleinen Rucken, als schüttele er den Mantel ab. Wo war Goldie? Drei Frauen schlüpften aus ihren Mänteln, und die drei Männer versuchten in dem engen Gang neben der Tür gleichzeitig, allen Frauen dabei zu helfen. Sie lachten und sprachen dabei. Ich fand sie alle gräßlich, hölzern, kalbsköpfig und übertrieben, auch ihn. Er half der Frau mit den kurzen blonden Haaren aus ihrem Mantel, aber an der Art, wie er ihr nun auch das Halstuch abwickelte, sah ich, daß es nicht seine Frau war, er war viel zu aufgesetzt galant, keine Frau, die lange mit einem Mann lebt, hätte das ohne einen spöttischen Blick hingenommen. Die zweite Frau, die sich vor uns aus ihrem Mantel schälte, war dünn und hatte spitze Schultern, die sie kichernd hochzog unter dem roten Kleid, um sich durch die mit Mänteln beladenen Männer zu drängen. Konnte er nicht fühlen, wie ich ihn ansah? Er warf die Mäntel oben auf den überfüllten Kleiderständer, und das gelang ihm nicht gleich. Nun trat die dritte Frau zu ihm und reichte ihm ihren Hut, und daran, wie er ihn ernsthaft entgegennahm und vorsichtig oben auflegte, ohne sie dabei anzusehen, erkannte ich, daß es Goldie war. Ihre Unterlippe stand etwas vor, und sie trug ihr Haar über den Ohren gewellt wie meine Großmutter. Das Haar war schwarz und hinten zu einem winzigen Knoten geflochten, in dem eine Haarnadel mit einer Mondsichel steckte. Ihr Hals war etwas schlaff, darum straffte sie auch das Kinn, als sie zum Tisch ging. Er folgte ihr und legte ihr, als sie stehenblieb, um den Ober vorbeizulassen, die Hände auf die Schultern.

Der Mann mir gegenüber knurrte leise und sah mich aus seinen verhangenen Krötenaugen nicht ohne Wohlwollen an.

»Welcher ist es?« fragte er.

Ich wurde rot. Ich hatte ihm nichts erzählt und schämte mich dieses rothaarigen Mannes und seiner Freunde so heftig, daß ich am liebsten über sie hergezogen wäre. Aber ich hielt mich zurück. Wie sie die Köpfe zusammensteckten über der Karte. Ich wollte nicht zusehen, wie er bestellte, und trank meinen Grog aus.

Albert, der mir am Telefon gesagt hatte, er hätte nun eine Frau gefunden, die zu ihm ziehen wolle. Kindergärtnerin, gut für Dorothea und Lilly, ob ich es mir nicht noch einmal überlegen wolle, das mit dem Urlaub mit den Kindern in Griechenland, die Hitze und ... Er könne mit Ursula in die Berge fahren zu Pfingsten, ihr Vater hätte ein Haus dort. Gute Luft. Dorothea und Lilly, die verlegen schwiegen, als ich über die Ferien in Griechenland sprach, und die heimgekommen waren an diesem Sonntag mit einer Karte von den Dolomiten, ausklappbar, jeder Berg plastisch wie ein Schokoladenkuchen.

Ich bestellte noch einen Grog und strich ein Brot mit Butter, legte viele Schinkenscheiben übereinander wie Dachplatten und versuchte, nicht nach dem Tisch drüben zu schauen.

Aber auch wenn ich nicht hinsah, sah ich ihn doch die ganze Zeit, versuchte sein Lachen zu unterscheiden von den anderen Lachen und sah auch später, wie er aufstand und aus den Rauchschwaden, die über dem Tisch hingen, auftauchte.

Tito hatte sich in ein langes Gespräch über die schlimmen Auswirkungen eingeatmeter Kunststoffdämpfe im allgemeinen und bei Künstlern im besonderen verwickelt und nickte bedenklich dazu, als ich mich auch erhob.

Er stand am Waschbecken und wusch sich die Hände. Ich weiß nicht, ob er mehr darüber erschrak, daß eine Frau ins Männerklo kam, oder darüber, daß ich diese Frau war. Er stand etwas vorgebeugt, die Hände ineinander verschlungen unter dem laufenden Wasser, und er sah mich so rundäugig an, daß ich lachen mußte.

»Ich wohne in der Pension ›Pentagon‹«, sagte ich schnell. »Deine Goldie finde ich alt und häßlich, und deine Freunde sind zum Kotzen.« Er stieß mit den Händen an den Wasserhahn und bespritzte uns beide mit Wasser.

»Doch nicht hier«, rief er, etwas anderes fiel ihm nicht ein. In seiner Verlegenheit tat er mir leid, aber daneben fühlte ich eine schreckliche Grausamkeit in mir, die ich jetzt, nachdem ich mich so weit vorgewagt hatte, nicht mehr glaubte beherrschen zu müssen.

»Ich hab Halsweh«, schrie ich und zeigte wie zum Beweis auf mein Halstuch. »Da machst du's doch gern mit mir, vielleicht krieg ich auch noch Fieber, wenn ich dich noch länger mit deiner gräßlichen Vogelbeobachterin turteln sehe.«

Ich wollte das alles nicht sagen, und jetzt, als ich bemerkte, wie bleich er war, zitterte ich vor Sehnsucht, mich an seine Brust zu lehnen und seine nassen Hände in meinem Haar zu spüren. Ein Mann kam herein, und ich, die ich mich instinktiv zur Tür gewandt hatte, um zu fliehen, stieß mit ihm zusammen. »Hoppla«, sagte er, und dann noch einmal erstaunt und gedehnt: »Hoo-pp-la.« Doch da schlug die Tür schon hinter mir zu.

Nachts in meinem Hotelbett dachte ich mir aus, wie er mich in die Arme genommen hatte, wie das Wasser um uns spritzte, wie der weißgekachelte Raum sich um uns drehte, wie ich ihn in dem winzigen Raum neben der Porzellantoilette aus seinem Anzug knöpfte, wie seine Frau draußen an die Tür hämmerte, wie er mich küßte und an der Spülung zog, um meine Schreie zu übertönen, wie er sich auflöste unter meinen Fingern, wie wir auf den glitschigen Plattenboden rutschten ... wie ich ihn schlug. Aber dann sah ich ihn neben mir am Frühstückstisch sitzen und in der Zeitung lesen. Es war Sommer, und ich warf Kirschkerne gegen den aufgespannten Wirtschaftsteil der Zeitung und hob Kirschen mit den nackten Zehen vom Boden auf, um sie ihm um die Zeitung herum zu reichen. Am Morgen tat mein Hals kaum noch weh.

Erst Anfang Juni kam er wieder in die Galerie. Er stellte seinen nassen Schirm in den Schirmständer und sah mich an. Frau Contini, die mit mir zusammen am Boden kniete, um etwas einzurahmen, glitt zu ihm hin und führte ihn rasch zu unserem teuersten Objektkasten, als wäre er ein alter Kunde. Sie hatte manchmal solche Anfälle von überschäumender Begeisterung, ich glaube, es hing mit Telefonanrufen zusammen, die ich ihr ins Büro stellte, die lange dauerten und nach denen sie mit verwirrtem Haar und kichriger Stimmung auftauchte und uns einen Tee machte. Heute hatten wir zweimal so einen Anruf gehabt, nachher hatte sie sich die Nägel lackiert und sich meinen Puder ausgeliehen.

Ich hatte ihn mit dem Hut kaum erkannt. Frau Contini ließ ihn nicht los und schleppte ihn von Objekt zu Objekt. Dann schickte sie mich Kuchen holen, das bedeutete, daß er ihr versprochen hatte, etwas zu kaufen. Er wehrte den Kuchen ab, aber Frau Contini konnte sehr unerbittlich sein, vor allem, wenn sie guter Stimmung war und einen neuen »Sammler« witterte.

Der Blick, den er mir zuwarf, nun ohne Hut, über ihre Schulter, war wie der Blick, den Danny Kaye in einem alten Film dem Zuschauer zuwirft, wenn sein Kopf auf einer großen Platte auf den Zirkustisch des Zauberers gestellt wird, der Zauberer schleift ein Messer.

Ich holte Kuchen mit viel Sahne, den mochte Frau Contini nicht. Draußen regnete es. Ich brachte den Kuchen ins Büro, und als ich ihn so sitzen sah, widerborstig eine Mappe Graphiken auf dem Schoß, überkam mich die alte Zärtlichkeit und Grausamkeit für ihn. Ich servierte den Kuchen wie eine Kellnerin, goß Tee nach und fragte Frau Contini, was ich noch tun sollte.

»Ich sperre ab, wenn Sie vielleicht noch die Rollen aus dem Versand zur Post bringen«, sagte sie etwas mißtrauisch über meine Demut und mit einem Blick auf die Sahnetorten. Aber nun waren wir quitt.

Später lag er in meiner Badewanne. Er war naß geworden, denn ich hatte seinen Schirm mitgenommen. In dieser Nacht konnte er nicht mit mir schlafen, aber wir machten kein großes Aufhebens davon. Wir lachten über meinen Auftritt in der Herrentoilette und malten uns aus, was geschehen wäre, wenn ich eine Minute früher hereingekommen wäre, als er noch vor der Rinne stand.

»Ich möchte gerne mit dir verreisen«, sagte er. Ich wurde traurig, denn er machte ein Gesicht, als ob wir das nie tun würden und er sich damit abgefunden hätte. »Was ich über deine Frau gesagt habe, stimmt alles, ich nehm es nicht zurück«, schrie ich. Aber er wollte nicht von Goldie reden, sondern streichelte mein Haar.

Ich glaube, in dieser Nacht begann in meinem Kopf ein seltsamer Film zu laufen. Ich wollte ihn in diesem Bett neben mir haben, jeden Abend, wollte auf ihn warten mit einem Essen, das ich gekocht hatte. Ich schaute mich im Badezimmer an und konnte nicht begreifen, was mit mir los war. Ich stellte ihn mir vor mit Albert, mit den Kindern, mit anderen Leuten, es gelang mir, alles überdeutlich in Bildern eines Fotoromans zu sehen.

Ich ging in die Küche und machte Leberwurstbrote und heiße Milch. Schlaftrunken schaute er mir beim Essen zu, ich sah seinen mageren Hals mit dem Adamsapfel, die Brille, die er am Boden suchte, um auf die Uhr zu sehen.

»Du wirst dich doch nicht in mich verliebt haben«, fragte er und lächelte beklommen, und ich erschrak so sehr über seine ängstlichen Augen, daß ich sofort das Licht ausmachte.

»Am Anfang waren wir doch so unbeschwert und froh«, sagte er in der Dunkelheit.

Zuerst hatte ich die feinen Häutchen zwischen den Papyrusblättern geduldet. Eine kleine Spinne, dachte ich. Daneben sah ich das Bäumchen mit den hellgrünen münzengroßen Blättern sich immer mehr zusammenkrümmen, als werde es alt und schwach. In der Morgendämmerung, wenn ich die Pflanzen goß, war noch nicht genügend Licht, um zu sehen, was mit ihm los war. Ich düngte es. Als die Avocadopflanzen anfingen, ihre Blätter abzuwerfen, und das Zimmer wie ein

Herbstwald aussah, verlor ich die Lust am Gießen und ließ die Pflanzen dursten. Das waren Tage, an denen ich kaum in der Lage war, mir Essen zu kochen, ich lag am Abend auf dem Bett und aß Wurst aus dem Papier und Semmeln aus einer aufgerissenen Tüte.

An einem Sonntagmorgen, als ich die Vorhänge zuzog, weil draußen die Sonne schien, entdeckte ich, daß die Wedel der Palme alle von einem feinen silbrigen Flor umhüllt waren, als hätte sie jemand liebevoll verpackt, um sie vor der Kälte zu schützen, aber sie vergilbte unter diesen Schleiern. Zwischen den silbrigen Baldachinen wimmelten unzählige winzige Spinnen. Ich untersuchte mit den Fingern Pflanze um Pflanze, alle bis auf den Yuccabaum standen in die zarten Netze verpackt, und in ihren Blättern und Rispen wimmelte es vor widerlichem Leben. Ich verkroch mich ins Bett, stand wieder auf, um mir die Hände und Arme zu waschen, weil ich glaubte, etwas krabble mir über die Haut. Später badete ich mich in ganz heißem Wasser, bis meine Haut krebsrot war. Ins Wohnzimmer zu dem Geisterwald meiner Pflanzen traute ich mich nicht mehr.

»Wollspinnen«, sagte Frau Contini am Montag, »können Sie alle wegwerfen, nur Schildläuse sind schlimmer.«

Als erstes schnitt ich die Pinsel der Papyrusbüschel ab. Ich warf die grünen umsponnenen Sterne hinunter auf die Straße. Es war Nacht, ich stand im Hemd, die Schere in der Hand, zwischen den stillen Pflanzen. Aber die Palme konnte ich nicht abschneiden, mein Zorn war verraucht. Ich betrachtete die grünen Stoppeln der Papyrus in ihren Töpfen und fühlte eine große Hoffnungslosigkeit. Die Wohnung lag so still, die Pflanzen warteten geduldig, hilflos. Ich konnte ihnen nicht helfen. Der Topf mit der Palme war so schwer, daß ich ihn absetzen mußte, als ich ihn von seinem Sockel gehoben hatte, die harten Wedel strichen mir übers Gesicht. Vielleicht blieben die feinen Netze in meinen Haaren hängen und die Spinnen verwandelten mich über Nacht in einen großen grauen Kokon, der reglos im Bett lag und in dem es sich nur noch vom Gekrabbel der kleinen Spinnen rührte. Ich hatte die Palme auf die Straße hinunter werfen wollen, aber ich hatte keine Kraft mehr.

Herr Johansen rief an.

»Herr Johansen hat nach Ihnen verlangt«, sagte Frau Contini, sie lächelte ohne Freude. Sie hatte begriffen, daß Herr Johansen nichts kaufen würde, sondern »mir den Hof machte«, wie sie sagte.

Schließlich beschloß sie, die Geschichte pikant zu finden, und sagte, als sie mich ohne zu antworten einhängen sah: »Na, der hat ganz schön angebissen.« Mit einem langen Blick auf mich fügte sie hinzu: »Sie aber auch, wie? Warum wollen Sie ihn nicht sprechen?« Ich fühlte ärgerlich, wie ich rot wurde. »Ich kann nicht mit ihm sprechen.« Sie beobachtete mich neugierig und sagte mit ihrer erstaunlichen Direktheit, die sie nicht nur bei ihren Geschäften einsetzte: »Aber Sie lieben ihn doch?« Ich stempelte wild weiter an einem Stapel weißer Pappkarten. Ich wollte nicht mit dem Kinn zittern und nichts sagen aus Angst, ein fürchterlicher wäßrig-heißer Ton käme heraus. Frau Contini sah zu, wie ich stempelte, und tadelte mich nicht dafür, wie verwischt und schief sich der Name der Galerie auf den Karten niederschlug. »Ist er nicht sehr nett? Er sieht sehr nett aus«, sagte sie und riß unschuldig die Augen auf.

»Er ist gar nicht nett.« Ich versuchte ein paar besonders mißratene Karten zusammenzuknüllen, aber der Karton schnitt mir in die Hand.

»Der wollte auch von Anfang an nichts kaufen«, sagte Frau Contini nachdenklich, faltete die Arme vor der Brust und sah aus dem Fenster.

Die Kinder kamen. Ich hatte schon am Vortag eingekauft, der Eisschrank quoll über vor Joghurt, Wurst und Obst. Ich las Geschichten vor. Wir spielten stundenlang ein erschöpfendes Schreibspiel, dann zeichneten wir zusammen. Dann gingen wir ins Kino. Dorothea saß auf meinem Schoß, früher hatte sie mir vor Aufregung oft auf den Schoß gemacht. Jetzt ermahnte sie mich, die Beine ruhig zu halten. Nach dem Abendessen übergab sich Dorothea in die Waschmaschine, als sie ihre Wäsche herausnahm. Ich hielt ihr den Kopf und fühlte mein Gesicht zu einer Grimasse des Entsetzens verzerrt, die ich nicht bewegen konnte. Lilly übernahm meine Rolle: »Das ist gar nicht schlimm, das waschen wir noch mal«, sagte sie.

Im Bett, nachts um drei, beschloß ich, die Kinder mit Albert in die Pfingstferien fahren zu lassen.

Er hatte eines Abends mit einer Frau vor meiner Tür gestanden, mit trotzigem Gesicht. »Das ist Ursula«, er legte seine Hand auf ihre Schulter. »Ich habe dir von ihr erzählt.« Er hatte mir nichts von ihr erzählt, aber ich sagte nichts. Sein Gesicht verfinsterte sich noch mehr. Ich wußte nicht, ob er mich damit meinte oder die Frau, die ihn wohl zu diesem Besuch überredet hatte. Ursula hatte er sehr wohl von mir erzählt, das konnte ich spüren. Sie betrachtete mich mit ruhigen Augen über den Küchentisch. Ich wollte mit ihnen in der Küche bleiben und nicht ins Wohnzimmer gehen. Ich kochte Tee, suchte nach Keksen, erzählte komische Geschichten aus der Galerie.

Die Frau, die jeden Monat mit einer neuen Mappe von unausführbaren Schnittmustern kam, die sie ausstellen wollte. Ursula lachte sehr und sprach sonst nicht viel. Sie hielt ihren Blick ohne Neugier freundlich auf mich gerichtet. Sicher schaute sie so ihre schwererziehbaren Kinder an. Albert, der sich wohl eine Szene versprochen hatte, schwieg erst drohend, taute dann aber auf und wollte mir seine Osterferien mit den Kindern beschreiben, aber ich drosselte ihn mit einer langen

Geschichte über meine Virusgrippe. Aber Ursula gefiel mir, und jetzt nachts um drei in meinem Bett fühlte ich mich schwach genug, ihr die Kinder zu überlassen, und dachte düster, daß ich nicht gut für sie sei, ganz wie Albert sagte, daß er recht hätte, daß ich ihnen nicht helfen konnte in ihrem Kummer über die getrennten Eltern, daß ich nicht einmal den Pflanzen helfen konnte, die im Wohnzimmer starben. Aber einschlafen konnte ich auch nach diesem Entschluß nicht. Die Pfingstferien öffneten sich wie eine gähnende Lücke zwischen den Alltagen. Ich dachte daran, wie schön es wäre, einfach durchzuschlafen. Unter der Decke versteckt, vom Morgen bis Abend bis Morgen bis Abend, und dabei zu träumen. Träume wie lange friedliche Filme, in denen die Landschaft einem entgegenfährt, sich öffnet und zu der Stelle trägt, ganz langsam, wo das Liebespaar liegt, umschlungen, verborgen im Gras unter den Büschen am Bach, umschlungen, verborgen und ohne sich wieder zu trennen.

Lilly schlüpfte neben mich unter die Decke, und als ich ihr Gesicht küßte, merkte ich, daß sie weinte.

»Hast du uns beide gleich lieb?« fragte sie mit großer Anstrengung zwischen zitterndem Atemholen und Seufzern.

Ja, ich hatte beide gleich lieb, so lieb fast, als wären sie eine Person. Manchmal verwechselte ich sie sogar in meinen Erinnerungen. War das Dorothea oder Lilly auf meinem Arm, im Bett, der runde warme Kopf an meiner Backe? Aber ich wußte, das wollte Lilly nicht hören. Sie wollte allein geliebt werden in diesem Augenblick, so, als wären nur wir beide da, so, als wären wir ein Liebespaar. Wir umarmten uns, und ich fragte Lilly, warum sie so traurig sei, und sie weinte noch mehr. Ich wiegte sie hin und her und sagte viele Dinge, daß sie meine einzige Lilly sei, mein erstes Baby und wie ich mir ein Mädchen gewünscht hatte, und so fanden wir nach einer Zeit einen alten vertrauten Ort, an dem wir schon oft gewesen waren, wenn Lilly traurig war. Ich erzählte ihr davon, wie sie in mir gewachsen war und wie sie herausgekommen war, wie sie getrunken hatte und wie gerne sie gebadet hatte. Lilly, die alle Geschichten schon gut kannte, verbot mir, neue Sachen dazu zu erfinden, um die Geschichten komischer zu machen, und an meinem Hals konnte ich ihren Mund lächeln fühlen. Dann, ganz vorsichtig, fragte sie nach Dorothea, und ich erzählte die Geschichten von ihr, Lilly, die kaum laufen konnte, als Dorothea geboren wurde, und wie sie, als ich mit dem neuen Baby nach Hause kam, nackt auf die Terrasse hinausgerannt war in den Sommerregen und vor Freude getanzt hatte – ja, richtig getanzt vor Freude. Und nun lachte Lilly mit offenem Mund, ich spürte den warmen Hauch auf meiner Brust, und sie flüsterte: »Mach mir's vor.« Und ich machte Licht an, sprang aus dem Bett und tanzte taumelig auf dem Bettvorleger herum. »Nackt«, zischte Lilly, »nackt«, und so zog ich mein Hemd aus und tanzte nun durchs ganze Zimmer, und Lilly zog auch ihr Nachthemd aus und tanzte mit. Wir faßten uns an den Händen und hüpften wie die Känguruhs, keuchend und immer verrückter. Die Lampe klapperte, und auf dem Tisch rollten die Äpfel hin und her und fielen herunter. Dorothea würde gleich aufwachen, das wollte Lilly auch nicht. Plötzlich hielt sie sich die Hand vor den Mund und sagte so, als wäre sie die Erwachsene: »Wir werden Dorothea aufwecken mit dem Gehüpfe.« Da schlüpften wir beide wieder ins Bett, und Lilly zog mein Nachthemd an. In ihrs kam ich nicht hinein, und Lilly zog mir das Hemd wieder herunter, als wäre ich ein dummes, aber unterhaltsames Tier.

»Weißt du«, sagte Lilly, »weißt du, morgen müssen wir was gegen die Wolläuse tun. Im Wohnzimmer sind die Pflanzen krank, ich habe sie angeschaut vorhin, als ich nach dem Fotoalbum gesucht habe im Wohnzimmer.«

»Warum wolltest du denn jetzt Fotos anschauen?«

Lilly war verlegen. »Ich wollte sehen, ob ich als Baby gelacht habe«, sagte sie, »und ob ich schön war.«

»Und? Wie findest du dich?«

»Nicht so schön, so wenig Haare«, sagte Lilly, bereit zu lachen, denn auch dazu gab es eine Geschichte, aber wir beide wußten, daß der andere das wußte.

»Lilly, jetzt schlafen wir«, sagte ich und legte mich zurecht. »Mach das Licht aus.«

»Also, diese Tiere an den Pflanzen«, flüsterte Lilly im Dunkeln, »die hatten auch die Blumen vom Hausmeister bei uns im Internat, und ich hab die Frau Butz gefragt, was sie da macht. Die hat gesagt, sie spritzt sie ab mit dem Gartenschlauch, draußen auf dem Hof, und dann tut sie so einen Plastiksack darüber und sprüht Gift rein.«

»Wir könnten sie abbrausen in der Badewanne«, sagte ich und küßte Lilly. »Das ist eine wunderbare Idee, glaubst du, es nützt noch was?«

»Klar«, sagte Lilly. »Morgen machen wir's. Dorothea kann auch helfen.«

In der Badewanne standen die Pflanzen und krümmten sich unter Dorotheas unbarmherzigem Brauseregen.

»Das mit dem Gift machen besser wir beide«, hatte Lilly gesagt. »Es ist gefährlich«, und Dorothea, der ich eine große Schürze umgebunden hatte, machte sich daran, das Badezimmer zu überschwemmen.

Auf dem Balkon prüften wir, Lilly und ich, den Wind. Sie buchstabierte laut die Anweisungen auf der Sprühdose, aber zuerst mußten die Pflanzen trocknen. Es war ein warmer Tag, und beide Mädchen trugen geringelte Kniestrümpfe.

»Macht das Gift den Pflanzen nichts?« fragte Dorothea aus sicherer Entfernung, während Lilly mit angehaltenem Atem, die Hände unförmig in den rosa Gummihandschuhen, die Palmwedel sprühte.

»Gut tut es ihnen sicher nicht, aber es ist besser, ein wenig zu leiden und dafür die Plagegeister los zu sein«, sagte ich. »Es ist nie gut, Gift zu verwenden, ich tue es auch nicht gerne, aber manchmal muß es sein«, schloß ich lahm.

»Das macht Lilly aber gut«, sagte Dorothea und legte die Plastiktüten zurecht.

»Du hast sie auch sehr schön gebraust«, sagte Lilly und ließ zischend den angehaltenen Atem durch die Zähne.

»Das ist teamwork, nicht wahr.« Dorothea hielt sich die Nase zu. Das Gift roch scheußlich.

Ich ging wachsam zwischen den Pflanzen und den beiden Kindern umher, um nichts zu verändern, nichts zu zerstören. Mir war, als könnte ich diesen Morgen balancieren wie eine zerbrechliche Kugel.

»Das haben wir in Englisch durchgenommen«, sagte Lilly, »teamwork. Manche Leute können das besser als andere, sagt Frau Moll. Aber wir, wir machen das gut, Dorothea, du und ich, oder?«

»Du kannst mir jetzt einen großen Beutel geben, Dodo«, sagte Lilly, »aber atme nichts ein.«

»Darf ich auch mal sprühen?« fragte ich.

»Ja«, sagte Lilly großzügig. »Laß sie auch mal, vielleicht die Stoppeln von der Papyrus, vielleicht sind da noch welche versteckt.«

Seine Frau führe mit den Kindern an die oberitalienischen Seen, schrieb er und wie es wäre, wenn wir eine kleine Reise machten zu Pfingsten, gesetzt den Fall, ich hätte nicht schon etwas mit »meinen kleinen Mädchen« vor. Er stelle es sich schön vor. Wir hätten viel Zeit, er könne mich verwöhnen, wir könnten natürlich auch in München bleiben, denn der Touristenverkehr sei sicher unglaublich, ich könnte auch nach Düsseldorf kommen, es gäbe ein kleines Landhaus, ganz einfach, aber sehr schön gelegen, in einem Wäldchen, das könnte mir gefallen.

Ich wußte nicht, warum mich dieser Brief so in Wut brachte. Ich zitterte, als ich ihn las. Ich hatte mich dazu in die Toilette der Galerie eingeschlossen, um den neugierigen Augen von Frau Contini zu entgehen.

»Ein Kunde für Sie«, rief sie mit süßer Stimme vor der Tür.

Ich kam heraus und führte einen jungen Zeichenlehrer, dem ich immer verbilligte Plakate für seine Klasse geben durfte, von Kasten zu Kasten. Er fand die Arbeit sehr interessant und überlegte, wie er so etwas für die Kinder umsetzen konnte. »Vielleicht die Erinnerungen an einen Urlaub oder an die geliebte Großmutter ... jedes Kind sammelt doch Erinnerungsstücke, Muscheln und Fußballbilder.« Ich stimmte ihm zu. Er versprach, bald mit der ganzen Klasse vorbeizukommen. Frau Contini verdrehte hinter seinem Rücken die Augen. Schulklassen waren ihr ein Greuel, sie stießen an die Bilder und wühlten in den Plakaten, ohne zu kaufen.

Sollte er doch allein in sein Landhaus fahren. Wieso reiste er nicht mit zu den oberitalienischen Seen? Ich sah Koffer, die alle zusammenpaßten und mit säuberlichen Anhängern verziert waren. Was trug er im Urlaub? Sicher ein Seidentuch im offenen Hemd. Wie mußten seine weißen Beine aussehen, wenn sie aus einer kurzen Hose ragten? Sicher bekam er einen Sonnenbrand.

Aber dann ging ich hin und kaufte mir eine Reisetasche, und als ich ein hellgrünes Sommerkleid aussuchte, bemerkte ich mit Unmut, daß ich mich mit seinen Augen im Spiegel betrachtete. Er hatte einmal gesagt, wie gut mir weiche fließende Stoffe ständen, ja wie er die Frauen beneide um das Gefühl von flatternder Seide um die Knie. Goldie sei ihm oft zu sportlich angezogen jetzt, aber als junge Frau ...

Was Goldie wohl einpackte? Was trug eine Frau, die im Morgengrauen durch die Flußauen streifte, um Vögel zu beobachten?

Ich saß am Tisch und sah den Zug entgleisen. Mit einem Schlag war Johansen Witwer. Schwarz stand ihm gut. Ich würde auch Schwarz tragen für ihn. Fast hätte ich die Tasche wieder zurückgetragen. Sie stand im Flur und sah robust und glänzend aus, als könne man in sie hineinklettern und mit ihr fortfliegen.

Was er über unsere »Unbeschwertheit« gesagt hatte, steckte mir im Hals. Wie konnte er alles so wunderbar glatt dirigieren, seine Frau, seine Kinder, seine freien Tage? Ich fühlte mich im Sumpf stecken, und jede Bewegung, die ich machte, führte so oder so dazu, fürchterliche Folgen zu haben.

War es richtig, die Kinder Albert zu überlassen? Ich mußte sie noch einmal ganz eindringlich befragen, oder brachte ich sie damit in einen quälenden Zwiespalt?

Die Nacht, in der ich ihn geschlagen hatte. Wie er vor mir gekniet hatte im Bett und mich geküßt hatte, sein Kopf zwischen meinen Beinen, als bringe ich ihn zur Welt.

Ich warte auf dich, schrieb ich ihm.

Wie leicht er außer Atem kam. Wie er meinen Ellbogen faßte, wenn wir zusammen gingen, auf der Straße, er ein wenig zu mir heruntergebeugt, um zu hören, was ich sagte. Vielleicht hörte er schon schlecht. Er machte meinen Brief auf, saß an seinem Schreibtisch. »Wirrkopf«, sagte er, »sollen wir nun bei dir oder hier bleiben, und wenn wir wegwollen, muß ich mich doch darum kümmern. Wirrköpfiges Mädchen!« Ich schnitt ihm an meinem Tisch eine böse Grimasse, und Frau Contini starrte mich an, als sähe sie eine Küchenschabe auf dem hellen Boden ihrer Galerie.

Ich warte auf dich, das hatte ich ihm geschrieben, aber die Tage vergingen, und ich wurde immer ängstlicher. Ich wußte nicht, ob ich mit ihm verreisen wollte. Während ich die Kindersachen bügelte und die Farbstifte und Zeichenblöcke zusammensuchte, erlaubte ich mir kaum, an ihn zu denken. Nur manchmal sah ich uns in einem großen Hotel ankommen, sah ihn mit dem Portier verhandeln und dem Hausdiener winken. Von einem Hotel hatte nichts in seinem Brief gestanden, und doch fiel es mir leichter, mir ein Hotel vorzustellen als ein Landhaus zwischen den Bäumen, von dem er schrieb. Nachts las ich, bis mir die Augen zufielen, und am Morgen konnte ich kaum aus dem Bett kommen. Ich wollte die Tage anhalten, ich glaubte, nicht alles eingepackt zu haben, was die Kinder brauchten. Wenn ich mittags aus der Galerie kam, blieb ich vor den Schaufenstern stehen und überlegte, was noch fehlte.

Albert und Ursula kamen, um die Kinder abzuholen. Beide Mädchen trugen kleine Rucksäcke, vollgepackt mit Brotzeit, beide hatten sie eine Feldflasche mit Zitronensaft umgehängt. Am Ende wollte ich sie nicht fortlassen und fing an zu zittern, als ich, jede Hand auf einen Rucksack gelegt, an der Tür stand. Albert, der meinen Gesichtsausdruck deuten konnte, trieb zur Eile und packte die Koffer und Decken, die Bilderbücher und Taschenlampen hastig ins Auto. Ursula, der ich ansah, daß sie fand, die Kinder hätten zuviel mit, stand mit munterer Miene neben mir wie eine Zahnarzthelferin neben einer schwierigen Patientin.

Ich hörte mich Sätze sagen, über die ich mich bei meiner Mutter immer geärgert hatte.

»Zieh ihnen abends die Jacken an, Albert – überanstrenge sie nicht, wenn Lilly so ein rotes Gesicht bekommt, ist sie überhitzt und braucht Ruhe – Dorothea hat ihre Tropfen für die Augen ganz oben in der Tasche –.« Albert, der das alles wußte, betrachtete mich gelassen. Die Kinder, angesteckt von der Unruhe der Abreise, fingen an, um die Plätze zu streiten. Ursula suchte im Handschuhfach nach Schokolade. Albert sprang ins Auto, als starte er zu einer Rallye. Als sie losfuhren, heulten beide Kinder. Ich sah im Rückfenster Dorotheas Profil mit weitgeöffnetem Mund und zugekniffenen Augen.

Am liebsten hätte ich mich auf den Randstein gesetzt und wäre dort sitzengeblieben. Die Wohnung wartete mit dem leergegessenen Frühstückstisch, den Goldhamsterkäfigen und der glitzernden Reisetasche, die ich, als Albert kam, unters Bett geschoben hatte.

Ich fing an, den Frühstückstisch abzuräumen, setzte mich dann und trank den Kaffee, der noch in der Kanne war.

Er saß mir gegenüber und bestrich seinen Toast, er trug einen türkisch gemusterten Morgenrock, und ich lächelte darüber. Hatte er den in seinem Koffer mitgebracht? »Deine Wohnung ist wunderbar, am schönsten ist dein Schlafzimmer, ich komme mir vor wie in einem dieser neuen französischen Filme.« Was hatte er damit gemeint? Wahrscheinlich, daß er sich verjüngt fühlte und lasterhaft. Ich aß Dorotheas weiches Ei auf. Es war noch warm.

Ich fing an, die Wohnung aufzuräumen. Ich putzte die Böden. Die Pflanzen, die alle, etwas gestutzt, aber gerettet, zusammen auf dem Balkon in der Sonne standen, sahen mir durchs Fenster zu. Ich räumte alle Möbel aus dem Wohnzimmer in den Gang. Ich arbeitete keuchend, und der Schweiß lief mir an den Rippen herunter. Ich brauchte eine Stunde, um das breite Bett auseinanderzunehmen und ins Wohnzimmer zu tragen. Die Matratze rutschte mir weg und zerschlug zwei Tassen und die Kanne des antiken Kaffeeservices auf seinem Tablett. Das hatte Albert mir auf meine Bitten gelassen. Ich benutzte es nie. Ich arbeitete mich in einen Wirbel hinein. Das Bett stellte ich mitten in das große leere Wohnzimmer, fing an, es zu beziehen, hörte auf, um die Bilder von der Wand zu nehmen und an die Wand im Gang zu lehnen. Alle stammten aus der Galerie. Ich hatte sie billiger bekommen, manche waren mir vom Künstler gewidmet. Ich ließ keins hängen. Im Vorbeigehen riß ich Plakate von der Wand. Polnische Zirkusplakate, Bauhausplakate. Der Gang stand voller Möbel, und ich konnte kaum zur Küche durchkommen. Im Schlafzimmer, an der Stelle, wo das Bett gestanden hatte, lagen Staubmäuse, zerknüllte Papiertaschentücher, Knöpfe und Bleistifte. Die Reisetasche trug ich in den Gang und sprang hoch, um sie auf den Schrank zu schieben. Eine Staubwolke erhob sich.

Ich arbeitete bis zum Nachmittag. Ich wollte fertig sein, wenn er am nächsten Morgen kam. Das Sofa gefiel mir nicht mehr, nachdem ich es mühsam ins alte Schlafzimmer geschoben hatte, ich hängte ein Leintuch darüber. So hatten die Möbel ausgesehen bei uns zu Hause, ehe wir in die »Sommerfrisch« fuhren, wie meine Mutter das nannte.

Ich kaufte weiße Farbe und Pinsel, Folien und Eimer. Aber als ich anfing, den Boden im Wohnzimmer mit Zeitungen auszulegen, fühlte ich mich so müde, daß ich mich auf dem halbbezogenen Bett zusammenrollte und im Geruch der offenen Farbdosen einschlief.

In der Dämmerung kaufte ich weiße Tulpen und Narzissen, Käse und Wein, einen Kalbsrollbraten, sehr groß und zartrosa. Ich legte ihn in den Eisschrank. Ich wollte ihn mit Zitronenschale und Rosmarin schmoren. Ich dachte an das, was mir die Erzieherin im Internat gesagt hatte, als sie mich verabschiedete und ich sie fragte, ob Lilly und Dorothea, die sie eben schnupfend und sich umschauend zum Abendessen geschickt hatte, oft weinen würden. »Ach, kaum sind die Eltern fort, versiegen die Tränen, da seh ich dann die Kinder, die sich eben noch an die Mami geklammert haben, lustig über die Wiese hüpfen.« Damals hatte ich ihr nicht glauben wollen, hatte sie für herzlos gehalten, aber jetzt wollte ich ihr glauben, Albert war ja bei ihnen, und sicher saßen sie jetzt irgendwo an einem Wirtshaustisch vor ihren Spezigläsern und waren fröhlich. Wenn sie zurück sind, stellen wir ihr Zimmer auch um, dachte ich und mußte lachen, weil sie das sicher gar nicht wollten, nicht ein Bild durfte umgehängt werden in ihrem Zimmer, ohne daß sie unruhig wurden wie alte Leute.

In den großen Ferien würden wir nach Griechenland fahren. Wir drei, mit den Rucksäcken und den Feldflaschen. Die Reisetasche würde ich gegen einen Rucksack eintauschen. Verwirrt blieb ich stehen, die Blumen im Arm. Ich dachte gar nicht an Herrn Johansens Sommer. Ich dachte auch nicht an unsere Pfingstreise, die er vielleicht doch noch durchsetzen wollte.

Am nächsten Morgen putzte ich die Fenster, und als es klingelte, erkannte ich ihn sofort an der Ungeduld, mit der die drei Töne aufeinanderfolgten, als morse er. Hier – bin – ich – hier – bin – ich. Ich ließ mich auf Hände und Knie nieder und kroch auf den Balkon. Die Pflanzen waren noch immer etwas dünn und verbargen mich nur schlecht. Ich mußte vorsichtig sein.

Da stand er, im hellen Regenmantel, den kleinen karierten Hut in den Nacken geschoben, und schaute an der Hausfassade hinauf zu meinen Fenstern. Ein großer Koffer stand neben ihm, so groß für ein paar Tage. Ich sah ihn nach seiner Brille suchen und sie aufsetzen, um nachzusehen, ob er an der richtigen Klingel geläutet hatte. Er schob seinen Kopf ganz nahe heran. Ich mußte den Namen ändern. Sicher war es schwer gewesen für ihn, sich freizumachen, sicher fürchtete er, seine Frau würde ihn anrufen zu Hause und ihn nicht finden, sicher hatte er Angst, daß ich ihm eine Szene machen könnte. Er rührte mich. Sein Hut, ein Ferienhut, der soviel hieß wie: Ich bin nicht im Dienst. Seine Hand mit den gespreizten Fingern, die über den Klingelknöpfen kreiste, zögernd. Ich hätte ihn umarmen können, wie er dastand. Gerüstet für ein unbeschwertes Wochenende. Sicher hatte er Pralinen im Koffer, aber ich konnte ihn nicht hereinlassen. Ich mußte das Wohnzimmer streichen und dabei laut Musik machen.

Er läutete wieder. Da unten stand ein Mann. Es war nicht der Mann, den ich geschlagen hatte, und nicht der Mann, dessen Frau ich den Tod wünschte. Es war ein älterer Mann, mit einem großen Koffer, der nun auf die Uhr sah, die Brille abnahm und wieder am Haus hinaufschaute. Eigentlich liebte ich ihn in diesem Augenblick, zärtlicher und trauriger als in all den Tagen, in denen ich ihn bekämpft und herbeigewünscht hatte.

Als er den Koffer aufhob und davonging, ziemlich eilig und ohne sich umzusehen, erschrak ich noch einmal. Er hatte nicht zum Balkon heraufgeschaut, hatte nicht gefühlt, daß ich dort zwischen den Blumentöpfen kauerte und ihn so liebevoll mit meinen Gedanken umgab. Vielleicht hätte ich ihm die Tür aufgemacht und ihn eingelassen, wenn er den Kopf gehoben und mich angeschaut hätte.

Blaupausen

Er hieß Merino, aber wir nannten ihn das Schaf, obwohl er wenig von einem Schaf an sich hatte. Manuel Merino trug immer safranfarbene Seidenanzüge. Sein kurzes Haar war lockig wie bei einem Karakullamm und glänzte, aber das Gesicht darunter ließ einen dieses schwarze Stück Fell schnell vergessen. Seine Augen mit den schweren Lidern waren stets auf der Hut, aber nicht wie bei jemandem, der etwas zu fürchten hat, sondern wie bei einem, der alles überwachen muß, ohne daß ihn das große Mühe kostet. Auch die Nase beteiligte sich mit ihren großen länglichen Nüstern an dieser Aufgabe und prüfte unablässig und diskret die Luft um ihn her. Die Luft war ihm selten rein genug, und sein Mund mißbilligte das. Es sei denn, er lächelte gerade, aber der Mund tat das ganz allein, und die obere Gesichtshälfte nahm nicht daran teil.

Wir sahen Merino jeden Freitagmittag. Nachdem Viktor den kleinen blauen Fiat unter den Palmkübeln der Einfahrt geparkt hatte, stieg ich, mit dem Baby auf dem Arm, schwitzend aus und wappnete mich für die kommende Stunde in dem großen kühlen Haus, in dem Merino wohnte und in das wir nie weiter vordrangen als bis zum verdunkelten großen Vorraum, in dessen Mitte sich die Treppe erhob und dessen große Flügeltüren sich manchmal, wenn der Diener mit einem Tablett zu uns Wartenden heraustrat, in weite gelbweiß eingerichtete Räume öffneten, die sich bis zum fernen Grün des Gartens streckten wie in ein fernes gelobtes Land.

Wir warteten nicht allein. Wenn wir geblendet von der langen Fahrt durch die flirrende Mittagsluft über dem Pedregal in die dunkle Kühle des Hauses eintauchten, empfing uns leises Stimmengewirr schon an der Tür wie fernes Wellenrauschen.

Man hätte das Ganze für eine Cocktailparty halten können, wäre das Gemurmel nicht so gedämpft gewesen, nie von Lachen unterbrochen, und wären die Männer, die herumstanden, nicht so verschieden in Kleidung und Haltung gewesen. Das einzige, das uns verband, war das Warten auf Merino. Die Arbeiter in ihren staubigen Jacken, die Hüte in der Hand, warteten voller Geduld und stehend. Sie hielten sich dicht beisammen, fremd zwischen den beiden nackten Steinnymphen, die einander über ihre Köpfe hin mit blinden Marmoraugen betrachteten und sich gegenseitig weitvorgebeugt frische Blumensträuße reichten, ohne dabei das Gleichgewicht zu verlieren.

Ich setzte mich mit Laura auf eines der hellen Sofas. Die Gruppe der Herren in Anzügen und mit Aktentaschen, die sich sitzend und stehend um den Glastisch geschart hatten, auf den der Mozo seine Tabletts mit Colagläsern stellte, unterbrachen ihre Unterhaltung und betrachteten kurz und ohne großes Interesse mein Kleid, meine hohen Schuhe und Viktor, dessen braune, dünne Arme aus seinem Sommerhemd ragten und sich in der kühlen Luft mit Gänsehaut überzogen, als sträubte er sein Fell, sobald er das Haus betrat. Ich war die einzige Frau zwischen all den nervösen Männern, und ich war hier, um Viktor beizustehen, vielleicht auch, um Merinos Herz zu rühren mit dem dicken freundlichen Kind, das auf meinem Schoß saß und seine runden Beinchen baumeln ließ, während es von einem zum anderen schaute.

Es war Freitag, und von Merino hing es ab, wie wir das Wochenende verbringen würden. Ob wir nach Xochimilco fahren und Gardenienpflanzen für meinen kleinen Innenhof kaufen würden, oder hinaus aufs Land, um zu essen in einem Lokal unter Bäumen und flatternden Papierfähnchen.

Das Haus, das Viktor für Merino entworfen hatte, sollte in Guernavaca gebaut werden. Die Pläne waren fertig gezeichnet, gepaust und sorgsam gefaltet. Es gab sogar ein winziges

Modell mit Hügeln aus Pappmaché. Es war ein kleines, flaches Gästehaus mit Loggien und Sonnenhöfen. Viktor hatte den Bauplatz besichtigt, ein längliches Stück Land am Rande einer tiefen Barranca, in der sich zur Regenzeit ein gelber, schäumender Bach wälzte und in dem nachts wilde Hunde heulten.

Ich kannte die Pläne genau. Ich hatte mitgeholfen, Bäume in die Ansichten zu zeichnen, Bäume, die aussahen wie kleine Federbüsche.

Die Unterhaltung verstummte. Alle Männer fingen an, ihre Erwartungen zu verbergen, jeder auf seine Weise. Sie drehten die Hüte in der Hand, rückten an ihren Brillen, streckten die Arme, um die Manschetten ihrer Hemdsärmel vorzuschieben. Merino war irgendwo im Raum, das wußten alle. Wie stets glitt er lautlos herein, mal aus dieser, mal aus jener Tür, immer dann, wenn wir alle anfingen zu glauben, er käme heute gar nicht. Er ging zwischen den Männern herum wie ein höflicher Gastgeber, der sich mal zu dieser, mal zu jener Gruppe gesellt, um zu plaudern. Manchen Männern legte er die Hand auf die Schulter, anderen klopfte er auf den Rücken. Er war der einzige in dieser Choreographie, der sich leicht und anmutig bewegte. Hell und frisch in seinem safranfarbenen Anzug, brachte er noch das gelbe Licht aus den fernen Wohnräumen mit sich, als wäre ein unsichtbarer Scheinwerfer auf ihn und nur auf ihn gerichtet.

Ich saß in meinem weißen Kleid auf dem Sofa und hörte Viktor neben mir atmen. Laura richtete sich auf meinem Schoß auf und umfaßte mit dem Arm meinen Nacken, auch sie trug ihr weißes Kleid, aber wir beide gaben kein Licht, wir verschwanden zwischen den Männern, wir zählten nicht.

Und nun war er da, in seiner rechten Hand trug er den Fächer aus untadelig glatten Bankschecks, mit der linken berührte er Lauras Wange, und sein Lächeln, das strahlend war, zeigte, wie sehr ihn die Schönheit des Kindes rührte und erfreute. »Arquitecto«, sagte er mit einem kleinen Seufzer zu Viktor. »Welch schöne Kleine, welch schöne Kleine.« Viktor, der im dritten Semester war, zog den Bauch ein, und ich hielt beide Daumen in meinen Fäusten, so fest ich konnte, und versuchte, Viktor Botschaften meiner Liebe zuzuschicken, Botschaften meines Stolzes auf ihn und seinen Plan, versuchte, ihn zu stärken und jetzt schon zu trösten, wenn dieser Freitag so enden sollte wie alle anderen Freitage der letzten Wochen.

Merino senkte den Kopf und prüfte die Schecks in seiner Hand, bedächtig und behutsam, ohne das schöne grüngesprenkelte Papier auch nur leicht zu knicken. Das waren Lotteriescheine, die Ausspielung dieses Wochenendes. Er wollte es selbst nicht glauben. Unsere Nummer war nicht dabei. Er prüfte noch einmal nach – erstaunt, ja, betrübt. Er hob die Schultern. Wie bekümmert seine Augen wurden bei der Erkenntnis, daß wir wieder leer ausgingen. Aber da hatte er die Nummer des in der Nähe stehenden Poliers entdeckt, gottlob, wenigstens er sollte sein Geld bekommen. »Hier, Pedro, und grüßen Sie mir Doña Elvira sehr«, sagte er und reichte Pedro, der sich schon verbeugt hatte, das Papierstück, zusammengekniffen zwischen Mittel- und Ringfinger, diskret wie ein Trinkgeld. Pedro betrachtete den Scheck und wollte etwas sagen, aber Merino hatte schon den Arm um Viktor gelegt. »Arquitecto«, sagte er. »Sie wissen nicht, wie gut mir Ihr Häuschen gefällt, vielleicht die Treppe noch etwas breiter, aber das sind Kleinigkeiten, rufen Sie mich an, sagen wir Mittwoch, ist Ihnen das recht?«

Zwei Männer, die ein braunes dickes Kuvert zwischen sich hin und her gereicht hatten, drängten sich neben Merino, und der eine machte Anstalten, seinen Aktenkoffer zu öffnen wie einen Reliquienschrein.

»Verzeihen Sie mir, Arquitecto«, sagte Merino über die Schulter. »Vielleicht noch eine Orangeade für die Kleine ...

Miguel!«, er schnippte mit der Hand und sah sich kurz im Raum nach dem Mozo um. Dann beugte er sich über den geöffneten Aktenkoffer, den der dünne, alte Mann ihm erfurchtsvoll hinhielt, und fächelte, während er den Inhalt mit den Augen prüfte, dicht vor meiner Nase mit seinem Scheckfächer. Ich habe nie gewußt, daß Schecks einen Geruch haben. Sie rochen nach Weihrauch und Myrrhen.

Wir warteten nicht, bis Miguel die Orangeade für die Kleine brachte, sondern traten hinaus in das staubige Licht des Nachmittags. Viktor, sehr aufrecht vor mir, fuhr sich mit der Hand in seine blonden Haare, und ich trug Laura die Treppe hinunter, schwerfällig Stufe um Stufe.

Im Fiat ließ sich nur die Tür auf der Fahrerseite öffnen, und Viktor hielt Laura in die Luft, während ich am Steuer vorbei auf meinen Platz rutschte. Laura streckte die Arme nach den Palmwedeln und krähte.

Viktor und ich lehnten uns aneinander, als er neben mir saß. Ich schnüffelte an seinem Hals. Heute roch er nach Schwimmbad und Sommer, so als wären wir nicht soeben aus dem dunklen Raum aufgetaucht, in dem wir jeden Freitag auftreten mußten, um mitzustolpern, wenn Merino tanzte.

»Merino, das Schaf«, sagte ich.

»Ja, mit viel Wolle.« Viktor ließ den Motor an. Wolle war ein mexikanisches Wort für Geld.

»Ich habe Pullover aus Merinowolle eigentlich noch nie leiden können.«

»Ach«, sagte Viktor, »so ein kleiner Pullover für unseren Sonntag wäre ganz nett.«

»Die Schafe sind wir«, sagte ich.

Ich war nicht wirklich beunruhigt. Ja, ich genoß es sogar im stillen, jeden Freitag mit dem Kind zwischen den Männern zu warten und dabei zu beobachten, wie verschieden sie aussahen und wie sie sich benahmen, wenn ihr Warten enttäuscht oder belohnt wurde. Noch immer glaubte ich fest daran, daß auch wir belohnt werden würden, wenn wir nicht aufgaben. Viktor kannte sich aus in dieser seltsamen Welt von Männern, die rätselhafte Spiele miteinander trieben. Viktor gab nicht auf.

Am unteren Ende der langen Tafel waren noch zwei Plätze frei. Es standen noch keine Teller für uns bereit, aber Nina, Viktors Mutter, klingelte nach dem Mädchen, als sie ihrem Sohn die Wange zum Kuß hinhielt. Sie küßte mich auf die Stirn und Laura auf ihre Händchen. »Flor, noch zwei Teller«, rief sie dem Mädchen zu, das den Kopf zur Tür hereinstreckte.

Alle Gesichter am Tisch lächelten zu uns herunter. Alle spiegelten Wohlwollen und Anteilnahme. Margata, der Schwarzmagier, von dem Nina behauptete, er flöge, wenn sie ihn zum Tee einlüde, als Fledermaus durchs Fenster, balancierte einen Pfirsich auf einem Apfel und versuchte nun, eine kleine Banane oben aufzulegen. Er hatte einen runden Kopf und einen kleinen rubinroten Mund. Es fiel mir schwer, mir ihn als Fledermaus vorzustellen. Jaime, der lederhäutige Philosoph neben ihm, in seinem zerknitterten Anzug, der aussah, als wäre er seine Haut oder wenigstens eine Art Hülle, die er selbst hatte wachsen lassen und die er nie ablegte, schälte bedächtig eine Mango und zwinkerte dabei vor Anstrengung und Nervosität. Sie waren schon beim Obst angelangt.

Nina lächelte ihrem Sohn zu und richtete die Rüschen am Kragen auf. Sie trug immer Kleider mit weiten Röcken und Rüschen an Ärmeln und am Kragen. Das stand ihr gut. Sie hatte einen langen schmalen Kopf mit grauen Haaren, die widerspenstig dem Knoten entkamen und als wirre Schleier an ihren Schläfen herabhingen.

»Keine Schafschur?« fragte sie. Es klang spöttisch. Sie hatte Viktor abgeraten, das Häuschen für Merino zu entwerfen. Sie hatte ihm auch abgeraten, mich zu heiraten. Aber davon sprachen wir nicht mehr. Wir verkehrten höflich miteinander, sie schickte mir durch das Mädchen kleine lila Briefchen, mit denen sie mich zum Tee bat.

Beim Tee saß ich dann auf ihrem Sofa, und sie drängte mich, die Süßigkeiten zu kosten, die sie aus Mandeln hergestellt hatte. Sie saß mir gegenüber, richtete die Rüschen an ihrem Kleid und erzählte mir seltsame Geschichten aus ihrer Kindheit. Ich glaubte die Geschichten nie, genoß es aber, ihr zuzuhören und über komische Situationen zu lachen, die sie gerne immer mehr ausschmückte und die sie selbst so zum Lachen brachten, daß ihr das Wasser in die Augen stieg. Eine Eigenart, die Viktor von ihr geerbt hatte.

»Wie war es denn heute?« fragte Jaime. Ich hielt Laura mit einem Arm auf dem Schoß, versuchte mit der anderen Hand zu essen und mußte oft die Gabel weglegen, um Laura daran zu hindern, mir kleine Stücke Bananen ans Kleid zu drücken.

»Er hat mich gelobt, will die Treppe breiter«, sagte Viktor, »und Arquitecto weiter so! … Aber kein Geld.« Viktor nahm einen großen Schluck aus seinem Glas.

»Kann man diesen Verbrecher nicht belangen?« fragte Margata zerstreut. Nina lachte.

»Ich bin noch kein Architekt und habe keine Handhabe«, sagte Viktor. »Keinen Vertrag«, sang Nina. »Keine Beziehungen«, sagte Francesca, Viktors Schwester. »Beziehungen wohl, aber die falschen.« Jaime betupfte sich den Mund und zeigte seine langen braungefärbten Zähne.

»Merino ist ein Emporkömmling, ein neureicher Kleinbürger, ein Krimineller.« Ninas Augen blitzten vor Vergnügen. Sie ließ diese Augen keinen Augenblick von Viktor. »Aber Viktor hat es so eilig, seine kleinen bürgerlichen Ideen vom Häuschen zu verwirklichen, daß er jedem, der ihm diese Gelegenheit gibt, aus der Hand frißt.«

»Aber Mama, wir brauchen doch Geld.«

»Es geht nicht ums Geld, sondern um die Art und Weise,

wie man seine Talente einschätzt und verkauft«, sagte Nina unbarmherzig. Ich suchte mit meinem Knie nach Viktors Bein. Wir kannten diese Diskussion.

Jaime legte den Kopf zurück und betrachtete mich nachdenklich. »Braucht ihr Geld?« fragte er. »Poppy könnte bei mir arbeiten. Die Bibliothek ordnen, katalogisieren, eine Kartei anlegen. Ich könnte nicht viel bezahlen, aber …«

»Danke, Jaime«, Viktor warf mir einen Blick zu. Jaime ließ auf Festen seine knochigen Hände gedankenverloren auf meinen Schultern liegen, und ich fürchtete mich ein bißchen vor ihm, seit er mir eines Nachmittags betrunken und dadurch gesprächig im hinteren Teil des Gartens zwischen den Hibiskusbüschen von der Beziehung zwischen Eros und Tod gesprochen hatte. Dabei sprühte mir sein Speichel ins Gesicht, ich hatte es Viktor zu Hause vorgemacht.

Nun beobachtete ich ihn neugierig. Ich hoffte, er werde gleich etwas sagen, was mich zum Lachen brächte, aber er räusperte sich umständlich und betrachtete seine Hände vor sich auf dem Tischtuch. Die Menschen, die um den Tisch saßen, kamen mir seltsam unwirklich vor, als hätte jemand sie ausgedacht und sie hier zusammen um den Tisch gesetzt. Ich war Zuschauer, Viktor mußte mitspielen. Schließlich waren es seine Mutter und ihre Freunde. Unser Leben hatte nichts mit ihnen zu tun, es galt, sie zu ertragen, bis wir schließlich Arm in Arm hinaustraten auf die Straße und sie hinter uns ließen. Auch Viktor, so schien mir, fühlte das, er legte mir die Hand aufs Bein, und als ich sah, daß er seinen Teller leergegessen hatte, reichte ich ihm die zappelnde Laura.

»Ich habe ja noch San Jacobo«, sagte Viktor. Er meinte die Renovierungsarbeiten in der kleinen Kolonialkirche, nicht weit von unserem Haus entfernt. Viktor beaufsichtigte die Steinmetzarbeiten, und in seinen Jackentaschen fand ich am Abend Gesteinsproben und Mörtelstücke.

»Viktor, du solltest nächstes Mal eine Pistole mitnehmen

und ihn hinausbitten, ohne Erklärung, und sie ihm unter die Nase halten«, sagte Margata und zielte mit einer Banane und einem geschlossenen Auge auf Nina.

»Laß das, Gato«, Nina lachte nicht. Viktor lächelte ohne Freude. Sicher hatte er sich solch eine Szene auch schon vorgestellt. Ich hatte eher daran gedacht, Merino ins Gesicht zu schlagen, um zu sehen, wie es sich danach veränderte.

»Kaffee?« fragte Nina und zupfte an ihren Ärmeln. »Geht ihr nächsten Freitag wieder hin?«

»Ja, was sonst«, sagte Viktor, und Laura, der es gelungen war, eine Serviette zu erreichen, warf sie ihm über den Kopf, wie man einen Papageienkäfig zuhängt.

Am nächsten Freitag wollte Viktor mich nicht mitnehmen. Ich aber hatte in der vergangenen Nacht von einem goldenen Fisch geträumt, in dessen Bauch ein winziges rosiges Kind pulsierte und zuckte, und machte mir Hoffnungen. Vor den Blumenständen an der Avenida Insurgentes standen Bauersfrauen mit Armen voll Gladiolen und gelben Sumpflilien. »Auf dem Heimweg kaufe ich dir Blumen, ob er uns was gibt oder nicht«, sagte Viktor und wich einer Gruppe Frauen aus, die mit Körben in der Hand und Kindern auf dem Rücken und an den Röcken zum Bus rannten.

»Was machen wir, wenn er uns bezahlt?« fragte ich. Laura schlief mit offenem Mund auf meinem Schoß. Sie war heiß wie ein kleines Tier, und winzige Schweißperlen standen auf ihrer Stirn.

»Das Häuschen ist wirklich hübsch geworden, du hast es ja gesehen. Ich habe die Balkone und Loggien versetzt, und der Kamin im Garten ... ich habe zwei Tage an ihm herumgezeichnet.« Viktor runzelte die Brauen. Es machte mich zuversichtlich, ihn von seiner Arbeit sprechen zu hören. Seine Ernsthaftigkeit und sein Eifer waren ein gutes Zeichen. »Ich könnte ihm den Plan wieder wegnehmen, aber was dann? All die Arbeit umsonst, ich sehe es schon stehen. Man muß Bäume pflanzen. Sofort. Damit in ein paar Jahren …«

»Vielleicht braucht jemand anderes so ein Haus. Kennst du niemanden, der sich so ein Haus bauen möchte?«

»Wer denn?« Viktor schaltete laut und wütend.

Sofort überlegte ich, wie ich ihn beruhigen könnte. Das war meine Aufgabe. Er kämpfte, und ich reichte ihm die Waffen. Ich fing ihn auf, wenn er ermattete und den Mut zu verlieren drohte. Ich rückte ihn wieder zurecht, damit er wieder seinen Mann stehen konnte. Dafür schützte er mich vor den undeutlichen Gefahren, die draußen lauerten und die ich nicht so genau kannte. Ich hielt mich für eine gute Ehefrau.

»Wir gehen essen«, rief ich. »Ich ziehe das rote Kleid an. Wir gehen in die ›Fonda del Rosario‹, und ich esse Austern Rockefeller und du, was ißt du? Laura geben wir zu deiner Schwester.«

»Diese Kanaille.« Viktor sah zu mir herüber. »Sonst müssen wir heute abend wieder zu Nina. Es gibt Mole, das magst du doch, sie wartet auf uns. Ich glaube, sie will mir irgendwie zeigen, daß ich noch zu jung bin, um eine Familie zu ernähren, wie sie es ausdrückte. Es tut ihr wohl, wenn wir die demütige Hand mit dem Löffel an ihrem Tisch erheben.«

»Das glaube ich nicht«, sagte ich tapfer, aber ich glaubte es doch. Ehe wir heirateten, hatte sie mich zu sich bestellt und gesagt: »Jetzt mal von Frau zu Frau, was willst du mit so einem Kindskopf, Poppy? Er ist noch so verspielt, er möchte auf Feste gehen und mit seinen Freunden lachen und nachts irgendeinem Mädchen ein Ständchen bringen. Er wird dich zur Verzweiflung treiben, du bist viel klüger als er.« Sie hatte mich aus ihren aufgerissenen feuchten Augen angestarrt. »Ich glaube, man kann als Mutter manchmal schwer sehen, wie begabt oder intelligent ein Sohn ist«, hatte ich gesagt, mutig und ohne allzu große Überzeugung. Aber sie hatte ihre Röcke zusammengerafft und die Beine übereinandergeschlagen. »Du bist ein kluges Mädchen«, hatte sie sinnend gesagt. »Du wirst alles selbst herausfinden. Ich habe dich gewarnt.«

Damals hatte ich mich über ihre Worte geärgert, nun aber wachte ich manchmal auf und ertappte mich dabei, wie ich diese Sätze beunruhigt in meinen Gedanken hin und her bewegte.

»Vielleicht solltest du einfach mal Krach schlagen«, sagte ich. »Beschimpf ihn! Brüll ihn an! Sag ihm, daß er das nicht mit dir machen kann ...«

»Hab ich ja«, sagte Viktor zerknirscht, »da lacht er nur und sagt Geduld, Arquitecto, noch ist ja nicht die Grube ausgehoben, es fehlen noch ein paar Details, Rom wurde nicht an einem Tag erbaut!« Viktor warf mir einen hilflosen Blick zu. Ich verstand ihn. Auch mich schüchterte Merinos lässige Höflichkeit ein, diese Aura der Autorität, diese unberechenbare Freundlichkeit und Kälte, diese unmerkliche Bedrohung, wenn er zwischen den Leuten herumging wie ein König, der sich unter sein Volk mischt und den niemand berühren darf.

Diesen Freitag warteten wir alle lange auf sein Erscheinen. Mir schien, als sähe ich weniger Männer in Anzügen herumstehen und mehr von denen, die Hüte in der Hand hielten und deren Schuhe staubig waren oder mit alten Gummireifen besohlt. Laura, die erst auf dem Teppich herumgekrochen war, weinte und wollte herumgetragen werden.

Draußen hatte ein Mann in weißen kurzen Hosen die Anfahrt gesprengt. Ich blieb im Schatten unter den Palmen stehen und zeigte Laura den Pfau, der im Grün der Wiese herumging und mit bösen Augen seinen schönen Schwanz zusammengelegt hinter sich herschleifte, als sei er ihm zu schwer. Ich wagte nicht, näher hinzugehen, vielleicht auch wollte ich keinem, der aus dem Fenster sah, zeigen, daß ich den Garten bewunderte und das Getier darin.

Die Frau war sehr schön, das sah ich sofort, als sie um die

Hausecke bog und wild nach den Ästen der Büsche schlug, die sich in ihrem Kleid verhängten. Das Kleid war aprikosenrot und nicht dazu gedacht, mit ihm durch die Sträucher zu schlüpfen. Der Rock aus verschiedenen durchscheinenden Lappen züngelte, als sie über die Wiese rannte.

Der Pfau schlug ein Rad, als hätte er auf sie gewartet und wolle nun seinen bebenden Balztanz trippelnd um sie beginnen, aber sie machte kehrt. Ihre weißen Arme flogen, als gehörten sie zu dem leichten Kleid, sie kam auf uns zugelaufen. Jetzt sah ich, daß sie weinte. Ihr Gesicht blieb davon ungerührt, nur die Augen schlossen sich einmal, zweimal, und Tränen hingen in ihren hellen Haaren, die hellgrau waren und matt wie eine Naturseidenquaste. Nicht grau vom Alter; sie war nicht viel älter als ich, ein künstlich hergestelltes fahles Grau, das ich noch nie gesehen hatte. Als sie nun in einem lächerlich kleinen Beutel wühlte, der an ihrem Gürtel hing, verzog sich ihr Gesicht. Ein verzweifeltes Kind. Sie sah mich nicht, sondern zog eine große Brille aus dem Beutel und setzte sie so schnell und hart auf die Nase, daß ich zusammenfuhr. Sie lief weiter, knickte im Gras um, kam auf dem nassen Plattenweg wieder ins Gleichgewicht und lief auf ein schwarzes Auto zu, das dicht hinter der offenen Eingangstür geparkt stand.

Ich drückte Laura an mich. Ich hielt es nicht gut aus, jemanden weinen zu sehen, noch dazu jemanden, der nicht wußte, daß er beobachtet wurde.

Merino kam nun mit langen Sprüngen um die Hausecke gegenüber. Seine Jacke flog, so eilig hatte ich ihn sich noch nie bewegen sehen. Auch er trug eine schwarze Brille. Vielleicht war das ein Spiel. Er setzte über die Rabatten mit den roten und gelben Blüten. Wenn es ein Spiel war, hatte sie gewonnen. Sie saß schon im Auto, als er es erreichte, würgte sie erst den Motor ab und startete dann mit einem Ruck. Er beugte sich zum Fenster herunter und klopfte dagegen. »Mira«, rief er, »Mira, warte doch!« Aber sie reckte das Kinn und fuhr, ohne sich dabei umzusehen, im Rückwärtsgang aus dem Tor, drehte und verschwand. Merino nahm seine Brille ab. machte noch ein paar eilige Schritte zum Tor und blieb dann stehen. Er schaute hinaus auf die leere Straße, ich sah sein Profil, die lange, gebogene Nase, die weiche Linie vom Kinn zum Hals, die ich noch nie bemerkt hatte.

Ich hockte mich zwischen die Palmkübel, als zöge ich seinen Unmut auf mich, wenn er mich dort stehen sähe. Laura seufzte und nahm eine Handvoll Erde aus dem Kübel neben uns.

»Schsch«, machte ich. »Schsch«, machte sie.

Der Gärtner, der herbeigelaufen war, vielleicht weil er die raschen Schritte auf den Steinplatten gehört hatte, blieb hinter seinem Herrn stehen und klappte die große Heckenschere auf und zu. Merino wandte sich zu ihm um, legte den Arm um den viel kleineren Mann und führte ihn ein Stück über den Rasen. Ich konnte sehen, wie sich der Mann steif machte unter diesem hellgelben Arm. Sein nackter brauner Oberkörper war schweißnaß und mit grünen Blättern beklebt. Dann ließ ihn Merino stehen und verschwand mit schnellen Schritten um die Ecke des Hauses.

Auf der Treppe traf ich Viktor, er kam als erster aus der Tür, drinnen standen die anderen Männer in murmelnden Gruppen unter den steinernen Nymphen, die heute weiße Rosenbüsche in den Händen trugen.

»Merino ist nicht da«, sagte er lustlos. »Er hat uns durch den Mozo sagen lassen, er käme im Büro nicht los. Es ist schon langsam komisch.« Er nahm Laura aus meinen Armen und blies ihr ins Gesicht. Sie zeigte ihm die Hand voll Erde, und wir lachten.

»Merino ist noch im Büro?« fragte ich lauernd.

»Ja, und er hat uns stundenlang umsonst herumstehen lassen, dieser Verbrecher.«

»Kennst du Merinos Frau?« fragte ich im Auto.

Viktor verdrehte den Hals, um aus dem Gartentor zu fahren. »Ja«, sagte er. »Warum? Eine nette, stille, unscheinbare Dame, Donna Anita. Vielleicht etwas älter als er, aber sehr nett. Sie war dabei, als ich ihm den Plan für das Häuschen erklärte. Ich glaube, sie hat das Geld. Sie ist eine geborene Loisage. Das ist die Familie, der der Supermarkt gehört. ›Puerta Azul‹, also diese ganze Ladenkette, ich weiß nicht, da gibt's ja ein paar – wieso?«

Viktor erregte die kleine Szene, die ich beobachtet hatte, lange nicht so, wie ich erwartet hatte.

»Natürlich«, sagte er und zündete sich eine Zigarette an. »Was dachtest du?«

Ich wußte nicht, ob er die Frau meinte oder die Lüge, mit der Merino die Männer hatte wegschicken lassen.

»Wenigstens ist ihm heute auch nicht alles glatt gegangen«, sagte ich, um uns zu trösten. Viktor beugte sich zu mir herüber, um mich zu küssen. Laura hielt ihn am Haar fest, und wir kamen dem Auto neben uns beängstigend nahe.

Viktor drehte am Steuerrad und sagte lachend: »Du bildest dir doch nicht ein, daß ihm irgendeine Frauengeschichte wirklich etwas ausmacht. Er kann wahrscheinlich alle haben, die er will.«

»Du hast sie nicht gesehen«, unterbrach ich ihn. Ich sah sie über den Rasen laufen, sah die schön gewölbte Linie ihrer Schläfe hinunter zum Hals, sah die etwas schrägen, weitgeöffneten Augen, ehe sie hinter der Brille verschwanden. »... und du hast ihn nicht gesehen. Er ist verrückt nach dieser Frau.« Es tat mir wohl, mir Merino auszumalen, schwach und flehend, zu Füßen einer Frau. Ich glaubte an die alles verzehrende Leidenschaft wie an ein Zaubermittel.

»Heute abend also Huhn in Schokoladensauce bei meiner Mutter«, unterbrach Viktor meine Gedanken, »und übermorgen sind wir zu einem Picknick eingeladen bei meinem Polier.«

»Und die Stromrechnung?« fragte ich. »Und das Telefon?«

»Wir leihen uns was von meiner Schwester.« Viktor begann zu pfeifen. »Dieser ekelhafte, gemeine ...« Er schüttelte den Kopf. »Und wie ein Schaf hat er ausgesehen, sagst du?«

»Ja, wie er dastand ... wie er den Kopf hielt ... ein Schaf«, sagte ich zufrieden.

Nina saß allein am Tisch, als wir eintraten, und an der Art, wie sie den Kopf hob und uns mit hochgezogenen Brauen musterte, sah ich, daß sie schlechter Laune war.

»Ihr seid spät«, sagte sie. »Ich bin kein Restaurant.« Wir setzten uns trotzdem zu ihr an den Tisch, und Viktor lächelte mir heimlich zu, um mir zu zeigen, daß er sich nicht gekränkt fühlte.

»Du bist ein Dummkopf, der nicht erwachsen wird«, sagte Nina düster und hob die Augen zu ihrem Sohn. »Dieser Mann, dieser Merino, zieht dir das Fell über die Ohren, und du hältst still.«

»Das verstehst du nicht, Mama«, sagte Viktor bescheiden und schaute zur Tür. Wir beide hatten großen Hunger. Ich machte mich ganz kalt und unverletzlich, hielt den Atem an und spannte die Muskeln meiner Beine. Aber die Tür blieb geschlossen.

»Wollt ihr essen?« fragte Nina leichthin, wie man einem Besucher einen Drink anbietet. Aber dann beugte sie sich über den Tisch und wies mit dem Finger auf Viktor. »Solang ihr an meinen Tisch kommt, um zu essen, werde ich meine Meinung sagen und werde mir nicht anhören, daß du mich eine entmündigte alte Frau nennst, die nicht versteht, was um sie her vorgeht.«

Vielleicht sollte sie einmal mit Merino sprechen, dachte ich, aber verwarf diesen Gedanken sofort. Meine Mutter fiel mir ein, die meine Lehrer besuchte, um sie für mich und meine Schulschwierigkeiten milde zu stimmen.

»Ich habe mit dir gesprochen, mein Sohn Viktor.« Nina richtete sich auf und öffnete die Augen weit.

»Bitte, Mama.« An Viktors Stimme hörte ich, daß es ihm nicht mehr so gut gelang, unbeteiligt zu scheinen.

»Sollen wir gehen?« Ich schaute Viktor an.

Nina wurde blaß vor Zorn. Ich hatte sie übergangen.

Sie hob die Glocke vom Tisch und läutete. Ihr ganzer Körper schüttelte sich dabei.

»Es wird euch nicht stören, wenn ich mich jetzt verabschiede.« Sie stand auf. »Ich habe zu tun.«

»Morgen sind wir pünktlich«, sagte Viktor und griff unterm Tisch nach meiner Hand.

Ich setzte mich auf die Stufen, auf denen der Schatten des Kirchenschiffs hinter mir lag wie ein dunkles gezacktes Tuch. Es war schon am Morgen sehr heiß, und das Gemüse in meinem Korb fühlte sich warm an, als wäre es lebendig.

Viktor war mit dem Polier Steine kaufen gegangen, sagten mir die Arbeiter, die drüben untätig im Schatten unter den Eukalyptusbäumen hockten. Laura kletterte schweratmend die flachen Stufen hinauf und hinunter und warf mir hie und da einen stolzen Blick zu.

Im Inneren der Kirche war die Luft kühl und abgestanden von alten Weihrauchdünsten. Stühle türmten sich in einer Ecke zu einer wirren Pyramide. Das geborstene Taufbecken lag voller Werkzeug. Ich warf eine Münze in den Blechkasten und nahm eine Kerze aus dem Bündel vor der Jungfrau Maria, die unter ihrem weiten blauen Mantel fast nicht zu sehen war. Der Mantel war über und über mit Votivgaben, Zetteln und Geldscheinen besteckt, silberne Arme und Beine, Herzen und Esel, manche schwarz vom Alter, andere glänzend wie frisch gegossenes Blei. Ich zündete die Kerze an und steckte sie auf den Dorn zwischen den anderen Kerzen. Laura hielt sich mit offenem Mund an meinem Hals fest. Ich glaubte nicht so recht an die Macht der kleinen Marienstatue, aber ich wollte keine Möglichkeit versäumen, vielleicht hatte sie doch etwas zu sagen, im Himmel, jedenfalls traute ich ihr, weil sie eine Frau war, mehr zu als den Heiligen, die mit verzückten Augen auf ihren Sockeln standen und ihre Wundmale zeigten und ihre Marterwerkzeuge vor sich hinstreckten.

Viktor konnte nicht essen. Er saß vor seinen Nudeln und betrachtete sie lieblos. Er trank Bier und rülpste.

»Also, was hat der Mann genau gesagt, wer war es überhaupt?« Ich schob den Teller näher zu ihm und hielt ihm aufmunternd den Napf mit geriebenem Käse hin. Er schüttelte den Kopf. So hatte ich ihn noch nie erlebt. Gleich würde ich versuchen, ihn aufzuheitern, wie meine Mutter meinen Vater aufheiterte, mit kleinen Geschichten aus ihrem Alltag, mit Lob und, wenn nötig, mit unflätigen Beschimpfungen seiner Widersacher.

»Poppy, laß doch«, sagte er müde. »Dieser Mann eben … ich habe doch am Anfang mit diesem Pérez verhandelt, wegen der Baupläne, so etwas wie ein Sekretär oder Geschäftsführer ist der. Ich weiß nicht so genau, was Merino alles für Geschäfte macht. Import, glaube ich, er makelt auch und ist in der Politik. Was er da macht, weiß kein Mensch.« Ich wollte Licht machen, aber Viktor hielt mich zurück. »Laß es dunkel«, sagte er. Draußen färbte die Dämmerung den Himmel perlmuttbleich, und ein kleiner Wind raschelte in der Bougainvillea an der Mauer.

»Er hat gesagt, sehr höflich, Don Merino sei verhindert, er hätte sonst selbst mit mir gesprochen, natürlich, er hielte viel von meiner Arbeit, aber er wäre heute in dringenden Angelegenheiten nach Monterey.«

»Nach Monterey. So. Und dann?«

»Ich hab dir's doch gleich erzählt, du warst im Zimmer daneben, hast doch gehört, wie ich telefonierte.« Viktor klang ungeduldig. Ich hatte Laura gebadet und nicht zugehört. Ich badete Laura gerne, sie genoß das laue Wasser mit solcher Hingabe und planschte so glücklich darin herum, daß ich immer mit dem Gefühl der Zufriedenheit aus dem Zimmer ging, wenn sie so sauber in einem frischen Nachthemd in ihrem Bett lag und an der Milchflasche nuckelte. Als ich die durchnäßte Bluse ausgezogen hatte und mit den Nudeln aus der Küche kam, hatte Viktor seltsam zusammengeschrumpft am Tisch gesessen.

»Also, er wird das Haus nicht bauen.« Viktor schenkte sich Bier nach. »Ich kann das vergessen. Die Blaupausen von den Plänen schicken sie mir zurück.«

»Und warum?« fragte ich aufgebracht.

»Ich weiß nicht, er hat seine Pläne geändert. Entweder hat er kein Geld zum Bauen oder er will was anderes, das konnte Peréz nicht sagen oder wollte es nicht sagen. Ich hab auch nicht gebohrt. Ich war so ... ich konnte überhaupt nichts sagen.«

Nun saßen wir beide am Tisch, ohne zu sprechen. Ich hatte Viktor, der immer zuversichtlich war, noch nie so gesehen, Viktor, der mich seinen Schwarzseher nannte, Viktor, dem ich geglaubt hatte, wenn er sagte: »Das kriegen wir schon hin«, der mich in seinen Armen wiegte und flüsterte: »Ich richt' das, ich mach's gut, laß mich nur machen.«

Noch wartete ich darauf, getröstet zu werden, aber Viktor schwieg. Zu meiner Verwirrung ballte ich die Fäuste, und meine Stimme gehorchte mir nicht mehr. Was fiel Viktor ein? Das war nicht abgemacht. »... und Laura ...«, stammelte ich, »... und wir?«

Viktor sah mich nicht an. Ich hatte Lust, nach ihm zu schlagen. Ich schämte mich sofort. Wie konnte ich in so einem Augenblick auf ihn losgehen? Was konnte er ausrichten gegen die Willkür dieses Mannes? Ich glaubte an eine Welt der Erwachsenen, in die wir uns eingeschmuggelt hatten, das heißt, Viktor hatte uns eingeschmuggelt, ohne daß es auffiel, daß wir hinter ihrem Rücken über sie lachten. Und jetzt? Ich machte mich ganz klein vor Entsetzen. Keiner wollte uns helfen. Alle zerrten nur an uns, ungeduldig und grausam. Auch Viktors Mutter, die es uns nicht gönnte, glücklich zu sein – alle.

»Ich finde schon etwas anderes«, sagte Viktor mit großer Anstrengung, aber ich konnte ihm nicht glauben. Merino war schuld, das Schaf, das Untier mit dem Scheckstrauß in der Hand, den er vor unserer Nase schwenkte, damit wir danach springen wie zwei eifrige Hündchen. Er wollte Viktor weich kriegen, ihn zerstören.

»Ich könnte ihn umbringen, ich hasse ihn«, schrie ich und fing an zu weinen.

»Wir gehen ins Bett«, sagte Viktor sanft.

Die Tage vergingen, und Viktor und ich taten, als sei nichts geschehen. Viktor zischte rasch und warnend durch die Zähne, wenn sich mein Gesicht verdunkelte, und gehorsam versuchte ich, sogleich auf andere Gedanken zu kommen. Manchmal ertappte ich mich bei der unsinnigen Hoffnung, alles würde sich noch zum Besten wenden, aber dann überkam mich hilfloser Zorn, und ich warf beim Spülen in der Küche die Töpfe und Pfannen im Ausguß hin und her und versetzte dem Herd einen Tritt, um die Bratröhre zu schließen.

Jaime kam uns besuchen und stand, den Hut und den Bambusstock in der Hand, im Hof herum, um meine Pflanzen anzusehen. Am nächsten Tag wollte er uns abholen und hinaus aufs Land fahren. Margata hatte uns alle zum Essen eingeladen.

An diesem Morgen roch Viktor wie frisches Brot. Ich beobachtete ihn heimlich über seine Mutter hinweg. Sie saß zwischen uns auf dem Rücksitz von Jaimes Auto und hielt ihre schön gestärkten dunkelblauen Seidenröcke zusammengerafft, um sie nicht von uns verknittern zu lassen. Viktor hatte ihre Nase, nur seine war braun und sommersprossig. Sein Haar, frisch gewaschen, kräuselte sich hinter den Ohren. Sein blasser Mund hielt die Zigarette. Ich wußte, wie er schmeckte, dieser Mund, am Morgen, noch bitter und lau.

Viktor sah zu mir herüber, und ich konnte an seinem Blick sehen, daß er auch an unsere Umarmung dachte, heute morgen zwischen den welken Laken unseres Sommerbetts.

Nina lehnte sich zurück. »Mach um Gottes willen keine Hammelaugen über mich weg, Viktor.« Aber Viktor kümmerte sich nicht um sie.

Als wir ankamen, stand die Sonne schon tief über den fernen faltigen Bergketten. Margata empfing uns in einem weiten weißen Burnus, und ich sah, daß seine Handflächen gelb gefärbt waren. »Gelbwurz oder Henna«, flüsterte Nina mir zu und überließ ihm widerstrebend ihre eigene Hand.

Von Margatas Haus hatte mir Viktor schon erzählt. Es lag am Abhang über einem kleinen Fluß, der tief in das ziegelrote Erdreich eingegraben dahinfloß. Margata führte uns durch einen großen Raum, dessen Fenster mit weißen dunstigen Tüchern verhangen waren, die Treppe hinauf auf das »Empfangsplateau«, wie er es nannte. Es war eine kleine Terrasse ohne Mäuerchen, auf der schon verschiedene Leute auf den Steinplatten saßen. Die Sonne schien über die dunklen Bäume unten am Fluß genau auf die Terrasse und tauchte alles in ein klares honigfarbenes Licht. Viktor führte mich zu dem länglichen Wasserbecken, nicht größer als eine Badewanne, das in die Steinplatten der Terrasse eingelassen war. Die großen, runden Steine waren von einem Netz gehalten, an dem alle möglichen metallenen Symbole hingen, Sonnen, Monde, verknotete Schlangen. Das Becken war tief. Ein nackter Mann mit schütterem grauen Haar stand bis zur Brust darin, und neben ihm hob eine dicke, sehr dunkelhäutige Frau ihr Glas und schaute aus halbgeschlossenen Augen zu uns herauf.

»Willst du hinein, Poppy?« fragte Margata und reichte mir ein Glas. Das schräge Sonnenlicht war noch stark und warm.

Es tränkte die Haare der Leute, die auf der Terrasse standen, und machte sie durchsichtig und hell. Die Gläser mit roter Flüssigkeit in ihren Händen leuchteten. Margata schüchterte mich ein. Er schaute mir nie wirklich ins Gesicht, und ich wußte nicht genau, was er eigentlich trieb. Ninas Geschichten über ihn beruhigten mich keineswegs, und Viktor lachte über meine Fragen, ob er wirklich glaube, Margata sei ein Zauberer, und ob er eine okkultistische Gemeinde habe.

Und dann sah ich sie. Sie stand ganz allein neben der kleinen Tür, durch die man von der Treppe auf die Terrasse trat. Sie stand im Schatten, und als hätte sie meinen Blick gespürt und wollte mir zeigen, daß sie es war, stieß sie sich in diesem Augenblick von der Mauer ab, und ihr Haar fing das Sonnenlicht ein, als träte sie aus einem Schwarzweißfilm hinaus in den Farbfilm dieses Abends. Ihr Kleid war schwarz und teilte ihren Körper mit einer strengen Linie quer über den Brüsten. Sie war barfuß.

»Das ist sie.« Ich legte Viktor die Hand auf den Arm. »Wer?« Viktor hatte mit einem kleinen kahlköpfigen Mann mit runden Puppenaugen gesprochen. »Das ist die Frau, die ich bei Merino im Garten gesehen habe.« Der kleine kahlköpfige Mann wandte sich um und sah auch in die Richtung, in die sich Viktor gedreht hatte. »Ach ja, sie ist schön, unsere kleine Mira«, sagte er mit einem besitzergreifenden Lächeln, das mir nicht gefiel. Viktors Gesicht hatte sich verändert, als denke er angestrengt nach. Ich drehte ihn zu mir herum und sagte: »Genug gestarrt.« Viktor lächelte, und der kleine kahlköpfige Mann fuchtelte mit den Händen, um seine Aufmerksamkeit auf sich zu ziehen. »Sie ist manchmal hier, aber man kann nicht mit ihr sprechen. Das heißt, man kann schon, aber sie sagt nicht viel und sieht einen an, als langweile man sie unbarmherzig und sie ertrüge das mit Langmut. Felice behauptet, sie und Margata ...«, er machte eine Pause, »aber Felice kann man nicht trauen. Vielleicht hat sie's selbst bei ihm versucht, ist aber abgeprallt.«

Margata faßte Mira jetzt an der Hand und führte sie bis dicht an den Rand der Terrasse, um ihr die Sonne zu zeigen, die gerade hinter den Bergen verschwand. Sie hörte ihm zu, sah aber dabei in die Tiefe, ohne die Sonne zu beachten.

»Man weiß nicht so genau, was sie macht. Sie schreibt Gedichte, sagen die einen, sie wird von einem Politico ausgehalten, sagen die anderen«, der kahlköpfige Mann sprach atemlos, als wäre er gerannt. »Es gibt Leute, die behaupten, sie sei drogensüchtig. Na ja, manchmal hat man schon den Eindruck, sie ist nicht ganz da.«

Nina kam zu uns, und wir fingen an, über das Licht zu sprechen, über die Bühne, die diese Terrasse war, und die Schauspieler, die wir waren und die von Margata angeordnet wurden. Hinter uns stieg die dicke Frau schnaufend aus dem Wasserbecken.

Später, nach den Vorspeisen – es gab gesalzene Früchte, eingelegte Fischchen und kleine, scharf gebeizte Fleischbrocken –, nach dem kalten Weißwein und dem Sitarspiel der indischen Frau, später, nachdem ich mit vielen Leuten gesprochen hatte und sie alle anfingen, undeutliche Gesichter und Stimmen zu haben, später, als Viktor keinen Blick von Mira ließ und verträumt in seinem Napf stocherte, erhoben wir uns nacheinander und gingen die weißgekalkte Treppe hinunter.

Unter den Fresnosbäumen war ein großer weißer Steintisch gedeckt, Fackeln steckten im Schlamm des Flußufers. Ich setzte mich an den Tisch, die weiße Platte war kalt und glatt, am liebsten hätte ich mein Gesicht darauf gelegt.

Der helle flaumige Arm neben mir gehörte der Frau, die sie Mira nannten. Ich konnte sie riechen, sie roch nicht nach Schwarz, trotz ihres schwarzen Kleides, sie roch aprikosenrot, wie das Kleid, das sie an jenem Nachmittag getragen hatte.

Viktor saß mir gegenüber, aber ich fand seine Augen nicht. Jaime auf meiner anderen Seite redete schon eine Weile auf mich ein. Er sprach von ›der orientalischen Frau‹ und ihrer Hingabefähigkeit. Ich hörte nicht zu.

»Mira?« sagte ich und betrachtete den Arm. Ihr Gesicht erschien über dem Arm, sie sah mich mit ihren schrägen Augen an. Ihre Pupillen waren sehr groß.

»Das dort drüben ist Viktor, mein Mann«, sagte ich und ärgerte mich sofort darüber.

Mira nickte und kratzte sich am Arm.

»Ich bin Poppy, wir haben ein kleines Mädchen, Laura, sie ist heute bei Viktors Schwester. Kennst du Francesca?«

»Nein, ich glaube nicht«, sagte Mira geduldig. Warum sprach ich solchen Unsinn? Immer lachte ich über die Frauen, die ›mein Mann‹, ›mein Kind‹, ›mein Haus‹ sagten. Ich mochte Mira dafür, daß sie mir zuhörte, ohne ungeduldig zu werden.

»Du bist sehr schön«, sagte ich, und dabei wurde meine Kehle eng, als hätte ich etwas Unrechtes gesagt. Aber Miras Gesicht blieb ganz ruhig und dann, nachdem sie einmal die Augen ganz langsam geschlossen hatte, sagte sie:

»Du bist auch schön – sehr schön.« Ich warf Viktor einen Blick zu und entdeckte, daß er uns beide mit zärtlich geneigtem Kopf beobachtete. So beobachtete er Laura, die versuchte, einen Löffel voll Brei in ihren Mund zu schieben. Ich wurde wieder unruhig, sagte mir, daß ich sie an mich ziehen wollte, sie zu meiner Vertrauten machen, weil sie ein Zugang zu Merino war, an dem ich mich rächen wollte. Ich wollte ihn über sie erreichen. Wie, das wußte ich nicht.

Der Schweiß brach mir aus bei diesem Gedanken, und ich vergaß ihn sofort, als Mira ein Glas Wasser vom Tisch nahm und es mir an die Lippen hielt. »Trink das«, sagte sie. Ihre kühlen Finger umfaßten mein Kinn, und ich nahm einen großen Schluck. Es war kein Wasser, sondern Alkohol, der mir fürchterlich im Hals brannte. Ich rang nach Luft, und Mira beugte sich zu mir herüber, ihre Haare berührten mein Gesicht zuerst, und dann berührte mich ihr Mund, sie küßte mich auf die Lippen, sehr weich und kühl. Ich hustete hilflos, aber sie hielt mich an den Schultern fest und schloß die Augen, mein Husten setzte ihre schwingenden Haare in Bewegung. Wieder fühlte ich ihren Mund und zwischen den Lippen ihre schnelle heiße Zunge. Tränen kamen aus meinen Augen. Sie nahm sie mit den Fingerspitzen ab und leckte sie auf. »Mm«, sagte sie und lehnte ihre Stirn gegen meine. Ich war so verwirrt, daß ich stillhielt. Margata, der hinter uns getreten war, umarmte unsere beiden Köpfe und murmelte unverständliche Zauberworte. Mein Gesicht war sehr heiß, mein Mund kribbelte.

Zwei Mädchen in weißen Kleidern brachten die Platten mit Fleisch.

Der dunkle Mann am Ende der Tafel lehnte sich zurück und rief Margata etwas zu, das ich nicht verstand. Die Mädchen hielten ihm die mit Blumen geschmückte Keule zum Bewundern hin. Ich sah, wie er die flache Hand hob, die Finger spreizte, von sich streckte, wie er die Lippen dabei zusammenpreßte. Das Licht der Fackeln wurde schwächer, und die Menschen um mich her schrumpften ein, alles verlor an Farbe und Glanz. Merino wies mit einer angeekelten Handbewegung auf mich. Sein Mund formte Beschimpfungen. Viktor wurde undeutlich und löste sich auf unter dieser Verachtung. Ich konnte nicht mehr zu Mira hinübersehen, sie war bedrohlich geworden.

Viktor legte den Bleistift weg und wischte Radiergummikrümel vom Zeichenbrett. Ich reichte ihm die Tasse mit Kaffee und setzte mich schlaftrunken auf den schwarzen Teppich. Das kleine Reihenhaus, in dem wir wohnten, war früher ein Fotoatelier gewesen, mit verhängten Fenstern, Spiegeln und Scheinwerfern an der Decke. Im Bad roch es noch immer scharf nach Chemikalien, und in der winzigen Küche funktionierten die Wasserhähne nicht richtig, weil sie eingerostet waren. Sogar die Küche war mit schwarzem Teppich ausgelegt. Die Regenzeit hatte von den Türen her lange räudige Zungen ins Haus gestreckt, auf denen grüne Pilze wucherten, sobald sie feucht wurden.

Es war sehr heiß. Seit einer Woche arbeitete Viktor nachts an den Entwürfen zu einer kleinen Tankstelle. Jaimes Metzger hatte einen Bruder, der durch Beziehungen zum Ministerium eine Lizenz erworben hatte. Pedro, ein gelbhäutiger, dicker und gesprächiger Mann, hatte bei uns zu Abend gegessen und mit Viktor über das Projekt gesprochen. Wichtig waren ihm die beiden voneinander getrennten Toiletten, »gekachelt wie in Amerika«, sagte er, und das Fenster, in dem er Souvenirs ausstellen wollte, »Lederhüte, Gürtel und ein paar ausgestopfte Frösche«, er hatte dabei verlegen gelächelt.

Nun lag der Zeichentisch, ein Reißbrett, das über unseren runden Eßtisch geschoben wurde, voller Pergamentpapier, auf denen zwei schon gerundete Zapfsäulen wie große Pilze vor einem flachen Häuschen standen.

»Ob ich sie überdache? Das wird teurer, wir brauchen armierten Beton«, sagte Viktor und trank von seinem Kaffee.

»Welche Farbe werden die Zapfsäulen haben?« fragte ich, um mir das Ganze besser vorstellen zu können.

»Rot-weiß, Texaco – warum?« Viktor schraffierte an einem Schnitt, den Beton mit Streifen, die Steine mit Punkten, das Holz gemasert. »Es wird sehr hübsch, ein großer Texacostern über dem Dach, rot-weiß, wie der Stall von Bethlehem.« Viktor zeichnete einen Stern über das flache Dach.

Ich gähnte. Viktor schob mit den Fingern die Radiergummikrümel zusammen. »Weißt du, wer heute in die Kirche kam? Wir waren gerade dabei, das neue Kapitel rechts neben dem Eingang hochzuziehen. Es ist übrigens wunderschön geworden. Der junge Gehilfe vom Steinmetz ist ein Künstler, ein

Junge aus Aguas-calientes. Er hat die Seejungfrau, die den Mond und die Sonne hält, noch viel feiner gehauen, als sie vorher war.«

»Und wer kam in die Kirche?« fragte ich nicht allzu neugierig.

»Also, diese Mira, aber sie heißt nicht Mira, sie heißt eigentlich Millicent und stammt aus Chicago.«

Ich schloß den Mund, den ich gerade zu einem heftigen Gähnen hatte öffnen wollen. »Die? Die ist in die Kirche zu dir gekommen? Was wollte sie?«

»Ach, ich hatte mich mit ihr über meine Arbeit unterhalten«, sagte Viktor bescheiden und schaute auf seine Papiere.

»Was habt ihr gesprochen, ich meine, habt ihr euch unterhalten?«

»Sie war ja schon mal vorher da, die Arbeiter erzählten mir von einer blonden Dame, die nach mir gefragt hätte, ich dachte, sie schwindeln mir was vor.«

»Wann war das?«

»So vor einer Woche.«

»Und du hast mir nichts erzählt davon.«

»Ich sag' doch, ich hab's nicht geglaubt.«

»Aber heute hast du's mir auch nicht erzählt, den ganzen Abend, beim Essen.«

»Aber jetzt erzähl' ich dir's doch.« Viktor schaute noch immer auf seine Zapfsäulen, seine Augen waren starr.

Ich trank von seinem Kaffee. »Hast du sie nach Merino gefragt?« sagte ich schließlich. Ich war verärgert und wußte nicht, ob über Mira, die nicht mich, sondern Viktor besuchte, oder über Viktor, der diesen Besuch den ganzen Tag für sich behalten hatte.

»Das kann man doch nicht, sie ist ja so ein komisches, überdrehtes Wesen. Als wir einen Kaffee trinken gingen, hat sie die ganze Zeit meine Hand gehalten, ganz fest, als ständen wir auf einem schwankenden Schiffsdeck. Sie wollte mit mir über Türkisschmuck sprechen, dann über Seelenwanderung, dann über die Stimmen der großen Erdkröten in Xochimilco. ›Instrumente der Nacht‹ oder so nannte sie die. Sie ist wirklich ein bißchen wirr, weißt du.«

Viktor sah mir mit einem kleinen um Verständnis bittenden Lächeln ins Gesicht. Ich schwieg beleidigt.

»Hat sie nach mir gefragt?« Mir war heiß unter dem Nachthemd, und ich zog es an der Brust nach vorne, um Luft an meine Haut zu lassen.

»Sie sagte nur einmal, wie geht es der entzückenden Poppy, nein, der süßen Poppy, sagte sie, sie ist ein seltsames Geschöpf.«

»Hast du ihre Adresse?«

»Nein«, Viktors Gesicht nahm einen einfältigen Ausdruck an, »aber sie will mir einen Auftrag verschaffen. Eine Frau, die sie kennt, auch eine Amerikanerin, will ihren Laden vergrößern.« Ich betrachtete ihn ohne große Freude. »Ich habe aber nicht herausfinden können, wo der Laden liegt, und ob sie das nicht einfach so gesagt hat, um mir eine Freude zu machen.«

»Und hat sie dir eine Freude gemacht damit?« fragte ich bösartig.

Viktor zeichnete kleine Zapfsäulen auf einen Papierstreifen, er füllte sie mit schwarzen Wolken aus. »Geh zu Bett«, sagte er müde. »Ich muß noch ein bißchen weiter arbeiten.«

Später, als Viktor neben mir ins Bett schlüpfte und nach meinem Gesicht tastete, setzte ich mich auf und lehnte mich an die Wand. Eine Weile saß ich so, ohne zu sprechen, und an Viktors Atemzügen erkannte ich, daß er dalag und wartete, bis ich zu sprechen anfing.

»Hast du sie wirklich nicht nach Merino gefragt?«

»Natürlich nicht.«

»Hast du nicht daran gedacht, sie … ihr zu sagen … ich meine, sie könnte ein Wort für uns einlegen, wegen dem Haus …«

Nun schob auch Viktor sein Kissen weg und setzte sich mit gekreuzten Beinen zurecht. In der Dunkelheit konnte ich sein Gesicht nicht erkennen.

»Ich habe mit Merino telefoniert«, sagte er leise. »Morgen soll ich bei ihm vorbeikommen und die Pläne abholen, er sagt, vielleicht fände sich ein anderes Projekt ... ein Umbau oder so was.« Viktors Stimme klang hoffnungslos. »Ich weiß nicht, ob ich's tun soll, Poppy, aber wir brauchen dringend Geld, vielleicht zahlt er mir einen Vorschuß.« Da war es wieder, das fürchterliche Gefühl der Hilflosigkeit. Viktor war ein anderer geworden, Viktor kroch in sich zusammen, und ich mußte zusehen. Wieder fielen mir die Worte seiner Mutter ein. Ich schwankte zwischen dem Wunsch, ihn zu trösten, und dem Wunsch, meiner eigenen Angst Luft zu machen.

»Glaubst du, er liebt diese Mira?« fragte ich schließlich, aber er verstand nicht oder wollte mich nicht verstehen. Er senkte den Kopf, kratzte sich die Brust und schwieg.

Laura bekam in der nächsten Woche Fieber, sie aß nichts mehr, sondern trank nur gierig kalten Kamillentee aus der Flasche. Viktor, der zwischen der Universität, der Kirche und Pedros Grundstück am Stadtrand hin und her fuhr, war so erschöpft, wenn er abends zu mir ins Bett kroch, daß er meistens schlief, während ich noch mit ihm flüsterte. Lauras Korb stand bei uns im Schlafzimmer, denn ihr Kämmerchen, in dem es nur ein kleines längliches Fenster unter der Decke gab, war heiß und stickig. Ich konnte die Küchenschaben dort nicht loswerden, denn ich wagte nicht, Gift zu sprühen, solange Laura dort herumkroch. Nun hatte ich die Fenster geschlossen und das Zimmer mit einem übelriechenden Nebel gefüllt. Sie sollten sehen, was mit ihnen geschah, diese Käfer, die mit zitternden Fühlern sogar am Tag hinter der Tapete hervorschauten und denen die Hitze nichts auszumachen schien. Vor Lauras Geburt hatte ich versucht, die lachsrote Tapete mit den goldenen chinesischen Schriftzeichen von den Wänden zu schälen, aber mit meinem dicken Bauch und dem Küchenmesser war ich nicht weit gekommen. Jetzt lag der ›chinesische Salon‹, wie wir ihn nannten, unter einer Giftwolke. Die Ritze unter der Schwelle hatte ich mit Zeitungspapier verstopft.

In den Nächten lag das fahle Licht aus dem Nachbarfenster auf unserem Bett. Ich sah Lauras geöffnete blanke Augen zu mir herüberspähen. Viktor schlief unruhig und roch süßsauer nach Schweiß. Ich holte Laura zu uns ins Bett. Ihr Kopf war noch immer heiß. Ich tauchte mein Taschentuch in das Wasserglas am Boden und legte es auf ihren Kopf. Sie ließ es sich gefallen. Im Halblicht sah sie mich so still und wissend an wie eine uralte Zwergin. Der Hund des Nachbarn konnte auch nicht schlafen und stieg mit klappernden Krallen die metallene Wendeltreppe vor dem Fenster auf und ab.

Viktor war bei Merino gewesen und mit verschlossenem Gesicht zurückgekommen. Was genau gesprochen worden war, wollte er mir nicht erzählen, um mich nicht aufzuregen, wie er sagte. Vielleicht hatte er recht. Erst nach und nach hatte ich ihm ein paar Sätze entlocken können, dabei war er im Zimmer auf und ab gegangen, die Hände in den Taschen, und hatte mich mit bösen Augen betrachtet, als wäre ich sein Feind.

»Zu aufwendig«, schrie er, »zu unrentabel … zu unmodern … Kopie einer längst verstaubten Kolonialarchitektur … zu unausgegoren … eine Jugendtorheit.« Er blieb vor mir stehen und bewegte die Fäuste in seinen Taschen. »Vielleicht stürzt ja San Jacobo ein nach meiner Renovierung«, schrie er. »Vielleicht fliegt die verdammte Tankstelle in die Luft, weil ich sie entworfen habe …«, er breitete die Arme aus, »wenn sie überhaupt gebaut wird«, er zog den Mund breit und tat so, als lächle er.

In dieser Nacht hatte ich einen Traum. Ich kauerte im Dunkeln auf dem Boden, neben mir hatte ich ein Bett aus Decken für Laura gemacht. Auch für mich lag eine Decke ausgebreitet, das war mein Lager. Das Badezimmer, in dem wir uns eingeschlossen hatten, kannte ich nicht, aber es war zu gefährlich in dem anderen Zimmer, draußen schoß jemand auf das Haus. Ich konnte die runden Einschußlöcher im Glas des Fensters sehen, auch die gezackten Löcher, die die Kugeln an der Wand hinterlassen hatten. Viktor war nicht bei uns.

Am Morgen erbrach sich Laura, als ich sie aus ihrem Korb hob, und Viktor, der schon mit roten Augen und wirren Haaren in seine Hosen fuhr, jammerte vor sich hin. Heute war Korrekturtag beim Professor, und er würde zu spät kommen.

Ich dachte viel an Mira an diesen heißen Tagen, während ich Laura Beinwickel um die Waden legte, im Bad lange in der Wanne mit lauem Wasser hockte und den räudigen Teppich betrachtete, der zusehends unter meinen nackten Füßen zerfiel. Ich fragte mich, was sie mit Viktor sprach, ob sie Merino traf und warum sie mich geküßt hatte in Margatas Haus. Ich fragte mich, ob sie auch so schwitzte wie ich, ob sie Viktor verführen wollte oder er sie, ob der Laden ein Vorwand war, um ihn zu sehen, und ob Viktor wirklich nur aus Erschöpfung so mürrisch und einsilbig war.

Er war Mira begegnet, das heißt, er hatte sie gesehen, in Merinos Büro. Das hatte er mir zuerst nicht erzählt, erst später, als ich mehr von dem hören wollte, was Merino ihm gesagt hatte, ehe er ihn fortschickte. Sie habe in einem Sessel gesessen und gewartet, sagte Viktor, er habe sie durch die Glasscheibe gesehen. Er konnte mir nicht beschreiben, wie sie dasaß und was sie anhatte, nur daß Merino zu ihr hineingegangen sei, nachdem er ihn, Viktor, abgefertigt habe, und daß er sich lange über ihre Hand geneigt habe. So über sie gebeugt habe er noch immer gestanden, als Viktor schon an der Sekretärin vorbei gewesen sei. Viktor wollte nicht weiter darüber reden.

»Sie wird dich besuchen«, rief er am Morgen über die Mauer, als er die eiserne Tür schon zugeschlagen hatte.

»Wer?« fragte ich scheinheilig, aber ich erhielt keine Antwort.

Die Rechnungen, die der Postbote brachte, legte ich neben Viktors Teller, ohne sie genau zu betrachten. Sie machten mir angst. Auch Viktor öffnete die rotbraunen Kuverts nicht, sondern steckte sie zwischen die Bücher. Wenn ich ihm dabei zusah, lachte er, hob die Schultern und schüttelte sich. »Eigentlich könntest du sie gleich wegwerfen«, sagte er. »Was sollen wir damit anstellen?«

An einem dunstigen Morgen stand ein hagerer Mann vor der Tür, er trug einen kleinen Blechkoffer in der Hand. Es war der Mann vom Elektrizitätswerk. Er nahm ohne lange Erklärungen eine große Zange aus seinem Koffer und trennte damit den Draht ab, der unser Haus mit den elektrischen Leitungen verband, die sich über der Straße spannten. Ich konnte ihn nicht bereden zu warten, ich war mit der weinenden Laura auf dem Arm auf die Straße gelaufen, um sein Herz zu erweichen, aber er kniff die Lippen zusammen und sagte nur immer wieder: »Das ist meine Arbeit, meine Dame.«

Viktor machte daraus ein Abenteuer, als er nach Hause kam. Kerzen standen auf dem Tisch, und es gab Tomatensalat mit Käse, weil ich nicht kochen konnte. »Wie schön du bist in diesem Licht«, sagte er abwesend. »Es ist lustig, so zu essen mit dir. Wir sind in einer Blockhütte am Meer, stell dir vor, draußen liegt das Meer, und wir sind schiffbrüchig.« Ich konnte nicht mitspielen. Beim Sprechen zitterte mir das Kinn. Viktor wollte mein Haar fassen, aber ich zog den Kopf ein. Es war heiß unter den Kerzen. Lauras Krankheit machte mich noch unruhiger und gereizter. Viktor streichelte nun meinen Arm. »Wann … wann werden sie uns auf die Straße setzen?« Ich konnte ihm nicht in die Augen sehen bei diesem Satz, unsere stillschweigende Übereinkunft verbot es mir, so etwas zu fragen. »Morgen gehst du zum Arzt. Francesca soll dich fahren, ich ruf' sie nachher an«, sagte Viktor rasch. »Und das mit dem Strom bring ich morgen in Ordnung. Mach nicht so ein Gesicht. Bitte die Nachbarin, Lauras Brei zu wärmen, sie ist eine nette Frau.« Die Kerzen flackerten, und ein Gecko pfiff draußen vor dem Fenster.

»Wann hast du Mira zum letztenmal gesehen?« fragte ich unvermittelt. Viktor hob den Kopf und sah mich an. Sein Gesicht war ernst, fast traurig. »Heute, warum?«

»Was redest du mit ihr, was will sie überhaupt, warum muß ich dich immer fragen nach ihr?«

»Es geht um den Laden«, sagte Viktor mit leiser, erschöpfter Stimme, »um den verfluchten Laden. Meinst du, das macht mir Spaß? Diese Frau, Anne, ist noch verrückter als Mira, sie hat mir schon zweimal zu- und abgesagt. Mira versucht zu vermitteln, dabei geht es ihr gar nicht gut, ich weiß nicht, was sie hat, ich glaube, sie ißt nicht genug. Neulich ist sie fast umgefallen auf der Straße. Ich mußte sie tragen. Vielleicht hat sie Geldprobleme. Ich sollte sie fragen, sie wirkt manchmal so ...« Viktor suchte nach Worten »... so ausgesetzt, so preisgegeben, verstehst du?« Seine Fürsorge machte mich wütend.

»Warum trägst du sie nicht gleich in Merinos kühles und goldenes Haus? Er wird sie schon zu Bett bringen«, sagte ich giftig.

Viktor betrachtete mich seltsam sinnend, als beobachte er ein unberechenbares kleines Tier. »Warum magst du sie nicht? Ich dachte, sie gefällt dir, immer fragt sie nach dir. Ich habe ihr von Merino erzählt, und wie er mit uns umgegangen ist, da hat sie fast geweint. Sie hat nichts mit ihm gehabt, ich habe ihr das angemerkt, sie ist ein Mensch mit hohen Idealen.«

Das war zuviel für mich. »Du bist verschossen in sie?« Ich stand auf, die Kerzenflammen wiesen alle auf Viktor.

»Ach, eifersüchtig bist du, du dummes kleines Poppymohnblümlein.« Viktor streckte sich. »Es ist zu heiß, um solchen Unsinn zu besprechen.«

Laura weinte los, als wäre sie aus dem Bett gefallen. Ich trug sie auf die Straße hinaus und wartete auf eine kühle Brise. »Morgen gehen wir zum Arzt«, sagte ich ihr ins Ohr. Sie berührte mit beiden Händen bedächtig mein verschwitztes Gesicht, Nase, Stirn und Kinn.

Viktor schlief, als wir zu ihm aufs Bett kamen. Er sah harmlos und entspannt aus, sein Arm war hinübergestreckt zu meinem leeren Kissen. Ich legte mich schuldbewußt neben ihn. Wahrscheinlich bildete ich mir alles nur ein. Oder wollte ich Mira einfach nur selbst in Augenschein nehmen, sie ausfragen und beriechen? Eine Frau wie sie hatte ich noch nie kennengelernt. Vielleicht überschätzte ich sie auch. Ich kuschelte mich an Viktor und deckte Laura mit einer Windel zu. Viktor seufzte und legte ein heißes schweres Bein über mich.

Als ich an diesem Morgen das Gemüse aus meinem Korb nahm und das Zeitungspapier schon zusammenknüllen wollte, schaute Merinos lächelndes Gesicht zu mir herauf. Das Foto füllte fast die halbe Seite. Es war mit Blitzlicht aufgenommen. Merino wandte sich zu dem Fotografen um und lächelte mit schmalen Augen. Ich streifte Sand und Blätter vom Papier und glättete es: verwischte Lichtpunkte in seinem Haar, die Nase breitgezogen, die Zähne entblößt. »Den Wohltätigkeitsbazar eröffnete der Schirmherr Dr. Manuel Merino am Arm seiner Frau …« Ich las nicht weiter. Ich ballte das Blatt zusammen, besann mich aber und strich noch einmal die Falten aus. Dann legte ich das Papier auf den Küchentisch und beugte mich darüber, ganz nah. Wenn irgendeiner schuld war an unserem elenden Leben, dann war es dieser Mann mit diesem Lächeln, mit diesem dreisten eitlen Gesicht. Ich griff nach einem Messer und stach nach diesem Gesicht, schnitt kreuz und quer über die Augen, durch den Mund, riß die Nase auf, bohrte in den Hals. Noch immer lächelte er.

Draußen hämmerte jemand an die Tür. Ich erschrak und zerriß Merinos lächelndes Gesicht in kleine Fetzen, warf sie in den Ausguß. Draußen war es still, dann klopfte jemand erneut und noch lauter.

Ich lief hinaus in den Hof und blieb vor der Tür stehen. Ich wußte nicht, was ich tun sollte.

»Mach nicht auf, wenn jemand von der Telefongesellschaft kommt«, hatte Viktor gesagt, ehe er die Pläne der Tankstelle in eine Mappe legte, um sie zum Lichtpauser zu tragen. Mit dem Modell war er nicht fertig geworden, die Balsaholzstücke lagen auf dem Teppich verstreut. Nur die beiden Zapfsäulen standen wie zwei kleine Hausgötter fertig geschnitzt und bemalt auf dem kleinen Brett, auf dem sonst das Telefon stand. »Wenn dich einer fragt, sagst du, wir haben kein Telefon, und wenn er nicht gehen will, sagst du, dein Mann sei nicht zu Hause und du dürftest keinen Mann hereinlassen.«

»Aber vielleicht schicken sie eine Frau.« Auch das Telefon konnte man uns abschneiden wie vor einer Woche den Strom. Ich hatte das Gefühl, ich würde es nicht ertragen zuzusehen, wie sie es wegtrugen. Mit nachschleifendem Kabel, obwohl es schon ein paar Tage keinen Ton mehr von sich gab. Viktor schwor, er habe es bezahlt, das dauere nur seine Zeit. Bis dahin müsse ich es verteidigen. Es stammte aus dem Nachlaß der Fotografen, und manchmal hatten Mädchen angerufen und nach »Flipper« gefragt. Es war schwer, ein neues Telefon zu bekommen. Wieder klopfte jemand dringend an der Tür, mit den Nägeln, es klapperte, als wären es Hagelkörner, die gegen das Eisengatter prasselten.

»Wer ist da?« rief ich. Laura versuchte, sich in ihrem Laufstall aufzurichten, warf einen Kochlöffel nach mir und kippte um.

»Ein müder Wanderer, dem man ein Glas Wasser nicht verwehren kann.« Eine Frau.

»Was wollen Sie?« Ich stand auf der anderen Seite der Tür.

»Eine Dusche auch, wenn's möglich wäre«, und nach einem leisen Lachen: »Ich bin's, Mira. Poppy, mach auf.«

Sie trug ihre schwarze Brille, ein verknülltes Männerhemd und Jeans. Sie schlüpfte herein, umarmte mich, küßte Laura auf den Kopf, nahm die Brille ab und sagte, als habe sie allen Schwung bei dieser Begrüßung verloren, mit erstickter Stimme: »Da bin ich.«

Sie war blaß, und ich führte sie ins Haus. Dann stand ich verlegen da und sah zu, wie sie mit den rostigen Wasserhähnen in der Küche kämpfte. Dann erst fiel mir ein, sie ins Bad zu schieben. Sie fing sofort an, sich auszuziehen. Ich war so überrascht, daß ich kein Wort sagen konnte. Ich fühlte mich ertappt und wußte nicht genau, bei was sie mich ertappt hatte. Ganz mechanisch suchte ich nach einem Handtuch.

»Ich bin völlig durchgeschwitzt. Wie geht das Wasser an? Ah, hier. Was ist mit dem Teppich los? Oh, tut das gut.« Sie hielt sich die Brause über den Kopf, und ihr nasses Haar wurde dunkelgelb und breitete sich über ihr Gesicht. »Geh nicht weg, Poppy, bleib hier. Ich will dich ansehen.« Jetzt wurde ich wütend, was hatte das zu bedeuten, wollte sie mir schmeicheln – so einfach konnte sie mich nicht haben.

Ich schaute sie nicht an, wie sie so naß und elfenbeinweiß in der schmutzigen Wanne hockte. Ich sah in den Spiegel und runzelte die Brauen: meine Haare, verwirrt und hart wie rostige Eisenspäne. Hinaus ging ich auch nicht, sie sollte nicht denken, daß es mich verlegen machte, sie nackt zu sehen. Eine Weile hörte ich nur das plätschernde Wasser und ihre Seufzer. »Ich muß nach Laura schauen«, sagte ich und ging hinaus, ohne mich umzusehen. Laura war eingeschlafen. Sie lag im Schatten, ich legte die Hand auf ihre Stirn, sie war kühl, sie war wieder gesund und hatte am Morgen eine Birne und einen Teller Reis gegessen.

Was wollte diese Frau in unserem Haus? Mit Verwirrung bemerkte ich, daß ich mich hatte überrumpeln lassen. Sie brachte mich dazu, verlegen zu werden, wenn ich an unser schmutziges Bad dachte, an den Teppich mit den Pilzflecken. Ich stand im Sonnenlicht und suchte nach einem Vorwand, um sie hinauszuwerfen, ohne meine Hilflosigkeit zu deutlich zu zeigen. An ihr war etwas von dem, das ich an Merino haßte, etwas Unberechenbares und Heimtückisches. Und trotzdem wollte ich sie nicht wegschicken, wollte sie anschauen, mit ihr reden, sie näher an mich heranziehen, sie dazu bringen, mich zu mögen. Ich beschloß, sie zu benutzen, sie auszufragen, und so, mit dem Bewußtsein, nichts als meine Neugier zu befriedigen, beruhigte ich mich und glaubte, ihr gewachsen zu sein.

Als ich ins Schlafzimmer kam, um ins Bad zu gehen, lag Mira in Viktors Bademantel auf dem Bett.

»Bist du bedrückt?« fragte sie und richtete sich halb auf.

»Laura war krank«, sagte ich und blieb neben dem Bett stehen.

»Ich war auch krank, hat Viktor es dir erzählt?« Sie griff nach meiner Hand. »Soll ich wieder gehen?« fragte sie mit ängstlicher Stimme und zog die Knie an die Brust. Was ging in ihr vor? Ich verstand sie nicht. »Soll ich fort?«

»Nein«, ich setzte mich aufs Bett. »Ja, Viktor hat mir erzählt, daß du krank warst. Was hattest du?« Ich ließ sie fühlen, daß ich aus Höflichkeit fragte.

»Ach, es war nicht so schlimm.« Sie rieb mit dem Kragen des Bademantels an ihrem nassen Kopf. »Es war nur so fürchterlich, die letzten Tage waren die Hölle.« Sie schloß die Augen.

»Mit Merino?« fragte ich. Sie öffnete rasch wieder die Augen, betrachtete mich prüfend und sagte dann gedehnt: »Jaha – woher weißt du das?« Als ich schwieg, setzte sie sich auf und kreuzte die Beine. »Das heißt, nicht eigentlich mit Merino, da war nie wirklich etwas Ernstes. Er ist ein böser Mensch, Viktor hat mir alles erzählt, ich meine, was er ihm angetan hat.« Sie nickte eifrig. »Aber so ein böser Mensch hinterläßt seine Spuren bei einer Frau, ich sage dir. Er ist wie Gift … im selben Zimmer mit ihm krieg' ich keine Luft mehr. Er vergiftet die Menschen … alle um sich her …«

»Aber du bist doch oft mit ihm zusammen«, rief ich empört.

»Das ist nicht wahr … gelogen, wer sagt so was?«

»Das wissen doch alle …« Schon wollte ich von Viktor sprechen, aber ich besann mich.

»Er … er war versessen auf mich. Ich habe … ich habe mit ihm … also er hat mich verfolgt, gejagt hat er mich, er ist wie ein … wie heißt dieses Tier, er ist wie ein wildes Schwein, ein Eber, verstehst du?« Sie schüttelte sich. »Einmal auf einem Fest, da hat er die Hand von dem Mann, der mit mir gekommen war, die Hand hat er ihm auf der Tischplatte festgenagelt, mit einer Gabel, einfach so. Ich fand das damals auch noch komisch, aber da wußte ich noch nicht … Aber was erzähle ich dir, du kennst ihn ja.«

»Nein, nicht wirklich«, ich versuchte meinen Eifer zu verbergen. »Stimmt das wirklich, das mit der Gabel?«

Sie beobachtete mich, lachte und sagte: »Nicht wirklich, das hab ich nur gesagt, um dich zum Lachen zu bringen. Aber er hat mir ein Büschel Haare mit der Geflügelschere abgeschnitten, das war bei Freunden im Pedregal.« Sie lachte jetzt keuchend und schüttelte den Kopf. »Das stimmt auch nicht, Poppy, ich bin so durcheinander. Bitte, hilf mir.«

»Was hast du denn?« fragte ich ungemütlich. Sie schlug sich mit der Hand so fest vor die Stirne, daß es klatschte. »Ich will dir gefallen, ich, ich – Poppy, ich hab immer an dich gedacht. Du mußt nicht denken, daß ich lesbisch bin, ich weiß nicht, was los ist mit mir. Viktor erzählt nichts von dir. Er will immer nur von seiner Tankstelle sprechen und darüber, wie er den Laden von Anne umbauen kann. Mit ihm ist nichts anzufangen.«

Er hatte ihr von der Tankstelle erzählt. Seltsamerweise kränkte mich das mehr, als ich geglaubt hatte. Ich wollte aufstehen, aber sie hielt mich fest, umarmte mich von hinten und flüsterte: »Poppy, Poppy ... Vielleicht ist es so, wenn man verrückt wird – meinst du?« Als ich verwirrt schwieg, rief sie atemlos: »Merino hat mir die Ehe versprochen, er hat gesagt, er läßt sich scheiden, nein, er hat gesagt, seine Frau soll einen Unfall haben. Er arrangiert einen Unfall, hörst du? Soll ich dir erzählen, was er machen wollte? Aber komm aufs Bett, sonst denke ich, du wirfst mich gleich raus.« Daran hatte ich tatsächlich gedacht. »Ich bin gekommen, um mit dir einen Plan zu schmieden, wie wir ihn vernichten können. Viktor hat keinen Mut. Aber du schon«, sagte sie mit veränderter Stimme. »Komm, komm, leg dich hierher, schöne Poppy mit dem düsteren Gesicht. Soll ich dir die Füße massieren, das hat mir ein indischer Mönch gezeigt. Weißt du, Merino ist verrückt vor Liebe. Ich weiß, was wir tun werden.«

Sie hockte vor mir auf dem schwarzen Teppich und knetete meine schmutzigen Füße. Ich schämte mich und wollte sie wegziehen, aber sie ließ es nicht zu. Ihr eifriges Gesicht hob sich mir entgegen, ich sah die feinen Härchen auf ihrer Backe, zwischen ihren Brauen. Ihre Haare wuchsen in zwei Wirbeln über ihrer Stirn, ihre Schläfen waren bleich und durchsichtig. Ich hatte einmal als Kind ein Froschherz betrachtet, hatte es unter dem Mikroskop pulsen sehen, all die feinen Gefäße, die sich zusammenzogen und streckten. Ihre Hände mit den abgebissenen Nägeln kitzelten meine Sohlen und taten mir wohl, stark waren diese Hände. Noch nie hatte jemand so meine Füße berührt. Sie zog an jeder Zehe, an einer nach der anderen. Meine Füße fühlten sich an wie Hände. Sie rieb ihre Backe an meinen Sohlen. Ich legte mich zurück, um sie nicht anzuschauen, um nicht zuzuschauen, was sie tat. Ihr Gesicht machte mir die Brust eng. Etwas an diesem Gesicht berührte mich vertraut und machte mich unruhig wie als Kind, wenn ich mein eigenes Gesicht im Wasser zittern sah zwischen den Schilfröhren, fremd und doch altbekannt.

»Wir bringen ihn um«, flüsterte Miras Stimme jetzt ganz nah an meinem Ohr. »Nein, wir tun etwas viel Schlimmeres.« Ich hatte die Augen zugemacht aus Feigheit und auch aus Verlegenheit. Ich hielt mich ganz still und wartete darauf, was sie jetzt tun würde, aber als sich ihr Gesicht an meines legte, überraschte es mich nicht, und doch erschrak ich, als nun ihr Mund über meine Braue strich und auf meinem Auge liegenblieb, solange bis ich blinzeln mußte. Dabei rückte sie mir näher, und ich fühlte ihre kalten Knie und ihren Bauch, der sich hob und senkte.

»Poppy, ich kann jetzt nicht von Merino sprechen, es macht alles so bitter und welk.« Eine Hand fuhr ganz langsam über meine Brust. »Poppy, sag doch was.« Aber als ich den Mund öffnete, küßte sie mich, ganz zart und sehnsüchtig, sie atmete dabei stoßweise, als weine sie. Ich wußte nicht mehr, was ich wollte. Ein seidiges Netz zog sich um mich zusammen, hüllte uns ein.

»Poppy, kennst du den Ort, wo gar nichts ist, keine Luft, kein Laut, den Ort, wo nicht einmal Dunkelheit ist, nicht einmal Stille, sondern gar nichts, kennst du den Ort?« Ich umarmte Mira. Von was sprach sie da?

So nah an mir konnte ich sie kaum noch von mir unterscheiden. Viktor fühlte sich ganz anders an. Wenn ich Viktor umarmte, vergaß ich, daß er ein anderes Wesen war, und bei ihm beglückte mich das. Nun war Mira mir so nahe, das machte mich bang, als versänke ich in einem unbekannten tiefen Wasser. Schon wollte ich sie fortstoßen, wollte mit Armen und Beinen rudern, mich ans Ufer werfen, sie aber nahm meine Hand und legte sie auf ihre Brust, da wurde ich ganz ruhig und ließ mich sinken.

Am nächsten Tag wartete ich auf sie, aber sie kam nicht. Ein kleiner Junge brachte einen Zettel, auf dem stand: »Tod dem Tyrannen, Mira.« Ich vergaß den Morgen auf meinem Bett, ich vergaß ihn, und doch, obwohl ich meine Gedanken um diesen Morgen herumfließen ließ wie einen Bach um einen Kiesel, schwemmten sie ab und zu ein Bild in mir hoch. Die silbrigen Haarwirbel über der Stirn, die Schultern mit den paar blassen Sommersprossen. Meine Füße in ihren Händen. Es war ganz anders und viel wohliger, an sie zu denken, als an einen fremden Mann, der mich umarmte. Viktor hatte ich damit jedenfalls nichts Böses getan. Trotzdem sagte ich nichts zu ihm, ja, ich beobachtete ihn eifersüchtig und mißtrauisch. Nach ein paar Tagen begriff ich, daß ich doppelt eifersüchtig war, auf Viktor und auf Mira. Ich erlaubte mir, sehnsüchtig an Mira zu denken. Ich legte mich aufs Bett und legte sie neben mich. »Ich habe keine Angst vor ihm«, sagte sie, »der wird noch vor uns im Staub kriechen.« Viktor, der sich in meine Gedanken drängen wollte mit seinem traurigen Gesicht, schob ich sanft beiseite.

Ständig lauschte ich hinaus auf die Geräusche der Straße, ich blieb im Hof stehen und betastete abwesend die Blätter der Zitronenbäumchen. Aber Mira kam nicht.

In den Nächten dachte ich über Merino nach. Ich sah ihn in Autounfällen zwischen Metallteilen eingeklemmt, sah ihn in brennenden Zimmern stehen, hilflos die Hände ringen. Sah ihn verarmt vor einer Kneipe stehen, abgerissen, schmutzig, den Hut in der Hand. Nichts davon machte mir wirkliches Vergnügen. Ich wollte ihn demütigen, wie er uns gedemütigt hatte, wollte ihm zeigen, daß wir uns wehren konnten. Wenn er Mira wirklich liebte, wie sie sagte, und ich glaubte ihr, obwohl ich sie nicht recht verstand, wenn sie ihre atemlosen und schlecht ausgedachten Lügengeschichten erzählte, wenn er Mira wirklich liebte, konnte ich ihn nur über sie erreichen. Ich glaubte an die Macht, die sie über ihn hatte. Merino war dort und nur dort verletzlich wie alle Männer.

Viktor, den ich vorsichtig in meine Racheträume einbeziehen wollte, wehrte mich ab: »Laß dir von Margata eine Puppe machen und steck Nadeln hinein.« Er saß über seinen Plänen für die Tankstelle wie ein Junge über einem komplizierten Baukasten. Er sagte auch, er habe die Sache mit Merino endgültig satt und Mira sei ein vollkommen verrücktes Huhn, ich solle nur mal mit ihr reden, dann wisse ich Bescheid. Ich verstand ihn nicht ganz, ich konnte nicht begreifen, wie er so demütig hinnahm, daß dieser Mann auf ihm herumtrampelte, wie Nina es ausdrückte. Wenn ich von Merinos Haus zu sprechen anfing, nahm sein Gesicht einen lauernden Ausdruck an, seine Augen wurden farblos, die Lider schwollen an. Vielleicht verbarg er mir seinen Groll, aber ich wußte nicht, warum. Wenn ich anfing, von Merino zu sprechen, veränderte er sich sekundenlang, dann sah er bösartig aus, aber das versteckte er sogleich hinter einem Lächeln. Mit seinem Spott brachte er mich zum Schweigen.

So kannte ich ihn nicht. Etwas an ihm hatte sich verschoben, war anders geworden, ich konnte es nicht genau fassen, aber manchmal war er mir fremd. Manchmal, wenn ich aufsah, fühlte ich seine Augen auf mir ruhen, ohne Wärme und nachlässig, als betrachte er einen Gegenstand. Oft saß er vor seinem Zeichenbrett und schaute vor sich hin. Seine nervösen Finger legten die Stifte zurecht, schoben den Radiergummi daneben, stellten das Tuschglas dazu. Er sprach selten mit mir, und wenn er sprach, tat er dies höflich und leise, er entschuldigte sich sogar bei mir, wenn er gähnte.

Ich wartete jeden Tag darauf, daß Mira käme. Ich hatte versucht, sie anzurufen, aber unter der Nummer, die sie mir aufgeschrieben hatte, meldete sich niemand.

Allein und ohne mit ihr sprechen zu können, wurde ich immer verzagter. Viktor machte mir angst. Er hatte sich vor mir verschlossen, wehrte meine Versuche, ihn zu erreichen, ab. Mir war, als sei er von einer noch verborgenen schweren Krankheit gezeichnet. Jeden Tag konnte sie ausbrechen.

»Wir machen Merino fertig«, sagte ich zu Laura, die in ihrem Laufstall saß, »warte nur, alles wird gut«, aber sie kümmerte sich nicht um mich. An einem Abend, an dem Viktor zu seiner Mutter gegangen war, stand Mira vor unserer Tür.

»Daß euer Telefon nicht geht, ist verrückt«, sagte sie als erstes und umarmte mich rasch. »Komm, ich habe mir ein Auto geliehen, wir müssen uns unterhalten.« Die Vorstellung, mit ihr im Auto zu fahren, ängstigte mich, aber wie an jenem Morgen konnte ich mich ihr auch heute nicht entziehen. Sie gehörte zu einem fremden gefährlichen Leben, das draußen, außerhalb des Patios, begann und jeden Abend glitzernd und rauschend vorüberrollte, mit den Stimmen der Autohupen und den Musikfetzen aus fremden Wohnungen. Wenn es dunkel wurde und die Lichtreklamen über den Bars und Restaurants aufleuchteten, kam eine Zeit, die ich schwer ertragen konnte. Laura schlief, und die kleinen Räume mit dem schwarzen Teppich wurden eng und düster wie Särge. Viktor war unterwegs, um einen Mann zu treffen, der einen Zeichner für sein Büro suchte. Ich hatte ihm zugeredet, die Stelle anzunehmen.

Nachdem ich die Nachbarin, eine kleine Frau mit blondgefärbten Haaren, in mein Wohnzimmer gesetzt hatte, um auf Laura zu achten, ihr Bier geholt und die Zeichenlampe so eingestellt hatte, daß sie ihre Stickerei gut sehen konnte, und nachdem ich Laura, die mit offenem Mund schlief, noch einmal gestreichelt hatte, gingen wir aus dem Haus. Der Satz, den Frau Reyes uns nachrief: »Macht euch einen schönen Abend«, gab mir die trügerische Leichtigkeit einer Tochter, die abends mit Mutters Segen auf ein Fest geht.

Im Auto bemerkte ich, daß Miras Laune sich verändert hatte. Sie starrte finster vor sich hin und schüttelte ihr Haar, bis es ihr Gesicht fast verbarg. Ihre Unterlippe verschwand immer wieder zwischen ihren Zähnen. Sie rauchte, während sie fuhr, und zischte Verwünschungen über die anderen Fahrer und die abendliche Hitze. Auf ihr Zureden hatte ich ein gelbes, dünnes

Kleid mit weitem Ausschnitt angezogen, in dem ich mich ungewohnt festlich fühlte. Sie selbst trug ein sehr kurzes türkisgrünes Hemd mit aufgekrempelten Ärmeln und einen breiten Gürtel. »Grün liebt er an mir«, sagte sie plötzlich und sah zu mir herüber, »findest du mich schön?«

Ich gab keine Antwort und wartete, worauf sie hinauswollte.

»Gut. Sehr gut.« Ihre Stimme klang schon wieder abwesend.

»Wohin fahren wir?«

»Du wirst schon sehen.« Sie lachte, aber ohne große Lust, es klang wie ein Husten.

An der Tür, über der ein blaues Neonauge in einer Pyramide zuckte, verhandelte Mira mit dem Mann im schneeweißen Anzug, der uns hatte kommen sehen, ohne uns Platz zum Vorbeigehen zu machen. Drinnen war es kalt und dämmrig wie in einem Aquarium, Lichtwellen krochen über die Wände, elektronische Musik klimperte und perlte. Wir bestellten zwei Martinis, das heißt, man brachte uns zwei Martinis, ohne daß wir sie bestellt hatten. An einigen Tischen saßen Männer. Ihre weißen Hemden leuchteten wie Phosphor. Mira trank nachdenklich, sah mich dann an und sagte: »Trink, Poppy, es tut gut.« Es schmeckte mir nicht besonders. »Also«, sagte Mira gedehnt. »Ich habe nachgedacht. Ich habe viel nachgedacht. Wir werden ihn zuerst geschäftlich ruinieren.«

»Ach, Mira, wie sollen wir das machen?« fragte ich.

Sie musterte mich über ihr Glas hinweg: »Ganz einfach, Poppy, über seine Frau. Ich weiß, daß er Geld investiert hat in eine Ferienhaussiedlung in Porto Vallarta. Er rechnet damit, daß sein Schwiegervater einsteigt, der ist ein alter, ganz vorsichtiger Fuchs, wenn es um Geschäfte geht. Er traut Merino nicht.«

»Kennst du ihn?«

»Ja, nein, Merino hat es mir erzählt, aber seine Frau Anita, das alte Krokodil mit ihrer ekelhaften Putzsucht, ist vernarrt in ihren Mann, und sie wird Papa schon überzeugen, wenn sie nicht …« Mira machte ein Gesicht wie Mata Hari in einem alten Stummfilm und legte beide Hände auf ihren Hals. »Wenn sie nicht vorher erfährt, daß ihr Merinogott mit irdischen Frauen ins Bett geht.«

»Das weiß sie nicht?«

»Nein, meine Mohnblume, das weiß sie nicht.«

»Das können wir nicht machen, das will ich nicht.«

Mira winkte dem Ober. »Eigentlich tun wir ihr einen Gefallen, so mußt du das sehen.« Ich konnte es nicht so sehen, und wir saßen eine Weile schweigend vor unseren leeren Gläsern.

»Was soll ich dabei?« fragte ich.

»Denk doch, daß er mir versprochen hat, sie umzubringen, um mich zu heiraten«, sagte Mira und beobachtete mein Gesicht.

»Das hat er sicher nicht ernst gemeint.«

»Aber gesagt, gesagt hat er's, Poppy, dieser Mann ist seelisch krank, er nimmt sich, was er will, und wenn's nicht gleich geht, hilft er nach.«

»Also, wie willst du's machen, wenn du's machst?«

»Nicht ich – wir – Poppy, du bist die Hauptperson. Du bist der Star.« Mira lehnte sich zurück, um mich zu begutachten. »Ich kann's nicht tun, denn mich hat er, als ich einmal durchgedreht bin, nur ein bißchen auf einem Fest, da hat er mich von seinem Chauffeur in die Klapsmühle fahren lassen, hörst du? Warst du schon mal dort? Das wünsch ich dir nicht, Poppy. Vor Angst war ich betäubt wie eine Eule. Ich könnte dir Sachen erzählen, aber lassen wir das … ich bin rausgekommen, weil da ein amerikanischer Arzt war und … also, er hat mir geholfen.« Mira biß an ihren Nägeln. Sie war mir unheimlich, ihre schmalen Augen sahen zu mir herüber, lauernd und kalt.

»Stimmt das wirklich, flunkerst du nicht wieder?« Ich wollte aufstehen und nach Hause gehen. Mira war mir fremd, als habe sie sich in eine andere Frau verwandelt, aber ich war neugierig, und der Alkohol machte mich mutig. »Und wie stellst du dir das vor?« fragte ich und versuchte, lässig dazusitzen.

»Du sollst dich an ihn heranmachen und ich, ich fotografiere euch.«

»Mira, du liest zu viele Krimis«, sagte ich schwach. »Außerdem kennt er mich, außerdem kann ich so was nicht, außerdem tut mir seine Frau leid.«

»Wenn ich das mache, steckt er mich zurück ins Irrenhaus, verstehst du, er kann das, meine Aussage ist nichts wert«, Mira sprach mit heiserer Stimme. Sie duckte sich über ihr Glas und beobachtete mein Gesicht. Ich wußte nichts zu sagen. Mira hustete. »Er hat Beziehungen«, sagte sie leise. »Ich bin ihm hier ausgeliefert in Mexiko City.«

In diesem Augenblick sah ich Merino. Er kam auf uns zu, er war nicht allein. Langsam schob er sich an unserem Tisch vorbei. Er sah nicht zu uns herüber, seine Hände lagen auf den Hüften der Frau, die mit kleinen Schritten vor ihm herging. Der schillernde Stoff ihres Kleides schob sich unter seinen Händen zusammen, bei jedem Schritt schaukelte er ihren Körper hin und her, als wäre er es, der ihre Beine schrittweise vorwärtsbewegte. Er sah uns nicht an dabei, sein Mund war hinter dem buschigen Haar der Frau verborgen. Sie lehnte sich an ihn, und wir konnten sehen, daß sie es genoß, so von ihm geführt zu werden. Die Frau drehte sich um und zog ihn zur Tanzfläche, die noch leer war, dort unter einem großen verspiegelten Auge, das sich langsam drehte, umarmte sie ihn, und er küßte sie.

Wir sahen seine Hände auf dem glänzenden Stoff hin und her kriechen. Mira suchte nach Zigaretten in ihrem Beutel. Ihre Hände waren ungeschickt, und Lippenstifte und Geldscheine rutschten über den Tisch. Die Packung neben dem Aschenbecher sah sie nicht. Ich schob sie ihr hin, aber sie fand etwas anderes in ihrem Beutel und kämpfte damit, es herauszuziehen. Nie hatte ich Merino so gehaßt wie in diesem Augenblick. Sein Gesicht hing über dem Haarbusch der Frau und sah zufrieden aus, aber seine Augen mit den schweren Lidern waren wie immer auf der Hut, dabei drückte er seine Lippen an ihre Schläfe und stieß sie ungeniert immer wieder mit den Hüften an.

Mira war aufgestanden. Ich sah sie über die dunkelglänzende Tanzfläche laufen. Ihr grünes Hemd war verrutscht und ließ ihre nackten hellen Schenkel sehen.

Sie blieb neben dem Paar stehen, umkreiste es dann langsam wie ein Ringrichter beim Boxkampf. Die Musik zischte und knisterte um sie her. Als Mira in Merinos Blickfeld war, hob sie den Arm wie ein Pistolenschütze. Und nun sah ich auch die kleine Pistole, eine silbrig blitzende kleine Pistole, die winzig und praktisch aussah wie der kleine, vernickelte Apparat, mit dem ich die Blätter von Viktors Prüfungsbogen zusammenheftete.

Ich wartete auf das vertraute helle Klicken, ich wartete auf einen Wasserstrahl, der Merino ins Auge traf. Ich war bereit zu lachen. Aber Merino wartete nicht darauf. Ohne die Frau loszulassen, streckte er eine Hand aus und nahm Mira die Pistole aus der Hand. An seinem Gesicht sah ich, daß es keine Wasserpistole war, die er jetzt in seiner Hand wog. Schon war der Ober da und führte Mira hinaus, vorsichtig wie eine Kranke, ganz ohne Aufregung, geübt und zügig. Merino steckte die Pistole ein und beugte sich über die Frau.

Vor der Tür saß Mira in ihrem Wagen. Ich gab ihr ihre Tasche. Ich hatte vergessen zu zahlen, aber ich wagte nicht, dem Ober ins Gesicht zu schauen. Vielleicht glaubte er, ich sei auch so eine, mit einer Pistole.

»Du mußt jetzt mit mir schlafen«, sagte Mira mit einer hohen, süßen Kinderstimme. »Komm.«

Aber ich dachte an Frau Reyes, die zu Hause unter der Zeichenlampe eine Windmühle auf eine grüne Wiese stickte. Ich dachte an Laura, die mit offenem Mund schlief, und an Viktor, der nach Hause kam und seine Jacke über den Zeichentisch warf.

»Ich kann nicht, Mira«, sagte ich. »Warum hast du das nur gemacht?«

»Ich hasse ihn, ich bring ihn um, dieses Schwein, dieses gemeine, verlogene, hinterhältige ...« Mira trommelte mit den Fäusten aufs Lenkrad, und so verließ ich sie feige und zu meiner Beschämung auch erleichtert.

Im Taxi bekam ich einen Schluckauf, der mir bis zu Hause zu schaffen machte.

Zuerst hörte ich irgendwo eine Uhr schlagen und zählte im Halbschlaf die drei Schläge, ohne richtig wach zu werden. Dann hörte ich das leise Geräusch im Badezimmer, etwas klapperte, dann rauschte das Wasser. »Viktor«, rief ich, aber niemand antwortete.

Das Badezimmerlicht blendete mich. Viktor stand über das Waschbecken gebeugt, und ich sah die roten Fäden, die aus seinem Mund hingen und im ablaufenden Wasser kreiselten. Er spuckte Blut ins Becken. Ich trat auf ihn zu und hob seinen Kopf, unsanft vor Schrecken. Ich sah ihm ins Gesicht. Eine rote geschwollene Schramme lief von der Stirn an der Schläfe hinunter zum Ohr und blutete nur wenig, aber sein Mund war unförmig und rot, als habe man ungeschickt versucht, ihm einen Clownsmund aufzumalen.

Als ich nach den Zähnen tastete, machte Viktor sich los. »Was ist passiert?« Jetzt sah ich auch die Hand mit den aufgeschürften Knöcheln, seine staubige Hose. »Zu dritt waren sie«, sagte Viktor undeutlich und spuckte ins Becken. »Mira hat sie gekannt. Sie nannte einen von ihnen Raul.«

»Haben sie dich geschlagen? Warum? Zeig mir dein Gesicht, wo tut's dir weh, sag es mir.« Aber er schüttelte mich ab.

Ich fuhr mit meinen Händen in mein Gesicht, betastete meinen Mund, biß mir auf die Finger. Mir war, als hätte ich Viktor das angetan, dann wieder wurde Viktor zu einem kleinen Jungen, den ich hätte schützen sollen. Mit Mira war er zusammen gewesen, als sie ihn schlugen. Was hatte er mit Mira getrieben, auf der Straße in der Nacht? Ich setzte mich auf den Rand der Badewanne und versuchte, Viktor von hinten zu umarmen.

»Ich bin schuld«, rief ich. Viktor betrachtete mich ungläubig. Über seiner geschwollenen Backe war das Auge fast geschlossen, Speichel lief über sein Kinn.

»Haben sie dich wegen ihr so zugerichtet?« Meine Eifersucht überfiel mich, das Badezimmer zerfiel in helle und dunkle Flecken. Viktor warf mich beinahe um, als er an mir vorbei aus dem Bad humpelte. Der feuchte Geruch des Teppichs ließ mich würgen. Alles überzog sich mit Schimmel und glitschigem, grünem Schleim, nirgends gab es Halt.

Im Bett, das Gesicht unter einem nassen Tuch, erzählte Viktor mir, was passiert war. Aus dem Autofenster hatte er Mira an der dunklen Straße hocken sehen, am Randstein hockte sie, ganz allein, in einem Abendkleid, halbnackt. Er hatte gehalten, und aus einer Baustelle zwischen den Häusern waren die drei Männer gesprungen. Mehr wollte er nicht sagen, das Sprechen fiel ihm schwer. Ich erzählte ihm von meiner Rachsucht und davon, wie ich versucht hatte, Mira für uns einzusetzen.

»Arme Mira«, sagte Viktor, ehe er sich zur Wand drehte. »Wer weiß, was sie ihr angetan haben. Vielleicht hat meine Mutter recht, und ich bin ein Feigling.«

Auch mir war nicht wohl, wenn ich an Mira dachte. Was hatten die Männer mit ihr gemacht? Ich versuchte, mich mit dem Gedanken zu trösten, daß die Männer sie gesucht hatten, um sie zu Merino zu bringen. Er wollte sie heimholen zu sich, weil er begriffen hatte, daß er sie liebte. Ich versuchte, mir eine Wiedersehensszene vorzustellen, und sah Merino auf sie zulaufen, wie an jenem Vormittag. Dann sah ich sie auf meinem

Bett liegen, und sie schien mir leicht zerstörbar und schutzbedürftig. Ich begriff, daß ich mir ihr Leben nicht vorstellen konnte, nicht wußte, was sie wirklich dachte, was sie fürchtete und was sie sich wünschte. Hatte sie mir nicht gesagt, daß sie Merino haßte?

»Poppy«, murmelte Viktor. »Am liebsten würde ich fortgehen – wir drei, Laura, du und ich, weit fort von hier. Ich will mit diesen Leuten nichts mehr zu tun haben. Sie sind unsere Feinde.«

»Ja, laß uns fortgehen«, sagte ich ohne große Überzeugung.

»Aber ich habe die Tankstelle.« Wir lagen nebeneinander, ohne uns trösten zu können.

»Morgen ist alles besser«, sagte ich. Viktor nickte und beugte sich aus dem Bett, um das Tuch ins Wasser zu tauchen.

Jaimes Haus in Guernavaca sah aus wie ein Museum. In die Wände waren Nischen eingelassen, in denen bunte Keramikleuchter, Pappmachéteufel und Blechkarusselle standen. Jaime in einem braunen Umhang lief zwischen der Küche und dem niedrigen Tisch, um den die Sofas und Sessel standen, hin und her und stellte zeremoniell ein Schälchen nach dem anderen vor uns auf. Sonnenblumenkerne, Kürbiskerne, Nüsse, Maiskekse, Kürbis in roter Sauce, Fleischbällchen mit Tomate, Avocadobrei, in dem wie in den mexikanischen Restaurants die Kerne lagen.

Dann band er sich ein weißes Tuch um die Hüften und stand an der klotzigen, geschnitzten Bar, um die Drinks zu mixen. Er schwenkte den silbernen Cocktailbecher mit seinen dürren braungefleckten Armen über dem Kopf wie ein alter Schamane den Becher mit den Weissagungsknochen.

Nina hielt Laura bäuchlings über den Knien und reichte ihr Keksbrocken mit den Fingern. »Es geht ihr wieder gut«, sagte sie zu mir. »Sieh nur, wie gierig sie ißt.«

Im oberen Stock hörten wir Viktors Schwester Francesca

mit den Kindern herumschreien. Nina hob die Augen in die Richtung des Lärms und warf mir einen verschwörerischen Blick zu. »Soll ich Laura hinlegen?« Ihre Freundlichkeit machte mich unruhig, ich hatte mich noch immer nicht an ihre wechselnden Stimmungen gewöhnt. Heute hatte sie mein Kleid gelobt, Viktor einen weißen Seidenschal seines verstorbenen Vaters mitgebracht, und nun spielte sie schon eine halbe Stunde mit Laura. Ich warf Viktor einen mißtrauischen Blick zu. Hatte er ihr erzählt, wie übellaunig und zänkisch ich in letzter Zeit war?

Viktor saß fröhlich und entspannt wie schon lange nicht mehr in Jaimes häßlichem, großgeblümtem Sessel. Er sprach von der Tankstelle.

»Habt ihr euch schon geeinigt, in welcher Form du diesmal dein Honorar erhältst?« Nina rieb ihre Nase, das tat sie oft, wenn sie plante, etwas Boshaftes zu sagen. »In Koteletts? Jaime sagt, sein Metzger schneide das Fleisch ganz besonders virtuos zu. Oder einfach in Benzin, später, wenn die Tankstelle steht?«

Viktor lachte gutmütig, und Jaime hob das Glas auf seinen Metzger und dessen Familie. Mir war die Wendung des Gesprächs unangenehm, aber vielleicht war ich zu empfindlich. Wollte Nina, daß Viktor sich noch mal bei Jaime bedankte?

Nina sah zu mir herüber. »Poppy ist eine so vorbildliche kleine Frau, sie nimmt Scherze über ihren Mann nicht gut auf. Was für ein Glück dieser Viktor hat, was sagst du, Jaime?«

Jaime nickte mit vollem Mund.

Später, als alle sich erhoben, um schlafen zu gehen, legte Viktor den Arm um mich und flüsterte, er wolle noch ein Eis mit mir essen. Nina hatte zugehört: »Ja, geht nur.« Sie versprach mir, nach Laura zu sehen, auch das hatte sie noch nie getan. Jaime gab Viktor die Autoschlüssel, es fehlte nur noch, daß er uns zugezwinkert hätte, wie Halbwüchsigen, von denen alle wissen, daß sie sich in einem großen Auto besser umarmen können als in dem heißen kleinen Fiat, dessen Hintersitz unglücklicherweise voller Holzplatten lag.

Das alles war mir fast unheimlich. Ich stand neben Viktor und schaute von Jaime zu Nina. »Fort mit euch«, Nina wedelte mit den Händen, und Jaime, der darauf bestanden hatte, alle Drinks, die er mixte, zu probieren, hob die Arme und rief: »Ehern sind meine Himmel, meine Erde ist Eisen und mein Mond ein Stück Stein ...«

»Immer zitiert er Blake, wenn er betrunken ist«, sagte Viktor.

Wir traten in die warme Nacht hinaus.

»Hast du bei deiner Mutter gejammert über mich?« fragte ich und versuchte, in der Dunkelheit Viktors Gesicht zu sehen.

»Nein«, sagte er, »aber sie merkt, daß wir gespannt sind, also, daß wir ...«

»Sind wir das?« Ich blieb stehen. Er zog mich sanft weiter zum Auto. »Sie hat mich gefragt, ob du schwanger bist.« Er gluckste, während er das Auto aufsperrte.

»Hast du deine Mutter um Geld gebeten?« fragte ich unruhig.

»Nein, niemals.«

Ich atmete tief und erlaubte ihm, mein Haar zu streicheln.

»Bald bekomme ich mein Honorar für die Kirche«, sagte er.

»Aber wir schulden es Francesca.«

»Sie wartet.«

Guernavaca lag schon halb im Schlaf. Als wir, vorbei an den undeutlichen Gartenmauern der Villen, in die beleuchteten Straßen in der Nähe des Hauptplatzes kamen, wollte Viktor halten. Ganz langsam sah ich durchs Fenster den blauschimmernden Schneemann vorbeirutschen, der an die Hauswand gemalt war: die Eisdiele mit den vier Sorten Eis Maracuja, Mango, Schokolade und Zitrone. Viktor aber besann sich und fuhr weiter.

»Kein Eis?« fragte ich gleichgültig. Ich fühlte mich plötzlich erschöpft und lustlos. Viktors Gesicht, von der Straßenbeleuchtung erhellt, sah verschlossen aus, der Mund fast trotzig.

»Gleich, Eis gibt's gleich, ich möchte nur schnell etwas nachsehen.«

Ich schloß die Augen und legte mich auf dem ledernen Beifahrersitz von Jaimes großem Auto zurecht wie in einem Lehnstuhl.

»Weck mich, wenn das Eis da ist«, ich tastete nach seinem Nacken und kraulte sein Haar. »Ich möchte Mango und Zitrone … Viktor, bitte, weck mich, leg mir zwei Eiskugeln auf die Augen – ja, das wünsch' ich mir schon lange.«

Aber Viktor scherzte heute nicht mit mir. Ich öffnete noch einmal die Augen und sah hinter seinem entschlossenen Profil Bäume und niedrige verputzte Häuschen vorbeisausen. Wir fuhren durch die Vorstadt.

Ich wachte auf, als Viktor hart bremste und das Auto neben einem Telegraphenpfosten zum Stehen kam. »Was ist los?« So hatte er früher angehalten und war dann rasch zu mir herübergerutscht, um mich zu umarmen.

»Schau dir das an«, stammelte er und betastete seine Brusttasche, um nach Zigaretten zu suchen.

»Was?«

Vor uns breiteten sich silbrige Maisfelder, von kleinen Mauern unterbrochen. Der Himmel spannte sich darüber milchigblau und voller Sterne. Hunde bellten. Wo sich die Maisfelder senkten, war eine breite Schneise ins Feld gebrochen, ich konnte die geknickten Rohre am Rand deutlich sehen, unten brannte ein Feuer, und daneben streckte sich der dunkle Umriß eines Gebäudes. Es war noch nicht fertig, Stangen und Metallgerüste standen in den Himmel, und aus dem Fenster im ersten Stock flatterten Plastikplanen. Ich konnte sie durch das offene Verdeck im Wind flappen hören. Jetzt sah ich auch die beiden Hunde, sie bellten und sprangen neben dem Fenster hin und her. Die dunkle Gestalt eines Mannes tauchte hinter ihnen auf.

Viktor stand schon am Straßenrand. »Warte hier!« Aber auch ich war ausgestiegen. Die Hunde kläfften jetzt sehr laut. Wir gingen die unebene Schneise hinunter, die von Baggerspuren gefurcht war. Abgerissene Maisstengel kratzten meine Beine, ich rutschte auf der feuchten Erde. Der Wind trieb den Rauch des Feuers zu uns herüber, drehte dann und fuhr unter meine Röcke und bauschte Viktors Jacke vor mir zu einem unförmigen Kissen auf.

Der Mann, der in eine Decke gewickelt war und ruhig neben dem Feuer stand, sprach jetzt auf die Hunde ein. Viktor wartete auf mich. Ich sah die Glut seiner Zigarette im Wind aufleuchten.

»Sieh dir das an.«

Ich erkannte die Fassade. Ich hatte die Bäumchen vor dieser Fassade gezeichnet. Bäumchen wie Federbüsche.

»Die Treppe hat er verändert«, Viktor sprach ganz ruhig, »und das Küchenfenster, das wollte er immer rund haben. Da ist es rund, wie häßlich es die Fassade macht, siehst du, Poppy, ich hatte es dicht neben den Vorsprung gesetzt. Erinnerst du dich? Er hat alles ruiniert!« Ich konnte nicht sprechen. »Den Erker hat er gelassen, siehst du, er ist schön in den Proportionen geworden, du mußt dir vorstellen, der Kamin kommt dahinter herauf, der ist noch nicht hochgezogen.« Die Hunde winselten und bellten.

Der Mann ließ uns schweigend herankommen, und als Viktor ihn begrüßte, tippte er an seinen Hut. Langsam näherte sich Viktor dem Haus, er wollte um die Ecke gehen, um die Loggien und Balkone zu sehen. Ich konnte fühlen, wie er ganz vergaß, daß man ihm seinen Plan gestohlen hatte. Er brannte darauf, seinen Entwurf verwirklicht zu sehen.

»Kommen Sie nicht näher, die Tiere sind nervös«, rief der Mann über den Lärm, den die Hunde machten.

»Das ist mein Haus, ich habe es entworfen«, sagte Viktor, aber der Mann verstand ihn nicht und trat nach dem größeren Hund. »Still, Alexander«, brüllte er.

»Kann ich einmal ums Haus herumgehen?« Viktor hielt dem Mann seine Zigaretten hin, aber der griff nicht danach.

»Das geht nicht, mein Herr, Don Merino hat es verboten, Sie verstehen. Kommen Sie morgen.«

»Ich lasse Ihnen meine Frau da. Ich komme sofort zurück, ich bitte Sie, nur einen Augenblick.«

Der Mann schüttelte den Kopf, und wie auf ein Signal fingen beide Hunde wieder an zu bellen. Ich wich ein paar Schritte zurück, aber Viktor schien sie nicht zu sehen. Der Wind hob seine Haare wie einen Hahnenkamm, Funken stiegen aus dem Feuer. Der Mann bückte sich und rückte einen Topf aus den Flammen, verbrannte sich und fluchte. »Morgen«, hörte ich ihn rufen.

Viktor trat jetzt ans Feuer, die Hunde gebärdeten sich wie wahnsinnig, sprangen ihn aber nicht an. Ich sah ihn Geld aus seiner Hosentasche holen. Er sprach auf den Mann ein. Der Wind zerrte an den Scheinen, schließlich griff der Mann zu und steckte das Geld schnell und mit einem Blick auf mich unter seinen Gürtel. »Sie bleibt aber hier«, rief er, um seine Autorität wieder herzustellen. Viktor, jetzt behutsam wegen der Hunde, verschwand ohne Hast um die Hausecke.

Schweigend stolperten wir später zurück zum Auto. Viktor zündete sich eine Zigarette an, und wir saßen beide wie betäubt und sahen hinunter zu dem dunklen Gebäude, dem Feuer und dem Mann, der noch immer wachsam zu uns heraufschaute.

»Vorne zur Barranca ist es fast genauso, wie ich es entworfen habe«, sagte Viktor schließlich. »Nur eine plumpe Terrasse hat er davor betoniert. Sie hat Pfeiler und ist armiert wie eine halbfertige Brücke und verdirbt alles. Die Loggien sind wunderschön geworden. Du hättest sie sehen sollen.«

»Was tun wir jetzt?« Ich war so außer mir, daß ich an meinen Haaren zerrte mit beiden Händen, über den Ohren, wie eine Schauspielerin, die eine verzweifelte Frau spielt. Ich zog an diesen Haaren, schüttelte damit meinen Kopf hin und her. Ich wollte nicht weinen, keine Tränen der Wut steckten mir im Hals, sondern ich fühlte einen hilflosen Schmerz über Viktors Enttäuschung, über die Ruhe, mit der er sie hinnahm, über den Stolz, den er über seine Arbeit empfand, obwohl man ihn betrogen, sie ihm abgeschwindelt hatte. Ich sah ihn in der Nacht über dem Zeichenbrett sitzen, im Zigarettenrauch, seine Zunge, die er zwischen den Zähnen hielt, wenn er die überflüssige Tusche vom Graphos streifte, um eine feine Linie zu ziehen, wie er die Braue hob, wenn er mir ein Detail zeigte, das ihm gelungen war. Der Kamin, die Treppenläufe. Wie er mich vor die fertigen Pläne zerrte, ich verschlafen und unwillig, wie er mein Gesicht beobachtete und lachte, wenn ich zugeben mußte, daß mir gefiel, was er sich ausgedacht hatte. Wie er die Blaupausen, die noch nach Ammoniak rochen, vor mir entrollte wie Fahnen, um sie an die Wand unseres Zimmers zu heften. Jetzt weinte ich, ich weinte für Viktor, Viktor weinte nie. Er umarmte mich, und ich hörte ihn mit meinen Schluchzern schwer und schmerzhaft mitatmen, als hätte er einzig die Produktion der Tränen mir überlassen.

In der Eisdiele saßen wir erschöpft vor den riesigen Gebirgen der Eisbecher. Ich kämpfte mit diesem Eismonster, brachte ihm Verwundungen bei, entriß ihm die kandierten Kirschen, schor ihm die Sahneperücke vom Kopf, zerdrückte die glitzernden Kugeln zu Brei und löffelte den Schokoladenschlamm vom Bechergrund wütend in mich hinein. Viktor kleckerte grüne Streifen auf seine Brust. »Kein Wort zu Nina.« Er rauchte zwischen den Löffeln voll Eis und biß einmal fast von der Zigarette ab, weil er die Waffelstange in den Aschenbecher gelegt hatte.

Später, im kleinen Ausschank einer Tankstelle an der Hauptstraße, hingen verstaubte Vogelspinnen und riesige Käfer in Glaskästen an der Wand.

»Und du kannst nichts gegen ihn unternehmen?« Schlangen in Gläsern standen wie Eingemachtes über uns in einer Nische.

»Ich darf ja noch gar nicht bauen als Student, dieser alte Luchs hat den Namen eines anderen Architekten angegeben, um die Bauerlaubnis zu erhalten.«

»Sollen wir den Kasten in die Luft sprengen?« fragte ich hoffnungslos albern und trank von meinem Cuba libre. Viktor schwitzte und rieb seine Nase wie seine Mutter. »Ich muß noch mal hin.«

Gut, also noch mal das Hundekonzert. Wir schlichen zum Auto wie zwei alte Leute.

Wo war der Mond gewesen, als wir zum erstenmal neben dem Telegraphenmast hielten? »Ich habe ihm auch noch den Anschluß ans Stromnetz besorgt, ich Wahnsinniger«, Viktor betrachtete das Haus.

Im Mondlicht hatte es etwas von einer Ruine an sich. Kein Feuer brannte mehr, und als ich hinauslauschte, klang nur fernes Hundegebell von den Hütten zwischen den Maisfeldern herüber. »So, jetzt können wir hinein, ich möchte sehen, wie die Treppe innen geworden ist. Erinnerst du dich, eine freischwebende Treppe.« Ich nickte. »Vielleicht ist der Mann hineingegangen und schläft.«

Mir war das stille Haus im Mondlicht nicht geheuer. »Aber die Hunde wären doch draußen.« Viktor lief schon rutschend und stolpernd den unebenen Weg hinunter.

»Da, da ist Licht in einem Zimmer«, ich hielt mich an seiner Jacke fest.

»Das ist der Mond, Poppy.«

»Ich verstehe nicht, warum der Mann nicht die ganze Nacht Wache hält, das ist doch immer so bei einer Baustelle.«

»Ach, Poppy, sei doch nicht so schwierig. Wir sind ganz vorsichtig, was soll er uns denn tun?«

»Auf uns schießen«, sagte ich mit kleiner Stimme.

Der Wind hatte sich gelegt. Die Asche des Feuers glühte noch und roch angenehm nach verbranntem Holz.

»Ach was, Poppy, dann geh zurück ins Auto.« Aber mir war elend zumute. Ich wollte bei ihm bleiben.

»Dieses Schwein, diese scheußliche Bestie«, flüsterte ich, um mir Mut zu machen. Wieder meinte ich, Licht hinter dem Küchenfenster zu sehen, aber ich sagte nichts. Langsam und vorsichtig setzten wir die Füße, um nicht an die Metallstangen und leeren Eimer zu stoßen, die neben der Hauswand lagen. Der große Sandhaufen war feucht vom Tau. Er zog mir die Schuhe von den Füßen, und ich brauchte eine Weile, um sie auszuschütteln. Viktor winkte von der Hausecke.

Das erleuchtete Fenster sahen wir beide gleichzeitig. Es warf ein helles Quadrat hinaus in die Nacht, ein gelbes Viereck, in dem die kleine Betonmischmaschine stand wie in einem Schaufenster. Wir tauschten einen Blick.

Ich wollte weglaufen, aber Viktor wollte hineinschauen, und ich zwang mich, neben ihm auf einen Stapel Holzbalken zu steigen.

»Schläft sicher«, flüsterte Viktor. Er war schneller als ich.

»Schläft nicht«, sagte er gleich darauf mit veränderter Stimme. Nun hatte auch ich meinen Kopf vorsichtig über das Fensterbrett gehoben. Erst jetzt sah ich, daß das Fenster verglast war, das wunderte mich.

Drinnen auf dem Boden wälzten sich zwei Körper, ich sah den breiten braunen Rücken eines Mannes, sah die Schweißtropfen auf den Schulterblättern glitzern. Er war nackt, und sein Hinterteil, heller als der übrige Körper, war behaart und bewegte sich so lächerlich, hastig und abstoßend, daß ich schnell wegschauen wollte, aber meine Augen gehorchten mir nicht. Viktor zerrte an mir, wollte mich zur Seite ziehen.

Ich mußte weiter hinsehen und hielt mich fest. Jetzt sah ich auch die Frau, sie lag am Boden, und ihre hellen nackten Beine waren mit Staub bedeckt, als wären sie paniert, um gebraten zu werden. Ich drückte meine Nase gegen die Ziegel und roch den sauren Geruch des halbfeuchten Mörtels. Der Mann war nun aufgesprungen. Sein schwarzes lockiges Haar glänzte naß. Von der Frau, die noch am Boden lag, sah ich nun den hellen Bauch, die feuchten Härchen ihres Schoßes, ihre Brüste, auch sie sandig und glitzernd. Der Mann richtete sich auf, seine Hände waren in ihrem Haar, sie kniete jetzt vor ihm. Ihr Gesicht verzerrte sich unter seinem Griff. Haare, fahlblond und dicht wie eine Seidenquaste. Der Mann stand breitbeinig vor ihr und zog dieses Gesicht mit den zugekniffenen Augen an sich heran. Es verschwand hinter ihm, Miras Gesicht verschwand hinter dem nackten haarigen Männerkörper.

Viktor atmete neben mir, der Mann warf den Kopf zurück und wandte uns sein Profil zu, auch sein Gesicht war zu einer angestrengten Grimasse verzogen. Aber wir erkannten ihn beide sofort. Trotz des offenen Mundes und der halbgeschlossenen Augen. Es war Merino.

Auf unserem Rückzug hielt ich mich weit von Viktor ab und ließ den Kopf hängen, mein Gesicht war heiß. Ich schämte mich vor Viktor und wußte nicht genau, weshalb. Warum hatte ich wie erstarrt zusehen müssen, wenn jetzt meine Backen brannten und mein Mund krampfhaft lächelte. Viktor merkte nichts von alledem. Er blieb stehen, um sich eine Zigarette anzuzünden, und holte mich wieder ein. »Deshalb war der Wachmann nicht hier, sie haben ihn weggeschickt, mit seinen Hunden«, sagte er atemlos.

Als wir das Auto erreichten, schaute er hinunter zu dem dunklen Haus, das unter dem Mondlicht lag wie auf dem Grund eines nächtlichen Sees. Die Folien flatterten aus den Fenstern, als winkten sie spöttisch zu uns herauf.

Ich war noch immer verlegen und wartete darauf, einzusteigen und schnell wegzufahren. Reden wollte ich nicht.

»Und ich hab ihr Geld gegeben«, sagte Viktor und nickte mit dem Kopf. »Geld, das sie nicht nehmen wollte, das ich ihr aufdrängte, um zum Arzt zu gehen, um ... um ein Zimmer zu nehmen, als der Mann, der neben ihr wohnte, nachts auf ihren Balkon kletterte. Sie war ja so hilflos und hatte solche Angst. Es stimmt schon, daß sie es nicht nehmen wollte, ich brauch es nicht, hat sie gesagt, ich hab selber Geld, viel Geld. Aber ich hab doch Augen im Kopf. Wie sie gegessen hat, mit zitternden Händen, so ißt ein Mensch, der tagelang Hunger hatte, so ißt kein Mensch, der ...« Viktor sah mich an. »Der Laden wird nichts werden, ihre Freundin ist zurück nach Amerika. So, jetzt weißt du alles, Poppy, sie war dann so allein, verstehst du?«

Ich hielt mich am Auto fest. Das glatte Metall war warm und rund, als lehnte ich mich an den Schenkel eines großen freundlichen Wesens. Ich streichelte den Kotflügel. Mir war nicht gut. Der Druck unter meinen Ohren am Hals stieg brausend hinauf in meinen Kopf, hinter meiner Stirn wirbelte es. Vielleicht hob ich mich gleich vom Boden und flog über das Auto hin, über die Maisfelder und das Haus. Ich breitete die Arme aus. »Du hast mit ihr geschlafen«, hörte ich mich sagen. »Nur einmal«, sagte Viktor und hielt den Autoschlüssel hoch wie einen Beweis. »Nur einmal, Poppy, und da hat sie so geweint, daß ich dachte, ich muß sie zum Nervenarzt bringen. Es war ganz fürchterlich, glaube mir, Poppy.«

Aber ich hatte kein Mitleid mit ihm. »Wo?«

»Was wo, Poppy?«

»Wo habt ihr ... habt ihr ... wo wart ihr zusammen?« Ich wußte nicht, warum ich das wissen wollte, vielleicht, um es mir vorzustellen, aber meine Gedanken scheuten vor dieser Vorstellung zurück und verwirrten sich. »Sag es nicht«, rief ich, aber Viktor war nicht mehr aufzuhalten: »Bei Jaime«, sagte er und schloß die Augen. »Und Nina ... Nina hat alles gesehen.«

Nun stieg er ein, nun stiegen wir beide ein. Wir fuhren los und ziellos durch die Felder unter dem kalten Mond. Die Maispflanzen streiften flüsternd am Auto entlang, die Hunde bellten und erhielten von fernen Häusern ein vielstimmiges Echo.

Als wir umkehrten, sahen wir beide, daß ein großer weißer Wagen nicht weit von der Baustelle zwischen den Avocadobäumen einer Plantage verborgen stand und vom Halbschatten gefleckt war wie ein Panther. »Merinos Wagen«, sagte Viktor.

Im Herbst des nächsten Jahres wurde Merino entführt. Ich las es in der Zeitung, an einem windigen Morgen im Hof. Draußen auf der Straße ließen die Nachbarskinder ihren Drachen steigen. Auf dem Foto, das zusammen mit der fettgedruckten Schlagzeile die ganze erste Seite einnahm, lächelte er nicht. Er reiste, so las ich, seit ein paar Monaten im Auftrag der Regierung durch die Vereinigten Staaten. Es ging um Ölgeschäfte oder Militärisches, darüber gab es verschiedene Meinungen, die Zeitung druckte alle ab. Ich stand im Hof, der Wind fuhr raschelnd in die Zeitungsblätter und nun hob sich, von lauten Rufen begleitet, das bebende blaue Achteck des Drachens über die Mauer und stieg mit schaukelndem Papierschwanz höher und höher.

Ich erwartete ein zweites Kind, und in den Nächten wälzte ich mich schwerfällig und ächzend aus dem Bett, wenn Laura mich weckte. Die Nächte waren heiß, Laura wachte fast jede Nacht auf und verlangte nach Wasser. Abends kam Viktor aus dem Büro und warf mir lächelnd die neuesten Zeitungen aufs Bett. Er tadelte meine Sensationsgier und meine Schadenfreude, aber nicht allzu scharf, denn mein schwerer Leib machte mich zänkisch und weinerlich.

Zeitungen zeigten große Fotos von Doña Anita, wie sie am Telefon wartete, wie sie in der Kathedrale unter einer schwarzen Spitzenmantilla betete. Kein Foto gelang, als sie das Lösegeld heimlich zu einem Flugzeug auf dem Privatflugplatz des

Verkehrsministers schaffte, aber das waren auch nur Gerüchte, und wenn, dann hatte sie das sicher nicht mit eigener Hand getan. Danach verlor sich jede Spur von Merino. Anfangs durchforschte ich weiter die Zeitungen und wartete darauf zu lesen, man habe Doña Anita ein Ohr oder einen Finger ihres Mannes zugeschickt.

Im Grunde aber graute mir bei der Vorstellung einer solchen Verstümmelung, es gelang mir nicht mehr, die blutigen Bilder zu genießen, wie damals, als ich in ohnmächtiger Wut auf meinem Bett lag, wie damals, als Mira und ich von Rache sprachen. Mira wurde immer undeutlicher, in meiner Erinnerung verschwamm sie immer mehr mit Merino, wurde ein Teil von ihm, Merino in Frauengestalt, sein Geschöpf.

Ich begann sein Gesicht in den Zeitungen mit Ungeduld zu betrachten. Er war nicht mehr der schwarze allmächtige Zauberer, den ich in ihm gesehen hatte, er war sterblich geworden. Mira erwähnten die Zeitungen nie, natürlich nicht, und doch wappnete ich mich, wenn mein Auge über die Fotos wanderten. Mira, die mich ansah, Mira mit feuchtem Haar, die schrägen Augen weit geöffnet, ohne zu blinzeln, mit riesigen Pupillen. Die Presse nannte den Fall »das Geheimnis von Chicago«. Manche Berichterstatter gingen so weit, von einem Fememord zu sprechen – Merino war Freimaurer gewesen.

Merino aber blieb unauffindbar.

Ich war fast erleichtert, als die Zeitungen allmählich das Interesse an seiner Entführung verloren. Nach dem großen Erdbeben von Oaxaca schließlich, bei dem das berühmte und berüchtigte Haus »Oase« einstürzte und einige berühmte Männer der Finanz und Politik unter seinen Trümmern begrub, verschwand der Fall Merino aus den Zeitungen.

Das Seil

Die Männer von der Wasserwacht trugen blau-weiße Dreieckshosen. Ihnen gehörte der Holzsteg am Ende der Badeanstalt. Der Kanal verschwand unter den Planken zwischen den Eisenstangen, die wie ein Kamm den Schwimmer aufhielten, den das reißende Wasser weiterzuspülen drohte, aus der Badeanstalt hinaus und hinunter zur Kammgarnspinnerei.

Dort oben saßen sie zusammen, lauter starke Männer, auch alte, die den ganzen Tag dort verbrachten und dunkelbraun und knotig aussahen wie Wurzeln. Sie waren verbündet und hochmütig. Sie spielten Karten, lachten, tranken Bier und rangelten miteinander. Wenn sie plötzlich alle zusammen wie Seehunde ins Tiefe sprangen, um Wasserball zu spielen, wagte niemand, zu ihnen hin zu schwimmen.

Ich war vierzehn und verachtete sie. Brutal waren sie und gewöhnlich. »Proleten«, hätte mein Vater gesagt. Am Eisstand paßte ich gut auf, um im Gedränge nicht mit ihnen zusammenzustoßen.

Ein paar Meter vor den Eisenstangen, zwischen denen das Wasser verschwand, gab es ein schmales, hölzernes Wehr. Dort staute sich der Kanal und stürzte in einem dichten Wasserfall auf ein bemoostes Podest. Am Wehr war ein dickes geknotetes Hanfseil festgebunden. Ich hielt mich gern daran fest und hängte mich in den Wasserfall. Das Wasser schoß an mir vorbei und zerrte an meinem Badeanzug. Meine Freundinnen trauten sich nicht hinein, aber ich hing oft in dem lauten Tosen und stemmte mich gegen den schlüpfrigen Balken, der über das Podest lief und gegen den das herabfallende Wasser schäumte. Ich war mutig und stolz, ich war ein Delphin, der aus den Wellen schnalzte und zurückglitt. Mein Körper war stark, wenn das Wasser an ihm zerrte. Ich glitt durchs Wasser wie aus eigener Kraft, und mir war manchmal bang, weil meine Schnelligkeit so groß war.

Die Sommerferien waren lang, und ich ging schon am Morgen ins Schwimmbad und blieb den ganzen Tag dort.

Am Abend, wenn die Bäume auf der Liegewiese lange Schatten warfen und kaum noch Handtücher zu sehen waren, wurde ich so traurig, als wäre der Sommer schon vorbei.

Um diese Zeit kam er immer, nie früher. Er arbeitete in einem Reisebüro. Er verdiene Geld, sagte Marlene, und er heiße Siggi.

Er kam langsam und wichtig über die Wiese daher, in kurzen Hosen und einem Polohemd. Er beachtete mich nie.

Ich sah ihn kommen, ich wartete im Wasserfall.

Ich habe nie zugeschaut, wie er sich auszog und wie er hinter meinem Rücken seine Kumpane von der Wasserwacht begrüßte. Ich hing an dem steifen Seil im Wasserfall.

Später hörte ich ihn über das schmale Wehr rennen. Er hechtete ins Wasser. Das sah ich immer, das sah ich jeden Abend. Sekundenlang stand sein Körper gespannt in der bläulichen Luft der Dämmerung. Ich sah seine blau-weiße Dreieckshose mit dem verblichenen Seeadler. Ich fror.

Alles lief immer gleich ab.

Trotzdem wartete ich, an das Seil geklammert, unterkühlt und halb taub im Tosen des Wassers, ganz ruhig und geduldig.

Er ließ sich unter das Wehr treiben.

Sein heller Arm leuchtete im Schatten, er hielt sich an den Bohlen des Steges fest. Ich sah seine Haare in der Achselgrube, die mich verlegen machten. Aber ich mußte hinsehen, mußte den Blick heben zu seinem Gesicht im Schatten des Steges. Ich schaute ihm in die Augen, die mich anschauten, nur einen Augenblick lang.

So ein Vorstadtstenz, dachte ich zornig. Mit einer Kopfbewegung schleuderte er die nassen Haare aus der Stirn. So ein Angeber.

Wir sprachen nie ein Wort miteinander.

Dann ließ er los und trieb mit dem grünen, stürzenden Wasser auf mich zu. Er erwischte das Seil und prallte gegen mich. Er glitt an mir entlang, hing dicht an mir. Das Seil wurde schwer und tauchte uns beide tief unter. Ich hatte Wasser vor den Augen, Dröhnen in den Ohren. Ich hielt fest, wir drehten uns. Ich tauchte schnappend auf. Seine kalten schlüpfrigen Glieder, die mich kurz umschlossen hatten und dann wegrutschten. Wir drehten uns wieder. Es war wie Ertrinken und dann wieder Luft und sein Profil, abgewandt. Er versuchte nicht, meine Hände vom Seil zu lösen oder mich unter Wasser zu drücken. Er tat so, als wäre ich nicht da, als wäre ich ein Stück Seil, eine Welle oder Gischt. Sein Bauch stieß gegen meine Hüfte, Schulter an Schulter drängten wir uns zur Seite, ganz langsam im quirlenden Wasser. Mein Gesicht stieß gegen seine Brust, seine Beine verflochten sich mit den meinen.

Abwechselnd warfen wir uns nach oben, um beim Landen den anderen durch den scharfen Ruck des Seiles abzuschütteln. Wir schlugen gegen den Balken, glitten ab und richteten uns taumelnd halb auf, um wieder zu fallen. Das Wasser drängte uns aneinander, schlug auf uns auf und überzog uns mit durchsichtigen Schleiern. Ich schluckte viel Wasser, meine Nase brannte. Meine Arme taten weh. Blind vor nassen Haaren hielt ich verbissen fest.

Du Angeber, dachte ich, Reisebüro, ein Wasserwachtler.

Dann konnte ich ihn nicht mehr unterscheiden vom Wasserfall. Jeden Abend kam der Augenblick, an dem ich nicht mehr wußte, ob ich Wasser atmete oder Luft.

Flußmann, dachte ich, Fischkerl, Mörder.

Wer zuerst losließ, hatte verloren. Wer zuerst losließ, hatte gewonnen. Denn allein am Seil zurückzubleiben, war entsetzlich. Und es war entsetzlich, allein aus dem Wasser zu steigen.

Manchmal blieben wir im Wasserfall hängen, bis das Bad geschlossen wurde und bis der Bademeister pfeifend über uns auf dem Steg auftauchte und dort stehenblieb. Ich habe nie gewagt, zu ihm hochzuschauen. Manchmal fror ich so sehr, daß meine Hand das Seil von selbst losließ. Und manchmal schwamm Siggi einfach davon, ohne mich anzuschauen.

Das schäumende Wasser riß mich mit, wenn ich losgelassen hatte, und drückte mich gegen die Eisenstäbe. Sehr schwach und kalt blieb ich oft lange dort hängen. Später auf dem Heimweg habe ich manchmal geweint.

Der Adler

Auf dem schmalen Platz vor der Kirche des Heiligen Jacinto lag Antonios Büro, wie er es nannte. Ein dunkles Zimmer neben der Tierhandlung, in dem es nach den neu verputzten Wänden roch. Er studierte Architektur bei einem Jesuiten. Ich arbeitete in einem Architekturbüro in der Nähe. Am Mittag trafen wir uns in der Tierhandlung. Von der Indianerin, die auf dem Gehsteig ihre Tücher mit Früchten ausgebreitet hatte, kauften wir frische Walnüsse und ein Büschel Bananen und fütterten die Nasenbären und fliegenden Hunde in den engen, schmutzigen Käfigen. Auch wir aßen Bananen und Nüsse, das war das Mittagessen. Die Schlangen nahmen nie daran teil, sie dösten ineinander verschlungen vor sich hin, auch nicht die Krokodile, die in dem braunen Wasser lagen zwischen faserigen Fleischbrocken und müden Schildkröten, ohne sich zu bewegen.

Im hinteren Raum, in dem es nur ein kleines Fenster gab, stand der Bambuskäfig mit dem Adler. Er war noch jung. Kinder hatten ihn auf dem »Desierto de los Leones« gefangen, der »Wüste der Löwen«, einem bewaldeten Hügel hinter Mexico City, so genannt, weil ein angeberischer Franziskanermönch einst nach Hause nach Spanien geschrieben hatte, in dieser Wüstenei gäbe es Löwen.

Der Adler bewegte sich nie, er saß in der Ecke seines Käfigs und sah durch uns hindurch, nur manchmal sträubte er langsam die Federn im Nacken. Er war schmutzig. Ich sah ihn nie fressen oder trinken. Jeden Tag, wenn wir den Raum betraten, hatte ich Angst, er wäre tot oder verkauft. Es tat mir weh, ihn so mutlos zu sehen, ich wünschte mir, er solle kämpfen, Flügel schlagen, den Schnabel gebrauchen und mit starken Beinen mit den silbernen Klauen den Käfig zerfetzen. Mir schien, als habe er sich aufgegeben.

Nach dem Besuch bei dem traurigen Adler gingen wir meist hinüber in Antonios Büro und besahen den Plan des Einfamilienhauses, das er gerade entwarf. Es war ein Häuschen für die Tia Witscha, eine alte Tante von Freunden. Sie kam manchmal schwerfällig mit ihrem Sonnenschirm über den Platz geschritten, um sich mit Antonio zu unterhalten. Als wir ihr den Adler zeigten, bekreuzigte sie sich.

Ich kannte den Plan schon sehr genau, denn wir besahen ihn jeden Mittag, und wie immer lobte ich das muschelförmige Brunnenbecken, das im Patio eingezeichnet war. Ich stellte es mir vor, an einem regnerischen Nachmittag. Es war sehr heiß in dem kleinen Raum.

Antonio schloß die hölzerne Flügeltür und breitete seine Jacke auf dem Boden aus. Wir schliefen miteinander. Nebenan pfiffen und kreischten die Affen.

Der Adler wurde schwächer. Oft, wenn wir ihn mittags besuchten, hielt er die Augen geschlossen und lehnte in der Ecke des Käfigs. Wir wagten nicht, ihn zu wecken.

Als die Regenzeit kam, wußte ich, daß ich ein Kind erwartete. Wir hockten auf Antonios Jacke in dem dunklen Büro, und draußen plätscherte das Wasser. Staub sammelte sich auf den Plänen von Tia Witschas Häuschen. »Ich heirate dich«, sagte Antonio, »weine doch nicht, wir werden sehr glücklich sein, und ich bekomme mein Honorar für das Häuschen.« Ich hatte nie wirklich geglaubt, daß das Häuschen gebaut werden würde.

Ich begriff plötzlich, daß Antonio und ich »Architekten« gespielt hatten und später »Liebespaar« und daß mit einem

Mal Ernst geworden war aus dem Spiel. Antonios verschwommenes, besorgtes Kindergesicht über das meine gebeugt, war kein Trost, er spielte weiter, konnte weiterspielen – ich hatte mich erwischen lassen.

Am Morgen, wenn ich mit dem Bus ins Büro fuhr, mußte ich auf halber Strecke aussteigen, um mich zwischen den Autos auf der Avenida Insurgentes zu übergeben. An manchen Tagen stand ich überhaupt nicht auf. Ich lag den ganzen Tag im Bett und döste – Tagträume, die mich befreiten. Die viktorianische Tante, bei der ich wohnte, reiste gerade durch Europa, und so kam nur manchmal die alte indianische Köchin zu mir herein. Sie setzte sich auf meinen Bettrand und betrachtete mich besorgt und neugierig. Sie nahm meine Hand und klopfte mir sanft und rhythmisch auf den Handrücken, ohne etwas zu sagen. Sie wußte, was mit mir los war.

Antonio hatte mit seiner Mutter gesprochen. Sie nannte mich eine deutsche Abenteurerin. Wir waren nun beide mutlos und verwirrt. In die Tierhandlung gingen wir noch manchmal, aber meistens wurde mir übel von dem Gestank. In das Hinterzimmer, in dem der Adler starb, wagten wir uns nicht mehr.

Einmal am Morgen, als Antonio aufsperrte, saß ein junger Schimpanse auf seinem Zeichentisch. Er hatte die Farbeimer umgeworfen, und sein Fell war weiß gesprenkelt und verklebt. Er sprang Antonio sogleich aufheulend an die Brust und zitterte vor Angst. Die Pläne von Tia Witschas Haus hatte er aufgefressen. Antonio sagte, das wäre gut so, er wolle einen neuen besseren Plan zeichnen.

Geld kam aus Deutschland, und ich packte willenlos meine Sachen. Irgendwie glaubte ich, das Baby würde wie durch Zauberei aus meinem Bauch verschwinden, wenn ich erst wieder zu Hause wäre, und ich würde mich zurückverwandeln in das Mädchen, das ich gewesen war, ehe ich nach Mexico fuhr. Meine Mutter machte sich, so schrieb sie, Gedanken über das Brautkleid.

Am Tag vor meinem Abflug ging ich am Nachmittag allein in die Tierhandlung. Ich kaufte den Adler.

Er flatterte erschreckt, als der Taxifahrer ihn mir in seinem Bambuskäfig ins Auto trug. Der Besitzer lieh mir einen ledernen Handschuh. Er stand auf der Schwelle und sah uns nach. Wir fuhren hinauf zum Desierto de los Leones. »Stinkt wie der Teufel«, sagte der Taxifahrer vorwurfsvoll, und nachdem er mich gemustert hatte, von der Seite, fügte er hinzu: »Was haben Sie mit ihm vor?« Aber ich hatte keine Lust, mit ihm zu sprechen.

Es war ein trockener, staubiger Tag, und die weißen Spitzen des Popocatepetl und des Ixtaccihuatl schwammen, zwei milchige Flecken, im zitternden Dunst über der Stadt.

Der Adler war unruhig, als ich seinen Käfig auf einen Felsen stellte. Sein kleiner schöner Kopf fuhr hin und her. Er öffnete weit den Schnabel und ließ die Flügel herabhängen. Der Wind hob seine Federn und entblößte den grauen Flaum auf seiner Brust. Ich schob die Bambustür in die Höhe und steckte meinen Arm mit dem Handschuh behutsam in den Käfig.

Der Adler hatte helle Augen mit winzigen stechenden Pupillen. Er sah mich nicht an, er beobachtete die Vögel am Himmel über uns. Noch immer war sein Schnabel weit geöffnet, als müsse er ersticken. Ein paarmal glitten seine Klauen am Leder des Handschuhs ab. Aber dann schlossen sie sich erstaunlich kräftig, als ich den Arm etwas hob, um Handgelenk und Finger. Ich öffnete das Türchen ganz und hob ihn vorsichtig heraus. Er duckte den Kopf. Er war schwer. Ich mußte den Arm, auf dem ich ihn trug, mit meinem anderen Arm stützen. Er breitete, als ich ein paar Schritte machte, etwas die Flügel aus, um zu balancieren. Dann legte er die Flügel an, schloß den Schnabel und saß ganz still.

Unter uns streckte sich das Tal Mexicos braun und staubig bis hin zu den Bergen am fernen flimmernden Horizont.

Es dauerte ein paar Sekunden, ehe er begriff.

Er breitete die Flügel aus und bewegte sie prüfend, aber noch immer zögerte er. Meine Arme wurden langsam müde. Nach einer Weile versuchte ich, ihm beim Abflug zu helfen und warf ihn mit aller Kraft hinauf in die blaue Luft. Er umgriff meine Handgelenke nur noch fester, und seine wilden Flügelschläge streiften mein Gesicht, aber er ließ nicht los.

»Flieg«, brüllte ich. »Flieg«, und da stieß er sich ab und warf mich beinahe um. Einen Augenblick hielt er sich erschreckt flatternd in der Luft, stand wie ein großer flirrender Federfächer dicht über mir, dann fiel er ein paar Schritte von mit entfernt zwischen die hohen Kakteen und blieb dort mit zerzaustem Gefieder sitzen.

Der Wind hob eine Feder, die an den Stacheln der Kakteen hängen geblieben war und trug sie fort.

»Flieg doch«, redete ich ihm zu. »Hab keine Angst.«

Ich sah zu, wie er sich auf der roten Erde immer mehr zusammenkauerte und reglos hockenblieb.

Vorsichtig mit ausgestreckten Händen kletterte ich über die Felsen zu ihm hin, aber er taumelte, als er mich kommen sah, tiefer in das Dickicht der Kakteen hinein, den Schnabel drohend geöffnet. Seine herabhängenden Flügel schleiften im Staub.

»Und der Käfig?« fragte der Taxifahrer, als ich einstieg. Der Käfig stand noch immer auf dem Stein. Die Bambusstangen klapperten im Wind. Auch der Adler kauerte noch immer zwischen den Kakteen. Von weitem sah er aus wie ein braunes Huhn.

Antonio und ich heirateten. Freunde verschafften uns ein kleines Haus im Desierto de Los Leones.

Tod

Es war Nachmittag, ein Herbstnachmittag mit dem Geruch brennender Laubhaufen und einer Sonne, die schräg durch die Apfelbäume schien, auf deren Früchten morgens, wenn ich Milch holen ging, schon der Reif lag.

Die Sonne schien durch die Tür in den Stall und warf ein gelbes Rechteck auf den Boden, in dem mein Schatten sich einsam streckte, als ich auf der Schwelle stehen blieb.

Drinnen hatte ich Stimmen gehört, Keuchen und das Getrappel von Füßen. Eine eigenartige Erregung lag in der Luft, und ich versuchte, meine Augen an das Dunkel des Raumes zu gewöhnen, in dem sich menschliche Gestalten hin und her bewegten und sich atemlose Worte zuriefen. Staub schwebte in der Luft, tanzte im Licht der Nachmittagssonne. Ich erkannte die beiden Knechte Adolf und Tomas, die sich in einer Ecke zusammendrängten, aber sie rauften nicht, sie hielten etwas zwischen sich fest. Alle vier Hände drückten etwas nieder, das sich bäumte. Da erhob sich ein bebender Klagelaut, der in einem langgezogenen Meckern endete.

Und nun sah ich es. Sie hielten eine braune Ziege bei den Hörnern, am Fell und am Schwanz. Die Ziege warf ihren Kopf hin und her, um ihre Hände abzuschütteln; sie zappelte, ihre Hufe klapperten auf dem Steinboden – sie meckerte klagend. Ihr blonder Bart zitterte dabei. Ihre Augen waren milchig, als sei sie blind.

Agnes, die Tochter des Bauern, legte mir von hinten die Hand auf den Kopf und sagte. »Des is nichts für dich, geh heim.« Sie trug eine weiße Emailschüssel in der Hand, in der ein spitzes Messer lag. Sie schloß die untere Hälfte der Stalltür. Drinnen lag nun ein goldenes Quadrat auf dem Boden, und mein Kopf, als ich über die Tür lugte, war nichts weiter als eine kleine Einbuchtung an der unteren rechten Ecke.

Die Ziege schrie nicht mehr. Die beiden Männer schleppten sie aus der Ecke zum Licht. Ihre steifen Beine schrappten über den Boden. Staubkörnchen tanzten um sie her. Agnes hatte die Schüssel auf den Boden gestellt, in die Mitte des hellen Quadrates, wie auf einen Tisch. Ich sah die Hand des Knechtes, um die sich der Ziegenschwanz mit dem dunklen Haarkamm wand. Ich sah die Hände, die die Hörner umschlossen, die Hand, mit der Agnes ein Holzscheit hochhob und es auf die runde, lockige Stirn der Ziege niedersausen ließ. Agnes, die mir immer das Haar streichelte.

Die Ziege schrie. Ihr nach vorne gebogener Kopf ragte jäh ins Sonnenlicht. Ihre goldenen Augen waren auf mich gerichtet; ich konnte ihre Zunge sehen, die beim zweiten Schlag aus ihrem Maul hervorkam und von der der Speichel tropfte. Sie machte einen kleinen Sprung nach vorne, nur eine Andeutung von einem Sprung, den die Arme der Männer abfingen, als hinge sie im zähen Gewebe eines Alptraums und könne nicht vorwärtskommen, so sehr sie sich auch mühte. Die Hände drückten sie nieder. Ich sah die Muskeln am Oberarm des Knechtes sich spannen. Sie kniete mit den Vorderbeinen vor der Schüssel inmitten des Sonnenquadrates nieder. Sie schrie immerzu, kurze keuchende Schreie jetzt. Nun war ihr Kopf über der Schüssel. Es sah aus, als wolle man sie zum Essen zwingen, und sie weigerte sich. Und nun wurde sie ganz still. Ich hatte das Messer nicht gesehen, sondern sah nur, wie die Schüssel sich mit Blut füllte. Gleichzeitig spürte ich die Wärme zwischen meinen Beinen, und als ich auf meine nackten Füße hinunterschaute, sah ich, wie mir das Wasser an den Beinen herunterlief und im Staub auf dem Hof versickerte.

Das blaue Zimmer

Rosa war dreizehn. Sie schlief mit ihrer Mutter und der älteren Schwester in dem Zimmer, in dem auch das Klavier stand. Sie konnte nachts die Großmutter im Nebenraum knistern hören, wenn sie die Schubladen ihrer schweren Kommode auf und zu schob und in ihren Habseligkeiten kramte. Seit sie nach dem Angriff auf Dresden eines Tages neben einer Rotkreuzschwester klein und grau vor der Tür gestanden hatte, bewohnte sie das Kämmerchen ihres Sohnes. Sie schlief selten in den Nächten, Rosa, die manchmal zu ihr ins Bett kroch, kannte die schreckliche Nacht im Bunker, als wäre sie selbst dabei gewesen.

Vater schlief auf dem Sofa im Wohnzimmer. Rosa hörte ihn an den Wintermorgen Kohle in den Heizungsofen im Keller schaufeln, dann kam er nackt und schwarz vor Kohlenstaub herauf, um die Frauen zu wecken.

Im Sommer, wenn es schon hell im Zimmer war, weckte er sie am Morgen mit ein paar Tönen, die er auf dem Klavier spielte. ›Der fröhliche Landmann‹. Rosa sprang aus dem Bett und umarmte ihn, um ihn zu loben wie ein gelehriges Zirkustier, das mit dem Huf die Tasten anzuschlagen gelernt hat. Mutter und Schwester lächelten wohlwollend und streckten sich noch einmal, bevor sie aufstanden. Rosa folgte dem Vater ins Bad und schaute zu, wie er sich rasierte. Sie war sein Sohn, das sagte er ihr oft, wenn sie ihm beim Feuermachen und im Garten half.

Im Sommer saßen die beiden blonden Frauen mit roten Köpfen seufzend unter dem Apfelbaum. Rosa zog die langen Queckenwurzeln aus den Erdschollen, die Vater mit dem Spaten aufwarf, und betrachtete von unten sein braunes schwitzendes Gesicht.

Großmutters Haut war noch dunkler, und doch trug sie einen großen Strohhut, wenn sie nach dem Essen ein paarmal auf der Terrasse auf- und abging, um sich Bewegung zu verschaffen. Danach betupfte sie sich in ihrem Zimmer die Stirn mit Lavendelwasser und fächelte sich mit der Zeitung Luft zu.

»Die Weiber vertragen keine Hitze«, sagte Vater und deutete mit dem Kinn hinüber zum Schatten unter dem Apfelbaum. »Aber uns kann's nicht heiß genug sein.«

In diesem Sommer sollte das Haus angebaut werden. Arbeiter kamen in den Garten und hoben ein großes Loch für die Fundamente aus. Lastwagen fuhren bis unter die Ahornbäume herein. Rosa hatte auf dem Plan »ihr Zimmer« gesehen.

Am Morgen, ehe der Vater ins Büro ging, begleitete sie ihn zur Baustelle und beobachtete stolz, wie er mit dem Polier sprach. Unser Haus, dachte sie, er baut es für uns, und vier Männer machen das, was er sagt. Die grauen Betonfundamente sahen genauso aus wie auf der blauen Lichtpause, die die Arbeiter an einen Bretterstapel genagelt hatten. Vater hatte den Plan gezeichnet. Rosa hatte einen roten Stern in ihr Zimmer geklebt.

Wenn er in sein Auto stieg und wegfuhr, blieb Rosa seltsam unruhig und unbehaust zurück.

In der Küche machten die Frauen Kirschen ein, und Großmutter schlief, den Kopf unter einem Taschentuch verborgen, auf der Terrasse, eine Schüssel mit Erbsenschoten zwischen den Knien.

Der Garten sah fremd aus mit den Brettern und den rostigen gerippten Eisenstäben. In den zementbespritzten Betonmischer schaufelten die Maurer Sand und Steine. Auf dem Wasser in den großen Kalkwannen hatte sich morgens eine dünne weiße Schicht gebildet, die spröde war und zersprang wie Glas, wenn Rosa den Finger hineinhielt.

»Das ist giftig, das ätzt«, rief ein Maurer Rosa zu, der mit Eimern vorbeikam. Sie sorgten sich also um sie oder wollten sie vertreiben. Rosa wußte es nicht.

Sie fühlte sich zu ihnen hingezogen, und gleichzeitig scheute sie sich vor ihnen. Wenn sie bei ihnen herumlungerte, betrachteten die Männer sie ganz anders, als wenn sie neben Vater stand. Rosa wollte mit ihnen reden, sie anfassen und zuhören, wenn sie miteinander sprachen. Sie fragte sie genau nach allem, was sie taten, aber sie wußte, daß das ein Vorwand war. Es trieb sie immer wieder auf die Baustelle. Wie fremd es dort roch! Die nackten Oberkörper der Männer verursachten ihr eine seltsame Übelkeit. Ihre Haut wurde ihr zu eng, wenn sie die Schweißtropfen auf der Brust der Männer glitzern sah. Eine Sehnsucht, die mit Händen voll Johannisbeeren und mit Butterbroten nicht zu stillen war, machte sie gereizt und weinerlich. Sie langweilte sich bei den alten vertrauten Spielen. Sie schlief unruhig, sie schwitzte unter dem leichten Laken, und der Sommer schien lang und ohne Ende.

Als der Jasmin blühte, glaubte sie, er habe noch nie so stark geduftet. Sie steckte sich die Blüten ins Haar und saß so auf den Brettern neben der Mörtelgrube.

»Willst du mauern lernen?« fragte sie der junge Maurer, der immer einen randlosen, tief in die Stirn gedrückten Filzhut trug. Goldener Flaum bedeckte seine von der Sonne braungebrannten Arme. Schwindlig vor Verlegenheit nahm sie die Mörtelkelle aus seiner Hand entgegen.

»Spreiz deine Finger«, sagte er. Die anderen drei Männer kamen heran und grinsten, als der Junge Rosa kleine Ziegelstückchen zwischen die Finger der linken Hand steckte.

Der Grieche kicherte und machte kleine Sprünge hin und her, dabei legte er eine Hand an seinen Hinterkopf und stützte die andere in die Hüfte.

»So, jetzt klopfst du mit der Hand auf die Mauer, halt die

Bröckchen gut fest zwischen den Fingern. Es darf kein Bröckchen herausfallen!«

Sie sah zu ihm auf, um zu sehen, ob er das ernst meinte, aber er verzog keine Miene und schob nur mit den Unterarmen die weiße Hose hoch, die ihm über die Hüften gerutscht war. Jetzt schwiegen alle erwartungsvoll.

Rosa atmete tief. Behutsam hob sie die Hand und klopfte dreimal oben auf die nackte, frisch gemauerte Ziegelmauer, die ihr bis zur Brust reichte. Es war leicht.

Als sie wieder aufblickte, lachten die drei Männer, und der junge Maurer löffelte ihr geschickt eine Kelle voll Mörtel auf die Hand.

Einen Augenblick lagen die Hand und die roten Ziegelsplitter unter der grauen Wächte verborgen.

Die Männer lachten und riefen durcheinander.

»So wirst du ein tüchtiger Maurer –«

»So lernt man bei uns mauern.«

»Jetzt weißt du, wie es geht.«

Der junge Maurer mit dem goldenen Flaum auf den Armen lachte am meisten. Die anderen schlugen ihm auf die Schultern und reichten ihm eine Bierflasche.

»Willst du auch mal trinken, du toller Maurer«, fragte er.

Beschämt tauchte sie die schwere Mörtelhand in die Wassertonne und ohne die Männer anzusehen, lief sie über das wippende Brett in den Garten hinüber.

Sie kletterte auf die Birke und schrammte sich die Haut an den Knien auf. Erst als sie weit oben saß und weit über die Nachbarsgärten schauen konnte, fühlte sie sich besser.

In diesem Sommer veränderte sich Rosas Körper. Die kleinen braunen Brustwarzen juckten und schwollen an wie Bremsenstiche. Sie hatte sie früher nie beachtet, nun konnte sie den ganzen Tag fühlen, daß sie da waren. Sie hielt sich mehr aufrecht und zog die Schultern zurück, um die Brust zu spannen und die kleinen Hügel platt zu ziehen, oder sie wölbte den Rücken, um die Bluse locker über die Unebenheiten fallen zu lassen. Ende August nutzte nur noch das Krummgehen.

Sie wickelte sich einen Schal kreuzweise über die Brust, aber sie konnte das Kratzen der Wolle nicht ertragen. Sie fand ein altes weites Unterhemd ihres Vaters und zog es an. Von da an trug sie es jeden Tag und zog es nur nachts aus, wenn sie im Dunkeln ins Bett schlüpfte.

Großmutter war die erste, die die Veränderung bemerkte. Sie stand beim Geschirrspülen, als Rosa sich seitlich an ihr vorbeischieben wollte und mit ihr zusammenstieß. Sie hielt Rosa am Zipfel des Unterhemds fest und zog sie noch näher an sich heran. Rosa war nun schon größer als die Großmutter, und die matten schwarzen Augen blickten ihr von unten kurzsichtig prüfend ins Gesicht. Die fleckige Hand mit den knotigen Fingern fuhr fachmännisch und sanft über die Brust der Enkelin. Die Großmutter lächelte langsam und verstehend, fast ein wenig schadenfroh.

An einem Herbstmorgen hatte Rosa Großmutter in ihrem Zimmer schreien hören und hatte erschreckt die Türe aufgerissen. Die alte Frau stand ganz nackt über die große Barockkommode gebeugt und schrie, der dünne graue Zopf, der sonst zu einem Knoten gesteckt war, pendelte zitternd neben ihrem Gesicht. Rosa glaubte zuerst, sie habe den Verstand verloren, bis sie entdeckte, daß sie das verknitterte Läppchen ihrer einen Brust in der oberen Schublade der Kommode eingeklemmt hatte und sie nicht mehr öffnen konnte.

In der Hitze der Küche, von Wespen umsurrt, hantierten Mutter und Schwester schläfrig zwischen Einmachgläsern und Obstbergen.

»Was hast du denn da an, du Clown?« Die Schwester preßte schweratmend Saft aus einem Leinensack. Der grobe Stoff hatte sich purpurrot gefärbt unter ihren Händen. Ihre Brust hob und senkte sich. Zwei kleine geblümte Hügel, die ihr nicht im Weg zu sein schienen. Rosa griff in die Tüte mit dem groben Zucker und ließ ihn durch ihre Finger gleiten.

»Du hast schmutzige Hände, wie siehst du überhaupt aus?« Mutters Hände waren dunkelrot und glänzten vom Johannisbeerensaft, als trüge sie rote Handschuhe. Sie strich sich mit dem Arm das Haar aus der Stirn.

»Im Keller liegen schon Berge von Wäsche«, sagte sie, »zieh dich doch aus bei der Hitze.«

Rosa legte den Holzlöffel, an dem rosiger Schaum hing, quer über den Topf zurück, ohne daran zu lecken. Sie ging hinaus in den Garten. Das Unterhemd war grau und mit Obstflekken gesprenkelt wie eine Himmelskarte.

Die Maurer hatte sie seit jenem Tag gemieden, und sie war erleichtert, als sie den Zimmerleuten Platz machten.

»Direkte Nachfahren vom Heiligen Joseph«, sagte Rosas Vater, als er die beiden stillen Männer in den blauen Arbeitshosen so hingebungsvoll und mit sparsamen Bewegungen im Dachstuhl nageln und sägen sah.

Die Maurer hatten eine Menge Zigarettenkippen und mörtelbekleckerter Bierflaschen hinterlassen. An einem Abend hatten sie gerauft, und der junge Maurer hatte den Griechen in die Zementwanne geworfen. Seine grauen gezackten Fußstapfen waren noch immer im Gras zu sehen.

Rosa ging ihrem Vater aus dem Weg, wich seiner Hand aus, wenn er ihr ins Stirnhaar greifen wollte, um sie zu beuteln, wie er es immer tat. Wenn er nun nach Hause kam, umarmte sie ihn nicht mehr. Das geheime Wachstum unter dem weiten Hemd stand unüberwindlich zwischen ihnen.

»Ich will, daß er zum Essen etwas anzieht«, sagte Rosas Schwester, als der Vater sich nackt an den Verandatisch setzen wollte. Er hatte den Rasen gemäht und war mit grünem Grassaft bespritzt, Klee klebte an seinen Schenkeln. Es war Abend, und er stand im Gegenlicht, ein großer Umriß, in dessen beschattetem Gesicht die Augen und Zähne sehr weiß leuchteten. »Ein Waldmensch«, dachte Rosa erschreckt. Mutter und Großmutter lächelten und blinzelten sich zu. Rosa senkte den Kopf über den Teller mit saurer Milch, so heiß war ihr geworden im Gesicht. In diesem Augenblick liebte sie die Schwester und fühlte wehmütig und schuldbewußt den Verrat am Vater, der belustigt und ohne zu begreifen warum, ein Handtuch um die Hüften wickelte.

»Die Weiber«, murmelte er, als er an ihr vorbei nach dem Brot griff. Sie sah ihn nicht an.

Für die Schule kaufte die Mutter Rosa zwei weite Pullover. Die Verkäuferin im Laden schob ungläubig ihre Arme in die Trikotärmel, spreizte sie, um zu zeigen, wie viel zu weit sie ihrer Ansicht nach für Rosa waren. Die Mutter legte den Arm um Rosa und sagte: »Genauso wollen wir sie aber haben.«

»Da paßt ja ein ausgewachsener Mann rein«, sagte die Verkäuferin.

Das Richtfest war gefeiert, und die Dachdecker, die Maler, die Bodenleger hatten ihre Arbeit getan.

In dem kahlen Raum, der noch feucht war, stand Rosas Bett fremd wie auf einer Wiese.

Das Zimmer war für Rosa wie ein Wunder. Frisch aus dem Meer gewonnenes Land. Sie liebte den tiefblauen glatten Boden, das breite Fensterbrett, auf dem sie sitzen konnte, die Flügeltür, durch die der Ahornbaum Blätter hereinstreute.

Beim Abendessen schon sehnte sie sich nach der Einsamkeit dieses Raumes. Am liebsten hätte sie dort allein gegessen und zugesehen, wie es draußen dunkel wurde.

An einem Abend, als sie gerade ihre Sandalen auf den blauen Boden vor das Bett gestellt hatte und aus den kurzen Hosen geschlüpft war, öffnete sich die Tür, und ihr Vater kam herein. Sie hatte ihm schon gute Nacht gesagt, und nun stand sie halb ausgezogen und verwirrt über ihre eigene Verlegenheit da.

Unter ihren Füßen fühlte sich der Boden glatt an und kühl wie blauer Marmor. Sie kratzte an einem Mückenstich auf ihrem Handrücken. Sie hob die Hand zum Mund und leckte daran.

»Gefällt dir dein Zimmer?« sagte er und verschränkte die Arme über der Brust. Rosa wußte nicht, was er wollte. Sie standen beide ein paar Augenblicke, ohne sich zu bewegen. Er an der Tür und sie vor dem Bett. Der Himmel vor dem Fenster war dunkelblau in der Dämmerung.

Da begriff Rosa, daß er gekommen war, um sie nackt zu sehen, aber an seinem Gesicht sah sie, daß er es nicht wußte. Er stand mit verschränkten Armen. Er rührte sich nicht, nur seine Daumen strichen leise über den Stoff seines Hemdes.

Mit einem Mal fühlte sie sich müde, erschöpft wie ein Schwimmer, der aufgibt. Sie zog das Unterhemd über den Kopf und kroch wortlos ins Bett. Der Vater stand noch einen Moment an der Tür, seine Arme sanken langsam herab und hingen an seiner Seite. Und erst als er aus der Tür war und sie leise hinter sich zugemacht hatte, hörte Rosa ihn von draußen gute Nacht sagen.

Ilse

Ilse wohnte in derselben Straße, in der ich wohnte, und doch gehörte sie nicht ganz dazu. Lauter Villen standen hinter den Hecken und Zäunen, und nur bei Webers gab es noch ein winziges Häuschen an der Ecke des Grundstücks; das hatte Ilses Mutter gemietet. Sie arbeitete in der Fabrik, einem riesigen Ziegelbau, an dem ich morgens vorbeilief, wenn ich zur Schule ging. Mittags kamen da viele Frauen in Schürzen heraus und schlenderten in Gruppen durch den Park, aßen Brote und rauchten. Sie hatten müde, verbitterte Gesichter, und nur die Jungen scherzten ein wenig miteinander. Sie waren mir unheimlich und fremd – was geschah mit ihnen in dem großen und düsteren Haus? Nichts Gutes – das konnte man ihnen ansehen.

Ilses Vater war ein schöner, dunkelhaariger Mann mit melancholischem Blick und weißen Händen. Er hatte nach einem Herzanfall nicht mehr arbeiten können, und oft traf ich ihn, wie er verträumt die Straße entlangschlenderte und vor sich hin summte.

Ilse durfte nicht in dem Garten vor ihrem Häuschen spielen, denn der gehörte Webers. Sie kam zu uns, und wir rauchten hinter dem Hühnerstall Heuzigaretten und kletterten über den Zaun in die Stadtgärtnerei, um Erdbeeren und Nüsse zu stehlen.

Einmal erwischte uns bei dem Raubzug der riesige, behaarte Stadtgärtner selbst. Verblüfft bemerkte ich, daß er nur Ilse beschimpfte und nicht mich. Ich war ein Herrschaftskind und wohnte in der Villa hinter dem Zaun. Mein Vater war ein Herr, meine Mutter eine Hausfrau. Ilses Vater besaß keine Autorität, das wußten wir, und ihre Mutter war zu müde; wenn sie nach

Hause kam, wollte sie nur noch Illustrierte lesen und rauchen, das hatte sie uns selbst gesagt. Merkte man Ilse das an? Wußte er das, als er sie beschimpfte? Er tat, als sei ich Luft. Ich fühlte mich hilflos vor Wut – ich wurde hier geschont und übergangen.

»Wieso beschimpfen Sie nur Ilse?« rief ich.

Da wurde er wirklich böse. Er trat nahe auf mich zu und sagte:

»Wenn ich euch noch einmal erwische, schlage ich euch grün und blau – dich auch!«

Er ging weg, Ilse weinte, und ein langer, rührender Speichelfaden hing ihr dabei bis auf die Brust. Ich warf die Erdbeeren auf den Boden und trampelte darauf herum – dich auch – wieso dich auch? Wir sind nie mehr über den Zaun gestiegen.

Im selben Jahr wurde Ilse vor meinen Augen verprügelt. Ein älterer Junge trat ihr, als er vom Konfirmationsunterricht nach Hause ging, in den Weg und sagte:

»Was schaust'n so blöd?«

Wir blieben beide erschrocken stehen, und ich griff nach Ilses Hand, um sie weiterzuziehen.

»Gib Antwort!« sagte der Junge, drängte sie an den Lattenzaun und stieß sie vor die Brust.

»Ich hab' dich gar nicht angeschaut!« sagte Ilse.

»Aha«, rief er und schlug ihr ins Gesicht, ganz schnell und gleich noch einmal.

Ilse taumelte, ich hatte sie losgelassen und war starr vor Schrecken zurückgewichen. Ich schämte mich und wußte nicht warum. Der Junge ging nun weiter, ohne sich umzusehen. Ilses Nase blutete, sie weinte. Sie weinte den ganzen Heimweg. Meine Hand wollte sie nicht mehr nehmen. Ich bin ihr eine ganze Woche aus dem Weg gegangen. Ich schämte mich ihrer.

Eine Kluft tat sich zwischen uns auf, als sie anfing, mit Jungens zu gehen. Abends sah ich sie mit ihnen im Halbdunkel unter den Haselnußbüschen vor ihrem Häuschen stehen. Wenn ich vorbeiging, sah ich nicht hin. Ich hörte sie lachen und wußte, sie lachten über mich. Ich fühlte Neid und Sehnsucht, und irgendwo glaubte ich mich wieder ausgeschlossen. Ich gehörte nicht dazu, wie damals beim Stadtgärtner und bei der Ohrfeige auf der Straße, und wieder schämte ich mich für sie.

Ilse hat einen reichen Mann geheiratet, und als ich sie vor ein paar Jahren traf, trug sie einen Nerzmantel. Sie sah bleich und schön aus, eine Dame mit klappernden Goldarmbändern und makellos geschminktem Mund.

»Ich lebe von einem Tag auf den anderen«, sagte sie lachend und hob ihr Glas. Sie hatte mich zu einem Campari-Soda eingeladen. Wir saßen unter einem Sonnenschirm auf einer Café-Terrasse. Der Nerz war moosgrün gefärbt und hing über ihren Schultern.

»Ich friere ständig – weißt du, ich habe ein schweres Leberleiden und muß bald sterben«, sagte Ilse und holte ein goldenes Täfelchen aus ihrer Bluse.

»Siehst du, da steht alles drauf, wenn ich wo mal einfach umfalle – Blutgruppe – Arzt – Krankenhaus – etc.«

»Ich denke oft an dich, wie du früher warst«, sagte sie und schaute mich an. Ich war zu verstört, um zu sprechen.

»Ich wollte immer so sein wie du, weißt du.« Sie lächelte und holte mit langen Nägeln ein funkelndes Eiswürfelchen aus ihrem Glas. Mir schwindelte, die Sonne blendete mich.

Traurigkeit

Der kleine Laden lag neben der Tankstelle am Ortsrand. Er sah staubig aus und unbenutzt. Ich konnte durch die verschmierte Scheibe hineinsehen. Es war ein Eckladen, und auch das Schaufenster ging um die Ecke weiter. Die Tür war jedesmal verschlossen, wenn ich ungläubig und trotzig an ihr rüttelte. Wir kamen meistens am späten Nachmittag vorbei und tankten an der vom Sand halb zugewehten Zapfsäule. Man konnte von dort über die Hochebene sehen. Im Abendlicht ragten die silbrigen Kakteenbündel zwischen den flimmernden Staubzungen auf, die der Wind von den fernen stumpfen Bergkegeln wehte. Berge wie auf dem Meeresboden. Der Mann, dem die Zapfsäule gehörte, kam immer ganz langsam aus dem Haus, das hinter den Kakteen lag, auf denen die Wäsche trocknete. Er betrachtete den Himmel, als prüfe er für uns die Windverhältnisse zur Weiterfahrt. »Un Norte«, sagte er meistens, wenn er anfing, mit einem trockenen Lappen die Vorderscheibe zu reiben.

»Ist niemand im Laden?« fragte ich ihn.

»Ich weiß nicht«, gab er stets zur Antwort und hob die Schultern.

Einmal nur – ich glaube, es war beim dritten Mal – habe ich ihn gefragt, wem der Laden gehöre, und der Mann hatte mich gemustert, dann seine Hutkrempe gestreichelt und ausgespuckt, nicht etwa verächtlich, sondern nachdenklich. Als ich dachte, er würde sich nun wortlos abwenden, sagte er: »Ich habe niemand gesehen.«

Ich ging hinüber und legte meine Hände neben mein Gesicht an die Scheibe wie eine kleine Schutzmauer, um mich nicht zu spiegeln.

Drinnen lehnten versteinerte lachsrosa Ammonshörner an der Wand, Wagenradgröße. Daneben wucherten Klumpen weißer glitzernder Steingestrüppe mit Knospen und Stengeln wie Pflanzen. Braune Sandrosen wie kristalline Pfirsichkerne, klobig wie Straußeneier. Grüne Schiefertafeln, auf denen die fettig glänzenden Abdrücke geschnabelter Urfische glitzerten, ganz dicht vor mir auf dem Fensterbrett lagen Drusen wie übergroße Bachkiesel. Man konnte an ihrem glitzernden Grinsen nur erahnen, daß sie schon gespalten waren und in ihrem Inneren Hunderte von Kristallnadeln wucherten. Im Dunkeln und ungesehen.

Das Licht des Abends legte tintenblauen Schatten um die Steine, und meine Sehnsucht, einzutreten und meine Finger an die Oberflächen der Kristalle zu legen, machte den kleinen Laden zu einem Paradies.

Immer wenn ich dann zum Auto zurückging, tat ich es zögernd und langsam. Ich hoffte immer, jemand käme mit einem Schlüssel herausgelaufen und winkte mir zu, ihm in den Laden zu folgen.

Das ist viele Jahre her. Ich habe den Namen der Stadt vergessen; ich werde den Laden nie mehr finden.

Manchmal träume ich davon, wie ich die Tür öffne und eintrete. Die Tür geht ganz leicht auf.

Das Christkind

Ich machte einen weiten Bogen um den Kuhstall, wenn ich Thomas drinnen pfeifen hörte. Thomas war der Knecht beim Hausbergerbauern. Er erschreckte mich gerne, sprang hinter der Raufe hervor, hielt sich zwei alte Kuhhörner vor die Stirn und röchelte. Oder er warf die Mistgabel nach mir, die dann neben mir im Boden steckenblieb. Ich ging noch nicht zur Schule, aber ich wußte, wie gefährlich es war, mit der Mistgabel zu werfen. Meine Mutter hatte mir sogar verboten, mit meinen Holzpfeilen jemals auf einen Menschen zu zielen. Ich erzählte ihr nichts davon, denn ich wollte nicht, daß sie sich einmengte.

Am Morgen, wenn sie mir die Milchkanne reichte und mich hinüber zum Bauern schickte, sagte sie mir, ich dürfte nicht betteln, wenn die Bäuerin Krapfen buk, ja, ich dürfe nicht einmal zu der schwarzverrußten Pfanne mit dem langen Stiel hinschauen, in der das Fett brodelte. Sie sagte mir auch, ich dürfe den Hund nicht anfassen, der alt und halb blind war und manchmal schnappte. Auch das Baby, das in der Stube lag und seit einer Woche krank war, dürfte ich nicht besuchen, solange man nicht wisse, was es habe. Ich gehorchte ihr immer in allem, ging an dem Hund vorbei, als sähe ich ihn nicht, öffnete die Tür zur Stube nicht einmal einen Spalt, sondern setzte mich auf die Bank in der Küche. Ich sah unter gesenkten Wimpern zu, wie die Bäuerin dreimal in der Kammer verschwand, in der die Zentrifuge stand, und jedesmal wie der Vogel Greif zwei Krallen voll Butter zum Herd trug und in die Pfanne fallen ließ. Die hellen Teigkugeln lagen auf einem Brett und waren mit einem Tuch bedeckt, aber ich konnte die Rundungen unter dem Tuch sehen, und der Geruch der schmelzenden Butter ließ mir das Wasser im Mund zusammenlaufen.

Manchmal reichte sie mir einen heißen goldbraunen Krapfen auf der langen Gabel. Auf dem Heimweg durch die Wiese biß ich hinein und spürte das Gewicht der Milchkanne kaum.

Thomas war das Kind einer Häuslerin. Sie hatte ihn in der Weihnachtsnacht im Schnee vor dem Backhaus geboren. »Sie wollte zu uns, weil sie ganz allein war.« Hatte die Bäuerin meiner Mutter erzählt. Als sie zur Mette gingen, hatten sie die tote Frau gefunden und das neugeborene Baby schnell in einen Schal gewickelt. Sie hatten es hinunter ins Dorf getragen, um dieses Christkind dem Apotheker zu zeigen. Es hatte überlebt und war mit den Kindern des Bauern aufgezogen worden. Lena, Agnes und Wetti waren älter als Thomas, die beiden Söhne Adolf und Hias waren im Krieg gefallen, und Lisei war noch ein Baby. Die Geschichte von Thomas' Geburt gefiel mir gut. Barfuß sei seine Mutter gewesen, als man ihn fand. An der Nabelschnur hatte er noch gehangen, und das in der Weihnachtsnacht.

Thomas war für mich ein Besonderer. Wenn er lachte und seine Augen zu feuchten Schlitzen wurden, glitzerten seine Zähne, die stark und ebenmäßig waren, wie die Mandeln auf den Lebkuchen. Ich mußte mitlachen, ob ich wollte oder nicht. Beim Mähen, auf der Wiese vor unserem Haus, beobachtete ich, wie leicht und rund er die flachen Halbkreise in die Gräser schnitt, und wie er dastand, den Kopf erhoben und ins Tal sah, nachdem er das Sensenblatt mit einer Handvoll Gras abgewischt hatte und mit dem Schleifstein ein paarmal rasch daran hin- und hergefahren war.

Einmal hob er mich in der Stube auf seinen Schoß, um mich zu fragen, welche der Bauerntöchter ich am schönsten fände. Da sah ich, daß über seiner braunen Oberlippe weich gebogene Härchen wuchsen, über die er manchmal mit dem Zeigefinger strich.

»Lena ist die Schönste«, antwortete ich verlegen, denn Lena hatte ich am liebsten. Sie war die sanfteste und melancholischste der drei Töchter. Ich habe sie einmal im Hühnerstall gefunden, wo sie einfach dastand und weinte, die Stirne an die Holzsäule gelehnt. In der Hand hielt sie zwei Eier, die noch warm waren. Sie reichte sie mir, ohne ein Wort zu sagen, und ich trug sie in beiden Hosentaschen stolz nach Hause.

Agnes war die Älteste, und sie kam manchmal zu uns und besuchte meine Mutter, um sich Rat bei ihr zu holen. »Du bist ein schlauer Fuchs«, sagte sie oft zu meiner Mutter und lachte. Zusammen überlegten sie, wie sie Thomas einen Streich spielen könnten. Er hatte die Tür zum Badehaus geöffnet, als Agnes gerade in dem großen Holzzuber saß und sich wusch. Er hatte ein Schaff eiskaltes Wasser zu ihr hineingeschüttet. Agnes wollte ihm das heimzahlen. Aber wenn sie von Thomas sprach, sogar wenn sie auf ihn schimpfte, seufzte sie manchmal und ließ den Kopf hängen. »Mei der Thomas«, sagte sie dann leise. Es klang wie »Damma«. Meine Mutter legte dann den Arm um sie.

Dem Bräutigam von Agnes gehörte ein großer Hof drüben auf der Schattenseite. Der Mann war klein und rothaarig und stand, wenn er zu Besuch kam, verlegen neben der großen prächtigen Agnes, der er bis zum Ohr reichte. Agnes ließ sich Zeit mit der Hochzeit.

Meine Mutter buk Makronen, und in jede steckte sie einen Ziegenbollen, Agnes hatte sie ihr in ihrem Sacktuch gebracht. Ich weiß nicht, ob Thomas diese Makronen gegessen hat, ob er was gemerkt hat.

Makronen gab es sonst nur zur Weihnachtszeit. Als Wegzehrung lagen sie in meinem kleinen Rucksack, wenn ich durch den hohen Schnee ins Dorf hinuntergeschickt wurde, um einzukaufen. Das erlaubte meine Mutter noch nicht lange, und ich war stolz, wenn die Leute im Laden mir ein Stück Speck über die Theke reichten und sagten: »Bist eine ganz brave, du.«

Zu Weihnachten trug die Madonna in der Kirche ein Kleid aus festem, goldbesticktem Tuch, das weit um sie herum abstand. Ich ging, um sie anzuschauen. In der Kirche war es still. Als ich auf den Altar kletterte, konnte ich meinen Atem sehen. Auch das Christkind trug ein prächtiges Kleid und lächelte mich unter seiner vergoldeten Krone an.

Ich streckte mich und hob es aus den Armen seiner Mutter. Es war so schwer, daß ich taumelte. Ich wollte es in meinen Armen wiegen wie meine Puppe, aber das steife Kleid war mir im Wege. So hielt ich es nur eine Weile an mich gedrückt und schaute ihm von ganz nah in die blau gemalten Augen. Seine Stirn war hoch und gewölbt, wie die von Thomas. Ich legte das Christkind zurück in die Arme seiner Mutter. Ich hätte es gerne mit nach Hause genommen.

Thomas kaute Kaupech. Es war schwierig und langwierig, das Kaupech zurechtzukauen. Ich hatte schon oft versucht, die gelben Harztränen, die an den Tannenstämmen hingen und sehr bitter schmeckten, so lange zu kauen, bis sie hellbraun und geschmeidig wurden wie Kaugummi. Ich arbeitete, bis meine Kiefer schmerzten und mir der bittere Geschmack den ganzen Mund zusammenzog. Ich behielt die trockenen Bröckchen auf der Zunge und spuckte sie erst nach langer Zeit aus. Einmal hatte ich bei Wetti ein daumengroßes Stück Kaupech gegen eine Haarschleife eingetauscht. An diesem Tag aß ich nichts, und erst am Abend trank ich Milch, als der geschmeidige Klumpen hart wurde und sich nicht mehr kauen ließ. Mein ganzer Mund war taub.

Lenas Bauch rundete sich unter der Schürze. Sie stand beim Mähen am Hang jetzt sehr breitbeinig und wischte sich oft übers Gesicht. Der Maler, der aus dem Tal heraufkam, um meine Mutter zu besuchen, trug trotz der Sommerhitze eine Lederjacke und eine Lederhose. Er war mit dem Motorrad aus Inneralpbach gekommen. Ich mochte ihn nicht. Wenn er mich sah, schnitt er fürchterliche Grimassen und rief: »Ich bin der Teufel.«

Ich sah, wie er langsam auf dem schmalen Weg zwischen den Margeriten heraufstieg und die drei Frauen, die in der Wiese standen und mähten, so betrachtete, als habe er sie noch nie gesehen.

Ich saß in der Nähe von Thomas neben dem Brotzeitkorb und hörte zu, wie er pfiff. Er konnte weiche Triller pfeifen, bei denen ich eine Gänsehaut bekam und mich ins Gras werfen mußte, um sie auszuhalten.

Der Maler blieb stehen. Nachdem er Lena, die ihm am nächsten stand und sich nicht stören ließ, eine Weile zugesehen hatte, sagte er: »Du bist ein schönes Weib, dich möchte ich malen.« Lena hörte auf zu mähen und hob den Rock über ihrem weißen Hinterteil. »Des magst malen«, rief sie laut, damit die anderen es hören konnten. Alle lachten, und Agnes rief: »Ist dir heiß, du schnaufst ja wie ein Ochse.« Der Maler rief zurück: »Wenn ich euch sehe, wird's mir heiß«, und legte seufzend beide Hände auf seine lederne Brust. Die drei Frauen warfen sich Blicke zu und näherten sich ihm dann schnell von drei Seiten. Thomas, der ahnte, was kommen sollte, lachte neben mir wie toll. Ich war neugierig aufgestanden. Die drei Frauen führten und zerrten den Mann, der noch arglos zu scherzen versuchte, den Weg hinauf und stießen ihn oben in den Brunnentrog, einen breiten ausgehöhlten Baumstamm, aus dem die Kühe tranken. Er wehrte sich, so gut er konnte, zappelte und spritzte Wasser um sich her wie ein großer Fisch. Dann lag er still.

Thomas, der vor Lachen nicht aufrecht gehen konnte, und ich kamen angerannt und standen daneben, als der Mann, schwer vom Wasser, umständlich aus dem Brunnentrog stieg wie aus einer Badewanne.

»Jetzt den Thomas«, rief Wetti und hängte sich ihm an den Hals. Aber Agnes und Lena halfen nicht mit, und ich konnte sehen, daß Wetti keine Anstrengungen machte, Thomas zum Brunnentrog zu ziehen. Sie hielt sich einfach an ihm fest und schaute ihm von ganz nah ins Gesicht. Thomas liefen vom Lachen die Tränen über die Backen.

Lena heiratete im Herbst den Sohn des Unterhausbauern. Es war ein heißer klarer Tag. Ich schwitzte unter meinem Kranz aus wildem Wein, den meine Mutter mir aufgesetzt hatte, um Lena ihr Geschenk hinüberzubringen. Die vier Weingläser standen auf einem kleinen Tablett und trugen eine weiße Schleife um den Stiel gebunden. Sie klirrten, als ich sie durch die Wiese trug. Meine Mutter fühlte sich nicht gut und wollte nicht zur Hochzeit gehen. Ich war darüber böse, und auf dem Weg durch die kleine Schlucht und am Wasserhäuschen vorbei kämpfte ich mit den Tränen und überlegte, ob ich die Gläser nicht fallen lassen sollte.

Lena stand mitten im Zimmer, sie trug einen Kranz aus weißen Wachsblumen. Ein schwerer weißer Rock bauschte sich unter einem dicht bestickten engen Mieder. Sie sah fremd aus, und ihre Backen waren sehr rot. Ihre Augen glitzerten. Sie sah mich nicht an, als ich ihr die Gläser hinhielt. Agnes, Wetti und die Mutter machten sich an ihr zu schaffen. Sie trugen schwarze hohe Samthüte mit goldenen Quasten an einer Seite. Auch ihre Kleider waren schwarz und rochen seltsam streng. So hatte ich sie noch nie gesehen. Sie waren mir unheimlich.

Hinter dem Haus, neben dem Stall riß ich meinen Kranz vom Kopf und warf ihn hoch in die Luft, die blau über dem Tal stand. Ich konnte weit sehen. Winzige Menschen liefen drüben auf der Schattenseite über die Wiese. Die Kühe, weißbraun und deutlich wie die Holzfiguren der Weihnachtskrippe, waren im Grün verstreut. Rauch stand über den Kaminen, kerzengerade und bewegungslos.

Thomas kam aus dem Stall. Er hatte seinen Hut, den er immer beim Misten trug, weit in die Stirn gezogen. Er blieb neben mir stehen und sah mit mir ins Tal. Dann bückte er sich und riß ein großes grünes Blatt von dem Huflattich neben der Tür. Er hob es zum Mund, spuckte darauf und hielt es mir hin. Auf dem Blatt lag ein großer runder Klumpen Kaupech, in dem noch der Abdruck seiner Zähne zu sehen war.

Der Mann aus dem See

In der Nacht ist die Landstraße nichts als ein blasser Staubstreifen zwischen dem dunklen Blau der Pistazienplantagen. Die Lampen, die in Kamari über der Strandpromenade im Wind schaukeln, sind erloschen, und die Sterne werden heller.

Zwischen den halbhohen Steinmauern fährt der klapprige Bus in der Nacht schneller als am Tag. Im Gang zwischen den Sitzen fallen die Leute gegeneinander. Knie drücken sich in meine Kniekehlen, fremde Haare kitzeln mich im Gesicht. Ich bin müde. Ich wehre mich nicht gegen die Berührungen, versuche auch nicht, mich aufrecht zu halten. Ich lasse mich drängen und stoßen, wende mein Gesicht dem Luftzug entgegen, der durch die Fenster kommt. Ein Ruck wirft alle nach vorne. Aus den Bremsgeräuschen hebt sich die Stimme des Fahrers, wütend und laut. Aus der Dunkelheit ist ein zweiter Bus neben uns aufgetaucht. Die Busse stehen jetzt dicht nebeneinander auf der engen Straße. Der andere Fahrer lehnt sich so weit es geht aus dem Seitenfenster und schreit etwas Unverständliches herüber. Zwei Fäuste drohen symmetrisch wie beim Kartenspiel.

Ich möchte mich setzen. Ich war lange im Krankenhaus und bin noch schwach. Die griechischen Stimmen tun meinen Ohren weh. Auf dieser Insel ist es immer heiß, auch nachts. Anna hat mich überredet, hierherzufahren, um wieder ganz gesund zu werden. Ich schwitze vor Erschöpfung und Wut.

Der andere Bus ist leer, ich kann sein türkisgrünes Inneres mit den schmutzigen Plastiksitzen sehen. Nur ein Passagier sitzt im Bus, ein Mann in einem weißen Hemd, er hält eine Papiertüte auf dem Schoß. Er sieht müde aus, seine Augen liegen in dunklen Höhlen.

Ich habe ihn gleich erkannt, und auch er hat mich zwischen den nackten Schultern und den feuchten krausen Köpfen entdeckt. Er schaut zu mir herüber. Er lächelt, oder ist es nur ein Licht, das über sein Gesicht fällt? Einen Augenblick lang ist es ganz still, und ich höre weit weg die Wellen schlagen. Der Wind riecht nach Tang. Aber da fährt der andere Bus an, mit gerunzelten Brauen lehnen sich die Fahrer am Steuer zurück wie Wagenlenker, die ihren Pferden gerade die Peitsche übergezogen haben. Die Busse gleiten aneinander vorbei und verschwinden in der Nacht.

Ich weiß nicht mehr, wie alt ich war, als ich sein Gesicht zum erstenmal sah. In jenem Frühling schlossen sich die Wiesen noch über mir, ich lebte darin wie in einem Wald.

Ich habe sein Gesicht nie genau beschreiben können. Als Kind kannte ich keine Worte dafür, und es gab für mich keine Vergleiche mit einem anderen Gesicht. Ich kannte nur das Gesicht meiner Mutter, und das sah ganz anders aus. Später veränderte sich sein Gesicht, während ich es mir vorstellte, und auch jedesmal, wenn ich es wiedersah, sah es anders aus. Aber ich habe ihn immer wiedererkannt.

An jenem Frühlingsmorgen lag der See wie ein blaues Tuch zwischen dem Schilf ausgebreitet. Ich hockte im bewegten Schatten der Weidenbüsche und baute mit Stöckchen einen kleinen Gartenzaun. Ich wollte Blumen in den Garten legen, die Schnecken, die ich gesammelt hatte, sollten darin wohnen.

Als ich aufsah, saß ein Hase zwischen den Margeriten, er richtete sich auf den Hinterbeinen auf und schaute zu mir herüber. Im grünen Licht sah ich den Hasen so überdeutlich, als habe ein Schlaglicht die Szene sekundenlang beleuchtet. Die grünen Halme um ihn herum leuchteten, als wären sie aus Glas. Seine schwarzen Augen waren auf mich gerichtet. Er hielt ganz still, ich sah ihn atmen, sah eine Fellflocke an seinem

Halz zittern, sah die graue Innenfläche seiner Ohren. Er drehte den Kopf und hob witternd seine Nase. Alles kam mir frisch und ganz neu vor, der Hase, die Wiese, das Sonnenlicht war noch feucht und glitzerte irgendwie wunderbar. Wind trieb die Wolken über den See, ihre Schatten veränderten seine Farbe. Die Luft über dem Wasser flimmerte, und zwischen den Schilfrohren hob und senkte sich das Wasser, als atmete der See. Ich legte mein Gesicht ins Gras. Es war unerträglich schön, das begriff ich. Ich wußte, daß ich diese Bilder nie vergessen würde, und ich mußte weinen.

Später, als ich mich auf den Rücken drehte, wußte ich nicht, wo ich war. Ich sah eine Wolke über mich hinziehen und glaubte, ich führe unter ihr dahin und mit mir die Wiese, die Weidenbüsche und der See. Mir wurde ganz schwindelig. Ich lag halb im Schlaf.

Ein Schatten stieg meinen Hals herauf. Ich öffnete die Augen. Ein Gesicht beugte sich über mich. Da sah ich ihn, sah ihn zum erstenmal. Der Mann war naß, sein Haar lag eng am Kopf, in seinen Brauen und Wimpern hingen Tropfen, er roch nach Wasser und Schlamm. Ich kannte den Geruch des Sees, so rochen die weißen Muscheln, die ich manchmal im Kies fand und die mit feinen grünen Algenfäden bewachsen waren. Das Weiß seiner Augen schimmerte feucht. Ich hörte dem See zu und schaute ihn dabei an. Ich sah mich in der Tiefe seiner Augen liegen, winzig klein, Gras hing über mich, mein rotes Kleid leuchtete.

War das das erstemal? Mir ist, als habe er sich schon über meine Wiege gebeugt, so vertraut war mir der Umriß seines Kopfes.

Als er in New York im 53. Stockwerk in den Lift stieg, in dem ich stand, zog sich etwas in meiner Brust zusammen. Ich versuchte, mich zu ihm durchzudrängen. Er wandte mir den Rükken zu. Er hatte mich angesehen über die Schulter. Natürlich hatte er mich bemerkt. Ich fühlte die Kämme in meinem Haar. Sein Haar war frisch geschnitten und sah aus, als wäre es noch feucht. Ich hatte noch nie seine Ohren gesehen, sie waren schön geformt wie wächserne Blüten, das Haar wich um sie her zurück, bildete einen bleichen Hof.

Ich hatte gewußt, daß ich ihm in New York begegnen würde. Schon als ich anfing, Bücher über New York zu kaufen, hatte ich von dieser Begegnung gewußt. Er hatte eigene Wege, mir Botschaften zukommen zu lassen. Ich hatte ihn in der Menge entdeckt, winzig klein auf einer Postkarte von einer Parade zwischen hohen gläsernen Häusern.

Nur einmal hatte er sich im Lift umgedreht. Die Menschen standen dicht gedrängt. Ein Mann mit einem Schnauzbart und dicken Koteletten unter einem Sheriffhut stieß mir bei jeder Begegnung seinen harten runden Bauch in die Seite.

Ich hielt meine Augen auf den dunklen Hinterkopf gerichtet, streichelte mit meinen Blicken die Ohren und konnte nur mühsam atmen. Im Erdgeschoß stieg ich aus und folgte ihm durch die Marmorhalle und hinaus eine dunkle überglaste Galerie entlang.

Es war ein feuchter Abend, und seine Gestalt verschwamm vor meinen Augen, als er zwischen den Menschen dahineilte durch die grünen gefleckten Lichtlachen vor dem Kino, vorbei an den Fenstern von Lokalen, in denen Männer in einer Rauchwolke Fleischstücke brieten. Ich kam nur langsam vorwärts, wie in einem Alptraum. Menschen stießen mich an. Ich blieb stehen, wollte mein Haar aus der Stirn streichen, aber es gelang mir nicht. Zwischen den Menschen, den Köpfen und Schultern, die schwankten, sich hoben, senkten, in der phosphorgrünen Dünung der Neonreklame sah ich ihn sich immer weiter entfernen. Ein Schwarzer mit einem kleinen karierten Hut auf dem Kopf kam aus einem U-Bahnhofsschacht herauf und blieb stehen, um eine Zeitung zu entfalten. Ich wollte an ihm vorbei. Ich tanzte um ihn herum, schwerfällig und atemlos vor Ungeduld.

Ganz dicht vor mir sah ich den Verfolgten stehenbleiben. Ich erschrak. Ich sah einen schlaffen, weißen Schal flattern, als er sich umdrehte. Er wußte, daß ich ihm folgte. Er hatte auf mich gewartet. Menschen schoben sich zwischen uns. Eine zähe Strömung eiliger bewegter Rücken und Ellbogen, die mich, einen schwach rudernden Schwimmer, zurückdrängte. Nun lief er weiter.

Neben einer hohen Barrikade schwarzglänzender Müllsäkke bog er ab und verschwand. Ich stand gleich darauf an derselben Stelle. Am Ausgang der dunklen Gasse zwischen zwei Häusern gab es nur einen schmalen Durchgang zwischen den aufgetürmten Plastikwülsten, aus denen Papierfetzen und Obstschalen quollen. Feuchte Lappen streiften meine Waden. Im matten Licht der Straße glänzten die nassen Feuertreppen zu beiden Seiten wie eiserne Spinnennetze. Ich kam nur langsam vorwärts, ich konnte nicht sehen, wohin ich trat. Ich konnte das Ende der Gasse nicht sehen. Es roch nach Tod.

Ich verstand, daß dies eine Prüfung war. Die dunkle Schlucht, die ich gläubig durchqueren mußte, um an der anderen Seite ans Licht zu gelangen. Ich fürchtete mich nicht.

Jemand sprang mich von hinten an und hielt mich umklammert. Ich erschrak nicht, hielt mich ganz still.

»Das ist ein Messer«, flüsterte eine Stimme.

Die Umklammerung der Arme war so fest, daß ich nicht wußte, wo das Messer war und ob es meinen Körper berührte.

»Das ist ein Messer.« Es war eine junge Stimme mit einem harten, rollenden Akzent. »Machen Sie keinen Mist, Lady.«

»Meine Tasche.« Meine Stimme erkannte ich nicht.

»Lassen Sie mich los. Hier, die Tasche.« Ich wußte nicht, ob ich allein stehen konnte, wenn ich losgelassen wurde. Ich spürte meine Beine nicht.

Wir hörten beide gleichzeitig die Schritte, die näherkamen. Ich fühlte, wie sich der Mann, der mich immer noch an sich gedrückt hielt, steif machte und flach atmete. Eine Hand schob sich mir über Mund und Nase. »Mach keinen Mist.« Sein Speichel spritzte auf meine Backe. Wir taumelten schwerfällig rückwärts gegen die Hauswand. Ich krallte die Zehen ein, um meine Schuhe nicht zu verlieren. Ich konnte kaum atmen. Ich riß die Augen weit auf in der Dunkelheit.

Jemand ging an uns vorbei der Straße zu. Wir drehten uns gemeinsam um und schauten ihm nach. Die Hand tat mir weh; das bißchen Luft, das ich einatmete, roch nach dieser Hand, sauer und heiß.

Draußen hinter den Müllsäcken sahen wir ihn jetzt im grünen Licht der Neonlampe stehenbleiben und einem Taxi winken.

Ein fester Stoß warf mich gegen die Feuertreppe, und ich fiel auf die Knie. Ich hörte den Mann weglaufen, und gegen den grünen Ausschnitt der Straße sah ich ihn sekundenlang mit ausgebreiteten Armen durch die Luft fliegen, als er über die Müllsäcke sprang. Er trug keinen Mantel und keinen Hut. Seine Arme waren hell und ruderten glitzernd wie Flügel.

Als Kind habe ich auf ihn gewartet nach jenem Morgen, an dem ich den Hasen so schmerzhaft deutlich gesehen hatte. Ich verstand, daß das ein Zeichen von ihm war, und ich verstand auch, daß ich mit niemandem darüber sprechen durfte.

Jeden Tag wartete ich auf ihn. Ich ging hinaus auf die Wiese und legte mich ins Gras. Ich stellte mir sein Gesicht vor, sah es wieder in den Wolken, in dem Blattgewirr der Holundersträucher und im Wasser, das mein eigenes Gesicht spiegelte.

Als der Herbst kam, fing ich an, ihn zu vergessen. Ich konnte mir seine durchsichtigen Augen nicht mehr vorstellen, und es vergingen Tage, an denen ich gar nicht an ihn dachte. Trotzdem sah ich suchend in die Gesichter der Erwachsenen, wenn ich neben meiner Mutter beim Metzger oder beim Bäcker wartete. Wenn der Bus ankam und unter den kupferroten Kastanien vor der Kirche hielt, machte ich mich los und rannte hin, um ihn zu empfangen. Meine Mutter bemerkte von all dem nichts. Sie lobte mich, hielt lange meine Zeichnungen unter der Lampe in Händen, Zeichnungen, die ihn zeigten. Sie glaubte, der Strahlenkranz um seinen Kopf bedeutete, daß er ein Heiliger sei. Aber ich allein wußte, daß es die Sonne war, vor die er sich geschoben hatte, als er sich über mich beugte und die er ganz verdeckt hatte.

Señor Torril sagte: »Buenos Dias.« Er putzte zweimal seine Brille mit den dicken runden Gläsern und schnitt seinen Toast quer durch, als wolle er ihn endgültig und für immer besiegen. Saft spritzte, er bohrte den Löffel in die Grapefruit, und als er seinen Kaffee umrührte, klang es wie ein schepperndes Läuten. Ich saß und rauchte, trank schwarzen Kaffee und tat, als lese ich in unserem Tagesplan. Er hatte gestern im schwarzen Anzug und weißer Pikeeweste in der Hotelhalle auf mich gewartet, schweratmig auf- und abgehend und durch die dicken Gläser seiner Brille spähend. Ich wußte, wie er den Kopf vorwarf, wenn er sich einer Gruppe der dickgepolsterten Ledersofas näherte, um mich irgendwo zu entdecken. Señor Torril war klein und kahlköpfig. Wir waren nach New York gereist, um einen Verbindungsmann zu treffen, der Beziehungen zum Landwirtschaftsminister hatte. Am Telefon klang seine Stimme beruhigend und träge, ein Uruguayer wie Torril, der im Auftrag seiner Regierung reiste. Es ging um Mastviehzucht. Ich begleitete Torril, als Dolmetscher und Reisemarschall.

Die Konservenfabrik »Oxa«, die ihr Fleisch tiefgefroren aus Uruguay importierte, hatte mich als Señor Torrils Begleiterin verpflichtet. Sie bezahlten mich gut. Anna, meine Freundin in der Staatskanzlei, für die ich gewöhnlich Gäste der Regierung betreute, hatte mir diesen Job verschafft. Ich hatte aber schon lange von dieser Reise gewußt. Ich sollte ihm dort begegnen, und dieses Mal wollte ich ihn nicht wieder aus den Augen verlieren, wollte mit ihm sprechen und ihn berühren.

Wenn wir die Straße überquerten und Señor Torril, angstvoll an meinen Arm geklammert und Beschwörungen vor sich hinmurmelnd, mir viel von meiner Wendigkeit nahm, glaubte ich oft, man habe mich ihm als Wächter mitgegeben. Ich überragte ihn um einen Kopf. Er führte endlose Gespräche auf Cocktail-Partys, wir versäumten niemals auch nur eine einzige. Ich stand auf hohen Absätzen, ein Glas in der Hand, zwischen ihm und irgendeinem Amerikaner und sah zu, wie beide das rote Krabbenfleisch in ihre Münder verschwinden ließen, während sie abwechselnd sprachen und weiteraßen. Ich übersetzte, bis einer von ihnen schluckte und nun weitersprach. Mitunter war die Musik so laut, daß ich mich zu Torril hinabbeugen mußte, als wollte ich ihn liebkosen. Er hörte nur auf einem Ohr gut und grunzte mit offenem Mund, wenn er mich nicht verstand. Einmal flog mir dabei ein Stück Salat ans linke Schlüsselbein und blieb dort wie eine Brosche kleben.

Ich sah allen Männern ins Gesicht, sie wurden sich immer ähnlicher, die Lichter blendeten mich, Rauch stand wie Nebel zwischen den Palmen und Lampen. Wenn ich mich in die marmornen Toiletten rettete, betrachtete ich mein Gesicht im Spiegel, meine müden Augen. Manchmal blickte mir dann sein Gesicht entgegen, und ich mußte die Stirn an das Glas pressen.

Señor Torril nahm die Brille ab und träufelte sich blaue Tropfen in die Augen. So mochte ich ihn gern, mit erhobenem Kinn, die Augen geschlossen und die faltigen Säckchen darunter von je einer blauen Träne behangen. Er sah aus wie ein enttäuschter alter Mann, und zum erstenmal tat es mir leid, daß er meinetwegen die Oper im Metropolitan versäumt hatte. »Aida«, seine Lieblingsoper. Er hatte mich am vergangenen

Tag gefragt, ob ich glaube, es werden Elefanten auftreten. Und wieviele?

Ich sah ihn nicht, auch nicht am nächsten oder dem folgenden Tag. Ich erhielt auch kein Zeichen von ihm. Ich war unruhig und ungeduldig mit Señor Torril, als trüge er die Schuld daran, daß ich ihn hatte entkommen lassen in jener Nacht, auf der nassen Straße.

Wir saßen in den tiefen Sofas der Hotelhalle, unter den Kronleuchtern. Ein rot ausgepolsterter Walfischbauch, weit weg von den gefährlichen Blitzen der Stadt draußen. Der Portier hatte einen Tisch für uns bestellt im »Pen and Pencil«, dem dritten Lokal auf meiner Liste. Natürlich aßen wir jeden Abend Fleisch, Steaks, die Señor Torril prüfend Stück für Stück auf der Zunge wog, um später mit meiner Hilfe den Maitre über Art und Zuschnitt des Fleisches zu befragen.

Señor Torril war unruhig, er räusperte sich immer wieder, und seine Füße in den neuen amerikanischen Schuhen scharrten abwesend in dem blutroten Flausch des Teppichbodens. Seine Unruhe mischte sich mit meiner eigenen. Es war uns immer noch nicht gelungen, unseren Verbindungsmann in Sachen Mastvieh zu treffen, und insgeheim gab Torril mir die Schuld. Was wurde verhandelt bei den langen Telefongesprächen, die ich in seinem Zimmer führte und die er, wenn er murmelnd und knurrend dabei vor mir auf- und abging, nicht verstand. Nun richtete er einen anklagenden Blick auf mich. Ich hatte mich wieder in der Halle umgesehen und überlegt, ob man mir Nachrichten, die von draußen in dieses Riesenschiff von Hotel gefunkt wurden, weitergab. Die vielen Portiers, die sich mit immer freundlichem Lächeln über die Empfangstheke zu mir beugten, den Schlüssel hinhielten und auf meine Fragen den Kopf schüttelten, verwirrten mich. Gab es ein System, nach dem Informationen aufgenommen und an die richtige Adresse weitergeleitet wurden?

»Gehen wir.« Señor Torril stellte seine Pina Colada auf den Sockel der Marmorsphinx, unter der wir saßen. Während er zu ihr hinaufblinzelte, murmelte er »qué fea – wie häßlich sie ist.« Im Taxi rückte er weit von mir ab.

Ein Bursche in einem wattierten Anorak öffnete uns im strömenden Regen die Tür des Taxis. Er führte uns in die Eingangshalle und weiter in den gedämpft erleuchteten Raum, wo uns der Maitre empfing, der neben der Treppe gewartet hatte.

»Dinner for two.« Er hob die Brauen. An den holzgetäfelten Wänden hingen Pferdephotos, Stiche von Reitern und lächerlich kleine buntgetupfte Jockeyblusen unter Glas. Das Brot im Korb unter dem weißen Tuch war warm – schwarzes, graues und weißes. Das Brot beruhigte mich. Ich wartete ganz gelassen auf eine Botschaft.

Das Paar am Nebentisch ähnelte sich wie ein Geschwisterpaar, beide waren schwammig und bleich. Torril warf ihnen den Blick zu, mit dem er vorhin die Sphinx betrachtet hatte, sagte aber nichts. Wir tranken, er Bier, ich Wein. Er hielt lautlose Selbstgespräche, seine Hände gestikulierten auf dem weißen Tischtuch.

Der Mann am Nebentisch mit den zu dunkel gefärbten Haaren kämpfte lustlos mit dem riesigen Fleischpilz auf seinem Teller. Er schüttelte den Kopf und beobachtete heimlich gereizt seine Frau, die in schweigendem Genuß Gabel um Gabel zierlich zum Munde führte.

Er sprach. »Job«, verstand ich immer wieder, »Job.« Er redete wohl von seiner Arbeit, sein Gesicht sah gequält aus. Die Frau hörte ihn nicht, sie betrachtete ihn milde, sie kannte das. Sie nahm von der Sauce.

Das Fleisch, unser Fleisch kam. Ich hatte zuviel Brot gegessen. Ich saß schwach und lustlos vor meinem Teller. Señor Torril warf mir, das Besteck schon erhoben, einen funkelnden Blick zu. Vielleicht war es meine Unfähigkeit, das Fleisch zu lieben, die unsere Treffen mit dem Mittelsmann sabotierte.

Der Kellner stellte ein kleines Tablett mit einem Zettel neben meinen Teller. Es war nicht die Rechnung.

Ich sprang hastig auf, stieß dabei mein Glas um. Torril schien es nicht zu bemerken.

Im Vorraum wartete niemand. Die Tür zur Straße war schwer zu öffnen, der Mann im Anorak, der uns eingelassen hatte, half von draußen, sie zu öffnen. Es regnete noch immer.

»Ich muß Sie dringend sprechen«, hatte auf dem Zettel gestanden. Ich war ganz ruhig, ich war bereit.

Der Cowboy, ganz in Schwarz und Weiß, stand in der Mitte des Gehsteigs. Seine hellen Stiefel spiegelten sich auf dem nassen Asphalt. Seinen Körper konnte ich nicht sehen, der dichte Regen löste seine Konturen auf. Sein Gesicht sah unter der Hutkrempe wie eine weiße Maske aus. Ich sah dunkle Augenlöcher über einem schmalen Mund voller Zähne. Der Mann im Anorak kämpfte hinter mir mit einem großen Schirm, aber ich trat schon in den Regen hinaus, der auf mein Haar und auf meine Schultern prasselte.

»Sie wollen mich sprechen«, sagte ich mit einer Stimme, die mir ganz fremd vorkam. Der Cowboy beugte sich vor, um mir unter dem Schirm ins Gesicht zu sehen. Tropfen rannen an seiner Hutkrempe entlang. Er trug keine Maske, die Haut glänzte hell über den Backenknochen und spannte sich um den Mund. Er lächelte, seine Zähne saßen eng in seinem Mund wie Plastikperlen. Der Regen fiel um uns herum wie ein durchsichtiger Vorhang.

Seine Absätze klapperten laut, als er sich wegdrehte und langsam davonging. Nach ein paar Schritten hob er, ohne sich umzudrehen, zwei Finger an seine Hutkrempe, sonst nichts. Ich wollte ihm nachlaufen, aber der Mann mit dem Schirm hielt mich zurück, sanft wie ein Freund. »Ein Irrer?« sagte er. »Sie werden naß.«

Señor Torril widmete sich seinem Eis. Ich legte meine nassen Hände auf den Tisch. »Sind Sie schwanger?« fragte er und betupfte seinen Mund. Ich lachte lang und angestrengt. Mein Hals tat mir weh. Señor Torril sah mir gelassen zu.

Im Wald wohnten die Tiermännchen, kleine daumengroße Wesen, die wie Wurzeln aussahen, mit Beerenaugen, Fellgesichtern und Käferflügeln. Unter den Baumwurzeln polsterte ich ihnen kleine Wohnungen mit Moos, stellte runde Kieseltische hinein, Tellerchen aus Vogeleierschalen und Eichelnäpfchen vom Vorjahr. Das Blattbett mit seinem flaumigen Kissen aus Distelsamen war am Morgen, wenn ich nachsehen kam, verwelkt und eingerollt. Jemand hatte darin geschlafen. Manchmal aus den Augenwinkeln hatte ich geglaubt, sie dahinhuschen zu sehen im Zittergras am Bach. Sie zeigten sich nie.

Nun legte ich Zeichen anderer Art unter die Wurzelhöhlungen. Stöckchen, die ich entrindet, geglättet und zurechtgeschnitten hatte, steckten in einem Muster, das ich erfunden hatte, umwickelt von meinem Haar, manchmal getränkt in meinem Blut.

Steine, die ich bei mir getragen und im Mund gehalten hatte, reihte ich zu einer Kette über die Stellen, an denen der Bach flach und weißgischtig über die Felsen floß. Das alles waren Signale, Beschwörungen, die ich immer wieder aussandte, um eine Antwort zu erhalten. Manchmal schaffte ich es tagelang, nicht nachzusehen.

Im dunklen feuchten Grün des Gewächshauses sprach Schwester Albertina von Jesus. Ihre Finger griffen dabei nach den dunkelgrünen Tomatenpflänzchen und lösten die kleinen Wurzelballen aus der feuchten Erde. Ich sah ihr zu. Irgendwo tropfte Wasser. Ich reichte ihr bis zur Brust. Sie sprach von Jesus wie meine Tante von ihrem Verlobten, der, weil er ein Stipendium hatte, in Amerika lebte. Meine Tante saß dann da, die Lippen halb geöffnet, und atmete Hitze aus am ganzen Körper. Ich konnte, wenn sie von ihrem Verlobten sprach, Kekse, die sie angebissen hatte, aus ihrer Hand nehmen, ohne daß sie es bemerkte. Oft umarmte sie mich dann. Ihre Augen sahen flüssig aus.

Meine Mutter hatte mich mit zehn Jahren in die Klosterschule der nahen Kreisstadt geschickt. Schwester Albertina unterrichtete uns in Geometrie. Die Kreise, die sie an die Tafel malte, waren wunderbar, rund wie Monde.

Die Pflänzchen schmiegten sich in ihre Hände, sie warteten darauf, daß ihre Finger die trockenen Blätter abzupften. Ich wünschte mir, eine Pflanze zu sein und von ihr gegossen zu werden.

»Haben Sie ihn gesehen«, fragte ich sie.

»Wen? Jesus?«

Kleine Schweißperlen standen auf ihrer Stirn, eine Haarsträhne, ein rotes Federchen, klebte dort.

»Ja«, sagte sie, »ich sehe ihn manchmal, wenn ich bete, manchmal abends, und ich spüre meine Knie nicht mehr, und ich spüre meinen schweren Leib leicht werden und durchsichtig, dann sehe ich ihn.«

»Wie sieht er aus?« fragte ich. Ich konnte sie riechen. Wachskerzen und schwarzer Stoff. Sie sah durch die matten Glasscheiben hinauf in die Bäume des Gartens.

»Er ist wunderschön«, sagte sie, »wunderschön, wunderschön.«

Im Herbst kam ein Zirkus in die kleine Stadt. Er kam nachts, und ich hörte von meinem Bett aus die Tiere schreien. Der Geruch von Feuerwerk und Sägemehl kam durchs Fenster. Ich hatte Fieber und fürchtete mich. Die anderen Mädchen im Schlafsaal atmeten ruhig.

Auf dem Plakat, das morgens wie von Zauberhand am Haus gegenüber klebte, erkannte ich ihn sofort. Ich stand am Fenster und sah lange hinüber. Mr. Elektro. Blaue Blitze zuckten aus seinen erhobenen Händen. Er sah mich an. Von der Wand neben dem Papierladen gegenüber der Schule, zwischen Löwen und Clowns war er der einzige, dessen Blick ich spürte.

Als sie mich am Fenster entdeckten, trieben sie mich ins Bett zurück. Am Abend konnte ich nicht mehr schlucken. Am nächsten Tag besuchte mich meine Mutter. Sie brachte mir Orangen und Nüsse, saß auf meinem Bett und hielt meine Hand. Ich schwieg trotzig und sah sie nicht an. Ich durfte nicht in den Zirkus gehen wie die anderen. Ich sollte im Bett bleiben.

»Nächstes Jahr bist du gesund, wenn der Zirkus kommt«, sagte sie immer wieder. Wie hätte ich ihr erklären sollen, warum ich traurig war.

Die anderen Mädchen hatten keinen Mr. Elektro gesehen, nur als Husaren verkleidete Affen und eine Frau, die drei Goldfische verschluckte. Sie erzählten mir, als sie schlafen gingen, flüsternd und aufgeregt von den Tigern. Ich hörte auf zu beten.

Er lehnte an einer rot-weiß-gestreiften Bahnschranke. Ich saß im Speisewagen, hob eine Flasche Bier und wollte gerade das Glas füllen. Ich war mit dem schwarzen Prinzen unterwegs in die Berge. Er sprach ein deutlich artikuliertes Englisch voller altmodischer Ausdrücke, als habe er es auf der Missionsstation aus uralten Enzyklopädien gelernt. Im Wagen zum Bahnhof hatte sich seine schwarze Hand langsam über meine geschoben, wie eine Hülle. Er trug am Zeigefinger einen grünen viereckigen Ring, groß wie ein Hustenbonbon.

»Are you married?« hatte ich gefragt; das hatte man mir beigebracht. Ich hatte den Satz ausgesprochen wie eine Zauberformel.

»Where is our final destination?« Seine Augen sahen heiß aus. Adern waren geplatzt und sprenkelten das Weiß mit roten Punkten. Ich entzog ihm meine Hand ohne Hast und stellte den Kragen meiner Bluse auf. Ich hatte im Kino gesehen, wie Bogart den Kragen seines Regenmantels aufstellt.

»The Kings Castles«, sagte ich beruhigend. Ich arbeitete noch nicht lange als Reisebegleiter und Dolmetscher. Der Prinz kam aus einem kleinen Staat irgendwo in Afrika. Ich hatte auf der Landkarte danach gesucht und fand, er sah aus wie ein schmaler grauer Fisch. Den Namen hatte ich wieder vergessen. Die rot-weiß-geringelte Schranke erinnerte mich an Spielzeugeisenbahnen.

Er lehnte daran, beide Arme hingen darüber, schlaff wie Tierpfoten, er sah zu mir herauf, sein Haar war lang und lockig und wehte im Fahrtwind des Zuges über die Stirne, sekundenlang.

Die schwarzen Finger umspannten das Glas, die Nägel rosig und glänzend wie Muscheln, näherten sich über den Tisch. Ich goß Bier in das Glas. Zu schnell, Schaum lief über seine Finger und tropfte auf die Postkarten mit dem Schloßtor, eine Kutsche stand davor.

»When do we gain our final destination?«

Er hat nicht gewinkt.

Mir war bang wie als Kind, wenn es draußen dunkel wurde und meine Mutter noch nicht nach Hause gekommen war. Ich stellte das Glas vorsichtig vor ihn hin. Ich konnte nichts sagen.

Ich sah die Gläser aufgereiht auf dem Bord über der Durchreiche zur Küche, sah, wie sie zusammenstießen, wie sie glitzerten und wie sie zitterten und klirrten, ohne zu zerbrechen. Ich fühlte, wie es sein würde, gefüllt zu werden, wie wichtig es war, wie man zum Mund geführt wurde und wie entwürdigend, gewaschen zu werden.

Wenn ich in meinem Bett lag mit geschlossenen Augen, ganz still, wurde das Rauschen des Verkehrs auf der großen Straße unter meinem Fenster zum Rauschen eines Flusses. Damals machte mir die große Stadt Angst. Es war eine Überwindung am Morgen, in die Sprachenschule zu gehen. Ich schlich an den Hauswänden und Schaufenstern entlang wie eine Blinde, die einen vertrauten Weg ertastet. Um die Straße zu überqueren, hätte ich mich am liebsten an jemandem festgehalten, wie später Señor Torril an mir. Ich aß wenig, meistens Kekse und Schokolade aus dem Schreibwarenladen, in dem ich meine Hefte kaufte. Später fand ich einen kleinen Park und einen Buchladen, nicht weit von meinem Zimmer entfernt. Wenn es warm war, lernte und arbeitete ich dort. Ich mochte den Geruch der kleinen Wohnung nicht, in der sich mein Zimmer befand, am Ende eines langen Ganges, in dem Fahrräder standen, aufgerollte Teppiche und eine fahle Keramiksäule. Einmal hatte ich leise Schreie gehört, die in Fauchen übergingen, als ich an der Küche vorbeiging. Durch die halboffene Tür sah ich meine Wirtin, Frau Zorn, vor dem Ofen stehen. Sie war nackt. Ihr Körper war gelblich und knittrig, ein lederner Rucksack mit aufgenähten Taschen, die teils prall gefüllt waren, teils schlaff herabbaumelten. Der Duft von bratendem Fleisch erschreckte mich. Ich trat unwillkürlich einen Schritt näher und wollte die Tür zur Küche ganz öffnen, aber da sah ich, daß Frau Zorn unter den Fettspritzern, die im schrägen Nachmittagslicht wie eine goldene Staubwolke über der Pfanne standen, erschauerte und ihnen mit halbgeschlossenen Augen den geröteten Bauch entgegenwölbte.

In dieser Zeit träumte ich oft von ihm. Einmal hatte er vor mir sitzend mein Gesicht mit den Händen umfaßt und zur Seite gedreht, um mir die Erde zu zeigen. Ich sah die Erde, die sich grün bewachsen wie ein moosiger Ball im dunklen Weltraum drehte. Dort wo sein Blick sie traf, leuchtete sie auf wie unter den Strahlen eines hellen Scheinwerfers. Ich sah wuchernde Schachtelhalmwälder, die unter milchigen Regenschauern taumelten und sich bogen. Seine Finger streichelten meine Ohren. Ein anderes Mal sah ich ihn auf einer Wiese liegen, nackt und verwundet. Kleine wuchernde Pflanzen waren über ihn gewachsen. Klee drängte sich durch seine gespreizten Finger. Er war tot. In seinen Augenhöhlen stand Tau.

Meine Mutter schrieb mir, schickte mir Pakete mit Marmelade, die sie eingemacht hatte, und einen kleinen Strauß Astern, den sie in ein feuchtes Tuch eingewickelt und in eine Aluminiumdose gelegt hatte. Wie in einen Sarg. Meine Mutter war Lehrerin an der kleinen Dorfschule.

Sie erwähnte nie, daß sie nun noch mehr sparen mußte als früher. Nur einmal klagte sie in einem Brief, daß ihre Augen immer schwächer würden, und daß es sie ermüde, am Abend die Hefte zu korrigieren. Ich hätte nie gewagt, auch nur einen Tag der Sprachenschule zu versäumen. Ich ging selbst dann hin, wenn ich mich krank fühlte. Nachts konnte ich oft nicht schlafen, und ich sah meine Mutter am Küchentisch sitzen. Ihre dunklen, ein wenig vorstehenden Augen waren im Lampenlicht müde und ergeben auf mich gerichtet. Sie schraubte das Gläschen mit der roten Tinte zu und schob abwesend den Papierstapel vor sich zurecht.

»Ich weiß nicht, warum ich so müde bin«, sagte sie, »ich bin schon morgens müde, wenn ich aufstehe. Glieder wie Blei!«

Ich konnte oft lange nicht einschlafen und lag viele Stunden wach, lag ganz still, atmete tief, ließ die Straße zum breiten Fluß werden, das Bett zum leise schaukelnden Boot, die Decke zum Himmelszelt, bis schließlich der Schlaf sich doch zu mir gesellte. Er ließ sich auf mir nieder, ich fühlte sein Gewicht. Er bedeckte mich, deckte mich zu wie ein Laken, schob sich zwischen mich und die Nacht, zwischen mich und die Welt. Auch sein Mund bedeckte den meinen, ich atmete ihn tief ein. Ich glitt in seine blaue Landschaft mit der weiten Ebene, aus der die Berge aufstiegen wie Rücken, Knie und Schultern, und die Sonne summte wie ein strahlendes pulsierendes Herz. Jede Nacht wartete ich darauf, ihm dort zu begegnen. Auch der Schlaf war sein Bote, wie der Regen und der Wind. Ich war nie allein.

Als ich aus meinem Zimmer in der Wohnung von Frau Zorn auszog, schenkte sie mir die Keramiksäule. Zwei Männer in blauen Overalls trugen sie auf die Straße, und zum erstenmal sah ich sie im Tageslicht. Frau Zorn, im Morgenrock, sah zu, wie meine Bücher und Pflanzen in den Volkswagenbus geladen wurden. Ich besaß keine Möbel und hatte das Bett, das sie mir mitgeben wollte, nicht angenommen. Mein erstes Geld hatte ich mit einer Gruppe spanischer Damen verdient, die ich zu vielen überfüllten Modeschauen begleitet hatte. Ich kaufte mir ein Bett. Abends lag ich in der Mitte des kahlen Parkettbodens, und meine Palmen und Avokadopflanzen umgaben mich wie eine Hecke. Die Säule schimmerte im Licht der Straßenlampe. Nachts waren wir beide fremd und einsam in den leeren Räumen.

Anna gefiel die leere Wohnung. Sie selbst wohnte mit ihrem Mann in zwei vollgestopften Zimmern in einer der Trabantenstädte. Wenn sie mich besuchte, legten wir uns unter die Palmen auf das große Bett, rauchten und tranken Tee. Später hatte ich eine Stereoanlage, und wir hörten Musik, meistens Klaviermusik. Anna liebte Satie, und es gab Wochen, in denen ich abends, wenn ich spät nach Hause kam, den Kopf voll mit fremden Sprachfetzen und müde vom Zuhören und Sprechen, stundenlang Satie hörte, bis ich einschlief.

Anna arbeitete in der Staatskanzlei. Sie machte die Programme für die Besucher, die ich dann begleitete.

Einmal hatte ich versucht, ihr von ihm zu erzählen, aber als sie sich zu mir umdrehte, mit blinzelnden Augen, um mir durch den Rauch, der aus ihrem Mund quoll, hindurch einen prüfenden Blick zuzuwerfen, wußte ich, daß sie mich nicht verstehen konnte.

»Ich habe mir auch immer einen bestimmten Mann vorgestellt und auf ihn gewartet«, sagte sie und zog wieder an ihrer Zigarette. »Aber als ich dann Erich kennenlernte, sah er ganz anders aus, verstehst du?« Ich schwieg und erlaubte ihr, meine Hand zu streicheln. »Der richtige kommt schon noch«, sagte sie.

Ich hatte ihn seit einem Jahr nicht mehr gesehen und nur manchmal verworrene Botschaften aus dem Radio empfangen, aus Zeitungen, von Plakatwänden. Einmal hatte ich geglaubt, ihn zu sehen, nachts im Dampf vor einem Würstchenstand, aber als er sich zu mir umdrehte, war es ein alter Mann gewesen, der verzweifelt aussah und nach Alkohol roch.

Und wieder wurde es Winter.

Ich wartete im Schneegestöber auf einen Bus. Es war Mittag, und viele Leute, die aus den Büros kamen, hasteten an mir vorbei. Ich hatte die ganze Nacht an einer Übersetzung gearbeitet und stand nun gläsern wach und empfindlich unter den fallenden Flocken zwischen den eiligen Menschen.

Ich trat dicht an die Schaufenster, vor denen ich stand, und sah hinüber zu den hellerleuchteten Fenstern eines Cafés unter den halbrunden Markisen, auf denen Schnee liegenblieb. Weiße schwere Augenlider.

Ich sah ihn, und er sah mich. Er stand am Fenster, ganz plötzlich, dicht am Fenster und sah, die Hände in den Hosentaschen, zu mir herüber.

Ich machte einen Schritt, stützte mich an das Schaufenster und überlegte aufgeregt, wie ich durch die vorbeifahrenden Autos rasch über die Straße kommen könnte, ohne hinzufallen. Mir war schwindelig. Die Straße war wie ein gefährliches Wasser mit starker Strömung, und das andere Ufer, an das er mich lockte, lag wie am Ende einer langen Reise.

Er hatte sich hinuntergebeugt und ein dunkles ziemlich großes Paket vom Boden hochgehoben. Jetzt erkannte ich, daß es kein Paket war, sondern ein Kind, das die Arme in die Höhe streckte. Ich sah neben jeder Hand zwei kleine Handschuhe an einem Schnürchen herunterbaumeln. Ich konnte das Gesicht, sein Gesicht, nicht mehr finden.

Ich stand schon am Rand des Gehsteiges, einen Fuß im Wasser. Der fallende Schnee ließ das Bild verschwimmen und trieb mir die Tränen in die Augen.

Der Mann stellte das Kind wieder auf den Boden. Sein Profil hob sich deutlich vom hellen Raum hinter ihm ab. Er war es nicht.

Der Bus hielt neben mir, und ich fuhr zusammen, als dicht vor meinem Gesicht die Tür aufklappte. Ich stieg langsam ein.

Die Fenster des Cafés auf der anderen Straßenseite, das sah ich jetzt, waren mit weißen Mistelzweigen und Sternen besprüht.

Es war eine Männerstimme am Telefon. Nach der Pause, in der ich jemand atmen und mit Münzen klappern hörte, sagte jemand:

»Kommen Sie!« Es klang wie ein Befehl.

»Wer ist da?« fragte ich verwirrt.

»Das wissen Sie doch.« Die Stimme klang jetzt nachsichtig.

»Wer spricht bitte?«

Jemand lachte leise und weich. Ich kannte weder die Stimme noch das Lachen. Mein Kopf schmerzte, ich war aus einem Traum gerissen worden, den ich vergessen hatte. Ich erinnerte mich nur an ein großes Wohlgefühl, als triebe ich in körperwarmem Wasser.

»Kommen Sie. Ich warte schon so lange auf Sie.«

Eine Pause entstand.

»Ich weiß nicht, wer Sie sind.« Ich kam langsam zu mir und wurde wütend. Es war nach Mitternacht.

Ein langer Tag mit drei mexikanischen Journalisten lag hinter mir. Wir hatten eine ganze Fußballmannschaft interviewt und gefilmt. Die drei Männer waren immer halb betrunken gewesen und zu Streichen aufgelegt. In der Bar, in die sie gehen wollten, hatte ich die kleine Gruppe zusammenhalten müssen wie eine Erzieherin. Der, dem drei Finger fehlten, hatte etwas zerschlagen, und der Dicke, der dunkelhäutigste der drei, der immerfort schwitzte und parfümierte Haare hatte wie eine Frau, war mir vor dem Hotel entwischt und trotz seines schweren Körpers behende die Straße entlanggelaufen, um dann um die Ecke zu verschwinden. Am nächsten Morgen wollten die drei ganz früh zum Bischof. Ich hatte drei Tage gebraucht, um den Termin für dieses Treffen zu erhalten. Der Staatskanzlei gegenüber war ich verantwortlich, daß das Programm eingehalten wurde. Ich ließ Coronas laufen und nahm ein Taxi nach Hause. Es hatte geschneit.

Es schneite noch immer. Ich hielt den Telefonhörer mit beiden Händen fest. Vor dem Fenster fiel der Schnee lautlos und dicht.

In den letzten Jahren an der Sprachenschule schrieb ich immer seltener an meine Mutter. Ich besuchte sie nicht mehr und dachte nur noch manchmal an das Dorf. Im Winter, wenn in der Stadt der Schnee nicht liegenblieb, sondern schmutzig und mit Kieselsteinchen durchsetzt unter meinen Stiefeln wegrutschte, dachte ich an die Amseln, die in einer kleinen Schneewolke auf den Zweigen des Kirschbaums landeten, und an den Bach, unter dessen grünlicher Eisschicht das Wasser murmelnd weiterfloß.

Der Mann am Telefon war kein Ausländer.

Draußen schneite es noch immer.

In die Stille hinein rief ich aufgebracht: »Wenn Sie mir nicht sagen, wer Sie sind, werde ich …«

»Sie wissen, wer ich bin«, sagte er leise und traurig. Dann legte er auf.

Mein Herz hing eingeklemmt zwischen den Rippen. Es

schmerzte bei jedem Atemzug. Ich streckte mich, um es zu befreien.

Durch das geöffnete Fenster kam sofort eiskalte Luft herein, und ein paar Eisstückchen fielen auf meine nackten Füße. Die Straße dehnte sich verlassen und glitzernd. Auf den parkenden Autos lag Schnee. Ich berührte die Blätter der Avokadobäumchen, fühlte abwesend mit dem Finger, ob sie gegossen werden mußten. Vergaß es wieder.

In der Küche suchte ich tappend nach dem Lichtschalter. Meine Kaffeetasse vom Morgen stand auf dem Tisch, als wäre nichts geschehen. Das kalte Wasser rann über mein Kinn, und ich glaubte, ich hätte geträumt. Meine Hände umklammerten die Hähne. Manchmal schon hatte mich das Telefon mitten in der Nacht geweckt, aber nie hatte jemand geantwortet. Ich schwankte, blinzelte, neigte den Kopf unter den Wasserstrahl.

Im dunklen Schlafzimmer läutete das Telefon. Als ich den Hörer nach langer Zeit abnahm, wußte ich schon, daß ich mich mit ihm treffen würde, aber ich war nicht froh darüber. Ich brauchte lange, um mich anzuziehen, stand entschlußlos vor meinem Schrank, hielt die Strümpfe lange vor mich hin, ehe ich sie überstreifte, suchte lange nach meinem Gürtel. Die Stiefel waren noch naß.

Das glatte Holz der Theke spiegelte meine nackten Arme. Vor langer Zeit hatte ich an dieser Theke gelehnt – wann war das gewesen? Vor ein paar Stunden erst, zwischen den drei Männern. Ich hatte ihnen zugehört, ohne sie zu hören, und gelacht, wenn sie mich ansahen. Ich hatte unruhig die Gläser gezählt, die der Barmann immer wieder vor sie hinstellte.

Meine drei Gläser standen jetzt vor mir, aufgereiht wie fertige Stücke einer Arbeit, die ich zu verrichten hatte. An der Stelle, an der ich getrunken hatte, gab es eine Schneise im weißen Salzrand. Drei unterbrochene Kreise. Ich trank, was die Mexikaner den ganzen Tag getrunken hatten. Es schmeckte stechend sauer, meine Zunge war davon porös geworden wie

Bimsstein. Das erste Glas trank ich sehr langsam und sah mich manchmal zur Tür um. Niemand kam, und ich war zu schwach und zu ratlos, um wegzugehen. Ich hatte meine Brille nicht finden können, und nun saß ich zwischen Pastellzeichnungen von Menschen, ein großer Pinsel mit Wasserfarben hatte hier und da feuchte Spuren hinterlassen, die im Licht zerflossen.

Im Spiegel mir gegenüber saß eine sehr hellhäutige Frau in einem roten Kleid. Jetzt, nach drei Gläsern, wagte ich, ihr ins Gesicht zu sehen. Ihre Mundwinkel zuckten. Sie lachte. Ihre Schneidezähne glitzerten. Ihr Haar lag eng am Kopf, wie aufgemalt. Meine Hände griffen nach dem festgedrehten Knoten an meinem Hinterkopf, in dem ein langes hartes Stäbchen steckte. Ich schloß die Augen, um es zu betasten. Ich erkannte es erleichtert. Ich bestellte das vierte Glas. Schon wollte ich es zu den anderen stellen, aber das durfte ich nicht. Es war noch voll. Der Salzrand glitzerte wie Rauhreif. Die hellgrüne Flüssigkeit duftete nach Limonen. Meine Zunge öffnete eine schmale Gasse im Salz.

Als ich das Ei schälen wollte, rutschte es mir aus den Fingern und rollte unter meinen Barhocker. Es dauerte lange, bis es unten aufschlug. Ich beugte mich vor, um zu sehen, wo es hinrollte. In meinem Kopf rannen viele kleine Quecksilberperlen an der Stirn zusammen und machten sich schwer. Ich richtete vorsichtig den Kopf wieder auf. Eine Blume auf einem schwankenden Stengel.

»Bist du eine Biene?« sagte ich zu den braunen Augen, den Honigaugen, die so dicht vor meinen schaukelten. »Zeig mir deinen Rüssel.«

Sein Mund schmeckte nach Honig, und an meiner nackten Schulter fühlte ich unter dem Stoff des Hemdes das weiche Vlies seiner Brust. Ich suchte mit den Händen nach seinen Fühlern, glatt eingefaltet wie seidene Fächer. Aber ich fand nur glattes Haar und streichelte es.

»Bist du es?« fragte ich. Meine Augen wollten sich mit

Feuchtigkeit füllen, aber mein Mund kam ihnen zuvor und füllte sich mit Lachen, das aus der Brust heraufdrängte in großen goldfarbenen Blasen, die in der Pastelluft explodierten. »Bist du es?« Seine Hände hielten meinen Hals, sonst wäre mein Kopf abgebrochen und hinuntergerollt in die braune hölzerne Dämmerung, in der schon das Ei lag.

Auf dem Gang hätten Avokadoblätter gelegen und Erde, erzählte Anna. Ich selbst habe später einen verschmierten Handabdruck gefunden. Er sah aus wie ein roter Tintenfisch, der dort an der Wand schwamm, in Schulterhöhe, dort wo das kleine Aquarell gehangen hatte, ein Aquarell von einer Landschaft in Italien. Das Meer war sehr blau und füllte den ganzen oberen Bildrand.

Der Rahmen und das Glas seien zerbrochen gewesen, erzählte Anna. Sie sei mittags vorbeigekommen, um nach mir zu sehen. Die Audienz beim Bischof sei nicht eingehalten worden, die Mexikaner hätten aus dem Hofbräuhaus angerufen, erzählte Anna. Sie habe sich Sorgen um mich gemacht.

Anna hatte einen Schlüssel zu meiner Wohnung. Manchmal, wenn sie sich mit ihrem Mann stritt, schlief sie bei mir.

Sie habe, erzählte Anna, als sie im Gang zwischen zerquetschten Avokadopflanzen und Erdklümpchen stehend lauschte, ein seltsames Geräusch gehört in der stillen Wohnung. Es habe geklungen, als versuche ein Staubsauber immer wieder ein zusammengeknülltes Papier aufzusaugen, das zu groß für ihn war. Erde habe geknirscht unter ihren Sohlen, als sie über den Flur ins Wohnzimmer ging. Ausgerissene Avokadopflanzen, auf die sie nicht treten wollte, hätten sie erstaunt, Wasserlachen auf dem Parkett. Langsam und wachsam, ohne sich dessen bewußt zu sein, erzählte Anna, sei sie weitergegangen, habe die Tür zum Wohnzimmer geöffnet, vorsichtig. Im Wohnzimmer sei sie erschrocken über die Palmenblätter, die wie zerfetzte grüne Stofflappen auf dem Sofa lagen und zwischen den Schallplattenhüllen. Das Geräusch sei aus dem Schlafzimmer gekommen, und nun, erzählte Anna, sei noch ein anderes Geräusch dazugekommen. Ein hohes Wimmern, das sie erschreckt habe. Aber das sei sie selbst gewesen. Lange wäre sie so im Wohnzimmer stehengeblieben. Unschlüssig zwischen zerbrochenen Gläsern und zersplitterten Bilderrahmen.

Im Schlafzimmer habe sie erst nichts bemerkt, nur daß die Matratze nackt und ohne Laken gewesen sei, habe sie verwundert, und sie sei hingegangen und habe sich darauf gesetzt, probehalber wie in einem Hotelzimmer, von dem man noch nicht weiß, ob man es nimmt.

Sie habe sich umgesehen und zuerst die Kissen gesehen, in einer Ecke zusammengedrückt, sie hätten schmutzig ausgesehen und zerknittert; sie habe sich gefragt, was wohl mit ihnen geschehen sei. Dann hätte sie, als sie sich vorbeugte, die Laken und Decken bemerkt. Sie wären zusammengewunden wie eine große, in sich gedrehte Rolle halb unter dem Bett gelegen. Ein riesiger Kokon, in dem sich etwas bewegt habe, ganz wenig, aber eine Ecke des Lakens neben ihren Füßen habe immer wieder über den Boden gestrichen, als atme der Deckenkokon oder rolle leise hin und her, als schlingere er unter den Bewegungen eines Schiffes. Es sei ihr übel geworden, erzählte Anna.

Plötzlich, als habe jemand den Ton im Fernsehen angedreht, habe sie wieder hören können. Sie habe sich niedergebeugt und eine Hand gesehen, die aus den Laken und Decken ragte, unnatürlich gewinkelt und mit erhobenem Zeigefinger.

Mich auszuwickeln – denn dann habe sie begriffen, daß ich in diese Laken eingedreht war und unter Schwierigkeiten atmete – mich auszuwickeln habe sie nicht gewagt, erzählte Anna.

Erst nachdem sie den Notarzt angerufen habe, Gottseidank, erst dann habe sie die braunen Spritzer an der Wand gesehen, erzählte Anna.

Ich habe nach den Spritzern gesucht, später. Sie waren verschwunden, als ich aus dem Krankenhaus kam. Jemand muß sie übertüncht oder abgewaschen haben.

Und dann habe sie, erzählte Anna, auch mein rotes Kleid gesehen, über dem Türgriff hängend wie eine leere Haut.

In der Nacht ist die Landstraße nichts als ein blasser Staubstreifen zwischen dem dunklen Blau der Pistazienplantagen. Die Lampen, die in Kamari über der Strandpromenade im Wind schaukeln, sind erloschen, und die Sterne werden heller.

Olga

Ich weiß heute noch nicht, welch seltsame Freundschaft meine Mutter mit dem kleinen fahrigen Mann verband, der in diesem Winter manchmal in der Dämmerung vor unserer Tür stand, eine große verbeulte Aktentasche in der Hand, den schmächtigen Körper militärisch gestreckt. »Ist Ihre Frau Mutter da?« Wir Kinder führten ihn dann in die Küche, und meine Mutter kam herbei, machte ihm eine Tasse Kaffee und plauderte mit ihm, während sie in der Küche herumging, Gemüse putzte oder abwusch. Dabei saß er am Tisch, ließ meine Mutter nicht aus den Augen, fuhr sich mit seinen nikotingelben Fingern über den Ohren ins Haar und rauchte dabei.

»Olga läßt Sie sehr schön grüßen«, sagte er.

»Olga, die arme Olga ist wieder krank«, sagte er und hob die Hände.

»Olga hat mich heut nacht ausgesperrt«, seine Stimme wurde dünn und trocken. Er schloß die Augen. Er rauchte.

»Olga hält es nicht mehr aus«, sagte er.

»Olga will zurück nach Polen«, sagte er.

»Olga ist wie ein Kind, wie ein Kind«, und dann weinte er.

Meine Mutter schickte uns aus der Küche, aber jedesmal, wenn Herr Rötlich kam, versuchten wir uns unauffällig in seiner Nähe herumzudrücken. Vor allem ich war ganz versessen darauf, von Olga zu hören. Der Name faszinierte und erschreckte mich. Er klang brutal und teigig, er klang geheimnisvoll und verderbt, er klang wie Wälzen und Würgen, wie ein riesiges Nudelholz, wie ein breiter Fluß, gelbflutig und träge.

In der Aktentasche waren Stapel von Papieren, mit Unterschriften und Stempeln. Ich habe einmal hineingesehen, als

Herr Rötlich, vom Kummer übermannt, aus der Küche lief. Meine Mutter fand ihn nachher im Keller wieder. »Er braucht jemand, der ihm zuhört«, sagte sie. Auch sie hatte Olga noch nie gesehen, nicht mal auf einem Foto.

Mit der Zeit erfuhr ich mehr von Olga. Sie aß zuviel Butter. Rötlichs Gesicht verzog sich schmerzlich, als er dies sagte. Sie wurde wütend, wenn ihre Schuhe naß wurden. Sie ließ das Essen anbrennen. Ihre Kopfhaut war empfindlich. Rötlich zerrte an seinen schütteren grauen Haaren, die an seinem Kopf klebten. Danach kämmte er sie wieder zurecht, mit einem Kamm aus der Jackentasche.

»Olga mag nicht, wenn ich ungepflegt aussehe.«

Einmal nach dem Abendessen hörte ich meine Mutter dringlich auf meinen Vater einreden. Er saß vor einer Kiste mit Diapositiven und schloß das rechte Auge, wenn er eins davon ans Licht der Lampe hielt. »Olga hat ihm die Hand verbrannt mit der Zigarette, denk dir, zwischen Mittel- und Ringfinger, mit Absicht, glaube mir.«

»Toscana«, murmelte mein Vater.

»Diese Frau wird den armen Kerl noch umbringen, er hätte nie … nie … Ich glaube, sie ist viel größer und stärker als er, auch jünger …«

»Nein, das war Ligurien«, mein Vater blinzelte.

»Hörst du«, meine Mutter seufzte, »man muß helfen, irgendwie, diese Frau ist wie eine Dampfwalze.«

Mein Vater legte das Dia auf den Tisch. »Was, was sagst du? Schon wieder Olga, wenn ich nur diesen ordinären Namen höre. So heißt doch kein Mensch, So heißen irgendwelche Weiber in Soldatenliedern, laß mich bitte …«

Meine Mutter seufzte. »Ich denke immer an die wunderbare Olga bei Dostojewski«, sagte sie leise. »Wenn ich jetzt noch mal von einer Olga lese, werde ich … also Rötlichs Olga hat sie mir irgendwie verdorben.« Sie seufzte noch einmal.

Ich kauerte mit dröhnenden Ohren vor dem Plattenspieler,

wagte kaum zu atmen und sah Olga, eine riesige rosige Frau, in schwarzer Unterwäsche auf dem Küchentisch sitzen und mit dem Messer auf einen Haufen rohen blutigen Fleisches einhacken. Sie schwitzte und keuchte. Ihr Mund war sehr rot vom Lippenstift oder Blut. Balaleikamusik kreischte. Es roch nach Katzen.

»Der ist halt verrückt nach ihr, der arme Hund, nach seiner Olga«, rief mein Vater. Meine Mutter senkte die Augen.

Dann kam Rötlich nicht mehr.

Es wurde Frühling, und meine Mutter sagte nur noch selten: »Was wohl geworden ist mit dem armen Rötlich.«

An einem Abend aber, als ich nach Hause kam, stand eine Frau vor unserem Gartentor. Sie näherte sich mir mit ängstlichem Gesicht und hielt ihre kleine graue Tasche vor die Brust wie ein Schild.

»Bitte um Verzeihung«, sagte sie so leise, daß ich sie kaum verstand. Sie sprach ein hartes abgehacktes Deutsch. »Bitte um Verzeihung, ist Ihre Frau Mutter da? Ob sie … ich störe, nicht wahr?« Sie trug einen schwarzen Filzhut mit einer Straßbrosche über der Stirn und sah so hinfällig und hilflos aus wie ein kleines Mädchen, aber ihre Haare waren grau.

Meine Mutter öffnete oben im Haus ein Fenster und rief hinunter: »Was machst du so lange vor der Tür?«

Die Frau trat entschlossen hinter der Hecke hervor, und wie sie so dastand mit geschlossenen Beinen, erinnerte sie mich an Rötlich.

Sie setzte zum Sprechen an, doch ein komischer Ton kam heraus, wie ein Quietscher, aber sie reckte sich:

»Ich bin Olga«, sagte sie laut. »Ich suche meinen Mann, vielleicht … er hat von Ihnen gesprochen immer …«

Giuliano

»Giuliano«, rief die Frau über die Schulter ins dunkle Innere des Ladens. »Giuliano dai«, ihre Stimme klang ungeduldig, ihre Hände schoben die Wachskerzen vor ihr auf dem Ladenputtel der Länge nach zu kleinen Haufen. Sie trommelte kurz mit den Nägeln auf den gläsernen Teller, in dem schon mein Geld lag. Ich lächelte höflich, machte nun meinerseits beschwichtigende Gesten. Es war sehr heiß im Laden und roch nach Honig und bitteren Mandeln. Draußen im hellen Sonnenlicht fuhren Autos vorbei und warfen zitternde Blitze herein, die über die Wände sprangen, über die Tüten, Gläser, Blechdosen und Würste in den Regalen.

Giuliano. Es war Frühling damals, und nachts flüsterten meine Schwester und ich in den Betten, die am Kopfende zusammenstießen. Wir erzählten uns Geschichten, die wir uns ausdachten, wir waren zwei adlige Mädchen und lebten in einem Renaissancepalast, wie wir ihn aus Büchern kannten. Es gab einen Park mit Brunnen und Statuen. Dort schritten wir in schöngefärbten Kleidern und mit kunstvoll aufgesteckten Haaren zwischen den Blumenrabatten auf und ab. Wir hatten auch zwei Geliebte, wie ihrer hieß, hatte ich vergessen, meiner aber hieß Giuliano.

Die alte Frau murmelte. Irgendwo in der Tiefe des Ladens fiel etwas zu Boden und zerbrach, sie schloß die Augen und sah mich dann an. Wir beide hörten es, jemand polterte eine Treppe herunter mit schweren Schuhen. Ein Mann teilte den Vorhang aus Plastikstreifen und stellte mit einem Seufzer eine große fettige Flasche mit Olivenöl für mich auf den Tisch. Die alte Frau brummte und hob die Brauen. Der Mann wischte mit den Händen an der Flasche herum. Auch er mit gehobenen Brauen.

Graue Haare wuchsen aus dem Kragen seines T-Shirts, und aus den abgeschnittenen Ärmelstummeln hingen die breiten kurzen Arme herab. Seine borstige Nase glänzte, er rieb sie mit dem Handrücken, bis sein Gesicht zuckte, und fuhr dann mit glitzernder Brille zum Regal herum, um nach einem Korken zu greifen. »Giuliano«, sagte die Frau fragend und tadelnd zugleich. Er hob die Schultern und warf den Korken neben die Flasche.

Mein Giuliano hatte eine lange, schmale Nase, die sich zur Oberlippe senkte. Die Nase, eine Windhundnase, gefiel mir am besten an ihm. Der Mund wölbte sich ihr unmerklich entgegen, eine kleine Falte am Mundwinkel gab mir das Gefühl, er werde gleich lächeln. Giuliano kam aus einem Buch meines Vaters. Ich hatte die Seite mit seinem Porträt sorgsam herausgetrennt, mit dem Taschenmesser, berauscht von der Ungeheuerlichkeit dieser Tat. Er trug ein weinrotes Wams, ein schmaler weißer Kragen lag über dem Fellbesatz um seinen Hals, also hatte er darunter ein Leinenhemd an, das sicher am Rücken geschlossen wurde. Das Mädchen meiner Geschichte knöpfte ihm dieses Hemd auf, wenn er müde vom vielen Kämpfen – und er kämpfte fast jeden Abend um oder für mich – zu mir in den Garten trat, um im Springbrunnen zu baden. Nie haben die im Springbrunnen gebadet, sagte meine Schwester. Sie war älter als ich und hatte schon einiges gelesen. Giuliano schlüpfte trotzdem aus seinem Hemd, band es um die Taille fest und nahm mich in die Arme. Er betrachtete mich aufmerksam, ehrfürchtig und still, wie man ein schönes Bild betrachtet. »Giuliano.« Ich hielt an diesem Abend eine Lilie in der Hand und war bleich und schwermütig wie eine Mondsüchtige.

»Giuliano ist verrückt«, sagte die Frau und wies auf den Vorhang, der noch hin und herschwang, nachdem der Mann verschwunden war. Sie schlug sich mit der Hand vor die Stirne.

In jenem Sommer schrieb ich ›Giuliano‹ in all meine Schulhefte. Ich küßte sein Papiergesicht viele, viele Male und fuhr mit den Fingerspitzen über seine Brauen und über sein langes Kinn. Seine gesenkten Lider hoben sich, und seine goldenen Augen sahen mich an. Ziegenaugen, geheimnisvoll und unheimlich.

Nachts, wenn ich durch den Park ging und die Liebespaare auf den Bänken sitzen sah, flüsterte ich seinen Namen. Wenn ich mir vorstellte, wie er mich umarmte, kribbelte mein ganzer Körper.

Als meine Schwester sich im Herbst verliebte, wollte sie unser Spiel nicht mehr spielen. »Laß mich in Ruh mit deinem blöden Giuliano und seiner Schnabelnase und seinem Unterbiß«, sagte sie und wälzte sich zur Wand.

Ich nahm die Ölflasche vorsichtig von der Theke und stellte sie in meine Tasche. »Giuliano«, rief die Frau, aber hoffnungslos, nur um mir zu zeigen, daß sie nicht aufgab. Nichts rührte sich im hinteren Laden.

Eines Nachts war Giuliano an mein Bett getreten, er hatte einen Blumenkranz auf dem Kopf, und Tautropfen lagen auf seinem Gesicht. Es war eine Nacht im Dezember, und als ich wach wurde, aß ich einen Lebkuchen.

Der Pfeil der Diana

Wir setzten uns auf unsere Koffer und atmeten lange, ohne zu sprechen. Der Weg von der kleinen Bahnstation, durch das Dorf und weiter am Eichengehölz entlang machte uns immer müde und streitsüchtig.

Das war die Stelle, an der das Schloß auftauchte. Nach der Holzbrücke über den Bach bog der Weg links ab in die Wiesen, die Hügel öffneten sich und gaben den Blick frei.

Sofie und ich hockten am Straßenrand auf unseren Koffern, das Schloß im Rücken. Wir schauten nicht hinauf. Daß es ein Schloß war, sah man nur von außen. Es lag auf einer flachen gefleckten Kuppe. Die Linden und Kastanien konnten es nicht verbergen. Das Hauptgebäude und die Seitenflügel, drei unterschiedlich aufgegangene blasse Brotlaibe, aus denen der schiefe schindelverkleidete Turm ragte wie der Griff eines plumpen Messers.

Ich nannte das Schloß die »Animalfarm«, ein Wort aus Frau Tomsons Englischlektüre. Sofie fand, wir wären viel eher die verstaubte Sammlung eines senilen Tierpräparators, der auf Insekten und Kriechtiere spezialisiert sei. »Lauter Schächtelchen und Glasbehälter, in denen wir aufgespießt werden, mit einer Nadel auf einem Korken.« Ich fand ihr Bild, wie so oft, gewagt und ausgefallen, aber schief. Wir konnten uns an diesem Punkt nie einig werden. Jeder verteidigte seine Theorie. Der Kirchenrat, ein lahmender Eisbär mit abgenutzten Zähnen, fand ich – ein behaarter Totenkopffalter, bei Tag blind, hielt Sofie dagegen.

Das Schloß schaute durch die Bäume zu uns herunter, mit seinen Reihen schwarzer Fensteraugen.

Drinnen erwarteten uns die engen Wohnzellen, wie Fächer

in einem gewaltigen Schrank, Wabe an Wabe. Zwischen den Wänden aus Preßspanplatten führten schmale unbeleuchtete Gänge vorbei an all den Türen: eine niedrige hölzerne Siedlung am Grunde der riesigen Rittersäle. Darüber, hoch oben und immer im Dunkeln, wölbten sich irgendwo die mächtigen Decken der Säle, ein falsches Firmament aus steinernen Balken und Stuck.

Manchmal nachts in unseren Betten beschrieben wir uns die Deckenmalerei, die sich dort oben, ungesehen in der Dämmerung, über uns spannen mußte, geheimnisvoll wie eine ferne Himmelslandschaft. Blau sah ich und lichtes Grün. Diana lag rastend im Schilf des Flusses, Nymphen und Tiere des Waldes huldigten ihr. Vögel saßen auf ihren erhobenen Armen. Diese Szene hatte ich schon einmal aus einem Kunstbuch kopiert. Sofie dagegen sah eine Schlacht. Gestaffelte rote Reiter, die ihre Hellebarden gezückt hielten wie Strahlen einer silbernen Wasserkunst.

Sofie und ich waren beide fünfzehn und lasen die Bücher aus der Bibliothek mit der Rastlosigkeit von Leuten, die sich auf eine Expedition in ein fernes, gefährliches Land vorbereiten. Sofie hatte eine besondere Methode. Sie stellte den Wekker auf sechs Uhr früh und las eine halbe Stunde Hegel, eine halbe Stunde Thomas Mann, Gedichte erst am Abend, ehe wir das Licht löschen mußten, als Belohnung. Ich las schneller, ausdauernder und wahlloser als sie, nahm die Taschenlampe mit unter die Decke oder legte die Bücher zwischen die Hefte und Grammatiken auf den Tisch. In der Lernzeit wurde es still in den Zellen, und nur das Knistern von Papier und das Öffnen und Schließen von Federmäppchen und Zirkelkästen waren durch die braungemaserten Preßholzwände zu hören. Sofie las, um ihren Horizont zu erweitern, wie uns Frau Kammholz geraten hatte, oder um sich zu bilden, wie sie selbst es nannte. Ich aber suchte in allen Büchern nach Liebesgeschichten und dem Versprechen künftiger geheimnisvoller Begebenheiten.

In diesem Frühsommer las ich »Dr. Schiwago«. Ich hatte das Buch ins Schloß geschmuggelt, und wenn ich spät nachts mit schweren Lidern und enger Kehle die Taschenlampe ausknipste, war mir wohlig bewußt, daß Frau Kammholz, die Direktorin, diese Lektüre nicht gebilligt hätte. Auf dem Titelbild stand eine kleine weiße Frauengestalt mit hängenden Schultern unter den spinatgrünen Pappeln am Fluß. Ihr Hut hing an einem Ast. Über ihr füllte ein bärtiges dunkles Männergesicht den ganzen Himmel aus.

Manchmal besuchten wir den alten Kirchenrat in seinem Zimmer. Die dreisteren Mädchen kamen mit Familienproblemen zu ihm, die sie sich vorher ausdachten. Wenn sie sich genügend anstrengten, gelang es ihnen, sich in Tränenausbrüche hineinzusteigern, an dem schweren hölzernen Schreibtisch sitzend, auf dem zwei Porzellanhunde rechts und links neben dem silbernen Tintenfaß Wache hielten.

Der Kirchenrat war Tränen gewohnt. Draußen vor dem Fenster bewegten sich die Äste der Linden wie grüne Vorhänge. Der alte Mann sah hinaus, während man mit ihm sprach, den Kopf schräg gelegt und zwischen die Schultern gezogen. Sein Stuhl war gepolstert, und sein großer Körper, in schwarze Jacken und Westen geknöpft, entspannte sich in den langen Pausen, ehe er selbst sprach. Manchmal, langsam, griff er neben sich ins Regal und stellte eine Keksdose auf den Tisch. Er legte die trockenen graugelben Sterne auf ein Löschblatt. Wir kannten sie. In der Küche wurden sie für alle Schüler gebakken, zum Advent.

Wir kamen nicht wegen der Kekse und auch nicht wegen der tröstlichen Worte, die der Kirchenrat über den Tisch reichte, gewohnheitsmäßig, wie die Zettel, die wir alle jeden Sonntag auf unseren Tellern zum Frühstück fanden. Sprüche aus der Bibel standen darauf, in der verwischten lila Schrift, in der auch die Texte der Schulaufgaben auf einer kleinen öligen Maschine im Sekretariat abgezogen wurden. »Sei getreu bis in den Tod, so will ich dir die Krone des Lebens geben.«

Wir sprachen nie darüber, aber wenn Sofie und ich den langen Gang mit den Blumentöpfen auf den ausgetretenen Solnhofener Platten entlanggingen, um ihn zu besuchen, wußten wir beide, daß wir in seinem Zimmer sein wollten, in dem Geruch nach Zigarren und Siegellack. Wir baten ihn um Notenpapier, um Rasierklingen für Bastelarbeiten. Er gab uns alles bereitwillig. Wir sahen zu, wie er die Rasierklinge sorgsam in Zeitungspapier wickelte, sein weißer mächtiger Kopf gebeugt. Wir kannten das leise Schnarren seines Atems. Er war der einzige Mann im Schloß.

In diesem Juni kam Herr Röhl aus der Kur zurück. Er war fast so alt wie der Kirchenrat, aber wir sahen die beiden Männer nie miteinander sprechen. »Ein gezeichneter Mann«, hatten wir einmal den Kirchenrat sagen hören, als er mit Frau Kammholz beim Nachmittagstee saß. »Er ist noch recht kregel«, hatte sie geantwortet. »Einen anderen haben wir in all den Monaten nicht finden können.«

Herr Röhl gab Latein und Geschichte. Er wohnte in dem Zimmer neben dem Speisesaal, und wenn man bei ihm saß, um mit ihm, was er gerne tat, den Stoff der vergangenen Stunde noch einmal durchzugehen, roch sein Zimmer immer nach Essen. Manchmal nach kaltem Rindfleisch und dumpfem Wirsing, freitags scharf wie ein verlassenes Fischrestaurant. Er war kein so prächtiger Mann wie der Kirchenrat. Seine Strickwesten in Braun und Ocker waren abgeschabt und an den Ärmeln aufgetrennt. Seine Hosen beutelten sich um Knie und Hintern. Seine Hände hatte er im Krieg verletzt, aber er bestand darauf, sie einem gebieterisch entgegenzustrecken, wenn man ins Zimmer trat oder wieder ging. Es graute und faszinierte uns, diese Hände zu fassen. Knochen mußten fehlen, man fuhr zwischen Daumen und Zeigefinger tief hinein ins Handinnere, ohne Widerstand, so daß die Finger das Handgelenk umgriffen. Wenn diese Hände vor ihm auf dem Tisch lagen, sahen sie rosig und gut gepolstert aus wie Maulwurfspfoten. Er sprach gerne vom Krieg, und beim Unterricht gelang es uns oft, ihn von Cäsar abzubringen und die tiefe röhrende Stimme herauszulocken, mit der er vom Kampf in den Lüften erzählte.

In Herrn Röhls Zimmer war es nicht so angenehm wie beim Kirchenrat. Auf seinem kleinen wackligen Tisch türmten sich vergilbte Zeitungsausschnitte und Aktendeckel. Er arbeitete an einer großen Geschichte der Weltkriege. Wenn er davon sprach, geriet er in eine seltsame Unruhe, klappte die Schere auf und zu, öffnete und schloß das Tintenfaß und verbog die Heftklammern. Besser war, ihn auf die griechische Mythologie zu bringen, aber das gelang nicht immer. »Der Mensch vergißt zu schnell«, schloß er jedes Gespräch. »Das Schöne wie das Schlechte.«

Ich hatte mir ein Buch von ihm ausgeliehen, ein hellblaues Buch mit roter Schrift auf dem Deckel. Ich hatte es in Packpapier eingebunden, um es beim Lesen zu schonen. Abends, wenn Sofie in ihren Gedichten blätterte, betrachtete ich die Marmorstatuen griechischer Göttinnen. Ich prägte mir ihre Bewegungen ein, die Art, wie sie standen, die Arme hielten, die Brauen wölbten. Ich gesellte mich zu ihnen. Ich stellte mir das Griechenland von damals vor wie unseren Stadtpark, in dem ein kleiner weißer Säulenpavillon auf einem Hügel zwischen Haselnußbüschen stand. Diana, die Zwillingsschwester des Apollon, zuständig für magische Beschwörung, las ich, die Eiben waren ihr heilig, die Kraniche, der Hirsch, die Göttin des Mondes, ihr Gesicht, gleichmütig und heiter, ihre blinden Marmoraugen. Ich zeigte sie Sofie. Das gebauschte Gewand war fein gefältelt, der umgehängte Bogen teilte Dianas Brust mittendurch, aber Sofie lachte über meine Schwärmerei und hielt ein Gedicht dagegen, das sie gerade las und in dem von

Chopin die Rede war und einer Sängerin, die ihm das Veilchenlied vorsang, als er im Sterben lag. Nur ungern gab ich das Buch Herrn Röhl zurück.

Über Sofies Klappbett stand das Foto eines Mannes. Sie rückte es abends zurecht und wünschte ihm eine gute Nacht. Es war ein junger Mann mit merkwürdig stechenden Augen und einem langen glänzenden Kinn. »Das ist Alf«, sagte sie. Wir sprachen manchmal über ihn. Er studierte schon, Germanistik. In den Ferien, als er eine Nierenkolik hatte, versteckte er sich in den Dünen und sagte keinem Menschen etwas davon, erzählte Sofie. Sie kam aus Bremen, und ob sie ihn noch liebte, das wußte sie nun nicht mehr zu sagen. Nach Hause durften wir nur in den Ferien, und natürlich durfte ihr Alf keine Briefe schreiben. Er arbeitete an einem Buch über Manfred Hausmann. Sofie trug mir Hausmanns Bücher an wie köstliche Süßigkeiten.

Ich hatte auch ein Foto, aber ich zeigte es ungern her, weil Bob mit seinem aufgerichteten Haar und den Sommersprossen darauf aussah wie ein Tier. Ein Ameisenkönig, sagte Sofie unbarmherzig, ich fand eher, wie eine Tüpfelhyäne. Seine sanften Augen betrachteten mich vorwurfsvoll, wenn ich ihn zum Gutenachtsagen, um nicht hinter Sofie zurückzustehen, unter dem Kissen hervorholte. Ehe ich einschlief, versuchte ich, an ihn zu denken, sah ihn vor seinem Fahrrad hocken, die dünnen nackten Beine gespannt und sehnig, als wären sie ein Teil des Fahrrads. Er hieß eigentlich Robert und war der Sohn unseres Nachbarn. Seine Mutter berichtete meiner Mutter am Gartenzaun stehend immer wieder, was für eine schwere Geburt er gewesen sei, Steißlage, und das im Hochsommer. Davon erzählte ich Sofie nichts.

In diesem Sommer saßen Sofie und ich beim Essen am Tisch der Direktorin, das war ehrenvoll und wechselte im Turnus nach einem Plan, der an der Tür des Speisesaals hing. Ich saß nicht gern am Tisch von Frau Kammholz. Es war mir unangenehm, sie anzusehen. Mir graute vor ihrem süßlichen Duft, der einen anderen scharfen Geruch nicht übertönen konnte. Kampfer, vermischt mit Himbeerbonbons. Ihr breiter flacher Körper – »wie eine Blattwanze«, sagte Sofie, »wie eine Flunder«, sagte ich – steckte auch im Sommer in eng anliegenden Strickkleidern, die, über dem Busen und an den Hüften gespannt, den glänzenden rosa Unterrock ahnen ließen. Ihre Diätkost brachte eine Schülerin der Unterstufe auf einem Extrateller, unter einem gewölbten Aluminiumdeckel. Während sie das Gemüse mit der Gabel in mundgerechte Happen zerteilte, erzählte sie uns von ihren Theaterbesuchen in der Kreisstadt, von ihren Studien der romanischen Kirchenplastiken, von den Talgdrüsen an ihrem Kopf unter ihrem Haar, die sich immer wieder füllten und wie kleine pralle Polster an ihrem Hinterkopf zu tasten waren. Alles, was sie uns erzählte, verschwamm für mich zu einem ungenießbaren Eintopf, wie der auf meinem Teller. »Kabale und Liebe« kam aus ihrem kleinen unnatürlich rosigen Mund wie die Hühnerknorpelchen, die sie ausspuckte und am Tellerrand ordnete.

Frau Kammholz kannte die Welt, wie sie sagte. Damit meinte sie die Menschen, vor allem uns.

Sie las alle Briefe, die wir bekamen, sie stand unseren Eltern gerade für unsere Moral. Wir durften nie alleine hinunter ins Dorf, männliche Besucher wurden abgewiesen, wie weit sie auch herbeigereist sein mochten. Es gab eine Reihe eherner Gesetze, die wir befolgen mußten und die in dem kleinen Heft standen, das wir mit unserer Schuluniform erhalten hatten. Darunter gab es Vorschriften, über die wir lachten oder grübelten. Man durfte nicht ohne Nachthemd schlafen, man durfte die kleinen Schülerinnen, die sich oft wie Kletten an die größeren Mädchen hängten, nicht umarmen oder im Schlafsaal besuchen. Wenn wir uns morgens im Waschraum einseiften, hatte eine Aufsichtsperson dabei zu sein. Das war meistens Frau Sperling, die kleine verwelkte Gymnastiklehrerin, die in einem blauen Trainingsanzug so rührend und atemlos auf den Holzplanken des Turnsaals hin- und hersprang und ihr Tamburin über dem Kopf schüttelte. Sie hatte einen Mann zu ernähren, der Cellospieler war, Schüler eines berühmten Cellisten. Sein Besuch und das Konzert, das er uns dann geben wollte, wurden immer wieder versprochen. Sofie und ich waren nicht sehr gespannt auf ihn, er hieß zwar Igor, aber, so sagte Sofie mitleidig, »was kann *die* schon für einen Mann haben«.

Frau Kammholz spielte zur Morgenandacht die Querflöte. Sie stand breitbeinig, und ihre schwarzweiße Dogge Alexander lag zu ihren Füßen und blickte ergeben zu ihr auf. Später sangen wir. Ich, die Augen auf den blonden halbnackten Jesus gerichtet, der mit ausgebreiteten Armen lächelnd seine Wundmale zeigte. Sein üppiger Mantel stieg in einer schweren samtroten Spirale aus dem geöffneten Steinsarg empor, über dem er schwebte. Gepanzerte Soldaten krochen am Boden um ihn her und schützten ihre Augen mit metallenen Händen vor seinem Glanz. Ich sah sein vorstehendes Schlüsselbein, die schattige Kuhle darüber, seinen Bauchnabel, die aprikosenroten Ohren, über denen das gewellte Haar sich wie vom Wind getragen auffächerte.

Ich hatte dem Mann, der an einem Nachmittag bei uns läutete, um ein Lexikon zu verkaufen, erlaubt, die Hand auf meine Brust zu legen. Nicht gleich und auch nicht wirklich erlaubt. Ich hatte ihn hereingelassen, und er hatte sich einfach an unseren Tisch gesetzt. Er hielt mir einen langen Vortrag über die Bildung, dabei hatten seine Hände sehr schnell und geschickt in den schönen bronzebraunen Büchern geblättert, die er aus seiner Tasche holte. Seine Finger, schlanke, sehr lange Finger mit roten Knöcheln, wiesen auf katzenköpfige Göttinnen, schwebende Frauen in tiefblauen Kleidern, die Schlangen, im

Haar trugen. »Hier Diana, die von der Jagd ermüdet ins Wasser steigt, eine Quelle des Hellespont, beachten Sie die Kühnheit des Lichtes auf ihren nassen Schleiern«, rief er und spreizte die Finger über dem Buch.

Am Ende konnte ich ihn kaum noch unterscheiden von den Tritonen, die auf Muschelhörnern bliesen. Er führte mich hinaus zu seinem Auto, um mir einen Kunstdruck zu schenken. Er fand ihn nicht gleich im Wirrwarr der Papiere und Bücher auf dem Hintersitz. Später, ich weiß nicht, wie er darauf kam, wollte er mir zeigen, wie man ein Auto lenkt, dabei umfaßte er mich, um mir zu helfen. Es schien ganz einfach, sein Gesicht war so nahe vor dem meinen, seine Augen waren so voller Spott und Fröhlichkeit, er brachte mich zum Lachen. Irgendwann lag seine warme Hand auf meiner Brust, ich bemerkte es kaum, denn sein Mund kam mir entgegen, und er sagte etwas wie »du bist wie eine Blume« oder »meine kleine Rose«, ich fand das in diesem Moment nicht übertrieben. Aber da trommelten schon die Fäuste meiner Mutter an die Scheibe. In diesem Jahr mußte ich eine Klasse wiederholen, meine Mutter konnte sich plötzlich alles zusammenreimen, nachdem sie mich ertappt hatte. Sie riß die Autotür auf und zerrte mich heraus. Ich stand neben ihr auf der Straße. Der Mann stieg wieder ins Auto, nachdem sie ihm eine Ohrfeige gegeben hatte, sein Haar hing von dieser Ohrfeige wirr um den Kopf. Er strich es nicht zurecht, als er wegfuhr.

Sofie hatte ich das alles nicht erzählt, aber Frau Kammholz wußte davon, das fühlte ich, wenn ihre Augen auf meinem Sommerkleid ruhten, als nehme sie Maß. Ich hatte beschlossen, mich zu bessern. Aber im geheimen plagte mich das Gefühl, daß etwas mit mir nicht stimmte. Es erschreckte mich, mit welcher Bereitwilligkeit ich dem Mann mit seinen pomadisierten Haaren ins Auto gefolgt war, harmlos, hatte mein Vater versucht, mich zu verteidigen, aber meine Mutter wußte Bescheid über mich. »So eine, die an den Zaun rennt, wenn die

Soldaten vorbeimarschieren«, sagte sie. Vielleicht hatte sie recht. Etwas in mir machte mir zu schaffen, eine versteckte Stelle, an der ich anfällig war, ›gefährdet‹, sagte Frau Kammholz, eine widerborstige Gier nach Männerblicken, Berührungen, Worten – eine schwermütige Ahnung von etwas Undeutlichem, Ungeheuerlichem, das auf mich wartete. Jesus lächelte mich an. Der weiße Kopf des Kirchenrates beugte sich über das Heilige Buch, er hob die Hand, um uns mit dem heutigen Segensspruch zu versehen. Am schlimmsten war, daß ich meine Verwirrung genoß.

Igor Sperling kam.

Die Küchenmädchen erzählten es Sofie, morgens, als sie die Aluminiumkanne mit Kaffee aus der Küche holte. »Ein Mann von Welt«, sagte eine, »ein richtiger Künstler«, sagte die andere.

Am Brett vor dem Sekretariat hing am Mittag ein Zettel. Da war zu lesen, daß Igor Cavalcanti ein Konzert geben würde. Igor Sperling mußte einen Künstlernamen haben.

Frau Sperling hatte sich verändert. Ich begegnete ihr auf dem Gang zwischen den Holzwaben. Sie trug ein Tablett mit einem Teller unter einem Topfdeckel, einer Flasche Bier und einem Stück Kuchen. Kuchen gab es sonst nur sonntags. In dem engen Gang konnten wir nicht aneinander vorbeikommen und tänzelten eine Weile voreinander hin und her, dabei sah ich, daß Frau Sperling ein weißes ausgeschnittenes Kleid trug und daß ihre Augenlider glitzerten wie blaues Email. »Erschöpft«, flüsterte sie, »diese Hitze, ganz erschöpft. So eine Strapaze.« Ich wußte, sie sprach von ihm. Ich kannte ihr Zimmer neben den Duschräumen. Ich kannte ihr schmales Bett, auf dem eine Batikdecke lag.

Ich kannte die Zimmer aller Erzieherinnen: Frau Tomsons mit türkischen Vorhängen behängtes Refugium im Turm, das sparsam möblierte schlauchförmige Zugabteil, in dem Frau Hekke, die Mathematiklehrerin, an einem Klapptisch ihre Himmelskarten berechnete. In Herrn Röhls Zimmer neben dem Speiseraum bedeckten seine Bücher die Wände, lagen in Stapeln neben seinem Bett. »Ich bin keine Bibliothek«, sagte er mir, als ich sein Buch zurückbrachte und mich nach einem neuen umsah.

In der vergangenen Stunde hatten wir einen Text über eine Germanenschlacht Caesars gelesen, ich konnte ihm ansehen, daß er militanter Stimmung war. Während er mit dem Lineal auf den Tisch trommelte, richtete er sich auf, spannte die Schultern und machte die Augen schmal, als suche er nach Feinden draußen zwischen den Blumenrabatten des Gartens. In den langen Pausen, wenn ich in einem Satz herumstocherte, pfiff er lautlose Märsche und schlug mit den Absätzen den Takt dazu.

»Die Frau als Erzieherin des Kriegers, ja, aber nur für kurze Zeit, nicht wirklich maßgeblich.« Herr Röhl war vom Text abgekommen. Wir saßen uns gegenüber an seinem kleinen Tisch. Die vergilbten Zeitungsausschnitte waren mit Stecknadeln zu Bündeln zusammengesteckt. »Die Frau aber auch als Zuflucht, als Kraftspenderin, als der heilige Ort, an dem ...« Herr Röhl stand auf. »Warum fragen Sie das hier?« Ich hatte nichts gefragt. Er setzte sich.

»Zeus nähert sich Hera, der spröden Göttermutter, als durchnäßter frierender Kuckuck, ein Tier, für das sie besondere Zuneigung empfand.« Er warf mir einen Blick zu, den ich nicht deuten konnte. Ich versuchte, nicht zu lachen.

»Er barg sich in ihrem Schoß, sie konnte ihn nicht abweisen. Zu tief war sein ... er bedurfte ihrer ... da, das meine ich, die Frau, auch in der griechischen Götterwelt als ...«

»Und Diana?«

Herr Röhl musterte mich. »Artemis, Artemis, bei den Griechen – bitte! Jetzt noch einmal«, er beugte sich über das Buch und trommelte mit den Nägeln über der Nase an den Steg seiner Brille.

»Eine grausame Jungfrau ... androgyn.« Er sah mich an. »Keine wirkliche Frau.« Ich wußte, er wollte weitersprechen, und ich hoffte, er werde das Buch aus dem Regal holen, wie er es schon manchmal getan hatte. Meine Augen gingen hinüber und suchten den hellblauen Buchrücken.

«Hier spielt die Musik«, rief Herr Röhl und schlug mit dem Heft auf den Tisch.

Sofie ließ sich auf mein Bett fallen, ich hatte es gegen alle Gebote schon am Tage heruntergeklappt und war damit beschäftigt, Niveacreme auf meine Beine zu reiben. Sofie lachte. Sie hatte sich vor Frau Sperlings Zimmer herumgedrückt und gehört, wie drinnen gesprochen wurde.

»Was?« fragte ich nach einer Pause, denn es ärgerte mich, daß ich nicht selbst auf die Idee gekommen war zu lauschen.

»Er sagte: ›Vorsichtig, nein – da drunter mehr rüber, da, hast du ihn?‹« Sofie lachte. »Sie sagte: ›Der ist ja ganz zerdrückt, schau dir das an, den muß ich bügeln‹«. Sofie langte nach der Cremedose und setzte sich eine weiße Flocke auf die Nase. »Dann kam sie raus und trug ein Stück Stoff in der Hand wie eine tote Ratte, rot, sag ich dir, so ein ganz gemeines Rot.«

Am Abend, in dem mit Stühlen vollgestellten Turnsaal, sahen Sofie und ich das gemeine Rot sofort. Es war ein breiter Tuchstreifen, der um seine Taille gebunden war. Er trug eine schwarze Hose mit aufgenähten Litzen wie bei einer Frackhose und ein weißes Hemd. Er sah sehr klein aus zwischen dem Stuhl und dem großen, rotbraunen, bauchigen Instrument, das er am Hals gefaßt hielt. Sein Haar, schwarz und gekräuselt, formte einen Helm, der über der Stirne zu hoch aufstand, als wäre er etwas zu eng und säße nicht richtig auf dem Kopf. Das Gesicht mit der ragenden und über dem Mund breiten Nase schien zu rosig für dieses kohlschwarze Haar. Als er lächelte, schüchtern und langsam, ehe er sich verneigte, glitzerte in seinen schwarzen Augen etwas wie ein heimlicher Triumph auf. Die eingekerbten Linien von der Nase zum Kinn an beiden Seiten des Mundes gaben ihm, als er sich nun setzte und mit geschlossenen Augen das Gesicht zur Decke hob, einen wehmütigen Zug, als bereite er sich auf kommendes Leid vor.

Ich weiß nicht mehr, was er spielte. Wenn er dabei litt, so genoß er dieses Leid. Das dunkle Instrument zwischen seinen Knien gehörte plötzlich zu ihm und bewegte sich mit ihm. Er hielt es im Arm. Er brauchte nicht hinzusehen, seine Hände wußten, was zu tun war, die eine, die den Bogen führte, zärtlich, so schien es mir, und ehrfürchtig, zählte auf die andere, die am Hals des Instrumentes auf- und abstieg, innehielt und weitersprang wie eine behende Spinne. »Wie ein Stierkämpfer«, hatte Sofie geflüstert, als er eintrat. »Wie ein Kellner im Grandhotel«, hatte ich erwidert. Er wiegte sich oder wiegte er den hölzernen Körper des Cellos hin und her? Sein Gesicht glänzte vor Schweiß, er reckte das Kinn und wendete es leise hierhin und dorthin, die Augen halbgeschlossen. Seine Lippen preßten sich zusammen oder entspannten sich und wölbten sich der Luft über ihm entgegen, die zitterte vom Licht der Kerzen in dem großen Leuchter, der neben ihm stand. Dunkle Flecken breiteten sich auf der Brust seines hellen Hemdes aus. Einmal rutschte der Stift des Cellos in ein Astloch, und der Jammerlaut, der in der ersten Reihe aus Frau Sperlings Kehle stieg, mischte sich mit dem quälenden Mißton des Instruments. Aber keiner lachte. Nur er lächelte kurz und nachlässig, fast ohne die Wimpern zu öffnen, und weiter ging's.

Seine Haare hatten sich aus ihrer starren Helmform befreit, ringelten sich zu Büscheln über seinen Ohren, fielen ihm in die Stirn und klebten an seinen Backen.

Es machte mich verlegen, ihn zu beobachten. Die Musik, nicht laut, aber eindringlich und lockend, zerrte an mir wie ein lauer Wind. Mir war, als beobachte ich einen Menschen, der sich allein glaubt, jemanden, der sehr glücklich, sehr traurig oder sehr krank ist und sich unter diesem Gefühl windet, verteidigt, nachgibt, glaubt, die Oberhand zu gewinnen, sich neu verliert und hingibt, forttreiben läßt, die Besinnung verliert, sich auflöst. Durfte man dabei zuschauen?

Ich versuchte, mich auf die Musik zu konzentrieren, zuzuhören und mich zu entspannen, aber eigenartige Bilder schossen durch meinen Kopf, ich konnte sie am ganzen Körper spüren, wie Hände. Ich schloß die Augen. Diana trat aus den Büschen, die Hunde sprangen um ihre Beine.

»Eine Frau könnte er sicher nicht zärtlicher behandeln«, zischte Sofie mir in der Pause zu. Ich haßte sie dafür, aber an dem besorgten, hohlwangigen Affengesicht, das sich mir zuwandte, konnte ich erkennen, daß auch sie mitgenommen war.

Frau Sperling stand nach einer Weile auf und wandte sich taumelnd zu uns um. Sie hatte geweint. Dann folgte sie ihm durch die hohe Flügeltür in den Gang hinaus. Er brauchte ein frisches Hemd, das wußten wir von den Mädchen aus der Waschküche.

»Das sind Ekstasen, die ein gewöhnlicher Mensch sich gar nicht vorstellen kann«, sagte Frau Sperling und sammelte die blauen Gummibälle in eine Pappkiste. Wir standen um sie herum in unseren Turnanzügen und schwitzten, aber sie wollte nicht weiter über ihren Mann sprechen, sondern hielt uns einen Vortrag darüber, daß der Mensch die Kunst hätte, um die fürchterliche Wahrheit des Lebens zu ertragen. »Das ist Nietzsche«, sagte Sofie unter der Dusche. »Manchmal hab ich das Gefühl, die bringen es fertig, einem hier alles zu verderben.«

Herr Cavalcanti zog mit seiner Frau in zwei Zimmer hinter der Spülküche. Nur kurz, versprach uns Frau Sperling. Ihr

Mann brauche etwas Entspannung, sagte sie, er könne Spaziergänge machen und etwas reine Luft atmen.

Frau Immrich, die Köchin, erzählte zwar, er habe keine Bleibe mehr und müsse nun ausgerechnet hier unterkriechen. Sie hielt die Suppenterrine fest, ohne sie mir zu geben. »Etwas ist da faul«, sagte sie und betrachtete mich ausdruckslos mit ihren hellen Gänseaugen. »Was ist mit ihm?« fragte ich, aber ohne große Neugier. Frau Immrich entdeckte fast jede Woche irgendwelche krankhaften Züge an Schülerinnen, die sie nicht mochte und von denen sie sich einbildete, sie beklagten sich heimlich über ihre Küche.

Frau Kammholz hatte angedeutet, er werde vielleicht Cellostunden geben, gegen ein Aufgeld, versteht sich, über das mit den Eltern verhandelt werden müsse.

»Man riecht es bis in die Küche, diese Zigarren oder was der raucht«, sagte Frau Immrich und gab endlich die Terrine frei. »Der riecht ... wie sag ich's ... wie ...«, aber sie fand das Wort nicht, und ich trug die Suppe aus der Küche.

Sofie machte ein hochmütiges Gesicht und fand es nicht so aufregend, daß man Herrn Sperling nun eigentlich zu jeder Minute auf dem Gang begegnen konnte. »Er spielt brav. Ich habe das schon besser gehört, der Schumann war mittelmäßig.« Als sie meinen Blick auffing, fuhr sie sich ins Haar und raunte »und so übertrieben!«, und doch wusch sie diese Haare jetzt jeden zweiten Tag und steckte Spangen hinein, auf denen sie alte Papierblumen vom Müttergenesungswerk festmachte.

»Was ist er für ein Tier?« fragte ich, ohne Sofie anzusehen. Sie dachte nach, das wunderte mich und beruhigte mich. Mir fiel auch kein Tier ein, das Herrn Sperling glich. Ich mußte ihn näher betrachten.

Aber es war nicht leicht, Herrn Sperling zu begegnen, und er kam auch nicht zum Essen in den Speisesaal. Manchmal sah ich ihn, aus dem Fenster drüben hinterm Haus, in dem Buchengehölz herumgehen, die Hände in den Hosentaschen, ein flatterndes Tuch um den Hals.

»Seine Hände sind kostbare Werkzeuge«, sagte Frau Sperling und wickelte sich ein Handtuch ums Haar. »An Skifahren und sonstigen Sport ist nicht zu denken, man muß seine Hände behüten, undenkbar, wenn er stürzen und sich verletzen würde, wie das bei Possowski passiert ist vor drei Jahren.« Auch Sofie kannte Possowski nicht.

Frau Hecke stand vor der Tafel, die Arme ausgebreitet. Es war ein heißer Tag, und die braunen Flecken auf ihrer blassen Stirn leuchteten wie aufgemalt. Sie zitterte mit dem Kopf vor Anstrengung. Ihre ausgebreiteten Arme mit den erhobenen Fäusten stellten Mond und Erde dar, sie kreisten um den grauen Kopf, die Sonne. Fliegen summten am Fenster.

Draußen sah ich Herrn Sperling über den Hof gehen, er hatte sich eine Geranie angesteckt, und seine Haare waren mit Wasser gekämmt und kräuselten sich eng am Kopf. Sofie wandte sich zu mir um, und unsere Blicke trafen sich, wir lachten nicht.

Die Tage vergingen, ohne daß wir viel von Herrn Sperling zu sehen bekamen.

Am Nachmittag während der Lernzeit übte Herr Sperling manchmal auf seinem Cello. Er saß allein auf seinem Stuhl im leeren Turnsaal, in dem auch unsere Morgenandachten abgehalten wurden. Er hatte den Stuhl ans Fenster gerückt und schaute hinaus, während er spielte. Ich war unterwegs zu einer Nachhilfestunde in Latein und hatte den Umweg über den Turnsaal gewählt, um Herrn Sperling zu sehen. In der Lernzeit durfte man nicht im Haus herumgehen und wenn, dann nur mit gutem Grund. An der Türe hatte ich zwei der kleineren Mädchen getroffen, die am Türblatt lehnten. Die eine schluchzte, und die andere hielt sie umarmt. »Was macht ihr hier?« fragte ich. »Er spielt so schön, ich kann es nicht aushalten.« Das weinende Mädchen schluckte und würgte übertrieben, am liebsten hätte ich ihr eine Ohrfeige gegeben. Ich machte die Tür zum Turnsaal auf, sah hinein. Herr Sperling auf seinem Stuhl am anderen Ende des großen Raumes wirkte klein im Sonnenfleck des Fensters. Wie ein aufgerichteter Waran, hätte Sofie gefunden.

»Laßt euch hier nicht erwischen«, sagte ich streng, aber als die Mädchen fort waren, verließ mich der Mut. Ich blieb auf der Schwelle stehen und hörte ihm eine Weile zu. Was er spielte, klang abgehackt und spröde, keine Harmonie war zu erkennen, kein Wohlklang hob sich und schwebte. Es klang wie eine Strafaktion. Warum, wußte ich nicht. Als ich die Tür schloß, verfolgten mich die rauhen Töne den Gang hinunter, wurden immer leiser und fügten sich nun zusammen, flossen dahin und erhoben sich sanft und voller Süße. Ich erkannte die Melodie, wußte aber nicht, wo ich sie schon einmal gehört hatte.

»Wer hat diesen Strauß vor die Tür von Frau Sperling gelegt?« Frau Kammholz hob einen welken Margeritenstrauß über ihren Kopf. Wir Mädchen standen in einem Kreis um sie her im Hof beim Appell. Wir warteten auf unsere Post. Keiner meldete sich, und Frau Kammholz ließ den Strauß aufs Kopfsteinpflaster fallen, ohne ihn noch einmal anzusehen.

Herr Röhl lag auf seinem Bett und hatte eine nasse Serviette um den Kopf gebunden. Wassertropfen rannen über seine Bakken und seinen Hals. Ich suchte nach einem Platz, um den Teller abzustellen, den ich ihm gebracht hatte. Er winkte mich heran und betrachtete die Nudeln und die blassen Speckwürfelchen voller Abscheu. »Was bringt die Sklavin dem kranken König?«

Ich stellte den Teller auf den Stuhl neben dem Bett.

»Soll ich Ihren Tee holen?« fragte ich. Er sah zu mir herauf und berührte den weiten Rock meines Kleides.

»Ist das nicht heiß? So viel Stoff auf dem Leibe?« fragte er. Aus den Ärmeln seines Unterhemds kamen seine dünnen weißbehaarten Arme hervor. Um seinen Hals hing eine Tierkralle an einem fettigen Wollfaden. Er bemerkte meinen Blick, berührte die Kralle und verzog das Gesicht.

»Ah ja«, er nickte mir zu. Er rieb die schlaffen Falten auf der Brust seines Unterhemds und hob dann die Hand.

»Gut, ich werde essen«, rief er und setzte sich auf. »Theophrastos, der griechische Philosoph und Botaniker ...« Er nahm eine Gabel voll Nudeln in den Mund und musterte mich, als erwarte er meinen Beifall. »Er hielt die Trüffel für etwas, das entsteht, wenn der Blitz ins fruchtbare Erdreich schlägt.« Er sprach undeutlich mit vollem Mund. »Der Geschmack nach Moschus ...« Er schob eine neue Gabel in den Mund.

Als ich die Tür hinter mir schloß, fühlte ich eine seltsame Traurigkeit.

Nachts traf ich Herrn Sperling vor den Toiletten. Ich war durch die nächtlich dunklen Gänge gestreift und hatte mir eingeredet, der Mond hielte mich wach. Dem Mondlicht wich ich aus, wenn ich durch die größeren Räume ging, helle Pfützen auf dem Boden lagen ausgegossen wie Milch, hineinzutreten hätte fürchterliche Folgen gehabt. So gelangte ich, fast schon im Glauben zu schlafwandeln, in den säuerlichen Dunstkreis der Duschen und Toiletten und sah eine helle Gestalt an der Wand neben der offenen Tür zu den Waschräumen lehnen. Fast wäre ich ihr ebenso ausgewichen wie dem Mondlicht. Drinnen glommen die Reihen von Waschbecken wie Gebeine in einer Katakombe. Ich roch Zigarettenrauch. Jemand räusperte sich. Herr Sperling war im Nachthemd, barfuß, seine Haare standen um seinen Kopf wie bei einem Maori. Im dämmrigen Gang hielt ich ihn zuerst für eine Frau.

Ich blieb vor ihm stehen, und er reichte mir seine Zigarette. Ich nahm sie und zog daran.

»Dieser ungeheure Sommer«, er räusperte sich wieder, »zermalmend diese Hitze – sogar nachts.« Seine Zigarette glühte auf.

»Ich kann auch keinen Schlaf finden«, sagte ich, bemüht, ebenso zu sprechen wie er. Ich litt nicht unter der Hitze. Dann schwiegen wir.

»Wollten Sie …«, er stieß sich von der Wand ab und machte eine Bewegung zur Toilettentür.

»Nein«, sagte ich beleidigt. Er rauchte. Er ließ mich nicht noch einmal ziehen.

»Wie alt sind Sie?«

»Sechzehn.«

»Sechzehn.« Er seufzte.

»Ich habe … ich wollte Ihnen noch sagen, Ihr Konzert, ich war sehr beeindruckt von Ihrem … von Ihrer Kunst …«

»Ja?« Er beugte sich zu mir, und ich konnte ihn riechen, ein warmer Dunst stieg aus seinem offenen Nachthemd. Ich verstand nicht, was Frau Immrich gegen ihn hatte.

»Ja, so ist es«, sagte er laut, als spräche er zu einer Versammlung. »Die jungen Menschen, die jungen Frauen … wie heißen Sie?«

»Julia.«

»Oh, Julia.« Er ließ sich auf ein Knie nieder und zog mich mit dem Arm an sein Gesicht. Seltsamerweise dachte ich nur daran, daß ich mich heute noch nicht gewaschen hatte.

»Sprich …, Lichtwesen, denn du überstrahlst den Mond über meinem Haupt wie eine Sonne.«

Das war nicht korrekt, ich und Sofie hatten Romeo und Julia gelesen, mit verteilten Rollen. »Sprich fort, Lichtengel, denn Du überstrahlst den Nachtglanz über meinem Haupt …«, murmelte ich. Herr Sperling lachte, das Gesicht an meinem Bauch. Jemand knipste das Licht im Gang an, und ich sprang in die Tür der Toilette und schob den Riegel vor. Ich hörte noch die zweite Toilettentür zuschlagen, und dann plätscherte es. Ich setzte mich im Nachthemd auf den Boden und versuchte, über dem Plätschern das Näherkommen eines Feindes zu erlauschen. Aber das Geräusch neben mir verwirrte und erregte mich. Es ekelte mich, und gleichzeitig gefiel mir diese vertrauliche Unbekümmertheit. Nur eine dünne Wand trennte mich von ihm ... Ich erlaubte mir nicht, ihn mir vorzustellen, und wartete solange reglos und leise weiter atmend, bis ich ihn die Tür aufriegeln und davongehen hörte. Seine nackten Füße platschten auf den Solnhofener Platten.

Herr Röhl saß mir an dem kleinen Tischchen gegenüber, und zwischen uns lag die rote Grammatik. Es hatte heute Kartoffelsuppe gegeben, und der fade Geruch hing in der Luft. Herr Röhl wies mit zitterndem Finger auf eine Zeile und sagte sie mir her: »A, ab, de, ex und e, cum, sine, pro und prae werden immer mit dem Ablativ verbunden.« Ich sprach ihm nach. Seine Stimme hatte eigenartig geklungen, erstickt, ich schaute zu ihm hinüber. Er war rot im Gesicht, und sein weißes, in der Mitte gescheiteltes Haar sah aus wie ein schmelzender Gletscher.

Herr Röhl nahm die Brille ab, seine Hände zitterten so stark, daß er mit ihr, als er sie hinlegte, den Radiergummi vom Tisch fegte. Ich wollte mich bücken, aber er griff über die Bücher weg nach meinen Händen und hielt sie fest. Wir sahen uns an. Vor dem Fenster jäteten die kleinen Mädchen die Blumenbeete, wir hörten sie sprechen und lachen. Sein Gesicht näherte sich über den Tisch. Jetzt sah ich die dicke Ader auf seiner Stirn, eine Ader, breit und knotig wie ein Hühnerdarm. Seine Augen traten fast aus den Höhlen, sein Mund kaute an etwas, eilig und beängstigend konzentriert. Sein Gesicht kam immer näher.

Jetzt wußte ich, was er tun wollte, aber ich hatte keine Kraft, mich zu wehren, nicht gegen dieses Gesicht, so dicht vor mir, dieses rote Gesicht, das immer näherkam. Jeden Augenblick konnte dieser Schädel platzen, konnte dieses Gesicht zerreißen, das weiße Haar sprang ab wie Eierschalen und prasselte um mich her, Hirnmasse flog gegen die Bücher an den Wänden. Blut und Hautfetzen spritzten an mein weißes Kleid. Sein Mund war heiß und trocken, seine Zunge rauh. Er keuchte. Ich hielt die Zähne zusammengebissen, von ganz nah starrten mich seine alten Augen an wie graue Eidotter unter einem milchigen Häutchen.

Er lehnte sich zurück. Ich schaute in die Grammatik, sah seine Hand jetzt ganz ruhig die Brille greifen, hörte seine Stimme ganz ruhig: »Also noch einmal ... der Ablativ.«

Was hatte er in meinem Gesicht gesehen, um das zu tun? Sicher war ich irgendwie schuld, und mein Ekel war eigentlich der Ekel vor mir selbst. Ich war so verlegen, daß ich einfach sitzen blieb.

Wir brachten die Stunde wie gewohnt zu Ende.

»Das hat er bei mir auch probiert«, sagte Sofie. Wir saßen uns auch am Tisch gegenüber, »und nicht nur bei mir.«

»Und?«

»Er versucht auch zu grapschen.«

»Was hast du gemacht?«

Sofies Gesicht sah eigenartig aus, als werde sie mir gleich eine schwierige Mathematikaufgabe erklären.

»Alte Männer haben oft ganz plötzlich Hormonschübe«, sagte sie, »das habe ich gelesen, da sind sie dann ... also irgendwie nicht ganz da.«

»Haben Frauen das auch?«

»Ach komm«, sagte Sofie.

Der Kirchenrat hielt mir ein Tempotaschentuch hin. Ich nahm es nicht. Meine Augen waren trocken, und ich rieb sie, damit sie rot wurden. Ich saß mit gesenktem Kopf und wimmerte. Das Glas Wasser, das er mir vom Waschbecken holte, nahm ich an und trank es hastig aus.

»Meine Mutter … ich hab sie selbst gesehen … mit dem Mann, der die Bäume beschneidet … Sie lag mit dem Gesicht an seiner Brust.«

»Kind, Kind«, der Kirchenrat verschwamm vor meinen Augen. Jetzt weinte ich wirklich. Ich stellte mir meine Mutter vor, im Schuppen, sah meinen Vater, sein Gesicht in den Händen verborgen, sah mich wie eine Verrückte laut schreiend zwischen den Obstbäumen durchrennen.

»Wir lesen jetzt zusammen«, sagte der Kirchenrat. Er hatte die Bibel schon in der Hand. »Kinder dürfen sich nicht zu den Richtern ihrer Eltern machen.« Ich fühlte seine Hand auf meinem Kopf.

»Mein Vater schlägt mich«, stieß ich hervor und weinte laut. »Er sagt, ich sei eine Lügnerin und eine … verdorben!« Ich erstickte fast an dieser Ungeheuerlichkeit.

»Kind, Kind«, sagte der Kirchenrat.

Auf der Wiese unter den Obstbäumen saß Herr Sperling mit nacktem Oberkörper, und seine Frau massierte seinen Nacken. Die Haare auf seiner Brust waren glatter und heller als die auf seinem Kopf. Wir rannten vorbei zum Hockeyfeld mit Mrs. Tomson, der Englischlehrerin, die uns mit Rufen antrieb und keuchend vorantrabte.

»You have to mooove those girls«, hatte sie zu Frau Kammholz gesagt, beim Essen, den kleinen dreieckigen Kopf über ihr Schmalzbrot gebeugt wie ein Iltis. Frau Kammholz kaute und nickte lange. Sie hatte an jenem Vormittag Alexander zum Decken in die Kreisstadt gebracht und beim Abendessen ein paarmal erwähnt, wie tapfer er sich gehalten habe, wie erschöpft er jetzt sei und wie schwierig es doch wäre, einem Tier, einem so edlen Tier, klarzumachen, daß, nun … sie ließ den

Satz unvollendet. Sie hatte einen stolzen Blick unter den Tisch gehen lassen, wo Alex lag und laut schmatzend seinen gefleckten Bauch leckte.

»Moooove it, girls«, Mrs. Tomson trillerte auf ihrer Pfeife. Wir brachen durch die Büsche. Blätter klatschten mir ins Gesicht.

Ich konnte sehen, daß Herr Sperling uns beobachtete, als wir vorbeiliefen. Er öffnete die Augen zu Schlitzen und lehnte den Kopf an die Brust seiner Frau.

Hin und wieder war er mir noch begegnet. Ich war ihm durch die Gänge gefolgt und über die Treppen. Manchmal war er im Nachthemd, manchmal in einem Bademantel, einmal in einer kurzen Hose, immer rauchte er, es war leicht, seine Fährte aufzunehmen. Manchmal hatte ich mir erlaubt, ihn einzuholen oder ihm entgegenzukommen. Ich war nicht sicher, ob er mich erkannte.

Einmal setzten wir uns auf die Stufen vor der Küche, und er erzählte mir von einer Frau, mit der er die ganze Nacht auf einer Treppe gesessen und gesprochen hatte, ohne ihr Gesicht zu sehen. Das war in Prag gewesen, nach einem sehr erfolgreichen Auftritt, einem Konzert. Man hatte ihm Blumen überreicht, Hortensien, nein, stark duftende Blumen, er hatte ihren Namen vergessen. Die Frau hatte ihm von ihrem blinden Mann erzählt und vom Balsam der Musik. Als er das sagte, streichelte er meine nackten Füße, ich wollte meinen Kopf an seine Schulter legen, mir war so schwach und aufgelöst zumute, ich wünschte mir, von seinen Händen berührt zu werden, nicht wie eine Frau, sondern wie ein Instrument. Ich erwartete irgendwie, daß die Berührung dieser Hände mich verwandeln würde, vielleicht würde etwas in mir aufsteigen wie Musik, vielleicht würde Wärme durch meine Glieder rieseln wie nach einer Calcium-Spritze. Ich wußte nicht genau, was geschehen würde, aber ich wußte, er hielt etwas für mich bereit, etwas nie Gefühltes, zauberisch Betäubendes, Fremdes. Ein nie gekanntes großes Gefühl. Aber er gab nichts davon heraus. Hielt meinen Kopf von sich ab, zauste mein Haar über der Stirn, nachlässig wie bei einem kleinen Jungen. Und dann sprach er von seiner Frau.

Ich dachte an Frau Sperlings dünnes Haar, das nach der Gymnastikstunde am Kopf klebte, dachte an ihre zitternden Schenkel unter dem Trikot, wenn sie am Barren das Bein nach hinten bog und hob wie ein Skorpion seinen Stachel. Ich verstand nicht, wie sie ihm gefallen konnte.

»Der beste Teil von so einem Mann geht an seine Musik«, hatte Frau Immrich gesagt, abends, als sie den Hefekuchen zerteilte. »Was bleibt da noch übrig für eine Frau.« Was konnte Frau Immrich schon wissen von solchen Dingen?

Sofie kam nachts in mein Bett und weinte. Ich holte eine Dose Thunfisch aus dem Regal hervor, aber sie wollte nichts davon wissen.

»Ich denke immer, das Leben geht vorbei, und ich bin hier, in diesem Käfig, ich werde immer älter und nichts geschieht«, sagte sie.

In dieser Nacht träumte ich von einem Mann. Er kam über die regennasse Straße auf das Taxi zu, in dem ich saß, festgeklemmt zwischen den anderen Mädchen. Wir standen ohne Fahrer inmitten der leeren Straße. Ich sah ihn kommen durchs Fenster, an dem Tropfen hingen, hinter ihm stieg der Bogen der Brücke auf und überspannte den Fluß, eine Brücke mit steinernen Geländern unter einer Girlande von Lampen, die im fallenden Regen verschwammen wie weiße Sterne. Er schaute zu uns herein, öffnete die Tür und reichte mir die Hand. Er mußte kämpfen, um mich zwischen den anderen Mädchen herauszuziehen. Er trug einen Frack, sein weißes Hemd leuchtete, der Regen fiel auf sein dunkles Haar. Als er den Arm um mich legte, wurde das Rauschen des Regens um uns noch stärker. Ich konnte sein Gesicht kaum sehen. Dampf stieg von uns auf wie Nebel. Wir tanzten. Er hielt mich mit einem Arm umfaßt, mit dem anderen hob er meine Hand hoch über unsere Köpfe. Wir drehten uns und walzten über den nassen Asphalt, zuerst im Kreis und weiter, immer weiter über die Brücke.

Jemand hatte einen Zettel unter Frau Sperlings Tür durchgeschoben, auf dem etwas für Herrn Sperling stand. Frau Kammholz hatte es uns nicht vorgelesen. Sie hielt den Zettel in der Hand, und ihre Augen waren klein und rot vor Entrüstung. Frau Sperling hielt die Augen gesenkt. »Man wird an der Schrift den Schuldigen erkennen, wir arbeiten schon daran«, sagte Frau Kammholz und sah drohend in die Runde. Wir Mädchen standen im Hof, es war Nachmittag, und der Schatten des Turms fiel auf uns und teilte uns in ein helles und ein dunkles Lager.

»Der muß weg hier«, sagte Frau Immrich, als ich am Abend Brot aus der Küche holte. »Ich verstehe die ganze Aufregung nicht. Cellostunden!« Sie schnaubte verächtlich durch die Nase. »Da müßte man ja noch ein Cello anschaffen hier im Schloß.« Die Küchenmädchen lachten und nickten sich zu. Wir alle kannten Frau Kammholz' Abneigung gegen Ausgaben.

Herr Röhl versuchte nicht mehr, sich mir über den Tisch zu nähern. Er ließ es dabei bewenden, mich gnadenlos und kurzatmig durch die Beugung der Verben zu hetzen. Er legte mir lange komplizierte Texte vor und bellte Befehle: »Das Verb suchen! Welchen Kasus haben wir hier?« Er betrachtete mich über den Tisch mit einer Mischung aus Abschätzigkeit und Ungeduld, die Lippen über den Zähnen gespannt, als werde er gleich knurren.

Herr Sperling ließ sich nicht mehr finden, und wenn er nachts herumging, dann nicht mehr im Haus. Es hielt mich keine Nacht im Bett. Ich lauerte im dunklen Waschraum, durchstreifte die leeren Klassenzimmer, pirschte mich bis zu den Küchenräumen vor, stieg hinauf bis zum Turm. Ich wußte gar nicht mehr genau, was ich mir davon versprach, ihn zu finden, und doch wurde mein Wunsch, ihm zu begegnen, immer quälender. Später in meinem Bett, wütend und enttäuscht, haderte ich mit ihm. »So leicht kommst du mir nicht davon«, dachte ich. »Gemeiner Kerl.«

Diana kniete im Farnkraut und legte an. Sie hatte den Mann in einen weißen Hirsch verwandelt. Er hatte sie beobachtet beim Bad im Fluß. Jetzt war er ihr verfallen. Der Pfeil traf ihn in den Hals. Er taumelte zwischen den perlgrauen Buchenstämmen durch. Gleich würde sie die Hunde auf ihn hetzen. Das Blut aus seiner zerrissenen Kehle spritzte ins Moos.

An einem Sonntag beschloß ich, ihn zu stellen. Frau Kammholz blies die Querflöte, und vor den Fenstern dehnten sich die Felder unter der Himmelsbläue, so weit man sehen konnte. Herr Sperling stand ans Fensterbrett gelehnt im warmen Luftzug, der den Geruch der Linden hereinbrachte. Er hielt die Augen geschlossen und hörte Frau Kammholz' Flötenspiel zu. Ich glaubte ihm seine Entrückung nicht, aber wie er dastand, die Arme über der Brust gekreuzt, und so tat, als wäre die Musik nur für ihn zu hören, erfüllte mich das mit solcher Erbitterung und solcher Sehnsucht, daß es in meinen Schläfen klopfte und meine Hände feucht wurden. Er war wie ein kostbares verschnürtes Bündel, das nur ich aufschnüren konnte, er war wie ein gefangenes fremdes Wesen, dem ich die Freiheit geben konnte. Ich hielt das alles für ihn bereit, und es kränkte und erzürnte mich, daß er es nicht annehmen wollte, ja, so tat, als bemerke er es nicht. Er sollte mich sehen und mich erkennen, sollte diese blinden Augen auf mich richten, die er beim Musizieren hatte, Augen eines Sehers, Augen eines Mannes, der eine Vision hat. Aber er wollte mich nicht sehen, wollte mich nicht annehmen. Ich konnte ihn erlösen. Aber er spielte weiter den Ahnungslosen, wollte nicht begreifen. Er rettete sich in die Welt der alten Frauen wieder und wieder, wenn er in der Gruppe der Lehrerinnen aus dem Saal drängte, lachend, als wäre nichts geschehen, wenn er neben Frau Kammholz zwischen den Beerenrabatten auf- und abging, die Hand auf Alexanders schwerem Kopf, und sich ganz schmal machte neben Frau Kammholz' breitem Ausschreiten, sich verbeugte, ihr den Vortritt ließ. Er schaute nie herüber zu uns.

»Er ist so unglücklich«, hatte Sofie einmal gesagt, »das sieht man doch, er hat nur seine Musik.« Wir saßen auf der Bank unter den Linden vor der Waschküche. Es war ein gewittriger Abend gewesen, Mücken schwirrten um die Holunderbüsche.

Ich hatte Sofie verblüfft angestarrt. »Dir hat doch sein Konzert gar nicht gefallen.«

Sofie hatte sich an der Backe gekratzt. »Das ist so lange her.«

Ich stand mitten im Zimmer. Vom Obstgarten herüber klangen die Stimmen der Mädchen beim Hockeyspielen, das hölzerne Klappern der zusammenschlagenden Stöcke. Ich hielt das Badetuch in der Hand, das mein Vorwand war, hier einzudringen. Ich hatte es von der Leine genommen. Mit beiden Händen streckte ich es vor mich hin, ein hellblaues Handtuch.

Er saß auf dem Bett mit offenem Hemd, die Haare zerzaust, auf seiner Backe waren Streifen abgedrückt vom Rippelsamtkissen, auf dem er gelegen hatte. Er rieb die Augen, streckte die Hand aus nach dem Handtuch, gähnte.

»Vielen Dank ... eh ...« Er zögerte, vielleicht suchte er nach einem Namen. Aber ich gab ihm das Handtuch nicht.

Das Bett war zerwühlt, und auf dem Tisch lagen Turnschuhe, an denen Gras klebte, daneben stand ein Teller mit Pfirsichkernen, auf dem Wespen saßen.

Jetzt mußte er etwas unternehmen, was, wußte ich nicht. Er legte sich aufs Bett zurück und zog die Beine nach. »Legen Sie's dorthin.« Er schloß die Augen.

»Ich muß immerzu an Sie denken«, sagte ich tapfer.

Er wälzte sich herum und schaute zu mir herauf mit kleinen Augen, unfreundlich und wie erstaunt, daß ich noch da war.

»Seit ich ... Ihre Musik ... Sie haben gespielt....« Ich wußte nicht weiter, kein Wort schien zu passen. Dabei waren mir viele eingefallen, nachts in meinem Bett, wenn ich mit ihm sprach und er mir die Hände hinstreckte, gerührt und erleichtert, wenn er mir sagte, daß er es auch so empfunden hätte, von Anfang an – diesen Zauber.

»Seit ich in diesem heillosen Haus lebe, habe ich nicht mehr spielen können ...« Er schloß wieder die Augen. »Was wollt ihr alle von mir ... ich habe nichts mit euch zu tun.« Er richtete sich auf und sah mich an.« Ich gehe hier vor die Hunde, und keiner merkt es!« schrie er.

»Ich glaube ... Sie sind blind. Ich ... ich leide für Sie«, stammelte ich.

Er warf sich zurück aufs Kissen und drehte sich zur Wand. »Gütiger Himmel«, murmelte er, und als ich mich immer noch nicht bewegte, sagte er leise: »Geh nach Hause, Kind.«

Auf dem Gang drehte ich das blaue Badetuch um meine Hände, zerrte daran, versuchte, es zu zerreißen, aber es gelang mir nicht. Ich schleuderte es hoch hinauf in die Dunkelheit über den Holzkabinen. Staub hob sich in einer Wolke und wurde von der Dunkelheit geschluckt. Dort oben war Leere, kein Firmament, kein Geheimnis. Es gab da oben gar keine Deckenfresken; das wußte ich jetzt. Sofie und ich hatten eine ganze Nacht lang mit einer Taschenlampe die Decken der Säle abgesucht.

Frau Kammholz verhörte mich mit ruhiger Stimme. Sie zerfloß und wurde eins mit dem großen schwellenden Sessel, in dem sie nistete. Das war in ihrem Zimmer, Hundehaare tanzten im Licht der Lampe, das Kaminfeuer brannte.

Als ich ihr zum dritten Mal erzählte, was geschehen war, hatte sich die Geschichte so verändert, daß ich selbst erstaunt war. Es war, als ließe ich die Szene immer wieder vor mir ablaufen und entdeckte neue und erschreckende Bewegungen, hörte Laute, die mir entgangen waren, erlaubte erst in diesem Augenblick fürchterlichen Gefühlen, an die Oberfläche zu gelangen. Ich weinte jetzt und konnte kaum weitersprechen. Frau Kammholz schwebte vor mir wie eine gelbliche Haufenwolke zwischen den dunklen Möbeln ihres Zimmers.

»Sage mir, was du dabei ... empfunden hast, Julia, du mußt es mir ganz genau sagen, war es dir ... wirklich ... so zuwider ... das ist wichtig.«

Ich wußte nicht mehr genau, was sie wollte, aber etwas an ihrer Stimme warnte mich. Sie beugte sich zu mir, und ihre kleinen runden Hände kneteten das Fleisch ihres Halses und hinterließen rote Flecken.

»Ich habe mich geschämt.« Ich schluchzte laut, das kostete mich keine Anstrengung.

Frau Kammholz sagte, sie müsse nun alles noch einmal gut überlegen.

Am nächsten Morgen, als Frau Kammholz weitere »Zeugenaussagen«, wie sie es nannte, eingeholt hatte und es sich zeigte, daß Dr. Röhl auch die mageren Knie seiner Unterstufenschülerinnen betastet hatte, als schließlich ruchbar wurde, daß er verschiedenen Mädchen zweideutige Texte vorgelesen haben sollte, verschwand auch er in Frau Kammholz' Zimmer und kam vor dem Schlafengehen nicht mehr zum Vorschein.

In den nächsten Tagen übernahm Mrs. Tomson die Lateinstunden, aber wir konnten uns nicht an ihre Aussprache gewöhnen. Sofie besuchte den Kirchenrat, um ihn auszuhorchen, aber er wollte nicht über Röhl sprechen und schickte sie fort, ohne ihr zuzuhören. Die kleineren Mädchen erfanden immer wildere Geschichten und wurden mit Frau Hecke zu einem Picknick in den Wald geschickt. Es hieß, Herr Röhl habe sich in seinem Zimmer eingeschlossen, und wirklich sahen wir Frau Immrich mittags ein Tablett mit Essen vor die Tür stellen. Ich hoffte, ich würde ihn nie wiedersehen.

Beim Besteckspülen an einem heißen Nachmittag lauerte er mir auf. Er sprang zwischen den Küchenhandtüchern und Schürzen hervor, die auf einem Holzgestell in der Mitte der Küche trockneten. Meine Arme steckten im seifigen Wasser, und in jeder Hand hielt ich ein Bündel schmutziger Gabeln. Herr Röhl hatte ein fürchterliches Gesicht. Ich konnte den Schädel sehen unter der gespannten durchsichtigen Haut, sein Kinn war borstig von weißem Haar wie gesalzenes Fleisch.

»Sag, daß du gelogen hast«, er wollte meine Hände aus dem Kübel ziehen, aber ich ließ das Besteck nicht los. Er starrte mich an.

»Du bist doch ein menschliches Wesen.« Jetzt wollte ich weglaufen, er erriet es sofort und umklammerte mit erstaunlicher Kraft meine Arme. So standen wir Auge in Auge, das trübe Wasser schwappte im Eimer.

»Sieh mich an … vor dir steht ein Mann, in den Orkus geschleudert hast du ihn, in die tiefsten bittersten Wasser, ihn untergetaucht …«

Frau Immrich erschien neben dem Handtuchgestell, lautlos und geduckt wie ein Jäger. In der Hand hielt sie drei große suppenverkrustete Schöpflöffel. Sie glotzte uns an, ohne ein Wort zu sagen. Herr Röhl ließ mich los, das Wasser spritzte, und er stand einen Augenblick mit hängenden Armen. Dann floh er aus der Küche. Frau Immrich steckte die Schöpflöffel in den Eimer und sah mir triumphierend ins Gesicht. Unter ihren Blicken spülte ich weiter das Besteck und legte es in die wartenden Kunststoffschalen, um es abzutrocknen. Ich konnte sein verzerrtes Gesicht nicht vergessen, wie es zwischen den baumelnden karierten Handtüchern aufgetaucht war, rosa Hände, von denen seifiges Wasser tropfte. Er hatte nicht ausgesehen wie ein menschliches Wesen.

Am nächsten Abend kam ein Mann und holte Herrn Röhls Bücher, seine Kleider und einen Weidenkorb mit seinen Habseligkeiten. Wir saßen an den Holztischen im Speisesaal und sahen zu, wie er alles hinaus auf den Gang trug und zu einer kleinen Pyramide aufstapelte.

Frau Kammholz zerteilte ihre Forelle mit großer Behutsamkeit. Sie goß Butter über die Kartoffeln. Ab und zu hob sie den Blick und musterte uns kalt.

Für uns gab es Brathering. Ich konnte nichts davon essen.

Als Herr Sperling abreiste, schauten Sofie und ich aus den Fenstern des Waschraums zu. Es war ein regnerischer, dunstiger Tag, und Herr Sperling trug einen zu großen Trenchcoat, der um seine Waden flappte, als er ins Taxi stieg. Das Cello stand schon an den Beifahrersitz gelehnt, und Frau Sperling in ihrem blauen Trainingsanzug rannte unter die Toreinfahrt und winkte dem Taxi nach, das im fallenden Regen die Auffahrt hinunter verschwand.

Doppelauge

Alfred wohnte in dem Reihenhaus am Bahndamm, dem langgezogenen ockergelben Haus mit dem Giebeldach, das in viele Wohnungen unterteilt war. Die Wohnungstüren, in verschiedenen Grüntönen gestrichen, erinnerten an die Türen von Badekabinen. Zu jeder Wohnungsscheibe gehörte ein Vorgarten, schmal, aber üppig bepflanzt. Billy kannte die Wohnungen von innen, das heißt, sie kannte die dritte von rechts. Dort wohnte ihre Freundin Marga Latz, mit der sie sich morgens auf dem Weg zur Schule traf.

Das geräumige alte Haus, in dem Billy wohnte, lag jenseits der Bahnlinie. Marga kam gerne zum Spielen in den Garten mit seiner weiten Rasenfläche, den Beerenbüschen und der Schaukel, aber auch Billy gefiel es, in Margas Vorgarten unter dem kleinen stämmigen Tannenbaum zu sitzen und den Kakao zu trinken, den Frau Latz den Mädchen auf einem Tablett servierte. Das hätte Billys Mutter nie getan. Überhaupt hatte Billy das nicht unangenehme Gefühl, daß Frau Latz sich besonders anstrengte, es ihr behaglich zu machen, wenn sie kam.

Alfred wohnte mit seiner Mutter Wand an Wand mit Familie Latz, aber man bekam ihn selten zu Gesicht. Seine Mutter, eine blaßhäutige Witwe, gefiel Billy nicht. Sie trug Hausschuhe mit braunen Pompons, wenn sie die Blumen im Vorgarten goß, und tat so, als wären die beiden Mädchen unter der Tanne Luft.

Frau Latz erzählte gelegentlich von Alfred. Marga und Billy warfen sich spöttische Blicke zu, sie konnten ihn immer weniger leiden, je mehr Frau Latz ihn rühmte. Ein guter Sohn, jeden Sonntag mit der Mutter zur Kirche, ein Ausbund an Gesundheit, ein As im Basketball, ein hervorragender Schüler, sicher bekäme er ein Stipendium, Architektur wahrscheinlich, schon jetzt, mit vierzehn, zeichnete er Hausentwürfe nach Le Corbusiers Modularprinzip. Frau Latz hatte sie selbst gesehen und sich alles erklären lassen.

Marga und Billy waren zwölf und besuchten das Mädchengymnasium. Sie fanden Alfred affig und sahen gleichmütig zu, wenn er gelegentlich aus der Haustür trat, die Sportschuhe über der Schulter, mit zwei Sprüngen durch den Vorgarten setzte und sich betont nachlässig auf sein Fahrrad schwang. Auch er tat so, als sähe er die Mädchen nicht. Sein Haar, im Nacken ausrasiert und seitlich gescheitelt, sah immer frisch gekämmt aus, seine Hosen waren gebügelt. »Aber er hat grüne Augen«, sagte Marga, »richtig grün, so grün wie Erbsen.« Von da an nannten sie Alfred einfach nur die Hülsenfrucht, aber sie sprachen selten über ihn, und obwohl Billy sich anstrengte und die Entfernung gering war, gelang es ihr nie, die Farbe seiner Augen wirklich zu sehen.

Familie Latz zog fort. Marga weinte, als sie sich von Billy verabschiedete. Erschreckt von den Tränen der Freundin, von denen sie glaubte, sie gälten ihr, versuchte Billy, fröhlich zu bleiben, und man versprach, sich zu schreiben.

Marga fehlte ihr noch eine Weile, auch die Jause von Frau Latz im Vorgarten. Alfred begegnete ihr nicht mehr, und sie vergaß ihn. Wenn sie nun an den Reihenhäusern vorbeiradelte, wunderte sie sich darüber, wie viele Menschen unter dem hohen Giebeldach und hinter den grüngestrichenen Türen hausen mußten. Sie dachte an einen Maiskolben und seine eng zusammengepreßten Körner, die in sauberer Reihe darauf warteten, von den Zähnen des Essers abgelesen zu werden, oder sie stellte sich einen riesigen Menschenfresser vor, der das Haus aufhob und aussaugte wie eine Bienenwabe. In jeder Zelle zwei bis drei knackige Menschenlarven. Zu Hause machte man sich Sorgen wegen ihrer abartigen Phantasien, und sie lernte, sie für sich zu behalten. Später, als Männergestalten ihre Phantasien bevölkerten, als sie anfing, eigentlich jeden Abend darauf zu warten, daß ein wilder schnauzbärtiger Mann auf einem Pferd oder wenigstens auf einem Motorrad an die Haustür pochte, um sie, Billy, abzuholen, wurden ihre Eltern immer unruhiger, als witterten sie Billys Träume. Auch die Lehrer schienen ihre Tagträume deuten zu können, nicht wirklich, aber doch so, daß sie eine Richtung erkannten, ein gefährliches Land, in das Billy sich während des Unterrichts abzusetzen verstand. Man schickte Billy in eine Schule auf dem Land, »das rauhe Haus« nannte ihr Vater sie augenzwinkernd, und ihre Mutter nähte Namensschilder in alle Kleider.

In den Ferien kam Billy nach Hause, aber die Phantasien hatten in der Einsamkeit der ländlichen Schule an Macht noch gewonnen. Die jungen Männer, die das Glas der Gaslampe vor ihrem Elternhaus einwarfen, wenn Billy nach Hause kam, und Blumen in den Briefkasten stopften, hielten aber kein Geheimnis für sie bereit.

Auf der Hochzeit ihres Bruders saß Billy neben einem jungen Mann, mit dem sie sich langweilte, während er sich abmühte, interessant zu erscheinen. Auch er besuchte eine Internatsschule, an einem See gelegen und mit einem bekannten Namen, bei dem Billy sich weißgekleidete, gut genährte Schüler vorstellte, die in einem Park im Kreis unter einer alten Eiche hockten, die Bücher auf den Knien, während ein junger blonder Lehrer, auch er sportlich gekleidet, am Baumstamm lehnte und ihnen Schillerdramen vorlas. Bernd runzelte die Brauen über ihre Vorstellungen und machte sich umständlich daran, ihr den Alltag seiner Schule zu schildern.

Billy hörte ihm nicht zu, beobachtete aber seine rundlichen großen Hände, die geschickt die Krabben schälten, das Haar aus seiner Stirne strichen und fingerfertig Zigarettenschachteln öffneten, Feuer gaben und sich wie nebenbei rasch um den

Kelch eines Weinglases schlossen, das Billy beinahe umgestoßen hätte. Bernds Vater stellte in seiner Fabrik Trikotagen her, »ein Kaufherrensöhnchen« nannte Billys Vater Bernd, nicht ohne Wohlwollen. Er selbst war Rechtsanwalt und Notar und schrieb in seinen Mußestunden Sonaten und Etüden, die er, auf dem Cello begleitet von seinen Freunden, zur Aufführung brachte. Für die Hochzeit seines Sohnes hatte er ein Prélude komponiert.

Während sie die drei Männer beobachtete, die wie drei musizierende Käfer unter den Blättern der Palmkübel hockten und auf ihren Instrumenten zirpten, fing Billy einen Blick aus Bernds Augen auf, der ihr das Gefühl gab, auch er habe ähnliches gedacht. Er griff nach ihrer Hand, rückte mit der anderen die Krawatte zurecht und lächelte, während der Rest seines Gesichtes die Anstrengung spiegelte, ernst und aufmerksam zuzuhören. Später, auf der Terrasse, begleitet von den Klängen der Tanzkapelle, die nun das Podium unter den Palmen einnahm, lehnten sich Billy und Bernd an die Brüstung und lachten. Beide hielten Champagnergläser in der Hand, und Billy, der es nicht gelang, diesen Augenblick wirklich zu genießen, weil er ihr so vertraut erschien wie eine Szene aus den Büchern, die sie gelesen hatte, erlaubte Bernd, sie zu küssen. Sie fand es nicht unangenehm, stellte das Glas auf die Brüstung und überließ sich seiner Umarmung. Nicht ohne sich dabei vorzustellen, wie sie beide aussahen unter dem blauen Nachthimmel, an die Brüstung gelehnt, schwach beleuchtet von Licht, das aus den Flügeltüren des Salons fiel.

Beim Kaffee, nachdem Braut und Bräutigam die Torte angeschnitten hatten, trat ein junger Mann zu ihnen, der einen Blumenstrauß, noch unausgepackt, in seiner Hand baumeln ließ, als wolle er ihn verbergen. Er klopfte dem Bräutigam auf die Schultern, verbeugte sich vor der Braut, küßte sie auf Drängen des Bräutigams mit gespitzten Lippen auf die Backe und stand dann lächelnd und verwirrt von dem Lärm, den Lichtern und der Musik da, bis Billys Mutter ihm den Strauß entwand. Man reichte ihm einen Teller mit Kuchen, und er hielt ihn vor der Brust, immer noch lächelnd, die Augen feucht und unruhig. Billy fühlte eine seltsame Verlegenheit, als sähe sie für Augenblicke den Raum und die sich auflösende und angeheiterte Gesellschaft von außen, durch seine Augen. Seine Verlegenheit und die Betäubtheit, die ihm keine Bewegung erlaubte, erschienen ihr als ein Zeichen des Mißfallens und ernüchterten sie. Sie machte sich von Bernds Hand los und überlegte, ob sie einfach auf den Mann zugehen, ihm den Teller aus der Hand nehmen und ihn zum Tanzen unter den Kronleuchter führen sollte.

Ihre Mutter schob sich dazwischen: »So reizend von Alfred. Wir hätten ihn einladen sollen«, flüsterte sie Billy zu. »Er hat Basketball gespielt mit Rolli«, sie zupfte an der Blume in Bernds Knopfloch. Billy wußte nicht, warum sie sich über ihre Mutter ärgerte. Vielleicht war es die mütterliche Vertraulichkeit ihrer Bewegung, mit der sie an Bernd herumzupfte, so als gehöre er zu Billy und damit zu ihr. Sie wandte den Kopf, um Alfred zu betrachten, aber er war verschwunden.

Wenn Billy nun in den Ferien nach Hause kam und aus dem Zug stieg, holte Bernd sie ab. Er benahm sich, wie Billy es erwartet hatte, brachte Rosen und Schokolade mit, half ihr ins Auto und hatte bereits die Unternehmungen für viele Tage geplant und arrangiert. Sein Haar roch nach Sandelholz, seine rundlichen Hände hielten locker das Steuerrad und betasteten ehrerbietig Billys Knie und manchmal Schultern und Hüften.

Das blieb auch so, als Billy, wie er es nannte, sich ihm hingegeben hatte, nachts, auf dem riesigen Ledersofa seines elterlichen Wohnzimmers, vor dem Fernsehapparat, den Bernd leise gestellt hatte, um das Nahen von Störenfrieden zu erlauschen. Billy gewöhnte sich daran, das kalte glatte Leder des Sofas an ihrer Haut zu spüren, nicht überall, nur an den soeben entblößten Stellen, die, je nachdem, wie weit sie in ihrem kleinen vertrauten Ritual gekommen waren, freigelegt und wieder bedeckt wurden. Sie genoß das Ticken der Uhr unter dem Glassturz neben dem Sofa, den Geruch des Wohnzimmers nach Möbelpolitur und Zigarrenrauch. Sie genoß ihren Geliebten, auch er mit verrutschten Kleidern, verwirrtem Haar und bleich vor Anstrengung, jedes Geräusch zu unterdrücken: ein heller Streifen Brust, der Rippenbogen, glänzende gespannte Haut, der Geruch seines feuchten Shetlandpullovers und umschattet, immer wieder überraschend fremd, was er freilegte unter der hellen gespannten Unterhose, was ihr entgegenwuchs, wie ein Wesen mit eigenem Leben. An diesem Punkt des Rituals veränderte sich alles. »Jetzt wird's ernst«, Bernds Gesicht, eifrig und mit halbgeschlossenen Augen, schien nicht mehr Freude und Zärtlichkeit auszudrücken, sondern ein dringliches Bedürfnis. Es gefiel Billy, wie ökonomisch und geschickt seine Hände ihre Hüften zurechtschoben, alle behindernden Hüllen zur Seite streiften, wie er den nötigen Winkel ihrer Körper abschätzte und einstellte. Noch nie hatte jemand sie so ernst genommen wie in diesem Augenblick. Sie fühlte sich unabdinglich, einzig. Ihre Macht über ihn wurde lächerlich offenbar. Aber ihn schien das nicht zu stören. Sie beneidete ihn um seine Zielstrebigkeit, um den Tumult, in den er sich stürzte, um seine Laute: Klagen, Vogelrufe, die er nicht zurückhalten konnte, obwohl er seinen Mund in ihr Haar, auf ihre Haut drückte. Und wieder geschah es, daß sie sich losmachte, erhob und fortflog, so sehr sie sich auch bemühte, sie konnte nicht untergehen mit ihm. Sie erhob sich und schwebte an der Decke, sah das Zimmer unter sich liegen, die verwischten Schatten der Möbel im unruhigen Licht des Fernsehers. Das Sofa, ein dunkles massiges Boot, das durch die Dünung trieb und an dessen Bord ein Mann und eine Frau sich umklammert hielten, wie in einem zuckenden vielgliedrigen Krampf. Nur Bernds augenscheinliches, ihr unerklärliches Leiden hielt sie davon ab zu lachen.

An dem Tag, an dem Billy in die nahe große Stadt fahren wollte, um sich bei der Universität einzuschreiben, ließ Bernd es sich nicht nehmen, sie hinzufahren. Er volontierte bereits in der Fabrik seines Vaters und hatte sich angewöhnt, das Kinn einzuziehen und ein wichtiges Gesicht zu machen, wenn er von ›Absatz‹, ›Reklamefeldzügen‹ und ›Spinnmaschinen‹ sprach. Auf der Fahrt gestand er Billy, daß er sie beneide. Billy, die schon jetzt aller Mut zu verlassen drohte, wenn sie sich die Formalitäten des Einschreibens vorstellte, betrachtete ihn amüsiert. »So eine Großstadt hat doch ihre Vorteile«, sagte Bernd und steckte den Finger in seinen Hemdkragen. »Kulturelles wie auch Unterhaltendes, denk nur an all die Lokale, an das Angebot an Vergnügungen – das Flair.« Billy war noch nie aufgefallen, wie sehr Bernd seinem Vater ähnlich sah, einem korpulenten sommersprossigen Mann, mit wieherndem Lachen, der gerne über »die Freuden der Kunst« sprach.

Billy versuchte Bernd abzuschütteln, als sie vor dem Portal des Universitätsgebäudes anhielten, aber sie tat es halbherzig, denn im Grunde war ihr der Gedanke unangenehm, sich allein behaupten zu müssen, in dieser Herde von fremden jungen Leuten, die sich in Scharen durch die offenen Flügeltüren schoben. Alle schienen in Eile, alle sahen so aus, als wüßten sie genau, wohin sie wollten.

In der großen häßlichen Halle, die einem Bahnhof glich und in der sich Leute drängten und anstießen wie kurz vor Abfahrt eines Zuges, schickte Billy Bernd fort. Er hatte sich umgesehen, nervös wie ein Haushund, umgeben von Straßenhunden. Auch Billy hatte um sich geblickt, sie kannte niemanden, niemand beachtete sie, alle schienen eifrig und zielstrebig, verschworen, eingeweiht. Sie fühlte eine große Sehnsucht, zu ihnen zu gehören, und gleichzeitig kamen ihr die vielen jungen

Männer vor wie Statisten, die ihre Rolle als Studenten übertrieben. Aber all das wollte sie Bernd nicht zeigen, und er verschwand, angerempelt und höfliche Entschuldigungen murmelnd, in der Menge.

Billy blieb zurück, fast in Panik, fast wäre sie ihm nachgelaufen. Sie suchte nach dem Anfangsbuchstaben, der ihrem Namen entsprach, fand ihn, stellte sich ans Ende einer langen Schlange. Sie wartete, rückte weiter, wartete. Jemand schob sich rücksichtslos rudernd durch die Menge, begleitet von den aufgebrachten Blicken und Worten der Menschen, die er beiseite drängte. Es war Billy, als wollte er zu ihr, seine Augen schienen unablässig auf sie gerichtet. Sie wandte sich ab. Als er ihre Hand berührte, versuchte sie die Erleichterung in ihrem Gesicht zu verbergen; jeder Gefährte in diesem feindlichen Getümmel wäre ihr willkommen gewesen.

Aber sie wandte ihm langsam ein erstauntes Gesicht zu: eine Frau, die es gewohnt ist, angesprochen zu werden und noch nicht weiß, ob sie gnädig gestimmt ist. Erbsenauge – dachte sie, denn seine Augen waren grün, und sie erkannte zuerst den Buben, dann erst den Mann, der am Hochzeitsabend so fremd und hölzern zwischen den Gästen gestanden hatte. Sie erkannte ihn nicht eigentlich, wußte nur sofort, wer er war, als habe sie mit seinem Auftauchen gerechnet, ja ihn erwartet, ohne sich ein Bild von ihm zu machen. Hier wirkte er lässig, gönnerhaft, amüsiert – sich seiner Ritterrolle wohl bewußt. Er spielte den Gastgeber, für sie, den schüchternen Neuankömmling. Die vertauschte Rolle ärgerte Billy, aber sie fühlte sich zu schwach, um sich aufzuwerfen.

Schon immer habe sie Architektur studieren wollen, ließ sie ihn auf seine erstaunte Frage wissen und erlaubte ihm, dem ›alten Hasen‹, wie er sich zu ihrem Abscheu nannte, sie wie ein geübter Reiseführer durch die Formalitäten, Listen, Vorlesungsverzeichnisse und Tabellen zu schleusen. Ab und zu blieb er bei einer Gruppe stehen, wandte ihr den Rücken zu und ließ sie warten, während er mit Kommilitonen sprach und lachte. Er gehörte dazu. Billy schwankte zwischen Groll und Erleichterung.

Im Zug fuhren sie gemeinsam nach Hause, Billy einsilbig und matt, Alfred gesprächig, fast jovial. In der falschen Annahme, Billy wäre an seinen Projekten interessiert, machte er sich daran, diese aufs genaueste zu beschreiben, ja holte Bleistift und Block heraus, um dieses oder jenes Detail aufzuzeichnen. Billy bemerkte wohl, daß er jede Linie mit einem Punkt begann und dann sehr gerade, aber mit einem leisen Vibrato der Bleistiftspitze durchzog. Billy beschloß, ihm das nachzumachen.

Alfred holte Billy nie ab, um mit ihr zum Bahnhof zu gehen. Er bestand auf seiner Busfahrt jenseits der Bahngeleise und des Kanals, der die beiden Häuser trennte. Immer war er früher da als Billy und sah ihr vom Bahnsteig entgegen, der pflichtbewußte Studiosus, erstaunt und erfreut, als habe er eigentlich nicht mit ihrem Kommen gerechnet. Nie mehr erzählte er ihr von seinen Projekten, aber das Gerücht seiner großen Begabung erreichte auch Billy in den überfüllten Vorlesungssälen des ersten Semesters. Sie hatte Mühe, den Vorlesungen zu folgen, der junge rotbackige Mathematikprofessor, der mit nachlässiger Hast Tafel neben Tafel mit mathematischen Formeln füllte, erbitterte sie. Schon in der dritten Zeile wurden seine Berechnungen zu Hieroglyphen, die Billy nicht mehr entziffern konnte. In der Statikvorlesung ertappte sie sich dabei, wie sie Bäume neben die Brücken zeichnete, ohne zuzuhören.

Sie sah Alfred an, daß er ahnte, was mit ihr geschah, sein Blick, wenn er ihr im Zug gegenüber saß, war von freundlicher, aber lauernder Aufmerksamkeit. Seine Fragen machten sie wütend. »Warum studierst du Architektur?« Sie wußte es selbst nicht. »Die perfekte Verbindung von Kunst und Technik«, hatte ihr Vater gesagt, aber sie hütete sich, diesen Satz auszusprechen. Alfred schien genau zu wissen, warum er tat, was er tat, er ließ Billy spüren, daß er im Besitz einer tiefen Erkenntnis seiner Fähigkeiten, ja seiner Sendung sei, ein Priester der Ästhetik und der Funktionalität. Er zeigte sich besessen von seinem rastlosen Streben nach Vollkommenheit, nicht nur in seiner Arbeit, sondern auch in seiner Erscheinung. Die Bescheidenheit und Demut, mit der er sich offenbarte, hielt Billy für versteckten Hochmut. Aber es war nicht leicht, ihn zu überführen, denn all das wurde nicht in Worten ausgesprochen, sondern umgab Alfred und Billy wie eine unsichtbare Aura, die Alfred herstellte und der Billy sich nicht entziehen konnte.

Es war ihr, als gehöre Alfred einer geheimen Bruderschaft an, über die zu sprechen ihm verboten war, am wenigsten mit ihr, Billy, die nicht dazu gehörte, in seinen Augen nicht mal verstand, welch große Erkenntnis ihn beseelte. Er hielt Billy für unreif, unernst und oberflächlich, ja frivol. Ihre Kleidung reizte ihn zum Lachen und manchmal zum Tadel. Wenn er über andere Frauen sprach, bemerkte Billy, daß er ihre Versuche, schön und begehrenswert zu erscheinen, lächerlich fand und mißbilligte: »Wesen wie Schmetterlinge, auch mit dem winzigen Hirn eines solchen Insekts«, sagte Alfred und hob seine Oberlippe von den Zähnen, um ein verächtliches Lachen anzudeuten. Billy sah, daß alle Kleidungsstücke, die er trug, sorgsam ausgewählt und von ihm als schön und zweckmäßig erkannt waren. Sein schiefergrauer Anorak, seine dunkelblauen Pullover, die immer weißen Hemden, die immer schwarzen Sportschuhe. Auch seine Aktentasche, die Bleistifte, Lineale und Zirkel zeigten sich ihr als auserwählte Gegenstände, Insignien, die er ernsthaft und behutsam aus ihren Hüllen nahm und funktionieren ließ, ein Mann, der weiß, wie wichtig Handwerkszeug ist und wie geheiligt. Billy gefielen weder seine Garderobe noch seine Utensilien. Eine eigenartige Dumpfheit ging von allem aus, wie der Geruch, sein

Geruch, der sie manchmal streifte. So mußte es in dem kleinen Reihenhaus riechen, in dem er mit seiner Mutter zusammenhauste. Von seiner Mutter sprach er nie, und Billy ahnte, daß er litt unter diesem Leben an der Seite der mürrischen Frau mit den ausgeleierten Strickjacken und den Hausschuhen, in denen sie gelegentlich Billy beim Einkaufen begegnete. Auch sie gehörte nicht zur Welt, die er allein betreten hatte und aus der er auch Billy ausschloß.

Und doch, es gab noch eine andere Ebene zwischen Alfred und Billy, etwas, das zwischen ihnen aufstieg und hin- und herschwappte wie undurchsichtiges Wasser, wenn sie schwiegen und sich im Zug gegenübersaßen. Billy bemerkte genau, wie Alfreds Blicke über sie hingingen, wie sie immer, wenn sie ihn ansah, auf seine weit geöffneten Augen traf, wie leicht er seine Hand machte, wenn er sie berührte, nie griff er zu, die Finger gestreckt wie ferngehalten, als traue er ihnen nicht. Manchmal, wenn er ihr gegenüber saß, zwischen den anderen Reisenden, und sein Körper sich den Bewegungen des Zuges überließ, nahm sein Gesicht einen schläfrigen Ausdruck an, seine Augen wurden traurig, und sein Mund wurde weich und schwer. Alfreds Gesicht war schön, die Nase lang mit scharfem Rücken und fleischigen, fein geformten Nasenflügeln, das Kinn ein fester runder Hügel, die Augen unter den dunklen, kaum geschwungenen Brauen erstaunlich sanft und mit grüngesprenkelter Iris, als trieben Blätter und Sonnenflecken auf der Oberfläche eines Wassers. Auch sein Körper, soweit Billy ihn ausmachen konnte unter den Kleidern, erschien ihr wohlproportioniert und muskulös, und doch, er gefiel Billy nicht. Es war nicht das leise atemlose Erkennen, das sie überkam, wenn sie einen Mann schön fand. Nie hatte sie sich seine nackte Brust vorgestellt, nie die Muskeln an seinen Schenkeln, auch wenn er ihr vom Basketballtraining erzählte und sie scherzend aufforderte, seine Schenkel zu befühlen. Das waren, wie Billy verstand, keine Versuche von Alfred, sich ihr zu nähern, vielmehr wollte er sie wissen lassen, daß sie auch als Körper mit ihm zu rechnen habe, nicht nur als Verstand. Es war ihm ein Anliegen, ihr, die sich von den Äußerlichkeiten dieser Welt blenden ließ, zu zeigen, daß er nicht etwa ein weltfremder Bücherwurm war, womöglich verlor sie sonst ihr Interesse an ihm, und das, so wußte Billy, wollte er unter allen Umständen vermeiden. Es war Billy, als beobachtete sie Alfred wie durch eine Glasscheibe, wie ein Zoobesucher ein eigenartiges Lebewesen und sein erstaunliches Verhalten studiert, aber wenn sie Alfreds Blick auf sich ruhen fühlte, wußte sie, daß er dasselbe tat. Das bereitete Billy eine heimliche Genugtuung. Sie glaubte, Alfred, der nichts von ihren Gedanken ahnte, sei längst nicht mehr fähig, seine Augen von ihr abzuwenden. Sie selbst fühlte sich frei, konnte kehrtmachen und weitereilen, zu neuen Gehegen und neuen unbekannten Tieren.

Zu Hause und allein fühlte sich Billy erschöpft von den Anforderungen des Studiums, saß über geometrischen Konstruktionen, berechnete Brückenpfeiler und zeichnete, in einer Toreinfahrt stehend, mit klammen Fingern alte Hausfassaden in der Vorstadt. Die liebevolle Aufmerksamkeit ihrer Eltern irritierte sie. Beim Frühstück, das ihre Mutter früher als für die übrige Familie eigens für sie bereitete, antwortete sie ausweichend und kurz auf die neugierigen Fragen. Ihre Mutter hatte keine Ahnung, was ihre Tochter trieb, aber Billy störten der zähe Stolz und die Bewunderung, mit der sie an Billys Studium teilzuhaben wünschte. Ihr Vater, der abends auf Zehenspitzen hinter ihr herumschlich und fragte, ob die Lampe gut eingestellt sei und das Reißbrett groß genug, erbitterte sie noch mehr. Er benahm sich wie jemand, der im eigenhändig angelegten Garten eine Saat aufgehen sieht. Er erwartete gute Ernten.

Bernd holte Billy vom Zug ab, er trug einen Overall, auf dessen Brusttasche der Firmenname stand, Baumwollflusen hingen in seinem Haar. Die Freundlichkeit, mit der Alfred Bernd sofort in ein Gespräch verwickelte, verblüffte Billy. Bernd, der Alfreds scherzhaftes Angebot einer männlichen Konspiration gegen Billy bereitwillig annahm, erklärte Alfred die Möglichkeit neuer Wirkmaschinen, die ohne Naht arbeiteten, Alfred ging mit Fragen und Kopfnicken neben ihm her, Billy machte sich von Bernds Hand los. Sie hielt auch nichts von einem gemeinsamen Kaffee. Im Auto später, allein mit ihm, erkannte sie an Bernds beiläufigen Bemerkungen, daß er Alfred für ungefährlich hielt – ein Neutrum. Das ärgerte Billy. Sie glaubte auch zu wissen, was Alfred von Bernd hielt, und stellte fest, daß auch sie Bernd jetzt mit anderen und kalten Augen betrachtete. Er brachte sie nach Hause, ohne sie mit Zärtlichkeiten zu bedrängen. Sie versprachen sich gegenseitig, am Wochenende etwas zu unternehmen, aber daraus wurde nichts. Billy fühlte sich müde und teilnahmslos wie nach einer langen Anstrengung und blieb den ganzen Sonntag im Bett.

In der Mensa aß Alfred auch Billys Teller leer, er wunderte sich darüber, daß sie etwas bezahlte und dann stehen ließ. Er sagte kein Wort über Bernd, aber die Umarmung, mit der Billy Bernd am Bahnhof begrüßt hatte, war ihm nicht entgangen. Er beobachtete ein Paar am Nebentisch spöttisch und mit erhobenen Brauen, schlug nach einer Fliege, die auf der Zuckerdose saß, zischte leise durch die Zähne. Etwas rumorte in ihm, und Billy verfolgte die ihr bekannten Zeichen, neugierig, als erwarte sie eine Vorstellung. Das Paar am Nebentisch war damit beschäftigt, sich gegenseitig Kartoffelbrei in den Mund zu löffeln, sie küßten sich, Alfreds Gesicht verzog sich beleidigt.

»Sie tun es nur für die anderen Leute«, sagte er und stocherte in seinem Salat. »Sie exhibitionieren sich, und weil sie nicht wirklich fühlen, versuchen sie eine Art Realität durch die Zuschauer herzustellen.«

Billy lachte. »Was stört dich daran?« fragte sie, »ich schau da gerne zu.«

Alfreds Gesicht verdüsterte sich. »Ich habe dich gesehen«, sagte er. »Im Schwimmbad, wir alle haben dich gesehen, was blieb uns übrig, du wolltest ja auch gesehen werden, oder? So wie du dich bewegtest.«

Billy lehnte sich zurück. Sie genoß die Wendung des Gesprächs. Endlich fing er gezielt an, sie zu kritisieren. Sie fühlte sich gerüstet. »Und, hab ich euch gefallen? Überhaupt – wer ist euch?«

»Ein paar Spieler vom Club und ich – ist schon länger her.« Er wies mit der Gabel auf sie. »Du liefst am Beckenrand lang in einem kleinen zweiteiligen Anzug, Rüschen dran, rot ... aber nur zu, wenn du das brauchst.«

»Hab ich euch nicht gefallen?«

Billy beobachtete Alfred, der Salz auf seinen Salat streute. Er warf ihr einen Blick zu, den sie schon kannte, er glaubte ihr ihre Gelassenheit nicht, glaubte, sie getroffen zu haben, und nahm ihre Verstellungskünste hin. Sie war eine Meisterin der Verstellung, er hatte nichts anderes erwartet.

Billy besuchte Alfred, um sich bei einer Zeichnung helfen zu lassen. Ein Kegel durchdrang einen Oktaeder, der auf einem Kegelstumpf saß, verschiedenfarbige Tinten und Strichstärken waren verlangt. Wenn man radierte, veränderte sich die Oberfläche des Papiers, und die Farbe verlief. Es war ein Nachmittag im November mit früher Dunkelheit und Schnee in der Luft. Das kleine Reihenhaus war heiß und mit Möbeln vollgestopft, wie Billy es erwartet hatte. Alfreds Mutter rumorte in der Küche, und in seinem Zimmer unterm Dach roch es nach Sauce und feuchten Wänden. Alfred saß über das Reißbrett gebeugt, sein Gesicht trunken, seine weißen Hände hantierten beschwörend mit Tusche, Glas und Graphos, er mußte die Ellbogen heben, um nichts zu verwischen mit den Armen.

Er sah aus wie ein Chirurg, der in einen geöffneten Brustkorb eindringt, behutsam und alle Sensibilität in den Fingerspitzen. Billy, die neben dem Brett auf einem Weidenkorb hockte, beobachtete ihn mit der erleichterten Zuneigung von jemandem, der einem Fachmann bei der Reparatur eines schon verlorengegebenen Objekts zusieht. In ihrer Dankbarkeit hielt sie zuerst still, um anzudeuten, daß sie ihre eigene Aufmerksamkeit sozusagen von außen mit dazu bringen wolle, später, als Alfred gänzlich in den Linien und Zahlen zu verschwinden schien und leise vor sich hinsummte, gähnte Billy immer häufiger. Sie griff hinter sich in den Bücherschrank und zog ein Buch heraus: einen Gedichtband. Sie las darin, blätterte leise um, las weiter. Sie wunderte sich darüber, daß Gedichte in Alfreds Regal standen. Er hatte von Hölderlin gesprochen, von Trakl, von Rilke, ehrfürchtig und in Andeutungen, die seine Kennerschaft und Verehrung ahnen ließen und seine Scheu, diese vor Billy auszubreiten. Billy las vor:

An diesem kirschenbehangenen Tag
Das Goldblatt in deinem Haar
Und aller Azur der Treue
In deinem Doppelauge

Alfred nahm ihr das Buch aus der Hand und klappte es zu. Im selben Augenblick erhob sich unten die Stimme seiner Mutter. Sie klang wütend und voller Anklage. Billy und Alfred schauten sich an. Es war ein Blick des Einverständnisses, zum erstenmal. Sie schauten sich an wie zwei Kinder, die unter den Büschen im Garten hocken und die man beim Spielen stört. Wieder stieg die Stimme von unten herauf, jetzt näher und ungeduldiger.

»Sie hat das Essen fertig«, sagte Alfred, »aber ich kann jetzt nicht. Sie stellt es in die Röhre, meistens stellt sie es mir in die Röhre. Wenn ich heimkomme, mach ich es dann nochmal warm.«

Billy wollte aufstehen, aber Alfred machte ihr ein Zeichen. »Du antwortest ihr nicht?« fragte Billy, Alfred senkte den Kopf.

»Früher hab ich sie oft gebeten, mit mir zusammen zu essen. Immer hat sie schon gegessen, wenn ich nach Hause komme. Nie setzt sie sich zu mir an den Tisch. Sie steht herum und wartet, bis sie die Küche aufräumen kann, oder ich höre sie irgendwo im Haus herumgehen und hantieren«, sagte er. »Ich esse ungern allein.« Er schaute Billy an, aber ohne sie zu sehen. »Ich bin oft furchtbar! Ich habe auch schon getreten nach ihr, mit dem Fuß, irgendwie bringt sie mich so weit.«

Jetzt wurde er verlegen, er war zu weit gegangen. Er lächelte, sah auf das Buch in seiner Hand, schüttelte den Kopf. »Das ist von Lisa, sie hat es mir geschenkt, eine unheimlich gute Basketballerin, sie studiert jetzt Physik, in Tübingen.«

Billy wartete darauf, daß er weiter sprach, sie hielt sich ganz still, um ihn nicht vom Sprechen abzulenken. Er stand auf und warf sich auf sein Bett, kreuzte die Arme hinter dem Kopf und sah zur Decke hinauf.

»Wir waren im Wald, wir sind im Wald herumgelaufen, und ich glaubte, also ich spürte, daß sie darauf wartete – auf einen Kuß. Und dann, als wir uns geküßt hatten, hat sie geweint, ganz lang geweint und nicht mit mir gesprochen, nur so dagesessen auf einem Baumstamm ...« Billy stand auf und setzte sich neben Alfred aufs Bett wie eine Krankenschwester. »Danach war dann alles anders zwischen uns.« Alfred sah sie an.

»Warum hat sie denn so geweint?« fragte Billy.

Alfred schüttelte den Kopf. »Ich fand das unheimlich schön von ihr«, sagte er.

Alfred kam selten in Billys Elternhaus. Billy wußte nicht genau, woran es lag. Vielleicht an der Vehemenz, mit der ihr Vater sich beim Abendessen über die Katholische Kirche im allgemeinen und die Inquisition im besonderen ausgelassen hatte. Alfred, ein praktizierender Katholik, wie er sich bescheiden nannte, war es nicht gelungen, seine Argumente gegen die immer lauter und zynischer werdenden Anschuldigungen von Billys Vater zu verteidigen. Das war auch fast unmöglich, wie Billy wußte, ihr Vater, eloquent und stolz auf seinen Atheismus, machte sich ein Vergnügen daraus, jeden jungen Mann, den Billy mit nach Hause brachte, bei jeder beliebigen Diskussion in Grund und Boden zu reden, um dann später, den Arm um die Schulter des verunsicherten Galans gelegt, mit ihm im Weinkeller zu verschwinden.

Alfred interessierten Weine nicht, ja er hielt den Kult um Essen und guten Wein für eine Farce, die gewisse Kreise aus Mangel an anderen Werten nötig haben. Abends, am gedeckten Tisch der Eltern aber gelang es ihm nicht, seine Entrüstung zu formulieren, seine Verachtung in schlagende Argumente umzuwandeln. Seine halbherzigen Scherze perlten an Billys Vater ab, wie Billy es erwartet hatte, das gehörte zu seiner Methode. Sie glaubte aber zu bemerken, daß ihr Vater zu früh von Alfred abließ, seinen Spott wieder einrollte und die Lust am Wortgefecht mehr und mehr verlor, je aufgebrachter Alfred aussah, je deutlicher die unterdrückte Wut seine Stimme unsicher machte. Billys Mutter dagegen verschlimmerte die Sache womöglich noch, denn sie versuchte Alfred auf eine mütterliche und bemühte Art und Weise zu verteidigen, als handle es sich um einen Versehrten, von dem ihr Mann einen Hürdenlauf erwartete. Nicht nur Billy, auch Alfred bemerkte all das voller Verlegenheit, aber sie sprachen nicht darüber.

Alfreds Mutter ging weitaus offener mit ihrer Abneigung um, denn sie hatte Billy vom ersten Tag an von ihrem Sohn fernhalten wollen. Eine Versucherin, die Botin einer fremden verführerischen Welt, in der für Leute wie sie und Alfred kein Platz war, in die sie erst aufsteigen konnten, wenn Alfred sein Studium so prachtvoll abschloß, wie sie es erwartete. Vorher jedoch durfte er von nichts und niemandem gestört werden.

Wenn Billy kam, sprach sie kein Wort, blieb ihr nur auf den Fersen, solange sie sich in ihrem Terrain, dem Gang, dem Wohnzimmer und der Küche aufhielt. Sie riß die Fenster auf, sobald Alfred Billy hinaufführte in sein Zimmer, um Billys Parfumgeruch zu verscheuchen. Sie öffnete auch ohne anzuklopfen Alfreds Tür, stand auf der Schwelle, die Hände in die Hüften gestemmt, und schaute wortlos und mißtrauisch zu Alfred und Billy herein. Alfred mochte nicht über seine Mutter sprechen. Er ging mit ihr zur Kirche, jeden Sonntag, aber nur deshalb, weil ein Sonntag für ihn kein Sonntag sei ohne Kirche, erklärte er Billy, und er ging auch zur Beichte. »Was beichtest du?« fragte Billy, aber er wehrte sie freundlich ab.

Sein Stipendium reichte nicht, ihre Witwenrente reichte nicht. Seine Mutter nähte für Nachbarn, Billy hörte unten die Nähmaschine schnurren, während Alfred ihr die poetische Schönheit mathematischer Konzepte darzulegen suchte. Trotzdem hatte Alfred immer Geld, wußte zumindest immer, was in seinem Geldbeutel war. Wenn er sparte, tat er das ohne Aufhebens. Nie ließ er Billy für sich zahlen, wenn sie gerade genug Geld hatte. Oft hatte sie alles ausgegeben, und er lieh ihr kleine Beträge und schrieb sie in ein schwarzes Wachstuchbüchlein in seiner Brusttasche. Aber er sparte, Billy bemerkte, daß er sich gut überlegte, was er kaufte, was er trank. Er gab wenig Trinkgeld, und sein Ton gegenüber den Kellnern war ein ganz anderer, als Billy ihn von den Männern gewohnt war, die sie kannte. Sein Gesicht war gelassen, wenn er etwas bestellte, aber seine Anweisungen waren knapp und ungeduldig, als erwarte er Widerstand. Sie wußte auch, daß er sich nach schönen Kleidern sehnte. Er blieb vor den Schaufenstern stehen und befragte Billy genau über die Form und Qualität eines moosgrünen Pullovers. Billy kaufte ihm den Pullover und ein kleines blankes Feuerzeug. Er nahm es erst an, als sie drohte, ihn nie mehr beim Zeichnen zu Hilfe zu nehmen. »Ein Honorar sozusagen.« Alfred betrachtete sich mit dem Pullover lange im

Spiegel, dann ging er mit Billy ins Kino, was er noch nie hatte tun wollen. Billys Leidenschaft fürs Kino gab Alfred immer wieder Gelegenheit, sich über sie lustig zu machen. Er mochte auch Billys Schallplatten nicht. Schmalz nannte er das. Er liebte klassischen Jazz.

Billy wußte nicht genau, warum sie jetzt immer öfter mit Alfred zusammen war. Irgend etwas an ihm irritierte und faszinierte sie, die ständigen Reibereien und Machtkämpfe kamen ihr vor wie ein sportliches Training, sie mußte, wenn er bei ihr war, immer auf der Hut sein, immer ihren Kopf zusammenhalten, um im richtigen Augenblick zu parieren, zurückzuschlagen, Überraschungsangriffe anzuzetteln, Land zurückzugewinnen. Daneben ahnte sie, daß sich Alfred ein Bild von ihr gemacht hatte, das schmeichelte ihr, nicht das Bild selbst, das sie nicht wirklich ergründen konnte, sondern die Tatsache, wie ernsthaft er an diesem Bild baute, zufrieden Teilchen für Teilchen aufsammelte und hinzufügte, auf Erkenntnissen beharrte, die zu seinem Bild paßten und die er sich nicht mehr ausreden lassen wollte, auch wenn sie von Billy entdeckt und als unzutreffend entlarvt wurden. Billy versuchte ihn bei diesem Unterfangen zu verunsichern, zog ihm den Boden unter den Füßen weg, verstellte sich, offenbarte sich, widerrief Behauptungen, all das war wie ein Spiel, und Billy genoß dieses Spiel, stand sie selbst doch im Mittelpunkt. Es war ihr, als lege er immer wieder die Schublehre an sie an, und sie entschlüpfte ihm, wendig und geheimnisvoll schillernd wie eine tropische Schlange. Was wußte er schon von ihr? Sie paßte in keines seiner Kästchen.

Aber das war nicht alles. Alfred bewachte etwas in seinem Inneren wie einen schwarzen, geheimnisvoll pulsierenden Stern, alles, was er Billy sagte und tat, hing mit diesem in seiner Brust verborgenen Schatz zusammen, war Verteidigung und Ablenkung zugleich, war für Billy Lockung und Aufforderung, nachzuforschen, ihn zu finden, ihn zu öffnen und zu berühren, dort an jener Stelle, die er vor sich und allen verborgen hielt wie eine Krankheit oder eine schimmernde Verheißung. Die Augen seiner Sehnsucht, die Billy manchmal auf sich gerichtet fühlte, ohne daß es ihm bewußt war, galten dem Augenblick, dem großen und fürchterlichen Augenblick, in dem Billy den letzten Vorhang beiseite ziehen und im schwarzen Licht die Augen auf ihn richten würde, um ihn zu heilen oder zu zerstören.

Es gab Tage, an denen Alfred sich in einen Feind verwandelte. Unbarmherzig machte er ihre Semesterfreunde nieder, verspottete ihre Schwächen und Angebereien, belächelte mitleidig ihre platte Fröhlichkeit, saß in der Cafeteria schweigend zwischen ihnen, düster wie ein eisiger Felsquader, um später im Zug seine scharfzüngig formulierte Kritik an Billy auszulassen. Immer fühlte sich Billy selbst betroffen. Sie ahnte undeutlich, daß er sie aus dem Kokon ihrer Umgebung lösen wollte, daß es um sie ging, daß er mit feinen und groben Werkzeugen an ihrer schützenden Kruste hämmerte und bohrte, die sie seit ihrer Kindheit umgab. Er zog zu Felde gegen ihre Oberflächlichkeit, ihre Naivität, ihre kindliche Gefallsucht, ihre Vorurteile. Eine Plutokratin nannte er sie, den verwöhnten Abkömmling einer satten und hybriden Schicht mit allen Degenerationserscheinungen dieser Klasse. Er sah sich berufen, ihr die Augen zu öffnen, jedes Mittel war ihm recht.

Billy beobachtete ihn dabei, nicht ohne Vergnügen, und gab gut acht, ihm nicht die verwundbaren Stellen zu entdecken, an denen er sie wirklich verletzen konnte. Sie biß die Zähne zusammen, wenn er ihre Zeichnungen lobte, gönnerhaft, um ihr am nächsten Morgen zu gestehen, er habe im nachhinein doch den Eindruck gewonnen, sie seien allzu maniriert. Die Gedichte, die sie ihm aufschrieb, in ein kleines Heft, ein ehrliches, wenn auch schüchternes Angebot ihrerseits, sich als würdig zu erweisen, in der Welt der ernsthaften Kunstwerke mitsprechen zu können, zeigte er seinen Kommilitonen und ließ Billy wissen, daß ihre Auswahl nicht bestanden hatte, in jener Runde von Eingeweihten.

Das einzige, was Billy manchmal beunruhigte, war die Leidenschaft, mit der all dies geschah. Unter seinen freundlich klingenden Neckereien verbarg sich eine Härte und schneidende Wut, die Billy verwirrte, wenn auch nur manchmal und für Sekunden. Dann wieder, wenn sie sich trennten am Bahnhof vor der Bushaltestelle ... und er vor ihr stand in seinem Fischgrätenmantel, die Aktentasche in der Hand, tat er ihr leid. Er kehrte zurück in die erstickende Enge der Räume hinter der grün gestrichenen Tür, in den lähmenden Dunstkreis seiner unberechenbaren Mutter. Sie selbst lag in ihrem Zimmer auf der Felldecke ihres Bettes und fühlte sich unerreichbar und unverletzbar.

Billy arbeitete an ihrem ersten Entwurf. Ein Altersheim am See, auf abschüssigem Gelände. Die vielen Rampen, die den Hang auf- und abstiegen, sahen aus wie breite Nudeln zwischen den Fleischbröckchen der Häuser. Alte Leute konnten keine Treppen steigen, Billy wünschte sich die Illusion eines kleinen Dorfes, weiße kantige Würfel, sie dachte an die griechischen Inseln. Sie zeigte Alfred nichts davon, aber er wußte genau, womit sie sich herumschlug, und eines Abends führte er sie hinauf in den Zeichensaal, in dem die Auserwählten der höheren Semester ihre Zeichentische aufstellen durften. Alfred führte Billy an seinen Tisch, schob die Reißschiene beiseite, hob das Pergamentblatt, das über den Tisch gebreitet lag, und zeigte ihr seinen Entwurf für einen von Häusern umgebenen Platz im Altstadtviertel einer großen Stadt. Obenauf lag eine perspektivische Zeichnung, groß wie der Tisch: der Platz, mit seinem Brunnen in der Mitte, den schön gemusterten Steinplatten, die ihn umgaben, den Läden, dem Theater, den

Verkaufsgalerien, Bankgebäuden, der Kirche. Alles war von oben her gesehen gezeichnet, aus der Vogelsicht, es gab auch Vögel, die über dem Platz schwebten, Tauben, neben den gestauchten Fahnenstangen mit ihren flatternden Fahnen, fremde Objekte in ihrer schrägen Verkürzung, aber sofort als Fahne präsent, wenn sich das Auge gewöhnt hatte an den Sichtpunkt, zu dem man es zwang, nein, den man ihm zu seiner Lust erlaubte. Das Wasser im Brunnen, die Blätter der Bäume, Linien, die sich beim Betrachten zusammentaten, um die freudige Überraschung des Erkennens auszulösen – die klaren Fassaden der Häuser, die sich selbstverständlich um den Platz scharten, sparsam und ausgewogen, mit ihren spiegelnden Fenstern.

Billy war es, als habe sie noch nie eine schönere Zeichnung gesehen. Sie hob die Augen und sah Alfred am Tisch sitzen, den Körper abgewandt, den Kopf ihr zugedreht. Sein Gesicht, halb von der Zeichenlampe beschienen, halb im Schatten, erinnerte sie an die Gesichter von Sportlern, die sie in der Zeitung gesehen hatte: einer auf der Rennbahn, den Kopf erhoben, das Gesicht leer, weil alle Aufmerksamkeit sich in seinem Körper gesammelt hat, in den gebeugten Knien, den gespannten Muskeln, um loszulaufen, ein Pfeil auf einer Bogensehne, bereit abzuschnellen. Sie hütete sich, Alfred dieses Bild zu beschreiben, das mit dem Pfeil auf der Bogensehne hätte er sowieso als Kitsch abgetan. Sie beugte sich wieder über die Zeichnung, und an der Art, wie Alfred seufzend die Luft ausstieß, merkte sie, daß er alles verstanden hatte.

Im Kino an diesem Abend sahen sie einen Film, in dem Männer mit Helmen und im Wind wehenden Federbüschen über eine Ebene ritten und Frauen, in weiße Laken gehüllt, mit falschen kohlschwarzen Haaren, sich mit vor Angst weit aufgerissenen Augen an einer Mauer aus Lehmziegeln zusammendrängten. Die Leinwand bebte, es war heiß im Zuschauerraum, und es roch nach nassen Wollpullovern. Wer damit anfing, und das versuchte Alfred später zu klären, als handle es sich um ein ungemein wichtiges Indiz, wer damit angefangen hatte also, Billy wußte es nicht zu sagen. Mitten im klappernden Getöse einer Schlacht, die Kampfes- und Sterbeschreie der Krieger im Ohr, die Fanfarenstöße, das Wiehern durchgehender Pferde, fühlte Billy Alfreds Mund auf ihrem Mund. Er war nicht weich, dieser Mund, er nahm von ihrem Mund Besitz, als werde Alfred von den blechernen Geräuschen des Kampfes beflügelt und mitgerissen. Auch die Hand, die sie am Nacken spürte wie einen heißen Kragen, gehörte zu den Dingen, die sich vollzogen, vorne auf der Leinwand, jetzt nur noch zu hören, denn Billy, überrascht, schloß die Augen unter diesem Ansturm, ließ sich gefangennehmen, unterjochen, niederzwingen.

All das geschah ohne ein Geräusch, ohne ein Wort von Alfred. Später, der Film hatte das Schlachtfeld verlassen und die leise von Vogelstimmen untermischte Geigenmusik deutete eine Liebesszene an, auch sie ohne Worte und leise, war dennoch von Alfred, der so nahe war, kein Atemholen zu hören, kein Seufzen, kein Gemurmel. Billy, die die behutsamen, tastenden Küsse von Bernd noch gut in Erinnerung hatte, überkam für Augenblicke ein vages Unbehagen, als säße sie in einem Schraubstock, als habe man ihr die Narkosemaske beim Zahnarzt übergestülpt. Sie versuchte sich loszumachen, aber es gelang ihr nicht. Sie öffnete die Augen, sah im Halbdunkel Alfreds Gesicht entrückt wie das Gesicht eines Heiligen auf einem Barockgemälde, sah aus den Augenwinkeln das Gesicht eines lockigen Mannes, der hellbeleuchtet und lächelnd einen Weinbecher an die Lippen hob. Sie wollte lächeln, denn die Geigen setzten wieder ein, Pfeifentriller schwebten darüber, ihr Körper, schon verführt, fühlte die spröden hohen Töne über sich hinlaufen wie perlendes Wasser. Alfred zitterte, seine Zähne schlugen gegen die ihren, seine Zähne faßten ihre Unterlippe, und schon war seine Zunge bereit, den Schmerz, den er ihr zufügte, fortzulecken. Billy schloß die Augen und kam ihm entgegen. Alfred, der ihr endgültiges Nachgeben spürte, faßte sie fester und seufzte. Billy achtete nicht mehr auf die Bilder, hörte die Musik noch eine Weile von ferne und vergaß sie dann. Alfred, blind und taub auch er, zielstrebig wie ein Neugeborenes, schob sich zwischen sie und die Welt.

In dem Lokal, in das Alfred sie führte, war Billy noch nie gewesen. Es war ein dunkler rauchiger Raum mit Kerzen auf dem Tisch, die in wachsverschmierten Weinflaschen steckten. An den Wänden hatte jemand versucht, einen Dschungel mit dikken Blättern und feuerfarbenen Blüten zu malen. Fette Tiger saßen unter den Lianen wie traurige Hauskatzen. Alfred bestellte Wein, erst mit so leiser Stimme, daß der Ober ihn nicht verstand, dann so laut und ungehalten, daß verschiedene Pärchen von den anderen Tischen zu ihm herübersahen. Der Ober, ein kleiner erschöpfter Mann mit dunklen Weinbeeraugen in einem blassen Gesicht, fuhr zusammen und verschwand beleidigt hinter dem Vorhang zur Küche.

Billy wartete darauf, daß Alfred zu sich kam, aber er griff sofort nach ihr, die Augenlider gesenkt, wie ein Schläfer, drückte sie an die rauhe Wand und machte sich über sie her, jetzt ungestört von der Armlehne der Kinostühle und ohne sich um die umsitzenden Leute zu kümmern. Billy, die ab und zu auftauchte und sich nach dem Kellner umsah, bemerkte mit Vergnügen und leiser Schadenfreude, wie sich die Aufmerksamkeit der anderen Gäste auf ihren Tisch richtete. In einer anderen Situation hätten sie die Blicke und das Getuschel verlegen gemacht. Nun aber gab sie die Verantwortung ganz an Alfred ab. Er war derjenige, dem es vulgär erschien, wenn Leute sich öffentlich küßten. Er war es, der immer den Eindruck kontrollierte, den er auf andere Leute machte, der Billy nicht erlaubte, die Stimme zu heben, wenn sie sich stritten, aus Angst, jemand könnte zuhören, der jedes verfängliche Gespräch abbrach, sobald andere Menschen ins Zugabteil kamen.

Billy machte sich los, als der Kellner mit den beiden Weingläsern an den Tisch trat. Er betrachtete Alfred, der Billys Gesicht neu zu fassen suchte, mit düsterem Blick. Alfred, so bemerkte Billy, konzentrierte sich mit seinen Liebkosungen ganz auf ihren Mund, seine Hände gebrauchte er nur, um ihren Kopf zu stützen und für seine wuchtigen Angriffe festzumachen. Sein Körper und Billys Körper saßen dabei nebeneinander auf der Bank, wie nicht dazugehörig.

Jetzt sprach er, während er hastig von seinem Wein trank. Immer, immer schon habe er sie, Sibylle, gesehen, der Schottenrock, der rote Pullover, der Schorf auf ihrem Knie, das Haar, das man ihr abgeschnitten hatte, viel zu kurz, brutal – wann war das gewesen? Aber ihr Nacken, der Nacken, wenn sie den Kopf nach vorne beugte, über den Lenker ihres Fahrrads, und ihn überholte, triumphierend mit klappernden Schutzblechen – wie sie ins Wasser hechtete im Schwimmbad, wie sie dort lag mit den Freundinnen und Waffelbruch aß aus den grünen Tüten vom Kiosk, wie sie ihm den braunen Rükken zuwandte, das nasse Haar nach hinten warf, sich mit dem Kamm kratzte am Bein und dabei zu ihm hinübersah – wie sie dann Margas Kopf packte und an ihre Brust zog – für ihn! Es war gewesen, als habe sie seinen Kopf zu sich herangezogen, sein Haar gezaust, er habe das wohl begriffen. Sein Messer, das Messer mit den drei Klingen, das er sich damals gekauft habe, es habe Sibylle geheißen. Nachts habe er es unter sein Kopfkissen gelegt.

Billy lauschte Alfred mit offenem Mund. Sie konnte sich an nichts von dem erinnern, was Alfred ihr erzählte. Er wiederum hatte, als sie ihn fragte, kein Bild von ihr, wie sie mit Marga unter dem Tannenbaum im Vorgarten saß.

Billy trank von ihrem Wein und überlegte unbehaglich, ob sie sich etwas zu essen bestellen sollte und ob Alfred genug Geld hätte, auch etwas zu bestellen. Ihn einzuladen, wagte sie nicht, denn sie fühlte, daß ihn das gekränkt hätte, er, der sich in einem Taumel befand, einem Taumel des Bekennens, er, dessen Hunger sich einzig auf sie, Billy, zu richten schien, der ihren Mund unaufhörlich beschaute und betastete, wenn er ihn nicht küßte, wie ein Archäologe ein seltsames archaisches Schmuckstück, das er soeben ausgegraben hat.

Alfreds Mund schmeckte nach dem billigen süßen Wein. Billy sah ihn jetzt auf einer Sanddüne knien, im Tropenhelm, Schweiß auf der Stirn. Er beugte sich über ihren Mund, über den der Wind durchsichtige Sandkörner wehte, und sie sah den Mund deutlich, er lag im Sand, ein goldenes glänzendes Objekt, unvermittelt und überraschend. Er, den dicken Marderhaarpinsel in der Hand, streifte über ihn hin, sie fühlte das weiche Streicheln der Haare, das feine Kratzen der Sandkörner. Ihr Körper lag noch tief im Sand vergraben, reglos, kühl, unsichtbar.

Im letzten Zug nach Hause fühlte sich Billy so müde und klebrig, als habe sie wirklich im Sand gelegen. Das kalte grüne Licht im Wagen, die Reihen geordneter grauer Plastiksitze, die beschlagenen Scheiben, das Kreischen und Ächzen der Räder, alles kam ihr vor wie eine lange und unentrinnbare Quälerei, die erst enden würde, wenn sie in ihr Bett schlüpfte. Sie konzentrierte sich auf diesen Augenblick, sagte sich, daß die Minuten verstrichen, daß jedes Rütteln der Räder sie ihrem Ziele näherbrachte.

Alfred dagegen, beunruhigt von der Eile des Zuges, versuchte die Zeit aufzuhalten. Er ließ nicht von ihr ab, wischte ihre Protestbewegungen beiseite, überhörte ihre Bitten, störte sich nicht an den schläfrigen Soldaten, die in der gegenüberliegenden Koje saßen, flüsterten, lachten und ihm leise Ratschläge zuriefen. Er war, so dachte Billy, wie ein Trinker, der dem Trinken abgeschworen hatte und nun eine Schnapspraline gegessen hat, ihr Vater hatte davon gesprochen. Das Schlimme war nicht der Alkohol in der Praline, sondern die Tatsache, daß der Trinker eine Barriere überrannte, die er für sich selbst aufgerichtet und geachtet hatte. Danach war es sinnlos, sich zu zügeln, er konnte hingehen und eine ganze Flasche austrinken, wie früher.

Alfred fuhr morgens nicht mehr im selben Zug mit Billy, Alfred winkte ihr zu, gut geschützt aus einem dichten Haufen Kommilitonen. In der Mensa schien er so in eine Diskussion mit den gegenüber sitzenden Essern vertieft, dass er nicht bemerkte, wenn Billy vorüberging.

An ihrem Haus radelte er vorbei, mit kurzen Hosen, nackten Beinen und Basketballstiefeln, und das im Schneegestöber. Billy sah ihn aus dem Fenster des Badezimmers, die Lippen gespitzt, als pfeife er, freihändig, er wandte den Kopf nicht zum Haus hinüber. Billy schaute ihm nach. Er zeigt sich mir. Er wartet darauf, daß ich ihn aufhalte, ihn frage, ihn fordere. Er will sich mir verweigern, um mich zu strafen. Vielleicht hätte ich nachher im Zug weinen sollen, wie diese Lisa, vielleicht hätte das ausgereicht, um ihn zu versöhnen. Es machte ihr nichts aus, allein zu fahren, sie fühlte sich wie ein Schachspieler, der den Gegenzug erwartet. Sie baute ein Balsaholzmodell des Altersheims, steckte trockene Schafgarbenblüten als Bäume um die Häuser, das half nicht viel, die Häuser hockten wie ein höckeriger Schorf am Hang, die Rampen und Straßen bildeten keine schönen Kurven, getrockneter Leim klebte an ihren Kleidern. Sie legte ein Tuch über das Modell. Nicht einmal ihrem Vater erlaubte sie, es anzusehen.

Nach einer Woche schickte Alfred ihr einen Brief. Es war ein Gedicht, in schönen Architekturblockbuchstaben geschrieben, am Ende jeder Zeile ein Stern. In den Doppelzeilen verglich er Billy und sich, er tat es in Bildern. Er loderte wie ein Feuer, sie war die dunkle Nacht, er der rollende Stein, sie der Abhang. An diesem Abend traf sich Billy mit Bernd, aber obgleich sie wie früher in das kleine chinesische Lokal gingen,

Bernd die Musik bestellte, die sie immer gehört hatten, und die Gerichte bestellte, die ihnen geschmeckt hatten, war der Abend kein Erfolg. Bernd fragte Billy nach ihren Studien, und Billy hörte sich Erklärungen murmeln, einfache Sätze als beschriebe sie einem Zehnjährigen komplizierte Vorgänge, die er nicht wirklich begreifen konnte. Darüber beschämt, stürzte sie sich in eine lange Inhaltsangabe des Buches, das sie gerade las, ließ einen Film, den sie gesehen hatte, folgen, ärgerte sich darüber, daß Bernd nicht die richtigen Fragen stellte, sich nicht entflammen ließ von den fremden Schicksalen, die sie vor ihm ausbreitete. Als er vorschlug, noch ein wenig fernzusehen bei ihm zu Hause, lehnte sie ab. Bernd beobachtete sie im Auto von der Seite, mit gutmütigem Spott. »Rufe an, wenn's dir besser geht, mein Studieräffchen«, sagte er und gab ihr einen Klaps, als sie ausstieg.

Alfred lauerte am Bahnhof hinter dem Zeitungskiosk, als Billy nach Hause fahren wollte. Sie hatten eine Woche nicht miteinander gesprochen. Er ging neben ihr her und lächelte wehmütig. Sie kannte dieses Lächeln, es galt ihren Unzulänglichkeiten. Im Zug sprachen sie von unwichtigen Dingen, aber diesmal nahm auch Billy den Bus am Kanal entlang und stand, dicht an Alfred gedrückt, die ganze Fahrt, seine Augen nah und unruhig, versengten ihre Schläfe. Sie scherzte über ihren mißratenen Entwurf, und Alfred bot seine Hilfe an. Neben der geschlossenen Bahnschranke, auf dem Weg zu Billys Haus, blieben sie mit gesenkten Köpfen stehen und warteten, hörten den Zug kommen, spürten den Wind, als er dicht an ihnen vorbeistürzte. Alfred umarmte Billy behutsam und küßte sie langsam und sehnsüchtig. Billy mußte sich an den rot-weiß gestrichenen Baum der Schranke lehnen. »Warum hast du mir das angetan?« fragte Alfred und legte seinen Kopf auf Billys Schulter, Billy erschrak. Sie glaubte, er weine, aber als er den Kopf hob, sah sie, daß er lachte.

In der Küche, nachts in Alfreds Haus, erlaubte Billy ihm, seine Hände unter ihren Pullover zu schieben. Sie stand am Küchentisch und schüttelte Pulverkaffee aus kleinen Metalltüten in die Porzellantassen. Alfred legte seine Hände unter dem Pullover auf Billys Brüste. Billy horchte in sich hinein und empfand nichts als Neugier und die Gutwilligkeit, mit der man jemandem, der Schmerzen hat, erlaubt, jedes auch noch so unsinnige Hausmittel auszuprobieren. Denn Alfred hatte Schmerzen, das war nicht zu übersehen. Das Gesicht, mit dem er jetzt ihren rosa BH betrachtete, war verzerrt, mager, seine Haut verfärbt, die Augen über den malvenfarbenen Schatten verstört und glanzlos, wie spitz seine Ohren aus den Haaren ragten, wie wachsgelb und mürbe sie aussahen. Sein Atem roch wie der Atem von Billys Katze, wenn sie eine Maus gefressen hatte. Alfreds Finger mühten sich lange mit dem Haken der Schließe an Billys Rücken. Sie sprang plötzlich auf, die Schließe schnalzte zur Seite und traf Alfred an der Braue, er bemerkte es nicht, rieb abwesend die Stelle mit den Fingern, während er Billys Brust betrachtete, den Mund halb geöffnet, mit angehaltenem Atem. Billy fühlte den lockeren BH schief über ihrer Brust hängen, legte Kaffeetüten auf den Tisch und schob ihn nach oben. So standen sie, Billy, den Pullover um den Hals zusammengeschoben, die Brust vorgewölbt, Alfred, den Kopf vorgereckt, wie ein junger kurzsichtiger Arzt. Billy sah sich und Alfred im Spiegel des Fensters stehen, unwirklich im unruhigen Blau der Büsche vor dem Fenster. Sie wollte den Pullover herunterziehen, aber Alfred kam ihr zuvor. Er legte seine Hände auf ihre Brüste. Billy spürte die Wärme seiner Hände, mehr spürte sie nicht. Alfred, die Augen geschlossen, verlor das Gleichgewicht und stolperte gegen den Küchentisch. Billy zog schnell den Pullover herunter, der Aluminiumkessel begann zu pfeifen.

Später, über das Zeichenbrett in seinem Zimmer gebeugt, warf ihr Alfred einen glitzernden Blick zu. »Mach es zu, dein rosa Ding«, sagte er und kehrte Radiergummikrümel zusammen. »Rosa Wäsche – ich hätte es mir denken können.« Noch später, als Billy leise die enge Treppe hinter ihm hinunterstieg, drehte er sich zu ihr um und flüsterte: »Ich weiß, daß du das gebraucht hast, das vorhin in der Küche.« Billy fühlte ein leises Erstaunen, aber keine Wut. Sie hatte nicht das Herz, ihm zu widersprechen. Er war ein gefährdeter Schlafwandler, den man nicht ansprechen durfte, sonst fiel er vom Dach.

Alfreds Mutter sprach Billys Mutter an, im Metzgerladen. Billy konnte nicht genau erfahren, was sie gesagt hatte, ihre Mutter schwankte zwischen Entrüstung und Ungläubigkeit. Die Situation selbst, sagte sie, sei überaus bizarr gewesen, nicht ohne Komik. Sie habe soeben ein großes Stück Schmorfleisch begutachtet, das die Metzgerin ihr über den Tresen entgegenstreckte und in das sie hineinzwickte, um ihr zu bedeuten, wie zart das Fleisch sei, als eine kleine Frau, die schon eine ganze Weile ungeduldig neben ihr hin und her getrippelt sei, plötzlich begonnen habe, auf sie einzureden, laut, entrüstet, dabei sehr nervös und ohne sie anzusehen. »Was machst du denn mit dem Buben?« Billys Mutter konnte jetzt ihr Lachen nicht mehr unterdrücken. »Sie hat gesagt, du sollst ihn in Ruhe lassen.«

Ihre Mutter erlaubte Billy, mit ein paar Studienfreunden skifahren zu gehen. Vielleicht tat sie das, um sie von Alfred fernzuhalten, aber der Plan mißlang. Als der Bus abfahrbereit am Bahnhof stand, gesellte sich Alfred überraschend und übermütiger Laune zu der Skigesellschaft. Er habe Geld aufgetrieben und käme mit, sagte er und stellte seine abgeschabten Ski neben Billys neues unverkratztes Paar. Er sei ein sehr guter Skifahrer, sagte er, er könne Billy Stunden erteilen, ein Bett würde sich schon irgendwo finden. Billy wußte nicht recht, ob sie sich über seine Überraschung freute. Sie hatte ihm die Reise lange verheimlicht, aus Angst, ihm, der für so etwas kein Geld hatte, weh zu tun, auch aus schlechtem Gewissen. Ihre Mutter hatte sie mit neuen Skisachen ausgerüstet, ihr Vater hatte ihr Geld zugesteckt, augenzwinkernd. Sie wußte, was Alfred von alldem hielt. Jetzt, neben ihm sitzend, in ihrem hellroten glänzenden Anorak, mißfiel ihr sein blasses Gesicht, die tiefliegenden Augen, der Mund, vom übermäßigen Lachen verzogen. Sie nahm es ihm übel, daß er ihr ein schlechtes Gewissen verursachte, daß sie sich insgeheim durch seine Augen sah und sich schäbig vorkam in ihrer hautengen Skihose.

All das vergaß sie im Schnee. Alfred fuhr vor ihr her, in leichten eleganten Schwüngen, als zeichne er wohlüberlegte und harmonische Muster auf den Hang. Geduldig wartete er, bis Billy heran war, hob sie auf, wenn sie fiel, brüllte ihr Anweisungen und Ratschläge zu, lobte sie, holte sie ein, überholte sie, tanzte vor ihr, von Schwung zu Schwung, bis er anhielt, weit unten und klein neben den Tannen, die Arme ausgebreitet, um sie zu empfangen. Sein Siegestaumel trug ihn auch unbeirrt durch das Abendessen in der engen Stube neben dem Kachelofen. Er sprach mit den anderen Männern in einem sportlich kameradschaftlichen Ton, den Billy noch nie von ihm gehört hatte. Man scherzte über die Professoren, über die Mädchen am Nebentisch, stellte Wetterprognosen, erörterte lang die Vorteile verschiedener Skibindungen. Alfred lachte, bis Tränen in seinen Augen standen, erhob sich, um die Assistentin des Städtebauprofessors nachzumachen, wie sie dem alten Herrn in die Jacke half, ihm seinen Stock reichte, sich niederhockte, um seine Schnürsenkel zu schnüren. Später beim Wein war es Alfred, der anfing, Witze zu erzählen und die anderen um sich herum zu immer gewagteren Geschichten anzustacheln. Billy verstand, daß er sie ausschloß und daß er, beseeligt von seiner Skifahrkunst und der Macht, die sie ihm über sie, die ängstliche Anfängerin, einräumte, nun auch den Abend und die jüngeren Männer an sich zu raffen versuchte.

Sie ging früher zu Bett als die übrigen. Alfred, der in ihrem Zimmer in seinem Schlafsack auf dem Boden schlafen sollte, weil erst am nächsten Tag ein Bett für ihn frei wurde, ließ sie gehen wie ein alter Ehemann, der daran gewöhnt ist, daß die Frauen früher schlapp machen als die Männer.

Billy wachte auf, weil jemand ihren Namen sagte, nicht laut. »Sibylle«, etwas an dieser Stimme erschreckte sie, und noch halb im Schlaf glaubte sie, sie läge in einer Lehmhütte und jemand versuche, sie zu wecken, um sie vor einem Erdbeben zu warnen, aber das gehörte noch zu ihrem Traum. »Sibylle«, diesmal erkannte sie Alfreds Stimme. Sie klang dumpf. Ihre Augen gewöhnten sich an das Dämmerlicht des Zimmers, und sie sah die dunkle unförmige Rolle seines Schlafsacks neben dem Bett auf dem Boden liegen.

»Alfred?«

»Komm zu mir.« Alfred rührte sich nicht. »Komm her, Sibylle.«

»Was willst du?« Billy, nun ganz wach, spürte die kalte Luft des Zimmers auf Schultern und Nacken.

»Du mußt zu mir in den Schlafsack kommen.« Alfreds Stimme klang seltsam getragen, als bereite er eine Zeremonie vor und sie, Billy, müsse erst eingewiesen werden. Jetzt sah sie im Dunkeln seinen Kopf auf dem Polster des Schlafsacks liegen, sah das Weiß seiner Augäpfel. Er streckte die Hand zu ihr herauf.

»Weißt du, daß es einen Mann schmerzt, wenn er erregt ist, weißt du, daß er leidet unter diesem Zustand.«

Billy schwieg.

»Diese Spannung, dieser Blutandrang.« Alfreds Stimme klang gepreßt. »Komm her! Ich will, daß du weißt, was du mit mir gemacht hast, mein Penis ...«

Billy hielt sich die Ohren zu. Sie schlüpfte unter das Federbett und fing an, vor Nervosität und Verlegenheit zu kichern.

Sie schwitzte. War es möglich, daß er sich einen Spaß mit ihr erlaubte, daß er gleich loslachen würde, weinselig, und sie der Prüderie bezichtigen, die sie ihm immer vorwarf? Sie lauschte eine Weile atemlos unter dem Federbett. »Hör auf!« rief sie dann, bereit zu lachen. Ein Stöhnen war die Antwort, zu laut und übertrieben für eine Berghütte. Ein neuer Anfall von Kichern schüttelte Billy. Sie war hilflos, hörte den Reißverschluß des Schlafsacks am Boden entlangschleifen. Das Licht ging an. Sie lauschte.

»Schau mich an, Sibylle.« Er schob mit einem Ruck das Federbett zurück. Billy blinzelte durch ihre Haare. Wieder überkam sie ein unbändiges Lachen. Sie setzte sich auf.

Alfred stand auf dem Holzboden mitten im Zimmer, die Arme ausgebreitet, nackt. Seine Haut, sehr weiß und undurchsichtig, schien das Licht der Deckenlampe aufzusaugen. Billy hatte noch nie einen Mann in diesem Zustand gesehen, noch nie wirklich und so deutlich ihren Augen dargeboten. Sie konnte nicht umhin, ihn anzuschauen. Ihre Augen sprangen auf seinem Körper hin und her und rutschten dann, ohne daß er es merkte, zu der Stelle, die sie nicht ansehen wollte. Eine peinliche Geschwulst, Blutandrang? Welch fürchterliche Vorstellung, ein Auswuchs, fehlfarben, verblüffend hoch aufgerichtet, vor dem Hintergrund des weißen flachen Bauches, aufsteigend in einem seltsam schiefen Winkel dem bescheidenen Nest der lockigen dunklen Haare, blind, anklagend auf sie gerichtet. Sie erschrak über ihren Ekel, schaute Alfred ins Gesicht. Seine Augen waren unbeweglich auf sie gerichtet und glänzten wie zwei Messingmünzen. Sie hatte das unbestimmte Gefühl, daß er sie auf den Knien sehen wollte, daß er Anbetung befahl, Unterwerfung. Stand er nicht da wie ein Gekreuzigter? Aber das war nicht alles. Er wollte etwas von ihr, etwas, das er erwartet hatte, in ihr gewittert hatte, hellsichtig und empört von Anfang an. Er glaubte, er werde ihre Lust entzünden, so, mit der Flamme seines dargebotenen Leibes, seiner unverhohlen zur Schau gestellten Leidenschaft. Sein Gesicht war stolz und kalt.

Billy drehte sich zur Wand und zog das Federbett zu sich herauf. War dies das Bild, das er sich von ihr gemacht hatte? Sie lächelte, spürte aber, daß ihr Gesicht sich dabei zu einer Grimasse verzog, ihr Kinn zu zittern begann. Den Altar, den er für sie errichtet hatte, an den sie geglaubt hatte, mit dem sie sich heimlich triumphierend brüstete, hatte es nie gegeben. Er hielt ein anderes Bild für sie bereit, ein gewöhnliches schmutziges Bildchen, etwas, das man aus einer Zeitung riß und mit einem Reißnagel an der Wand über dem Bett feststeckte.

Jetzt hörte sie Alfred in den Schlafsack kriechen. Er ließ das Licht brennen.

Am Morgen saß Alfred schon mit den anderen beim Frühstück, als Billy sich dazu setzte. Sie war mit sich zu Rate gegangen, auf dem Bett hockend, ehe sie die Stiefel zuschnürte. Sie schämte sich ihres gestrigen Verhaltens, hatte sie sich nicht benommen wie ein Kind vor einem Exhibitionisten, das Kaninchen vor der Schlange? Hätte es ihr nicht besser angestanden, die Situation ins Komische zu ziehen, mit einem scherzhaften Wort, einem freundlichen und gelassenen Satz? Verschiedene solcher Sätze fielen ihr ein, als sie mit schweren Füßen im Zimmer herumging und ihre Sachen zusammensuchte. Wie wäre etwa »Du wirst dir den Tod holen bei dieser Kälte« gewesen oder »Ich spare mich für meinen Ehemann auf – leider« oder einfach »Junger Mann, Sie sind tauglich«. Sie kicherte. Hatte er nicht zu ihr gesprochen wie ein Biologieprofessor zu einem begriffsstutzigen Schüler? Im Grunde, das wußte Billy, ärgerte sie sich am meisten darüber, daß er geglaubt hatte, sie werde über ihn herfallen wie eine liebeskranke Megäre, und weiter, daß er von ihr erwartet hatte, den ersten Schritt zu tun, Hand an ihn zu legen, um ihr später wieder zu-

zuflüstern, er habe ihre geheimen Begierden erraten. Jetzt, im Morgenlicht und neben dem ordentlich zusammengerollten Schlafsack, kam ihr die ganze Szene der Nacht lächerlich und auch rührend vor. Sie stieg die Treppe hinunter, willens, Alfred zuzuzwinkern und später mit ihm darüber zu lachen, wie betrunken er nachts gewesen war.

Billy erkannte sofort, daß Alfred keineswegs bereit war, die Geschehnisse der Nacht mit ihr so einfach zu übergehen. Die am Tisch Sitzenden warfen ihr fragende Blicke zu und deuteten mit versteckten Gesten an, daß Alfred in schlechter Stimmung sei. Er selbst würdigte niemanden eines Blickes, sprach kein Wort und erhob sich abrupt und grußlos, um zu gehen.

In den folgenden Tagen schwankte Billy zwischen Ärger und schlechtem Gewissen. Alfred spielte den Beleidigten, er spielte den unansprechbaren, finsteren Außenseiter, der nur die nötigsten Sätze über seine mit Gletscherweiß unheimlich bemalten Lippen brachte. Aber dennoch setzte er sich stets zu der Gruppe an den Tisch, las in einem Buch, wenn er nicht, nachdenklich und umsichtig, sein Brot schmierte oder seinen Tee zuckerte. Man duldete ihn, zog ihn nicht mehr ins Gespräch, ließ nach verschiedenen Versuchen, ihn aufzumuntern, von ihm ab. Es war Billy, als vergifte er die ganze Tischrunde, dämpfe die Fröhlichkeit aller, beeinträchtige den Geschmack der Speisen. Jeden Morgen hoffte sie ihn verändert und wieder zugänglich zu finden, aber er blieb unversöhnlich. Ihre vorsichtigen Versuche überging er schweigend, als nähme er ihre Gegenwart gar nicht wahr, nur manchmal, wenn sie aufschaute, ertappte sie ihn dabei, wie er sie beobachtete, sein Gesicht eine undurchdringliche Maske, seine Augen dunkel und glanzlos wie Kieselsteine.

Bernd kam. Die Schneeketten an seinen Reifen rasselten, als er triumphierend mit Billy davonfuhr, zu abgelegenen Skipisten, die er kannte und überschwenglich lobte. Am Abend, als er sich verabschiedete, fühlte Billy sich angestrengt. Sie hatte den ganzen Tag ›junges Liebespaar im Schnee‹ mit Bernd gespielt, wie sie es insgeheim nannte. Hatte ihn ihre Ski tragen lassen, an der Schneebar vor den großen Hotels mit ihm gesessen, bei den Abfahrten waren sie oft stehengeblieben, um sich zu umarmen, während andere Skifahrer links und rechts an ihnen vorbeizischten und ihnen Verwünschungen zuriefen. Abends vor der Tür des Bauernhauses, in dem Billy mit den übrigen wohnte, waren sie lange im Schnee auf und ab gegangen, hatten Zigaretten geraucht und den Sternenhimmel betrachtet, als es anfing, dunkel zu werden. Billy konnte Alfred nirgends entdecken. Sie hatte gehofft, ihm irgendwo zu begegnen, um ihm ihre Eintracht, ihr Glück mit Bernd vorzuführen. Schließlich zog sie Bernd in den beleuchteten Hausgang, um sich von ihm umständlich zu verabschieden. Unter dem ausgestopften Hirschkopf an der Wand küßten sie sich lange und ausschweifend, während an ihnen vorbei bereits die Gäste zum Abendessen in die Stube drängten und der Geruch nach Suppe und gebratenem Speck aus der Küche drang.

Alfred kam nicht zum Abendessen, und Billy, die trotz ihrer Müdigkeit sehr zufrieden mit ihrem Tag war, hielt ihre Freunde so lange sie konnte am Tisch fest, bestellte nach dem Essen Wein und Käse für alle und stieg erst spät und widerstrebend die Holztreppe zu ihrem Zimmer hinauf.

Alfred saß auf der Treppe vor ihrer Tür. Sie lächelte ihm entgegen, als sie zu ihm hinaufstieg, etwas schwerfällig in ihren aufgeschnürten Skistiefeln. Die Ohrfeige traf sie unvorbereitet, brachte sie aus dem Gleichgewicht, daß sie gegen die Wand taumelte, die zweite traf ihre Nase und zuckte über ihre Backe wie ein eisiger Blitz. Alfred packte sie, zwang sie die Treppe hinauf, schleppte sie vor ihre Tür und stieß sie dagegen. Im dunklen Gang konnte Billy sein Gesicht nicht sehen, hörte nur das Keuchen seines Atems, roch den ihr wohlbekannten Geruch nach Kartoffelschalen, ungelüfteter Wohnung und Schweiß. Sie zitterte und hatte Mühe, den Schlüssel ins Schloß zu stecken. Alfred war verschwunden.

Später, als sie die Tür aufbekommen hatte und sich umsah, ehe sie im Zimmer verschwand, traf sie aus der Dunkelheit neben der Treppe ein Wurfgeschoß an der Brust, ein leichtes Bündel ohne viel Gewicht, aber sie fuhr zusammen und hob die Hände. Es war der moosgrüne Pullover, den sie Alfred geschenkt hatte, in ihm eingewickelt das silberne Feuerzeug.

Nun war es an Billy, sich unversöhnlich zu zeigen. Es war nicht leicht. Alfred überschüttete sie mit Zeichen seiner Reue, seiner Demut, seiner Selbstentäußerung. Er rollte die Diskussion über seine Tat am Frühstückstisch auf, bezichtigte sich wie ein Staatsanwalt, erklärte sich schuldig wie ein Richter, häufte Asche auf sein Haupt, verurteilte sich, verdammte sich. Das alles tat er unterhaltsam und durchsetzt mit Selbstbezichtigungen, beißendem Spott für sich und seine Liebe, denn er sprach jetzt von Liebe, bescheiden und ohne Scham. »Ich liebe diese Frau«, sagte er mit gesenktem Kopf, ehe er in die Runde blickte, die Augen verhangen, von Gefühlen überwältigt. Man sprach ihn frei. Billy, die von Anfang an merkte, daß Alfred Punkte gewonnen hatte bei den übrigen Männern, als er sie abpaßte und ohrfeigte, ja, daß diese, auch wenn sie dabei lächelten und behaupteten, selbst niemals auf solche Steinzeitmethoden zurückgreifen zu wollen, sich dennoch einig waren darüber, daß Billy die Strafe herausgefordert und verdient habe, Billy, gekränkt und überstimmt, hielt immer verbitterter an ihrer, wie sie fand, gerechten Unversöhnlichkeit fest. Manchmal spielte sie mit dem Gedanken, die Nacht preiszugeben, in der Alfred sich so lächerlich benommen hatte, aber sie ahnte, daß auch diese Szene ihr keine Verbündeten unter den Männern schaffen würde. Am liebsten wäre sie allein heimgefahren, aber auch das wäre falsch gewesen. Wenn sie floh, gab sie ihre Niederlage zu, und Alfred behielt recht, der Gedanke empörte Billy.

Und wieder gab es noch diesen anderen Alfred, den nur sie kannte und der nicht auftrat am Tisch mit den anderen Männern. Diesen Alfred konnte sie nicht ans Messer liefern, konnte ihn nicht bloßstellen vor den anderen, als verbinde sie mit ihm ein dunkles und unaussprechliches Geheimnis und eine stille und unüberwindliche Übereinkunft des Schweigens. Alfred, der wie ein waidwundes Tier vor ihrer Tür herumlungerte, nachts, wenn sie auf die Toilette ging, Alfred, dessen Hände zitterten, wenn er sich niederhockte, um ihre Skibindung besser zu befestigen. Alfreds Gesicht, wenn er am Hang neben ihr bremste, in einer Wolke von Schnee, und sie anstarrte, sehnsüchtig und hungrig wie ein Kind, ein armes Kind, das seine Augen nicht abwenden kann von einem überirdisch schönen, heißbegehrten Spielzeug.

Am Tag vor ihrer Abreise beschloß Billy, nicht zum Skifahren zu gehen, sondern sich in die Sonne zu legen, die nach drei Tagen Schnee sich schon früh am Morgen gleißend über die weißen Bergzacken am Ende des Tales erhob. Billy, mit ein paar Broten und einem Buch im Rucksack, zog eine einsame Skispur über die Wiesen und durch kleine Gehölze und suchte nach einer Stelle, an der sie sich, weit weg vom Dorf, niederlassen konnte, um allein zu sein. Sie fand einen kleinen Bach, der tief unten zwischen meterhohen Schneemauern eingebettet lag. Ein schwarzes bewegtes Band, an dessen Rand Büsche von gefrorenen, mit durchsichtigem Eis überzogenen Schilfstengeln standen. Die Sonne beschien die steile Schneeböschung auf der einen Seite, und dort, vom Wind geschützt, stieg Billy fast bis zum Bach hinunter, ebnete eine Stelle mit ihren Skiern und zog dann ihre Stiefel aus. Sie breitete ihren Anorak aus, legte sich auf den Bauch und versuchte, in ihrem Buch zu lesen. Es war sehr still, nur das Glucksen des Baches war zu hören und das leise Schmatzen, wenn eine Schneewächte am Ufer abbrach und ins Wasser fiel. Als es wärmer wurde, zog Billy ihren Pullover aus und lag im Unterhemd, die Augen geschlossen und schläfrig, da, ein kleiner bunter Fleck in der weißen Landschaft – die Vorstellung gefiel ihr.

Sie hörte Alfred nicht kommen, erkannte nur sofort seine altmodischen Skistiefel, als er vor ihr stand und sie die Augen öffnete. Er legte sich ihr gegenüber auf den Bauch und betrachtete sie mit einem stolzen Lächeln, als habe sie sich vor ihm versteckt und er habe sie gefunden. So blieben sie lange Zeit schweigend, Billy, den Kopf wieder auf die Arme gelegt, Alfred, den Kopf erhoben, ohne sich zu rühren.

»Du siehst aus wie früher, wie ein kleines Mädchen«, sagte Alfred nach einer Weile. Er griff nach ihrer Hand, drückte sie, streichelte sie. »Du kannst mich nicht so lassen, Sibylle, so ohne ein Wort«, sagte er leise. »Ich sterbe – und du trägst mir ein paar Ohrfeigen nach.«

Billy sah ihn an, er schwitzte unter seiner dicken Jacke, in seinen Augen spiegelten sich der Schnee und ein Stück schräger blauer Himmel darüber. Billy richtete sich auf und bedeckte unwillkürlich ihre Brust, die unter dem Hemd zu sehen war. Sie bemerkte erstaunt, daß sie sich schämte, nein, sie schämte sich nicht, sie kam sich nur eigenartig ungeschützt und nackt vor.

»Es ist gut, Alfred«, sagte sie geduldig, »ich bin dir nicht mehr böse, nur, laß dir nie mehr einfallen, mich zu schlagen.«

Alfred legte sein Gesicht in ihre Hand, die er gewaltsam umgedreht hatte. Er seufzte. Billy suchte nach geeigneten Worten, um ihn wegzuschicken, liebevoll und mit der Bitte um Verständnis. Sie wollte allein sein.

»Alfred?«

Alfred kroch näher, packte Billys Nacken, seine kalte Hand fuhr in ihr Unterhemd und fand ihre Brust. Er drängte ihr sein Gesicht auf, sein offener Mund streifte ihre Nase, rutschte über ihre Backe, suchte ihren Mund, seine Finger kneteten ihre Brust, unbarmherzig und viel zu fest. Billy riß sich los, sie rollte ein Stück den Hang hinunter, blieb auf dem Bauch liegen, sah, daß ihr Hemd zerrissen war, sah die rote Schramme seiner Nägel auf ihrer Haut.

»Bitte, geh jetzt«, sie versuchte ganz ruhig zu sprechen. Sie fürchtete sich vor ihm.

Als er aufstand, spürte Billy, wie ihr ganzer Körper sich anspannte und zur Verteidigung bereitmachte, aber Alfred drehte sich einmal um sich selbst, taumelig und auf dem Schnee rutschend, und wandte sich dann ab, um schweigend den Hang hinaufzuklettern, seine Ski schleifte er hinter sich her. Er sah sich nicht nach ihr um.

Billy krabbelte zurück zu ihrem Lager. Sie streckte sich aus, legte ihr Gesicht in die Hände, atmete tief und versuchte, sich zu beruhigen. Sie atmete den Geruch des schmelzenden Schnees ein, den vertrauten Geruch ihres Anoraks. Es war ganz still jetzt, und sie schloß die Augen. Der Schneeball traf sie zwischen die Schulterblätter. Er kam von oben und war schwer und eisig. Er tat ihr weh. Ein zweiter traf ihren Kopf. Er war größer als der vorhergegangene, das spürte Billy an der Wucht, mit der ihr Gesicht in den Schnee tauchte. Eine Explosion, die eisige Splitter über ihre Schultern schleuderte. Sie versuchte, sich in Sicherheit zu bringen, kroch auf allen Vieren, richtete sich auf, versuchte hinaufzuschauen, das war ein Fehler, das nächste Geschoß traf sie an der Stirn und warf sie fast um, aber sie hatte keine Zeit, nachzudenken über den schrillen Schmerz, den Schneehang, der vor ihren Augen glitzernde Wellen schlug, als werde er flüssig und trage sie fort. Sie zog sich zusammen, machte den Rücken rund und versuchte den Kopf mit den Armen zu schützen. So blieb sie, hörte sich leise Schmerzenslaute ausstoßen, die niemanden erreichten, fühlte den dichten eisigen Regen, den ihr Feind auf sie niedergehen ließ, fremd, als sei es nicht ihr Körper, der getroffen wurde, sondern eine unbewohnte fühllose Landschaft, die sie aufleuchten sah unter einem Hagel von Bomben, halb unbeteiligt, halb widerwillig beunruhigt, aber doch geduldig wartend, bis alles vorüber wäre. Später spürte sie, daß dort oben keine Schneebälle mehr geformt und abgeschickt wurden, sondern große weichere Schneebrocken, die auf ihrem Rücken platzten, ohne sie wirklich zu verletzen. Manchmal fühlte sie die scharfe Kante einer eisigen Kruste über ihre Haut kratzen, sie wartete verbissen, ihr Gesicht brannte, Wasser lief über ihren Nacken und ihre Brust. Der Schnee, der auf ihr lag, fühlte sich heiß an auf ihrer Haut, als stünde sie in Flammen.

Erst als sie ganz bedeckt war mit Schnee, erst als sie glaubte zu ersticken, der Kopf und das Haar schwer wie ein beschneiter Busch, den das Gewicht des Schnees zu Boden drückt, erst da, als sie fühlte, daß sie nicht mehr konnte, daß sie aufstehen würde, den kalten Mantel abwerfen, schreien und losrennen, ohne auf ihr ungeschütztes Gesicht zu achten, das zerrissene Hemd, die Füße ohne Schuhe, in den schweren Wollsocken, erst da erlahmte ihr Gegner, und kein Laut war mehr zu hören.

Alfred rollte in einer staubenden Lawine den Hang herunter und blieb vor ihr liegen wie ein getroffener Soldat, schneebedeckt, die Augen blicklos zum Himmel gerichtet.

Das weiße Sofa

Frau Reinsbeck wußte sofort, daß es der Teufel war. Er saß auf dem weißen Sofa vor dem Fernseher und lachte. Seine knochigen Knie ragten neben ihm auf wie Heuschreckenbeine, seine Nacktheit glomm grünlich weiß. Auf dem Fernsehschirm zogen Fische mit wulstigen schnappenden Lippen durch wehendes Seegras.

Das alles sah Frau Reinsbeck durch die halbgeöffnete Tür. Sie stand, den Schlüssel in der Hand, im Gang, die Einkaufstasche an die Brust gedrückt. Der Lauch kitzelte ihr Kinn.

Er hatte keine Hörner, keinen Pferdefuß, natürlich nicht, Frau Reinsbeck lächelte. Sie war keine gute Christin, und es wunderte sie, daß der Teufel ausgerechnet auf ihrem Sofa saß. Er mußte sich doch die Leute aussuchen, die er beeindrucken konnte. Sie trug die Tasche in die Küche und ordnete das Gemüse in den Korb, der auf dem Eisschrank stand, stellte Milch und Käse in die Fächer, zog den schwarzen Mantel mit dem Pelzkragen aus und fuhr sich mit den Fingern durchs Haar. Im Wohnzimmer hörte sie ihn lachen. Es klang übertrieben und erinnerte sie an Laute, die sie aus dem Tierpark kannte. Wahrscheinlich hatte er sie kommen hören.

Sie ging mit festen Schritten durch den Gang und blieb in der Tür stehen.

Ein Fisch äste an einem moosigen Stein und fächelte dabei mit seinen durchsichtigen Flossen, man konnte die Kiemen sich öffnen und schließen sehen. Es gab nichts zu lachen.

Der Teufel sah zu ihr auf mit dem dümmlichen und aufgelösten Gesicht von jemand, der soeben sehr gelacht hat und noch nicht damit fertig ist, sich aber um Beherrschung bemüht. Sein farbloses Haar lockte sich auf dem Oberkopf wie schmutziger

Schaum. Die Stirne, viel zu hoch, trug einen schütteren Pelz, seine Augen waren feucht.

Frau Reinsbeck stand auf ihren hohen Schuhen und verschränkte die Arme über dem Bauch, sie räusperte sich.

Er machte eine schöne Bewegung mit den Armen wie Kung Fu im Fernsehen, führte die gekreuzten Hände mit aufgerichteten Mittelfingern zu ihr und in einem flachen Bogen zu der Stelle neben sich auf dem Sofa.

»Komm, Lisei«, sagte er – seine Stimme noch hell und unsicher vom Lachen. Lisei hatte sie seit ihrer Kindheit niemand mehr genannt.

Als er ihr den Reißverschluß des Kleides öffnete, dachte sie an den häßlichen Wulst am Ansatz ihres Nackens. Sie hatte ihn oft von der Seite im Spiegel betrachtet. Ein Buckel wie ein Braunbär. Das Sitzen über der Schreibmaschine war schuld, das Sich-Beugen über die Karteikästen und das Kopfeinziehen, wenn Herr Gallwitz …

»Impotent!« unterbrach er ihre Gedanken. Seine Stimme hatte sich gefestigt.

Er küßte den kleinen Fleischberg, der sich aus dem Loch der Strumpfhose drängte, seit heute morgen, an der Schenkelinnenseite. Auch ihn hatte Frau Reinsbeck betrachtet und die Strumpfhose dennoch anbehalten.

Jetzt, von oben gesehen, waren seine Haare durchscheinend wie Glasnudeln. Er trug eine helle Unterhose, weit, nicht sehr sauber.

»Wer ist impotent?«

»Gallwitz.«

Frau Reinsbeck lachte, das hatte sie ihm oft gewünscht.

Sie sah, daß er die Kognakflasche aus der Kredenz geholt hatte. Sie stand neben seinem nackten Fuß. Seine Zehennägel waren schmutzig.

Im grünen Unterwasserlicht sah Frau Reinsbeck winzige glitzernde Fische über den Bildschirm flitzen. Ihre Brüste grün, schleimig, darunter die Bauchkugel. Seine Hand verschwand, und nun schwammen die Fische auf sie zu, zwischen ihre geöffneten Schenkel hinein, berührten sie mit ihren winzigen Mäulern, saugten, knabberten. Seine Hand kletterte wie eine träge Krabbe seitwärts über die Hügel ihrer Brust – geschäftig und zielstrebig.

»Schau, Lisei.«

Sie hatte es schon gesehen, das Zelt in seinem Schoß, zu dem er ihre Hand führte. Es flimmerte wie Phosphor, warf unruhige Schatten, etwas zappelte darin, nicht unangenehm, sie hielt es fest.

Er hob sie auf seinen Schoß, ganz leicht, er paßte gut in sie hinein, halb Jucken, halb Schmerz, halb glitschiger Fisch, halb warmes Metall, Frau Reinsbeck kicherte.

Sandschleier wehten über einen Seestern, er bewegte sich kaum.

Frau Reinsbeck, wie eingehüllt vom leisen Klatschen und Murmeln, wiegte sich von Welle zu Welle. Es ging fort und fort, sie schloß halb die Augen.

Buchstaben wimmelten über den Bildschirm wie silberne Ameisen.

Die Frau aber im blaugeblümten Kleid, die ihnen jetzt zusah, öffnete weit die Augen und sprach und sprach unhörbare Worte mit glänzenden Lippen, Frau Reinsbeck japste.

Der Teufel roch nach verbranntem Zelluloid, seine Zähne – spitz. Er setzte sie auf ihre Schulter, auf ihren Hals.

»Was muß man dafür geben?« flüsterte Frau Reinsbeck. »Die Seele?« Sie keuchte durch die Nase, ein schluchzendes Lachen.

Er verdrehte die Augen, und auch Frau Reinsbeck fühlte, daß sie den Blick nicht mehr halten konnte, und schloß die ihren.

Natürlich hatte sie nicht erwartet, daß er bei ihr einzöge, er rief auch nie an, man konnte ihm auch den Abfall nicht mitgeben, wenn er ging. Er war plötzlich da und plötzlich fort. Wann, das wußte man nie so genau, sicher war, er kam nur nachts. In manchen Nächten war er so hell und locker zusammengefügt, daß Frau Reinsbeck durch ihn durchgriff, wenn sie nach dem Rechten sehen wollte.

»Bin heute schlecht drauf«, sagte er. Seine Haare standen um sein Gesicht wie trübes Licht. Frau Reinsbeck heizte die Wohnung wie ein Terrarium. Sie ging nackt und schwer zwischen den Möbeln herum und sammelte die Teller und Gläser ein. Er aß viel, sie schleppte schwere Tüten nach Hause, Preßsack und Blutwurst, Sülze und Pökelfleisch, kein Gemüse.

Im Büro bemerkte niemand ihre Entrücktheit. Herr Gallwitz blieb an der Tür stehen, wenn er ihr diktierte. Fräulein Leeb rümpfte die Nase, wenn sie zusah, wie Frau Reinsbeck sich ächzend zwischen Schrank und Fotokopierer durchzwängte. Er, er wog ihre Brüste in den Händen wie ein Obstverkäufer, er umgriff ihren Bauch wie ein warmes Brot.

»Wie sieht es aus in der Hölle?« Sie saßen auf dem weißen Sofa, vor dem Wetterbericht. Frau Reinsbeck betonte das Wort Hölle, als spräche sie von einem Kurhotel, als spräche sie in scherzhaften Verballhornungen, um ihn wissen zu lassen, daß sie nicht an eine Hölle glaubte. Sie kicherte.

Er gähnte und streckte die Arme, daß die Gelenke knackten. »Es gibt keine Hölle«, sagte er und steckte eine Olive in Frau Reinsbecks Bauchnabel.

»Wo wohnst du?« fragte Frau Reinsbeck schnell.

»In einem engen Stübchen, voller Möbel, mit rosa Gardinen und verblichenen Perserteppichen.« Er sah sie an. »Zwei Fenster – schlecht geputzt.« Er tippte auf ihre Augen, daß sie rasch blinzeln mußte. »Oder in einem roten Zimmer«, er lachte. »Mit einer Pelztür.«

Man konnte nicht mit ihm reden.

»Man muß klingeln, ehe man hineinkommt.«

Er klingelte.

Man konnte nicht mit ihm reden.

An manchen Tagen ging Frau Reinsbeck nicht ins Büro. Sie rief an und hielt sich die Nase zu beim Sprechen. Sie blieb den ganzen Tag im Bett liegen, und später stand sie auf und legte sich auf das weiße Sofa vor den Fernseher. Sie sprach mit dem Ansager und lobte ihn und seine Umsicht und Kenntnisse. Sie mischte sich in Debatten und schlug mit der flachen Hand auf den Tisch, um sich Gehör zu verschaffen. Manchmal, aus den Augenwinkeln, sah sie seltsame Tiere zwischen den Möbeln kauern. Die Fransen des Teppichs hoben und schlängelten sich. Schatten huschten unterm Tisch hin und her. Aber er kam nicht, er kam nicht, und sie ging mit einem Buch über den Fürsten der Finsternis zu Bett. Das Buch hatte jemand geschrieben, der nicht wußte, wovon er sprach.

Seine Scherze waren manchmal gewagt, fand Frau Reinsbeck. Der Trick mit dem verschwundenen Fischstäbchen, die Dekorationsvorschläge mit Salatblättern auf Brotsockel oder im Reisrand. Sie ließ ihn gewähren. Tonbänder tauchten auf, war das Musik? Menschliche Stimmen hoben sich zwischen Trommelwirbeln und Glockenspiel, heulten wie die Hyänen, tremolierten wie Erdkröten. Süße, lockende Flötentöne, schwül und entsetzlich. Frau Reinsbeck überlief eine Gänsehaut nach der anderen.

»Auf Knochen gespielt«, Frau Reinsbeck wagte nicht zu fragen, auf was für Knochen.

Lippenstifte wuchsen im Badezimmer vor dem Spiegel wie

Pilze, zyklamenrot, purpurfarben, brennend rosa. Auch das gelbe Kleid, wo kam es nur her und für wen war es eigentlich gedacht? Er sah darin aus wie eine Libellenlarve, halb ausgeschlüpft und mit nervös zuckenden Gliedmaßen. Frau Reinsbeck dagegen sah aus wie ein pralles chinesisches Nadelkissen, das sagte er, und danach spielten sie stundenlang Nähkästchen.

Seine Scherze waren auch manchmal plump. Wenn er in der blauen Feuerwehruniform ihres verstorbenen Mannes auf dem Sofa saß, mit verbundenem Kopf, und im knatternden Getöse eines Westerns mit den Absätzen den Takt schlug, oder wenn er Fräulein Leeb nackt an den Fersen im Badezimmer aufhängte. Ihre schön manikürten roten Nägel pendelten über dem flauschigen Teppich vor der Wanne.

Einmal, als Frau Reinsbeck gerade dabei war, sich aufzulösen, unter ihm, auf dem weißen Sofa, den verschwimmenden Blick auf eine japanische Tanzgruppe im dritten Programm gerichtet, imitierte er mit der Stimme ihres Vaters das Liebeslied des kurzschwänzigen Pirols. Frau Reinsbecks Vater war in ihrer Kindheit ein begeisterter Jäger und Vogelstimmenimitator gewesen. Nach dieser Posse hatte Frau Reinsbeck tagelang ein schlechtes Gewissen, wenn sie an den alten Mann dachte, der jetzt in einem Caravan lebte und ihr gelegentlich Postkarten schrieb, auf denen Campingplätze in Jugoslawien und Griechenland zu sehen waren.

Frau Reinsbeck hatte bald begriffen, daß sie sich nicht ungestraft mit dem Leibhaftigen einließ. Männer in der U-Bahn machten ihr wortlose, aber eindeutige Anträge, die Müllabfuhr toste überlaut und voller Triumph unter ihrem Fenster, schon um sechs Uhr morgens, und im Kino schob ihr ein alter Mann, der bis dahin eingenickt und blind neben ihr gekauert hatte, einen nassen Knirps in die Hand, als sie gerade dabei war, nach ihrem Taschentuch zu suchen. Am schlimmsten waren die Hunde, die, gelegentlich vor dem Milchladen angebunden, mit kalter Nase ihr Bein hinauf unter ihren Rock fuhren. Wenn er es war, den sie an ihr rochen, so roch ihn auch Fräulein Leeb, die sich unter dem Vorwand, ein paar Heftklammern von ihrem Tisch zu nehmen, über sie beugte und ihr mit rauher Stimme zuflüsterte: »Was ist das für ein Parfum?« Das wiederum tat ihr gut.

Auch beim Bridge am Donnerstagabend mit den Damen gewann Frau Reinsbeck ohne große Anstrengung und ohne Gewissensbisse den ganzen Abend. »Höllisch gut spielst du, Lisbeth«, sagten die Bridgeschwestern und wiegten die Köpfe, »aber du hast zugenommen und dieser blutrote Lippenstift, findest du ihn nicht etwas aufreizend?« Sie nahm die Runde nicht wie sonst zu einem Kognak mit nach Hause, dabei hätte sie ihnen ihren fahlhäutigen Geliebten gerne gezeigt, aber sie mißtraute ihm und seinen Einfällen.

Den Besuch ihrer Mutter sagte sie ab. Das war nicht einfach, denn während sie von den vielen Überstunden und einer hartnäckigen Virusgrippe näselte, hörte sie ihn in der Küche pfeifen und zischen. Den ganzen Abend konnte sie danach nicht richtig in Stimmung kommen, und er verschwand mit einem »Ciao Mama«, noch ehe der Krimi anfing. Er ließ eine Wolke Knoblauch im Zimmer zurück.

Manchmal überfiel sie noch auf der Treppe zu ihrer Wohnung eine unsägliche Angst. Kirchenlieder mit Orgelmusik brandeten durch ihren Kopf, Pergamente mit blutigen Unterschriften und die geflügelten, violett behaarten Gestalten, die sie auf ihrer Hochzeitsreise in Italien an den Wänden einer Kirche betrachtet hatte. Grinsende Gesichter, die sich über schreiende Frauen beugten, um sie wegzuzerren, an den Haaren, erbarmungslos und eifrig, als brächten sie eine ihnen rechtmäßig zustehende Ernte ein.

Später berührte sie die kahlen Stellen an seinem Kopf mit

leisem Grauen, und er sah sie mit schmalen Augen an und grinste.

»Wenn dir das eine Horn nicht genügt, laß ich zwei weitere sprießen«, sagte er und stieß sie in die Seite wie ein Widder.

»Tun wir Böses?« fragte Frau Reinsbeck zitternd.

»Natürlich, Lisei« – wie gut er ihren Vater imitierte – »mein kleines seidiges Lämmchen.«

Bei der Weihnachtsfeier von Gallwitz und Schellenberger trug Frau Reinsbeck das gelbe Kleid. Herr Gallwitz, für diesen Anlaß adventsmäßig verändert, lächelte über einem Norwegerpullover. Ein Mistelzweig steckte in den brauen Löckchen hinter seinem Ohr. Er tanzte mit Frau Reinsbeck Tanz auf Tanz und griff beim Tango mit solcher Entschlossenheit nach ihrer linken Brust, daß sie ihm eine Ohrfeige gab.

Später, als er mit unsicherer Hand einen Pappbecher Bier aus der langen Schlange von Pappbechern an der Theke auswählte, hörte sie ihn zu dem rotgesichtigen Prokuristen sagen: »Ein Satansweib.«

Fräulein Leeb hatte sich Frau Reinsbecks Lippenstift ausgeliehen und bemalte sich den Mund lange und andächtig, dabei warf sie Frau Reinsbeck im Spiegel schwermütige Blicke zu.

Zu Weihnachten ließ sich Frau Reinsbecks Mutter nicht länger abhalten und kam. Sie nähte neue Überzüge für die Kissen auf dem weißen Sofa.

Frau Reinsbeck hatte mehrere Nächte wachgelegen und sich ein Treffen zwischen ihrer Mutter und ihrem nächtlichen Gast vorgestellt. Wenn sie ihn darauf ansprach, lachte er unmäßig und ließ sich dazu hinreißen, einige respektlose, ja unappetitliche Kommentare über ihre gute Mutter zu machen. Frau Reinsbeck war klar, daß sie ihm nicht vorschreiben konnte, wann er kam, ja sie fürchtete, die Gegenwart ihrer Mutter könne ihn gänzlich vertreiben, und diese Vorstellung entsetzte sie. Sie beschloß, ihn als ihren Freund einzuführen, machte ihrer Mutter gegenüber Andeutungen am Telefon und hoffte, mit der Situation, falls sie sich ergab, an Ort und Stelle fertig zu werden. Im Notfall mit einem Schlafmittel für ihre Mutter. So weit war es schon gekommen mit ihr, Frau Reinsbeck fühlte nur Erleichterung darüber und kein schlechtes Gewissen.

Natürlich ließ er sich nicht blicken, als ihre Mutter Abend für Abend auf dem weißen Sofa saß, Patiencen legte und bestimmte, ob etwas im Fernsehen angesehen wurde. Sie liebte nur einige Programme – Talkshows, Rätselspiele und ländliche Chormusik, alles andere langweilte sie.

»Wo ist denn dein Verlobter?« fragte sie ab und zu ohne viel Interesse, eher schadenfroh, denn sie hatte der Tochter dergleichen längst nicht mehr zugetraut. Frau Reinsbeck, übellaunig vom abendlichen Griesbrei mit Kirschkompott und aufgerauht von langen mütterlichen Monologen über die Qualitätsschwankungen in gekauftem Gebäck, eingewachsene Hühneraugen und die Unverantwortlichkeit ihres reiselustigen Vaters, gab keine Antwort.

Statt dessen stand eines Tages Herr Gallwitz mit einem Biedermeierbouquet vor der Tür, und Frau Reinsbecks Mutter geriet in flattrig mädchenhafte Aufregung, als sie in der Küche Tee brühte und den Stoff seines Anzugs lobte, seine gut manikürten Fingernägel und seinen dezenten Duft nach Nelkenseife.

Drinnen kniete später, als Frau Reinsbecks Mutter das Teegeschirr spülte, Herr Gallwitz vor dem weißen Sofa und sagte Frau Reinsbeck, daß er, nach reiflicher Überlegung und auch unter Inaussichtnahme ihrer Absage, ja im Gefühl seiner eigenen Lächerlichkeit, in seinen Jahren … nun daß er … Er nahm dazu das Bouquet wieder aus der Vase und hielt es vor seine Brust.

»Sie wollen mich nur ...«, fast hätte sie es gesagt, aber Herr Gallwitz, dessen Augen hinter der Brille nervös hin und her fuhren, unterbrach sie im richtigen Moment.

»Keineswegs ... keineswegs, liebe Lisbeth, so darf ich Sie doch nennen, in diesem Moment. Ich will sie heiraten.«

Was sollte Frau Reinsbeck davon halten?

An diesem Abend ging Frau Reinsbeck früh zu Bett und überdachte ihre Lage.

Ihre Mutter saß ungewöhnlich lange vor dem Fernseher und sprach am Frühstückstisch davon, eingenickt zu sein.

»Plötzlich, Lisl, plötzlich saß ein junger Mann neben mir auf dem Sofa. Er hatte nichts an, doch Unterzeug, glaube ich. Er sah aus wie Friedhelm, ich hab dir doch von Friedhelm erzählt, nicht? Eine Jugendliebe – er nahm dann die Weihen.« Sie strich eine Semmel und sah sich auf dem Tisch um.

»Keine Wurst?« fragte sie. »Keine Essiggurken?«

Frau Reinsbeck tat einen Löffel Marmelade in ihren Kaffee. Ihre Mutter war noch nicht fertig.

»Diese Augen«, sie kicherte. »Schlafzimmeraugen nannten wir so was – also ein Traum, sag ich dir, wie echt! Friedhelm hatte niemals solche Augen, und wenn ich's recht bedenke, der Bursche sah auch nicht aus wie Friedhelm. Nur ich, ich fühlte mich so wie ... also, ich schäme mich richtig – eine alte Frau.«

»Und was ist dann passiert?« fragte Frau Reinsbeck mit dikker Stimme.

»Ach, weißt du ...«, sagte Frau Reinsbecks Mutter. Sie hatte rote Backen und kaute ein viel zu großes Stück Semmel, ohne auf die Marmelade zu achten, die über ihr Kinn floß. »Nichts ... nichts ... was glaubst denn du ... ich bin aufgewacht.« Sie lachte, bis Tränen in ihren Augen standen.

»Du Schwein, du Aas«, schrie Frau Reinsbeck. Ihre Mutter fuhr zusammen und starrte sie an.

»Ich meine nicht dich«, sagte Frau Reinsbeck.

»Kind, ich finde dich so seltsam in letzter Zeit, vielleicht ist es der Wechsel.«

Am Nachmittag brachte Frau Reinsbeck sie zur Bahn.

Jeden Abend, wenn Frau Reinsbeck vom Büro nach Hause kam, wartete sie darauf, ihn auf dem Sofa hockend zu finden, aber es wurde Februar, und immer lag die Wohnung im Dunkeln, war der Fernseher kalt, wenn sie im Gang neben der Tür stehen blieb.

Herrn Gallwitz brachte sie nicht mit in die Wohnung, sondern besuchte ihn in seinem Appartement. Zu Anfang hatte er große Schwierigkeiten in allem, was er mit ihr anstellte. Sogar der Tee, den er kochte, war zu schwach, und auf seinem kleinen Fernseher zerfloß das Bild und rutschte unschlüssig hin und her. Frau Reinsbeck, die ihn gut leiden konnte, wenn er von seinen Jahren als Handlungsreisender erzählte und ihr kleine Leinenservietten auf die nackten Knie legte, bevor er ihr ein Stück Schokoladenkuchen reichte, den er für sie gekauft hatte, tat ihr Bestes, alles auf die Beine zu stellen und ihm den rechten Weg zu weisen.

Aber es wurde nichts Rechtes daraus. Es half auch nicht, daß Herr Gallwitz ihr seine Sammlung alter Tangoplatten vorspielte und ihr den Text mit bebender Stimme übersetzte, selbst dann, als Frau Reinsbeck, nur mit dem durchbrochenen Überwurf des Flügels bedeckt, dazu hin- und hersprang und sich verführerisch am Boden wand. Dabei gefiel ihr Herr Gallwitz nicht übel, und wenn er seine Brille abnahm, waren seine Augen weich und voll der unschuldigsten Hoffnungen.

Schließlich entdeckte Frau Reinsbeck durch Zufall an einem regnerischen Nachmittag, wie sie dem betrübten Herrn Gallwitz in aller Sanftmut zur Hand gehen und ihn aufrichten konnte. Sie erzählte ihm von den Spielen auf dem weißen Sofa. Natürlich machte sie aus dem Teufel einen jungen Studenten und aus sich selbst eine berühmte Schauspielerin und verpackte beide zwischen die Seiten eines Buches, das sie im Urlaub gelesen hatte.

»Pfui Teufel«, flüsterte Herr Gallwitz, das Weiße seiner Augen leuchtete im Halbdunkel.

Frau Reinsbeck tastete und fand unter der Decke, was sie suchte.

»Morgen kaufst du einen großen Fernseher«, sagte sie, aber Herr Gallwitz atmete laut und hörte sie nicht.

»Deine Mutter hat sich die Haare rot gefärbt«, schrieb ihr Vater. »Sie will nicht mehr, daß ich sie besuche. Ich habe auch eigentlich keine Lust dazu, sie sieht nur noch fern und ißt. Ich denke jedoch, sie braucht mich. Vielleicht ist sie krank. Ich sollte in dieser Krise zu ihr halten. Ich will wieder zu ihr ziehen, mein Zipperlein macht mir zu schaffen, aber sie hat mich abgewiesen. Sprich du mit ihr.« Auf der Karte war ein Campingplatz in Osnabrück zu sehen.

»Den Teufel werd ich tun«, murmelte Frau Reinsbeck.

Als Frau Reinsbeck im Frühling mit einer Angina und leichtem Fieber auf dem weißen Sofa lag und eine Kindersendung sah, fühlte sie ein altbekanntes wohliges Schaudern und schloß die Augen, um nicht abgelenkt zu werden. Er saß neben ihr in die Kissen gelümmelt wie immer und, das bemerkte sie aus den Augenwinkeln, trug einen schwarzen Dreiecksslip. Sie faßte nach seinem Brusthaar, es war dunkelbraun, braun auch sein Hahnenkamm, feuchte Löckchen standen über den Ohren, drahtig im Licht des Fernsehens.

»Wie siehst du denn aus?« fragte sie schmollend.

»Ich gehe mit der Zeit.«

Wie immer machte er kein großes Aufhebens von ihrer

Krankheit, rollte ihr den Wickel vom Hals und knöpfte ihr Nachthemd auf. Er sah nach, ob alles noch da war, ihm zu Gebote stand, zu Willen war, die Hand des Meisters kannte, jedenfalls empfand es Frau Reinsbeck so und beobachtete sein Treiben unter halbgeschlossenen Lidern.

»Erzähl mir von dir«, sagte er, ohne bei seinen Streicheleien aus dem Takt zu kommen.

Frau Reinsbeck kicherte. Sie zog ihm die seidene Unterhose über die knochigen Knie und sagte dabei ein Gedicht auf, das in ihren Kopf kam. Es handelte von einer Taube, die sich beim Fliegen getäuscht hatte und statt unterm Rock unter der Bluse und im Herzen einer Frau gelandet war. Sie wußte nicht, warum sie ihm das hersagte. Er lachte, pickte nach einem Leberfleck, gurrte und sagte dann, es gäbe doch dumme Vögel, von Tauben im besonderen habe er noch nie viel gehalten.

Wie immer ließ er sich Zeit, und als Frau Reinsbeck wieder richtig sehen konnte, lief schon die Abendschau.

Sein Teufelskopf lag schwer auf ihr, die Löckchen klebten an ihren Brüsten, als sei auch sie behaart, und sein Schnarchen kam ihr ungewöhnlich vertraut vor.

Eine Weile sah sie abwesend zu, wie dicke Männer in Anzügen einander die Hände schüttelten und sich gegenseitig auf die Backe küßten.

Er, auf ihrer Brust, grunzte und legte sich zurecht. Noch nie zuvor war er eingeschlafen bei ihr, er mußte erschöpft sein. Was hatte er getrieben? Die Falte von der Nase zum Mundwinkel hatte sie noch nie bemerkt. Und wie sie ihn so betrachtete, fast mütterlich und auch ein wenig eifersüchtig, ging es ihr durch den Kopf, wie ähnlich er eigentlich Herrn Gallwitz war. Das Fieber machte ihren Kopf leicht, und sie wußte wohl, daß sie in den letzten Jahren nicht mehr deutlich sehen konnte, wenn etwas dicht vor ihren Augen lag.

Zaubern in Davos

Am Hang die Skifahrer, wie sie herumkrochen, aufstiegen, breitbeinig, abfuhren, mit ausgebreiteten Armen. Gertrud sah, während sie kaute, hinaus und ließ den oder jenen hinfallen. Bei manchen brauchte sie ein paar Minuten, mußte die Zähne zusammenbeißen und die Augen zu schmalen Schlitzen verengen. Aber meistens ging es leicht, sie umzuwerfen.

Am Nachmittag legte sie sich in die Sonne, band ihr Haar zurück und rieb sich das Gesicht mit Nußöl ein, auch die Bluse öffnete sie weit. Ihre Beine streckten sich warm und schwer unter der karierten Wolldecke. Die Menschen, die um sie herum auf der Terrasse saßen, wußten nichts von ihr, nichts von ihrem Gespräch mit der Sonne, denn Gertrud sprach mit der Sonne, begrüßte sie, lobte sie, hielt ihr das Gesicht hin zum Kuß. Wie lange hatte sie das nicht mehr getan, viele Jahre nicht mehr. Sie beschloß, Echnatons Gebet an die Sonne zu lesen. Sie wollte die Sonne aufhalten, sie dort festbannen hoch oben, dort über den scharfgezahnten Bergrücken. Aber das gelang ihr nicht, noch nicht, und sie legte sich zurück und atmete tief.

Wenn es dunkel wurde, kam eine Zeit, die Gertrud nur schwer ertrug. Zuerst hatte sie sich in ihrem Hotelzimmer ins Bett verkrochen, aber da fielen sie düstere Gedanken an, ganze Rudel von Gedanken, sie sahen aus wie schwarze behende Tiere, die über die Schneehänge daherkamen, um ihren Tag zu zerfetzen, den schönen sonnigen Tag, den sie verwahren wollte am Abend wie ein kostbares Kleid.

Albrecht saß unter der Lampe und fragte über seine Zeitung blickend: »Was hast du denn heute Schönes getrieben, Gertrud?«

Gertrud hatte den Spiegel verhängt. Das taten die Menschen sonst nur, wenn ein Toter im Zimmer lag. Gertrud dachte darüber nach und verstand es nicht. Sie wollte den Spiegel nicht, wollte nicht hineinsehen, auch nicht zufällig. Er zeigte ihr eine Frau, die sie nicht ertrug. Eine Frau mit Haaren, die grau wurden, und Augen, die ängstlich blickten, als schaute sie da ein kleines verirrtes Mädchen an, zwischen geschwollenen rötlichen Lidern. Ein Kind, das ein böser Zauber in diesem fremden schwergliedrigen Körper gefangen hielt.

Manchmal, wenn es dunkel wurde, setzte sie sich ans Fenster und betrachtete lange den Himmel. Dann stieß sie sich ab und flog durch die Nacht unter den Sternen hin nach Deutschland. Es war ein kalter Flug, der sie erschöpfte, weiße Landschaften, grüne Landschaften, über Städte und Straßen. Sie fand den Weg, senkte sich tiefer, kreiste über der kleinen Stadt und landete lautlos in ihrem Zimmer zu Hause. Sie trat vor Albrechts Bett und löschte die Lampe aus, nahm ihm das Buch aus der Hand und riß ihm die Brille vom Gesicht. Sie hockte sich auf seine Brust wie eine schwere nachtblaue Katze und horchte auf seine röchelnden Atemzüge. Manchmal auch kam sie nackt zu ihm, kalt, die offenen Haare voller Schneeflocken und sank auf ihn herab wie ein eisiger Nebel. Er lag und schlief und keuchte im Schlaf. Sie berührte ihn mit ihren Nebelfingern und tat ihm alle möglichen Dinge an, die sie noch nie getan, an die sie noch nie gedacht hatte. »Wie kannst du so lange neben mir leben, Albrecht, und nichts von mir wissen?« fragte sie. »Was hast du nur mit mir angestellt in all dieser Zeit?« Aber sie wußte wohl, daß ihn keine Schuld traf. Sie hatte ihm die Nebelfrau vorenthalten, die Nachtkatze, die Geliebte des Sonnenprinzen. Sie hatte ihn getäuscht. Gertrud weinte.

Am Abend ging sie, als es dunkel wurde, nicht in ihr Zimmer, sondern hinunter in den warmen Raum, in dem Lehnstühle und Sofas auf dem dicken weißen Teppich standen und ein Feuer im Kamin brannte. Sie bestellte sich einen Grog und später einen zweiten. Da saß sie ganz gelassen und beobachtete die Menschen, die hereinkamen, sich begrüßten, umarmten, lachten, sich zusammen hinsetzten oder plötzlich gemeinsam aufstanden und weggingen. Die meisten waren nicht allein. Gertrud langweilte sich nicht, sie genoß das gedämpfte Licht, die Stimmen um sie her, die sie nichts angingen. Sie wagte nicht zu zaubern in diesem Raum, als fürchte sie, man könne sie bemerken, sie erkennen, sie ausstoßen, sie in ihr Zimmer hinauftreiben und dort müsse sie bleiben in der Stille des furchtbaren Zimmers mit seinen karierten Vorhängen, dem hochbeinigen Holzbett, dem schweren Schrank, der nach Harz roch, und dem tückischen Spiegel. Nur einmal, nur einmal, vom Trinken übermütig und erhitzt, löschte sie das Feuer aus. Es rauchte und kämpfte mit ihr, glühte noch immer verbissen, als eine Frau mit einem Korb Holzscheite herbeikam und es neu anfächelte. Keiner im Raum hatte etwas davon bemerkt.

Der Mann mit dem glatt nach hinten gekämmten grauen Haar und den baumelnden Händen ging jeden Abend an Gertruds Sessel vorbei, den Rücken gerundet. Seine Augen spähten kurzsichtig in alle Winkel des Raumes, dann hoben sich die Brauen, als sei er erstaunt, nicht zu finden, was er suchte. Er zog die Hosenbeine über den Knien leicht in die Höhe und warf sich dann, nach einem weiteren, diesmal ungläubigen Blick in die Runde, rückwärts in den Ledersessel neben dem runden Tisch mit der Lampe. Er holte eine Zeitung aus der Brusttasche seiner Tweedjacke, sah sich noch einmal um und fing an zu lesen. Schon öfter war sein suchender Blick auf Gertrud gefallen, und eines Abends nickte er ihr zu wie einer alten Bekannten. Auch Gertrud war es, als kenne sie ihn schon lange. Etwas an seiner Art, das Kinn zu recken, war ihr vertraut.

Als er danach anfing zu lesen, lächelte er weiter und strich sein Haar zurecht. Gertrud betrachtete sein Kinn, es war breit und in der Mitte von einer Kerbe in zwei runde Hügelchen geteilt. Sicher war es schwierig, diese Kerbe mit dem Rasierapparat zu erreichen. Wenn der Mann den Kopf zur Seite drehte und sein Profil zeigte, war es, als bringe dieses Kinn das ganze Gleichgewicht seines Gesichtes durcheinander. Die niedrige Stirn und die kleine Nase konnten diesen massigen vorspringenden Unterkiefer nicht ausgleichen.

Albrecht, ihr Mann, der sich an ihr vorbeistreckte und schweigend im Küchenschrank zu rumoren begann, hielt seinen Kopf immer etwas nach hinten gelegt, fragend und wartend, das flache Kinn an den Hals gezogen. Vielleicht gehörte diese Kopfhaltung zu seinem Beruf. Wenn er lachte, zischte er leise durch die Zähne und senkte die Lider. Er war Familienrichter.

Der Mann war in das Licht der gelbschirmigen Lampe getreten, unter der Gertrud saß. Er streckte seinen Kopf vor, schloß die Beine und gab seinem Körper einen kleinen Ruck, mit dem er ihr noch näher kam.

»Darf ich mich vorstellen, Knesebeck, Winfried Knesebeck.« Sein Arm fuhr heraus, und seine offene Hand hing vor Gertruds Gesicht. Sie legte ihre Hand hinein, in Erwartung eben des festen Händedrucks, der nun folgte.

»Setzen Sie sich doch«, hörte sie sich sagen. Da setzte er sich neben sie in den leeren Sessel, nicht ohne vorher die Hosenbeine überm Knie angehoben zu haben, auch ein paar unsichtbare Flusen kehrte er rasch von seiner Jackenbrust. Nun erst beugte er sich zu ihr vor und fragte: »Gnädigste, und mit wem habe ich … das auserlesene Vergnügen?«

Gertrud sagte ihm ihren Namen. So einfach war das. Es war wie ein lächerliches Spiel, das man nicht mehr verlernen konnte, so wie Schlittschuhlaufen und Radfahren.

Gertrud wollte lachen, glaubte auch, der Mann würde lachen, aber an seinem Gesicht sah sie, daß er nichts dergleichen vorhatte.

»Um diese Jahreszeit ist Davos am schönsten«, sagte er, »meinen Sie nicht, gnädige Frau? Man ahnt schon den Frühling und kommt doch in den Genuß des Wintersportes.«

So ging es also weiter.

Er deutete Gertruds Schweigen falsch und hob die Hand. »Ich dränge mich doch nicht etwa in Ihren wohlverdienten Abendfrieden. Gewiß sind Sie erschöpft von den vielen Abfahrten. Ich dachte nur, Knesebeck, ein kleiner Plausch täte dir gut und als Gäste desselben Hotels haben wir ja sozusagen fast die Verpflichtung, uns umeinander zu kümmern.«

Albrecht wußte nicht, wo sie war. Albrecht glaubte, sie sei zu ihrer Schwester gereist, um sie zu pflegen. Arme Ada, mit ihrem Asthma, Gertrud scheuchte sie auf, als sie sich keuchend neben ihr in das Sofa niederlassen wollte und den Wollschal um ihre Schultern zusammenzog. Sie konnte den Fichtennadelgeruch ihres Inhalators riechen und warf dem Mann einen schnellen Blick zu. Er hatte nichts bemerkt, saß vornübergebeugt und wartete auf ihre Antwort wie ein großer gutmütiger Hund auf ein Stöckchen, das man ihm zuwirft.

Gertrud lächelte. »Ich fahre nicht Ski.«

»Ich auch nicht. Es ist wieder der Meniskus«, er schlug sich aufs Knie. »Jugendsünden.«

Einen Augenblick glaubte Gertrud, sie könne nicht weiterspielen, gar zu überschaubar erschien ihr das Spielfeld, der Gegner, der Sieg. Vielleicht gab es den Mann gar nicht, und sie selbst war es, die ihn solche Sätze sagen ließ, in ihrer Vorstellung.

»Knesebeck«, sagte sie versuchsweise.

»Ja, Winfried Knesebeck, meine Gnädigste. Sind Sie zum erstenmal in diesem Weltstadtdorf?«

»Nein, ich kenne Davos.« Warum log sie? Sie befahl seiner Hand, sein Kinn zu berühren, die Kerbe zu betasten, und er tat es sogleich und widerstandslos.

»Ich bin hierhergekommen, um mich zu erholen, ich habe zuviel gearbeitet«, hörte sie sich sagen. Auch das war gelogen.

»Da geht es Ihnen wie mir.« Knesebeck seufzte. »Gnädigste sind nicht verheiratet?«, fragte er.

»Ich bin verheiratet.« Einen Augenblick verlor Gertrud die Leichtigkeit und drohte ein Feld zurückzufallen auf dem Spielbrett.

Aber Knesebeck kam ihr zur Hilfe. »Wie schön für Sie. Ich bin geschieden, seit einem Jahr.« Er reckte sein schweres Kinn. »Ein mehr oder weniger frischgebackener Junggeselle.« Er sah sie an. »Mit allen Vor- und Nachteilen, wenn ich so sagen darf.« Er lachte. »Wollen wir etwas trinken, gemeinsam ... vor dem Abendessen? Übrigens ausgezeichnet, das Essen hier, wie?«

»Einen Roten«, sagte Gertrud und zwang sich hinzuzufügen: »Herr Knesebeck.«

»Meine Firma stellt Haushaltsmaschinen her, wissen Sie, auch große Maschinen für den Hotelgebrauch, da wird man sozusagen zu einem Fachmann der Gastronomie«, sagte Knesebeck und sah sich nach dem Ober um. Nach ihrer Arbeit fragte er nicht, auch nicht nach ihrem Mann.

Albrecht, ihr Mann, liebte das Filet gut durchgebraten. Albrecht haßte es, wenn es zu warm im Haus war. Albrecht verreiste nicht mehr gerne, seit er pensioniert war, er schlief nur gut in seinem eigenen Bett. Nachts lag er so still neben Gertrud, als läge er im Koma, sei Atem pfiff. Gegen Morgen, wenn das Zimmer im Dämmerlicht langsam mit all seinen Möbeln zurückkehrte aus der Dunkelheit der Nacht, sah Gertrud zu ihm hinüber. Sie fürchtete, er wäre nicht mit zurückgekommen und sie läge neben einem Toten.

Auf den Spaziergängen, die Gertrud mit Knesebeck unternahm, entlang den vom Schnee freigeräumten beschilderten Spazierwegen durch den verschneiten Hochwald, erfuhr sie mehr über ihn. Er entstammte einer Gastwirtsfamilie und hatte sich hochgearbeitet, wie er sagte. Der Weg nach oben gipfelte in seiner Heirat mit Erika, deren Vater die Firma gehörte, der Knesebeck jetzt vorstand: Elektrostar, Küchenmaschinen. Erika hatte ihn verlassen, jawohl, sie lebte jetzt allein und widmete sich nun gänzlich der leidenden Kreatur, wie er es nannte. Im großen Stil natürlich. Knesebeck wölbte die Schultern nach vorne und blickte Gertrud forschend ins Gesicht. »Sie veröffentlicht auch Artikel in der Presse und setzt sich öffentlich für das Tier ein. Sie ist großartig, damals, als eine ganze Wildpferdherde zu Hundefutter verarbeitet werden sollte, in Arizona war das, glaube ich, schrieb sie einen öffentlichen Brief an den amerikanischen Präsidenten. Da kennt Erika nichts.«

»Ja und?« fragte Gertrud und blieb stehen.

»Was bitte?«

»Hat sie sie gerettet, die Wildpferde?«

»Das weiß ich nicht, wirklich, ich denke doch, wenn sie sich einmal etwas in den Kopf gesetzt hat ...«

»Sie hängen noch sehr an ihr«, sagte Gertrud plötzlich, gerührt von seinen unglücklichen Augen, seinen gespitzten Lippen.

»Wir sind miteinander fertig«, rief Knesebeck entschieden. »Nein ... ich, ich habe mich arrangiert, kein böses Wort über sie, aber nein, mit ihr zu leben ... Sie hatte so eine, wie soll ich's sagen, so einen Drang zum Übernatürlichen ... nichts für Knesebeck, wollte mich immer auf Séancen schleppen oder wie das heißt. Nein.« Sie schritten weiter. Gertrud stellte sich Erika vor, auf einem Sofa von Katzen umgeben – in einer Runde von Menschen, die mit geschlossenen Augen um einen Tisch saßen und sich an den Händen hielten.

»Sie, Erika ... ich denke wohl, daß ich ihr fehle, daß sie noch an mir hängt, Erika schon ...« Knesebeck trat nach den Schneehaufen am Rande des Weges. »Jedenfalls was ... nun was die Intimitäten angeht, wie soll ich sagen, sexuell ... sexuell war sie mir hörig. So was kann man nicht abstreifen wie eine alte Wursthaut.« Er sah Gertrud verschmitzt ins Gesicht und atmete eine weiße Dampfwolke zu ihr hinüber. »Wir sind ja keine heurigen Hasen, über so etwas können wir doch offen sprechen, Gnädigste.« Gertrud ließ ihm einen vereisten Tannenzapfen auf den Kopf fallen, von einem der obersten Äste.

Sie saß vor dem Spiegel und ordnete ihr Haar. Das Mädchen beim Friseur hatte es geschnitten und auf Wickler gerollt. Es war weich und umgab ihr Gesicht bereitwillig mit seinen falschen Locken. Die grauen Haare waren zwischen dem Blond kaum zu sehen. Sie reckte den Hals und betastete ihn unterm Kinn. Sie mußte sich merken, nicht immer das Kinn zu senken, das machte den Hals schlaff und runzlig. Gertrud puderte ihre Nase, nicht zuviel, behutsam strichelte sie an den Brauen entlang, brauner Stift, nicht schwarzer.

»Sie sind eine schöne Frau«, sagte Knesebeck, »eine natürliche Schönheit, nicht im landläufigen Sinne, verstehen Sie, Sie haben so etwas Bäuerliches an sich, im besten Sinne, so eine Ehrlichkeit, so einen klaren Blick. Ich habe ein Auge für Frauen, glauben Sie mir. Und Ihre Figur ... Sie verzeihen ... blendend, blendend für Ihre Jahre.«

Gertrud lächelte sich zu. Sie stand auf und besah sich im Spiegel. »Sie müssen Blau tragen, das bringt Ihre Augen zur Geltung.«

Blau trug Gertrud nie. Vielleicht lag es daran, daß es Albrecht gefiel, wenn sie blau gekleidet war. Als sie jung war, hatte er ihr blaue Kleider gekauft. Sie waren zum Blautopf gereist, um gemeinsam in die azurblaue Tiefe zu starren, Hand in Hand. Gertrud war der Gedanke an diese junge Frau peinlich, die junge Frau, die sich von jedem Gefühl ihres Mannes mitreißen ließ, als sei es ihr eigenes, die die Welt betrachtet hatte durch seine Augen.

Knesebeck, den das Knie schmerzte nach dem langen Spaziergang, hatte sich zurückgezogen, wie er es nannte. Sicher lag er im Bett und schlief mit leisem Schnarchen. Gertrud beugte sich über ihn, sog seinen Lavendelgeruch ein. »Jardley, meine Gnädigste, alles von Jardley. Ich kenne den Generalvertreter der Firma sehr gut. Ein überaus gepflegter Herr.« Gertrud beugte sich tief über den schlafenden Mann und blies ihm leise ins Gesicht, nicht um ihn zu wecken, sondern um ihm ihren Geruch zuzutragen. »Du wirst dich in mich verlieben, du wirst den Kopf verlieren, du wirst nicht mehr aus noch ein wissen, mein kleiner Rührmaschinenhersteller.« Gertrud lachte. Sie berührte ihre Brüste, ihre Hüften, ihre Schenkel mit ihrer Hand, mit Knesebecks Hand, die geöffnet auf der Steppdecke lag.

Sie atmete tief und legte sich vorsichtig aufs Bett, um ihr Kleid nicht zu verknüllen, um ihre Frisur nicht zu zerdrücken am Hinterkopf. Sie murmelte vor sich hin. »Träum von mir, so ist es gut. Siehst du mich, siehst du uns, du kannst nichts dagegen tun, hörst du wohl, Winfried Knesebeck.«

Wie kam es, daß Albrecht ihre Zauberkraft zum Versiegen gebracht hatte? Wann war das geschehen? Wann hatte sie es geschehen lassen? Irgendwann hatte sie die Macht verlassen, langsam, wie Blut einen Körper verläßt. Ihre Hände waren Menschenhände geworden. Einmal, vor langer Zeit, waren sie eine schöne irdene Schale, in denen sie die blauen Tage für Albrecht auffing wie eine kostbare Flüssigkeit.

Eine Weile ging Gertrud Knesebeck aus dem Weg. Sie frühstückte in aller Eile und machte sich dann auf, um die gut beschilderten Fußwege allein zu erkunden. Der Schnee knirschte unter ihren Bergschuhen, kleine glitzernde Schneewolken stäubten von den Baumästen, die Luft roch nach Schmelzwasser und feuchtem Holz. Es war Gertrud, als habe sie jahrelang darauf gewartet, so allein zwischen den Bäumen zu stapfen, als habe sie immer geahnt, daß es dieses Winterland gäbe, das ihr unwirklich schien, als sei sie eine der kleinen Figuren, die auf den Postkarten im Hotel zu sehen waren, unterwegs zwischen den lächerlich blauen, mit unwirklichem Schnee beladenen Tannen. Das alles war immerzu für sie bereitgehalten worden, all die Jahre, in denen sie vergessen hatte, wie es sich anfühlte, im Schnee zu liegen, auf dem Rücken, um mit den ausgebreiteten Armen neben dem Körper einen Fächer von Abdrücken wie Flügel in die weiße Oberfläche zu drücken, um dann vorsichtig aufzustehen und den ›Adler‹ zu betrachten, in den Schnee gezeichnet. ›Adler‹ hatten sie als Kinder diesen Abdruck des Körpers genannt. Der Gedanke an ihre Kindheit streifte Gertrud mit dem Gefühl der Kraft, ihrer eigenen Körperkraft, die ihr bewußt wurde, erstaunt und voller Entzükken, wenn sie, vom Weg abweichend, die steilen Hänge hinaufkletterte, sich an Baumzweigen und Felsen festhielt und, oben angekommen, keuchend, die Brust voll feiner Nadelstiche, Hände voll Schnee in den Mund steckte, um ihren Durst zu stillen.

Sie schlich sich an Knesebeck vorbei, der in der Empfangshalle auf sie lauerte, die zu einem länglichen Brett gefaltete Zeitung vor dem Gesicht. Man durfte die Zauberkraft nicht überziehen, es war wichtig, ihm Zeit zu lassen für seine Phantasien, und die hatte er. Gelegentlich sprach er von nächtlichen Schlittenfahrten, unter einem warmen Luchsfell zusammengekuschelt, er und eine Frau, die zu ihm gehörte, die wie er die Großartigkeit des Sternenzeltes über den ungeheuren Schneefeldern genoß, oder er malte sich aus, wie er ein Iglu baute, er hatte darüber gelesen, wie man kantige Ziegel mit dem Jagdmesser aus der vereisten Schneedecke schnitt und sie zu einer kleinen Kuppel zusammenfügte, oben ein Loch, um den Rauch des Feuers abziehen zu lassen. Und wieder war sie bei ihm, diese Frau, die ihn verstand. Ein Schneesturm zog auf, und er rettete sich und sie vor dem Erfrieren.

Gertrud mochte ihn gerne, wenn er sich in solche Geschichten verrannte, auszumalen begann, wie die Natur sich gegen den Menschen erhob oder aber zu einem romantischen und sinnesberauschenden Rahmen wurde für eine abenteuerliche Begegnung. Er warf beim Erzählen Gertrud prüfende Blicke zu, lachte sie womöglich? Auch das gefiel Gertrud. Sie lauschte geduldig. Knesebeck hatte ihr gestanden, daß seine Frau ihn für unreif hielt, für einen, der nicht erwachsen wurde.

In ihrem Zimmer betastete Gertrud ihre Schenkel, als verfolge sie das Wachstum neuer und im Schnee gewachsener Muskeln. Der Geruch ihres Schweißes schien ihr selbst erregend und fremd. Manchmal wusch sie sich nicht, ehe sie sich fürs Abendessen umzog, als hingen ihr körperliches Wohlgefühl und die Gesundheit, mit der sie sich aufzuladen glaubte in der klaren kalten Luft draußen, auch mit diesem Geruch zusammen, der sie an einen jungen Sportler nach dem Training erinnerte.

Die Abende gehörten häufig Knesebeck.

Wenn er mit Gertrud ausging, rief er sogleich nach Champagner, und die Ober gehorchten eilfertig. Er hatte eine mächtige Stimme, die gewohnt war zu befehlen, es gelang ihm auch mühelos, einen ruhig dastehenden Hotelboy mit einem Blick an den Tisch zu zwingen oder durch ein Heben der Brauen anzudeuten, daß der Tisch, an den man ihn und Gertrud setzen wollte, ihm nicht behagte.

»Diese Maschine, ich habe sie Lektromix getauft. Sie zerkleinert alles in Sekundenschnelle. Sie können Eier sogar mit der Schale hineinwerfen, das schafft die, die schlägt Ihnen die Schale zu Staub.«

Auch das mochte Gertrud, wenn er so sprach, und er sprach oft so. Seine Augen wurden lebendig, wenn es um seine Maschinen ging, seine Schultern strafften sich. »Natürlich kann man auch Milchmixgetränke herstellen, das ist der neueste

Knüller aus Amerika. Man wirft die Erdbeeren hinein, Milch dazu, Zucker und wrrr – fertig. Eine Teufelsmaschine.«

Gertrud befeuchtete die Lippen mit der Zunge, machte die Augen schmal und hielt den Atem an. Sie neigte ihr Gesicht zu Knesebeck hinüber und heftete ihren Blick auf seinen Mund.

»Den Glasbehälter, damit man sehen kann, was man da braut, den kann man abnehmen ...« Er bemerkte, wie Gertrud ihn ansah, und verlor den Faden. Er öffnete und schloß den Mund ein paarmal unter Gertruds Blick.

»Liebe, liebe, gnädige Frau«, stammelte er, »Sie ... ich, Sie dürfen mich nicht so ansehen.«

»Wie ansehen?« fragte Gertrud langsam und ohne seinen Mund aus den Augen zu lassen.

»Ich bin auch nur ein Mann, ein einsamer Mann, der ...«

»Was?« Gertrud sah ihm jetzt in die Augen.

»Nun, jeder Mensch sehnt sich nach, nun, nach Zuneigung, und wenn Sie mir so zuhören ... Und ich bemerke, daß Sie sich wirklich interessieren für meine Probleme, für das, was mich wirklich bewegt ...«

»Ja.« Gertrud legte ihre Hand auf seine Hand, die die zusammengeknüllte Serviette umklammert hielt.

Knesebecks Adamsapfel hob und senkte sich.

»Da spreche ich von Maschinen, und Sie sitzen bei mir, liebe, schöne, gnädige Frau, und ich spreche von einem elektrischen Gerät.«

Der Ober kam an den Tisch und nahm die beiden Teller fort, rückte die Blumen zurecht, wedelte Krümel vom Tischtuch.

»Zweimal Reis Trautmannsdorf, kommt sofort«, sagte er.

Knesebeck hatte nun seinerseits Gertruds Hand ergriffen, die noch immer auf seiner anderen Hand über dem Serviettenbündel lag.

»Manchmal denke ich, das Leben geht vorbei, mit Terminen, Verhandlungen und Verkaufskampagnen und ich ... in mir ist so ein ungestilltes Verlangen ... wie soll ich sagen, so eine Sehnsucht, ja Sehnsucht nach dem Schönen ...« Er machte eine Pause.

»Ja«, sagte Gertrud. Ob sie ihr Knie an sein Knie drücken sollte? Nein, das war zuviel.

»Das Schöne im Leben ...« Knesebeck blickte über die Tische mit den essenden Menschen hin, als suche er das Schöne im Raum.

Gertrud sah ihn an, schwieg.

»Ein Mann ohne Frau ist oft so einsam«, sagte Knesebeck und blinzelte unter dem Ansturm der Gefühle ein paarmal rasch hintereinander.

»Ja«, sagte Gertrud leise.

Der Ober stellte zwei Glasschalen mit Reis und kandierten Früchten vor sie auf den Tisch.

Knesebeck wollte Wein trinken, wagte aber nicht, seine Hände wegzuziehen. Gertrud schaute ihm in die Augen.

»Mein Gott, Gertrud, ich darf Sie doch Gertrud nennen.« Er seufzte. »Wieviel Zeit habe ich versäumt.« Jetzt hob er seine Hand aus dem Haufen und nahm einen großen Schluck Wein.

Und nun das Knie, dachte Gertrud.

Über den glitzernden Reisnäpfen, auf jedem lag in der Mitte eine glasige tiefrote Kirsche, sahen sie sich an. Knesebeck mit verwirrten Augen und einem Mund, der nicht wußte, ob er lächeln sollte. Gertrud ruhig und aufmerksam.

»Gertrud«, sagte Knesebeck.

»Winfried«, sagte Gertrud.

Schon auf der Treppe gewann er seine alte Selbstsicherheit zurück, so daß ihn Gertrud zweimal stolpern lassen mußte. Er hielt sie leicht am Ellbogen, und an der Treppenbiegung legte er den Arm um sie und zog sie zu sich heran.

»Ich habe Champagner hinaufbestellt«, flüsterte er in ihr Haar. »Lassen Sie Knesebeck nur machen.«

Gertrud war leicht und neugierig zumute. Vor seiner Tür blieben sie stehen, Knesebeck hielt den Schlüssel schon in der Hand. Im Vorbeigehen hatte er seine Krawatte vor dem Spiegel zurechtgerückt, die ganze Zeit lang ein kaum wahrnehmbares zufriedenes Lächeln um den Mund, auch jetzt, als er vor Gertrud stand, sich verbeugte, ihre beiden Handrücken zum Mund hob und sie küßte. Er hatte feuchte Augen.

Gertrud wollte plötzlich nicht mitgehen durch diese Tür. Sie wünschte sich einen Aufschub, versuchte rasch sein Gesicht mit liebevollen Augen zu betrachten, versuchte es neben ihr Gesicht zu legen aufs Kissen, es über sich zu halten, mit Haaren, die sich aus der aufgezwungenen Glätte befreiten und wirr abstanden. Ihr Zögern teilte sich Knesebeck mit. Er warf rasch einen Blick den leeren Hotelflur entlang und riß sie an seine Brust, ganz so, wie Gertrud es die Männer im Kino hatte tun sehen. Aber ehe sie lachen konnte, küßte Knesebeck sie, und sein Mund geriet dabei so außer sich, daß Gertrud um ihre Nase fürchtete, um ihre Oberlippe, um ihre Zunge. Zudem atmete Knesebeck in heftigen Stößen. »Auffressen könnte ich Sie.« Er bog Gertrud dabei nach hinten wie ein Tangotänzer.

»Nicht auf dem Gang«, gelang es ihr schließlich hervorzugurgeln. Knesebeck sperrte auf. »Ich bin eine leidenschaftliche Natur, Gertrud.« Das war ein Versprechen.

Aus dem Radio auf dem Nachttisch klang noch immer Walzermusik. Die hatte Knesebeck sorgsam gesucht, nachdem er die Tür verschlossen hatte, nachdem er Gertrud ein Glas Champagner gereicht hatte, nachdem er sie zum Bett geführt hatte, wortlos und ohne den Blick von ihr abzuwenden. Gertrud lächelte, und kostete noch einmal aus, wie er sie ausgezogen hatte, zuerst die Schuhe, dann die Strümpfe, dabei verstreute er viele kleine feuchte Küsse auf ihren Beinen, Armen, Schultern.

»Ganz gemächlich, wir haben Zeit«, flüsterte er keuchend. Gertrud sah ihm ganz ruhig dabei zu, er aber verhedderte sich in den Bändern und Ösen ihrer Unterwäsche und schwitzte. Noch einmal überschwemmte er mit einem ausführlichen Kuß ihre Backen und ihr Kinn, noch einmal drückte er seine Lippen auf Hände und Ellenbeuge. Es war Gertrud, als gehe er nach einem bestimmten Rezept vor, als seien die Küsse abgezählt und dazu gedacht, an den richtigen Stellen plaziert zu werden, aber Knesebeck war zu ungeduldig, um sich an ein Programm zu halten. Er grunzte und hastete immer tolpatschiger durch das Ritual des Ausziehens, und dann ging alles sehr schnell. Knesebeck, eben noch in schwarzen Kleiderhüllen, trat hell und faltig zutage, in Unterwäsche, langen Hosen, langen Ärmeln, dann schälte er auch diese Hüllen ab, behende, wie man einer Weißwurst die Haut abzieht, und nun war er auch schon über ihr, ein rosiges graubehaartes Gewitter, mit zappelnden kalten Beinen, einem erstaunlich hartgewölbten Bauch und baumelndem Amulett.

Und nun schlief er.

»Ach, die Liebe ist doch schön«, hatte er gemurmelt, ehe er einschlief.

Gertrud drehte das Radio ab.

Im Hochgefühl ihrer Zaubermacht über diesen Mann erlaubte sie sich gelegentlich Augenblicke der Rührung, der Zärtlichkeit. Wenn er zuerst sorgsam seine Garderobe auf dem Stuhl zurechtlegte, ehe er sich umsichtig ans Anziehen machte, Stück um Stück, wenn er die Augen einer anderen Frau auf sich fühlte und ihr, Gertrud, einen stolzen prüfenden Blick zuwarf. Wenn er Gertruds Schuhe aufhob, ein paar Staubfasern abwischte und sie vor die Tür trug, um sie neben seine auf den Gang zu stellen.

In diesen Momenten wäre Gertrud gerne eine andere Frau gewesen, seine Frau, die ihn liebte und mit ihm lebte. Sie packte Knesebeck, beutelte ihn an seinem breiten Kinn, zerraufte sein Haar, warf ihn im Bett hin und her, nannte ihn ihren Nußknacker, ihren haarigen Orang Utan, ihren wilden Lektromix.

Knesebeck ließ diese Augenblicke des Überflusses so geduldig über sich ergehen wie die Zeiten der Dürre, ihr Schweigen, ihre schlechten Launen.

Gertruds Launen, wie Knesebeck es nannte, plagten sie an gewissen Tagen wie eine Migräne, verdarben ihr das Essen, färbten den Schnee, zerstörten das angenehme Gefühl der Schwerelosigkeit, in dem sie sich wiegte. Die weißen Ränder, die das Magenpulver, das Knesebeck vor den Mahlzeiten schluckte, an seinen Mundwinkeln zurückließ, erfüllten sie mit vagen Ängsten. Sie riß ihm grollend die Mütze vom Kopf, wenn sie sah, daß ein Ohr umgebogen und fühllos vor Kälte unter dem Mützenrand hervorragte, als habe er vergessen, es einzupacken. Wenn er neben ihr herhinkte, nach einem langen Spaziergang, und sie bemerkte, daß er seinen Schmerz unterdrückte und verbissen ausschritt, sobald das Hotel in Sicht kam, fühlte Gertrud eine eigenartige und schmerzliche Ungeduld mit ihm. Sie bemühte sich, sie zu bemänteln, klopfte Schnee von seinem Kragen und blieb dicht bei ihm stehen, um seine blaugeäderten Backen zu reiben. Nicht aus Zärtlichkeit, sondern aus Unruhe. In solchen Augenblicken fürchtete sie sich davor, daß er ihr zu nahe kam, daß sie sich zu sehr mit ihm einließ, daß er ihr zu vertraut werden könnte, so wie er war, ein alternder Mann, über den sie lächelte, allein in ihrem Zimmer vor dem Spiegel sitzend, weil sie sich einbildete, unverletzlich und ihm überlegen zu sein.

Die Leute im Hotel steckten die Köpfe zusammen, wenn Gertrud mit Knesebeck am Abendessentisch Platz nahm. Schon lange sprach niemand von den Gästen mehr mit ihnen. Knesebeck litt darunter und genoß es gleichermaßen. Er schwankte zwischen peinlicher Scham und einem auftrumpfenden Gefühl des Stolzes. »Soweit ist es mit Knesebeck gekommen«, sagte er manchmal oder »das hätte mir hier wohl keiner zugetraut, seit fünfzehn Jahren wohne ich im ›Goldenen Hirsch‹.« Er führte lange Telefongespräche, bei denen er so schwitzte, daß das Glas der Telefonzelle beschlug. Gertrud fing an, sich zu langweilen, wenn er ihr genau aufzählte, was in der Firma schiefgelaufen war, was alles noch schieflaufen werde und welche Termine er ihretwegen versäumte. Er drängte immer häufiger auf eine Entscheidung ihrerseits, wollte ihr die Adresse ihres Mannes abringen, wollte ihn anrufen oder noch besser mit ihm sprechen, von Mann zu Mann. Erika, so sagte er, mache sich Sorgen um ihn und das Geschäft und werde, was der Himmel verhüten möge, eines Tages in Davos auftauchen.

Anfangs hatte Gertrud versucht, an Knesebeck herumzuerziehen, ihn bei bestimmten Sätzen, die er sagte, auszulachen, seine kleinen Angebereien aufzudecken, ihn auflaufen zu lassen, wenn er über ihren Kopf weg ein Tagesprogramm festlegte und ihr vortrug, als organisiere er die Freizeit ausländischer Kunden. Sie hatte bestimmte Kleidungsstücke aus seiner Garderobe verbannt und bei Diskussionen versucht, ihn bei Oberflächlichkeiten und Sentimentalitäten zu ertappen und nachzubohren. Er reagierte höflich, erstaunt nachgiebig und immer bemüht, auf ihre Eigenarten, wie er es nannte, einzugehen. »Du bist eine seltsame Frau, Gertrud.« Seine Anzüge umgaben ihn wie Schutzhüllen. Seine Höflichkeiten und altmodischen Herrenattitüden schufen Barrieren, hinter denen er sich geübt ihrem Zugriff entzog.

Nur an den Nachmittagen, bei zugezogenen Vorhängen, neben ihr unter dem karierten Federbett, lieferte er sich aus, wurde zu einem gelehrigen Schüler, einem geduldigen Erkunder ihres Körpers, zu Gertruds unermüdlichem und willigem Diener, um sich im richtigen Moment zum triumphierenden Potentaten aufzuschwingen, zum herrschsüchtigen Gebieter, zum Sieger, der Gertrud aufspürte, sie niederzwang und besetzte.

Wenn sie im Bett in seinen Armen lag, liebte sie ihn, nicht Winfried Knesebeck, den vergaß sie, sobald sie die Augen schloß. Sie liebte die Lust, die er ihr verschaffte, die Wärme seines Körpers, die Auflösung, in die er geriet und mit der er sie ansteckte. Sie liebte die Frau, in die sie sich verwandelte, eine schamlose und triebhafte Person, die ungeduldig und atemlos durch nie gesehene Räume taumelte, durch feuchtes Pflanzendickicht kroch, über geriffelte Wüstenflanken segelte. Ein geflügeltes Wesen, das aufstieg in hochgewölbte wassergrüne Himmelskuppeln, den Wind im Haar und umgeben von Vogelschwärmen und wimmelnden Sternen.

Später, wenn sie zurückkam, wenn sie gegen seine Brust prallte und sein Geruch nach Lavendel und Hühnersuppe sie überschwemmte, wenn sie an seinem Atem und seinem Gewicht auf ihr erkannte, daß sie zurückgekehrt war in das Hotelzimmer, in das zerwühlte Bett an seiner Seite, ins Blickfeld seiner Menschenaugen, überkam sie eine hilflose und grausame Wut. Sie scheuchte ihn an die Wand, wollte nicht berührt werden, an keiner Stelle ihres Körpers, von seinen Gliedern auch nur zufällig, zwang ihn aufzustehen und ihr zu trinken zu holen, zwang ihn, Essen zu bestellen, mitten in der Nacht, ließ ihn im Radio nach Musik suchen, erlaubte ihm nicht, den Bademantel dabei anzuziehen, um dann einzuschlafen, wenn er ihr ein Brötchen mit Kaviar reichte oder ihr gerade die Zehennägel schnitt.

»Wenn ich denke, daß mir früher nur junge Mädchen gefallen haben, Mädchen, die ich aufbauen konnte, die mich bewunderten, junge, straffe Körper«, sagte er eines Abends.

Zur Strafe mußte er ihre Tasche aus dem Bad holen zwischen seinen Zähnen, über den Teppich krabbelnd, nackt, von der Badezimmertür bis zum Bett.

»Das muß der Mensch alles mal mitmachen im Leben«, sagte er später, als sie ihn scheinheilig fragte, wie er sich gefühlt habe, so nackt auf dem Teppich kriechend. Gertrud glaubte ihm diese Gelassenheit nicht. Die ganze Nacht war er zu nichts mehr zu gebrauchen danach, und sie beschloß, sich nicht mehr so gehen zu lassen.

An einem Nachmittag, an dem draußen der Schnee fiel, dachte Gertrud zum erstenmal nach vielen Tagen an ihr Bett zu Hause. Sie lag, und es fiel ihr schwer, die Augen offen zu halten. Die Berge vor dem Fenster verschwanden hinter den Wolkenschleiern, die sich über sie legten und immer mehr aufbauschten und zusammenflossen. Ihr Albrecht – sie beugte sich über ihn, schob ihre Hand zwischen das Kissen und seinen kahlen Kopf, schaute in sein Gesicht. »Schau, wie es schneit«, sagte sie. Und Albrecht fuhr mit der Hand in ihr weißes Haar und deckte es über seine Augen.

Als Gertrud an diesem Abend in einem Zustand besonderer Auflösung ein »Ich liebe dich, du Scheusal« entschlüpfte, als sie danach eine halbe Stunde vergeblich versuchte, Knesebeck einen Schluckauf anzuhexen, und als er davon zu sprechen anfing, einfach Geschäft Geschäft sein zu lassen und mit ihr nach Teneriffa zu fliegen, weil er den ewigen Schnee satt habe, beschloß Gertrud abzureisen.

Noch am Bahnhof ließ sie ein heftiges Schneetreiben einsetzen und versprach sich, zu Hause angekommen, Knesebeck zurückzuwünschen zu Erika. Sie zweifelte keinen Augenblick daran, daß ihr das gelingen würde.

Die Geschichte, die nicht geschrieben wurde

Heute nacht habe ich im Traum einen Mann gesehen, aus dessen Augen, Nase und Mund eine klare Flüssigkeit strömte, als würde ein Schwamm zusammengedrückt. Keine Hand berührte das unversehrte Oval seines Kopfes. Nackt wie ein Ei, nur an der Oberseite zart beflaumt. Gibt es beflaumte Eier? Ich sah die runden Eier der Schildkröte, tischtennisballgroß, die weiche pergamentene Haut von winzigen grauen Adern durchzogen; ich sah sie in einem Kristallglas aufgehäuft, langsam begann rote zähflüssige Sauce die Zwischenräume zu füllen. Das Glas stand auf einer Bartheke, es wurde mir hingeschoben von braunen Händen: Es war ein Bild aus Mexiko.

Es geschieht mir oft, daß ich meine Traumbilder, während ich träume, wie ein unbeteiligter Zuschauer kommentiere und einordne.

Da gibt es die Familienträume mit vielen Frauen, mit schläfrigen Frauen, die in weiten gebauschten Kleidern zusammenstehen, sich in Gartenstühlen räkeln und leise sprechen, damit ich sie nicht verstehe. Es sind Sommerabende mit fließenden blauen Himmeln über windbewegten Bäumen: Lautlose langsame Szenen, die aufeinander folgen, blasser werden, sich verlieren.

Dann die Träume, aus denen ich mich in ein halbes Erwachen rette, um nicht verletzt oder umgebracht zu werden: Verfolgungsträume, Träume vom Ertrinken, Jagdträume – nicht immer gelingt es, mich zu retten. Selten nur kommen Flugträume, ich erkenne sie sofort und greife nicht ein, gebe mich ihnen hin, fliege, die Arme ausgebreitet, den Hang entlang, halte mich an den Waldrand, senke mich mit einer weichen Kurve hinunter ins Tal, in dem schon die Schatten der Berge liegen, die Seen klar umrissen und kalt, wie Tautropfen auf einem grünen gewellten Blatt. Seltener sind Liebesträume; mein Gesicht gehalten von Händen, in einem dunklen Zimmer, das nach Blumen riecht.

Manchmal stelle ich mir vor, ein riesiges Team ist damit beschäftigt, meine Träume zu produzieren, Schauspieler sind engagiert, die Ausstatter wählen aus dem Fundus meiner Erinnerung, die auch meine Zukunft ist. Sie haben das Glas mit in Zuckersirup schwimmenden Mandarinen auf den Tisch gestellt, aus dem die alte blinde Russischprofessorin mir eine tropfende orangefarbene Kugel reicht, über den Tisch, ihre Finger, unsicher, suchen meinen Mund. Ich bin ein Kind, doch im Traum hat eine Frau meine Rolle. Die süße Kugel in ihrem Mund wird hart und scharf, ein zackiger Stern, der ihren Gaumen aufreißt, ihre Zunge versengt.

Wenn ich an einer Geschichte schreibe, verfolgen mich meine Personen den ganzen Tag. Sie sind aufdringlich und eigenwillig. Kaum haben sie vage Gestalt angenommen, widersetzen sie sich meinen Ideen und entwickeln ein Eigenleben, das meinem Zugriff zu entgleiten droht. Es hilft nichts, sie niederzwingen zu wollen, sie sträuben sich mit zähem Eigensinn, sie arbeiten unfair, entziehen sich, wenn ich sie festhalten will, lassen mich sitzen, tagelang vor meinem Papier, lassen mich liegen auf meinem Bett, in das ich mich rette, um Kontakt aufzunehmen mit ihnen, zu verhandeln, ihnen Friedensbotschaften zukommen zu lassen. Natürlich haben sie ihre Verbündeten in meinen Traumwerkstätten.

Ich wollte die Geschichte eines alten Mannes schreiben. Es war in jenem Winter, in dem ich ein paar Wochen in Athen lebte. Ich schrieb an einem Artikel über eine griechische Regisseurin. Sie drehte auf einer Insel, das Wetter war schlecht, und sie konnte nicht nach Athen zurückkehren. Am Telefon klang ihre Stimme so schwach und zerfetzt, als spräche sie vom Meeresgrund zu mir.

Mein Zimmer in der Marco-Poliotystraße war kalt und das Bett klamm. Nachts hörte ich die alte Frau, der das Haus gehörte, über mir hin- und hergehen, ächzen und husten, Gegenstände fielen zu Boden, ich versuchte sie am Klang zu unterscheiden. Eine Gabel? Ein Aschenbecher? Viele Nadeln. Am Tag fegte sie den Hof, im Morgenmantel, eine türkisch gemusterte Tischdecke um den Kopf gewickelt. Oft vergaß sie die zusammengekehrten Häufchen Laub, sie blieben liegen, bis der Wind sie neu verteilte. Einmal zeigte sie mir die Vogelkäfige in dem kleinen Baum neben der Küchentür. Es war ein kalter, klarer Morgen, und unser Atem dampfte. Die Vögel sangen nie, kleine braungesprenkelte Federknäule, die am Käfigboden hockten. Ich verstand, daß man sie essen konnte.

Jeden Tag ging ich an dem Laden des alten Mannes vorbei. Es war ein tiefer, schmaler und dunkler Laden. Die großen Glasscheiben waren mit Kleidungsstücken zugehängt. Die Glastür, immer geöffnet, gab den Blick frei auf die altmodische Singernähmaschine, an der er saß. Er saß dort immer, ob er nun nähte, den grauen, unförmigen Kopf über das Stoffstück gebeugt, seine Hände im Lichtfleck der kleinen Lampe, oder ob er aß, ein fettiges Papierbündel und eine Bierflasche vor sich. Nachmittags sah ich ihn auch manchmal vor einer kleinen weißen Porzellantasse sitzen, dann war er nicht allein. Ich kannte auch seinen Freund, der ihm gegenüber saß und rauchte. Er trug eine blaue Wollmütze. Er war der Besitzer des Ladens mit altem Autozubehör auf der anderen Seite der Straße. In seinen Schaufenstern türmten sich abmontierte rote und gelbe Rücklichter, Scheinwerfer, Lenkräder und Maschinenteile.

Ich ahnte, wie schwierig es sein würde, eine Geschichte über einen alten Mann in Athen zu schreiben. Was wußte ich schon von ihm? Ich mußte mich hüten vor den alten Männern aus griechischen Geschichten, griechischen Filmen, vor der griechischen Folkloremusik und den griechischen Werbeplakaten. Diese alten Männer mit Schirmmützen saßen an kleinen grünen Tischen vor weißgekalkten Hauswänden und sahen nicht hinüber zu der azurnen Bläue von Meer und Himmel, die so herrlich leuchtete hinter dem zuckrigen Weiß der Hauswürfel. Der Alte aus dem Laden aber tauchte nachts neben meinem Bett auf, in seinem viel zu großen Wollmantel, und sagte »schreib eine Geschichte über mich«. Was sollte ich tun?

Ich setzte mich auf eine Bank, seinem Laden gegenüber. Sie stand auf einem kleinen schmutzigen Platz, in dessen Mitte sich das Betondenkmal eines Soldaten erhob. Er wies mit erhobenem Arm über die verkrüppelten Orangenbäumchen hinweg. Sie hingen jetzt im Winter voll gelblicher Orangen. Aufgeplatzte und faulende Früchte lagen um mich herum. Der bittere Geruch blieb in meiner Nase, auch später noch, wenn ich heimging. Da saß ich und sah zu, wie Leute vorbeigingen, Karren vorbeigeschoben wurden, Autos und Motorräder vorbeifuhren. Ich sah Frauen seinen Laden betreten und mit Kleidern überm Arm wieder herauskommen. Einmal stand ein Mann unter der Tür, und der Alte nahm Nadeln aus seinem Mund und steckte sie an das braune weite Jackett. Wie er die gesträubten Brauen hob, eine rundköpfige Meerkatze für Augenblicke, aber nicht so beweglich, nicht so behende, ich vergaß die Meerkatze sofort. Wie er die Lippen spitzte, sein breiter Mund zog sich zusammen, verschwand. Wie sorgfältig er sein Haar zurechtstrich, die Brille aufsetzte, erst auf das eine, dann auf das andere Ohr, die Bügel mußten biegsam sein. Er sah nicht traurig aus, nicht resigniert, nur erstarrt, wenn er lange, den Kopf zurückgelegt, stillhielt, als betrachte er den Himmel – scheinbar nur, denn er war klein und mußte selbst im Stehen aufschauen zu den Leuten, mit denen er sprach. Ich verfolgte alle seine Bewegungen. Ich sah ihm zu, wenn er sich streckte, gähnte, wenn er seinen Nacken rieb, wenn er über die Straße ging, langsam und bemüht, mächtig und würdevoll zu wirken. Kein alter Mann in Deutschland bewegte sich so, aber an ihm erschien es natürlich.

Wenn er neben der Nähmaschine die Zeitung auffaltete, verdüsterte sich sein Gesicht, blieb zu einer erbosten Grimasse verzogen. Er murmelte, schlug mit der offenen Hand auf das gespannte Papier. Nie sah ich ihn lächeln. Er musterte seinen Freund beim Kaffee über seine Brille hinweg, nickte ihm zu, griff wohl auch über den Tisch, um ihn mit den Fingern anzutippen. Sein Freund lachte, nahm die Mütze ab, kratzte sich am Kopf, setzte sie wieder auf. Er aber lehnte sich zurück, sein Gesicht triumphierend. Er hob ein paarmal die Schultern, so wie jemand, der lacht, wandte sich dann ab, um etwas von einem neben ihm hängenden Kleidungsstück zu zupfen, strich das eigene Jackett glatt, trank von seinem Kaffee, nickte lange.

Abends beim Essen, im elektrischen Licht eines halbleeren Lokals, machte ich ihn zum Witwer, gab ihm eine Tochter, ließ seinen Sohn nach Amerika auswandern, stellte sein Bett in den Hintergrund des Ladens, legte Militärdecken darauf, spielte kurz mit dem Gedanken an einen dicken Hund, scheuchte ihn fort. Er selbst hielt sich fern, kam nicht, trat nicht auf. Ich konnte ihm kein Leben einhauchen, seine Geschichte verschwamm.

»Vielleicht solltest du ihm eine Frau geben«, sagte Manos, der Mann, der das Zimmer neben dem meinen gemietet hatte. Er arbeitete in einer Fabrik, die Vespas herstellte. Ich hatte Manos von meinem Alten erzählt. Ich führte ihn auch zu dem Laden, irgendwie hoffte ich, er könne mit seinen griechischen Augen etwas sehen, irgendeine Absonderlichkeit, ein Detail, das Indiz eines langen ereignisreichen Lebens.

»Er hat keine Tochter und keine Frau, sonst brächte sie ihm Essen«, sagte Manos. »Wer immer allein und aus dem Papier ißt ...«, er hob die Schultern und die geöffneten Hände. »Er könnte aus Smyrna sein, die besten Schneider kommen, wie man weiß, aus Smyrna.« Ich wußte zu wenig von den Flüchtlingen aus Smyrna, und was Manos mir zu erzählen versuchte, reichte nicht aus. Die Bibliothek mit ihren griechischen Büchern half mir nicht. Ich nahm mir vor, in Deutschland nachzuforschen, aber der Alte entzog sich. Er verschwand vom Deck des überfüllten Schiffes, sträubte sich gegen das elende Leben im Auffanglager. Vielleicht war er wirklich einmal ein guter Schneider gewesen. Ich konnte mir nicht vorstellen, daß er jemals jung gewesen war.

Manos ging auch mit mir zur Post, um mir beim Telefonieren zu helfen. »Sie haben Probleme dort auf der Insel«, sagte er. »Jemand ist krank und irgendein Gerät ist kaputt und muß ausgewechselt werden – aber es fahren keine Schiffe.« Von der Regisseurin hatte er noch nie gehört.

Manchmal kam er abends in mein Zimmer, und wir tranken Tee. Er erzählte mir von Filmen, die er gesehen hatte. Ein Mann kann nicht heiraten, weil er seine bettlägerige Mutter pflegen muß. Als sie endlich stirbt, ist er zu alt, um es noch zu wagen. Die Frau, die er liebte, ist aus Verzweiflung Prostituierte geworden. Er schilderte mir die Szene genau, in der jener Mann jene Frau wiedersieht. Er konnte mir nicht erklären, woran der Mann sie erkannte als das, was sie nun war. Er wurde traurig und ging früher als sonst in sein Zimmer.

Abends saßen wir uns gegenüber im Restaurant, in dem das Essen nie ganz warm auf den Tisch kam und man die Füße auf die Querbalken des Tisches stellen mußte, weil der kalte Betonboden voller Weinlachen stand.

»Denkst du an deinen Vater?« Manos musterte mich von der Seite. Seine Frage überraschte, ja erboste mich. Er hatte einen ganzen Abend von seinem Vater erzählt. Mit sechzehn war er von zu Hause weggelaufen, weg aus dem Dorf auf dem Peloponnes. Er hatte in Athen auf der Straße geschlafen und auf Baustellen gearbeitet. Er wurde Fliesenleger und Maurer. »Immer noch stärker als ich«, sagte Manos. »Wir verstehn uns nicht. Das Leben hat ihn hart und despotisch gemacht«, sagte Manos. »Erst in Athen hat er lesen und schreiben gelernt.« Die Geschichte kam mir ausgedacht vor, glatt, ohne Widerhaken, ich konnte nichts mit ihr anfangen. Vielleicht lag es daran, daß Manos sie mir nicht richtig erzählen konnte. Er wurde traurig beim Erzählen und selbstmitleidig, als spräche er von seinem eigenen Schicksal. Es machte mich müde.

In dieser Nacht träumte ich von meinem Vater. Er saß in einem Zirkuszelt, nur er, in den leeren Stuhlreihen der Zuschauertribüne, ein großer, schwergliedriger Mann, in ein Leopardenfell gehüllt, monolithisch und stumm wie ein weißhaariger König. Ich tanzte vor ihm, nackt, mein langes Haar wickelte sich um meinen Körper, meine Füße berührten kaum den Boden. Ich wußte nicht, ob er mir zusah oder eingeschlafen war. Später sah ich einen Berg brennen, der Wind warf die Zeltplane zurück, und ich sah eine rote, an den Rändern schwarz gefiederte Zunge den Bergabhang hinauflecken, durch die Pinien, aber das gehörte schon zu einem anderen Traum. Ich wachte auf und wußte nicht, wo ich war.

Am Tag vor meiner Abreise war der Laden des Alten geschlossen. Ich schaute durch die Scheiben hinein, drinnen stand die Nähmaschine. Ich konnte nichts weiter erkennen als undefinierbare Haufen von Stoff und Kleidern, fast war ich erleichtert. Als ich an dem Laden mit Autozubehör vorbeiging, trat der Alte mit der Mütze hinter einem aufgehängten Armaturenbrett hervor, wies hinüber zum Nachbarladen. Er wollte mir etwas sagen, aber ich verstand ihn nicht.

Auf dem Weg zurück in die Marco-Poliotystraße ließ ich den Alten auf eine Beerdigung gehen, legte ihn in ein Krankenhausbett und beschloß dann, ihn mit ein paar Kleiderbündeln aufs Land fahren zu lassen. Ich wollte ihn in ein Dorf schicken, sein Dorf, dort sollte es einen Bruder geben, ein

Haus, Ziegen, Bohnen in Tomatensauce gekocht. Es wurde nichts daraus. Es stimmte wieder nicht. Die Dorfstraße löste sich auf und mit ihr sein Umriß, die Bündel, die er trug, sein Gesicht verschwand zwischen Bildern aus anderen Zeiten und Ländern, die auftauchten und sich mir aufdrängten, die sich verborgen hatten in irgendeiner Kammer meiner Erinnerung: ein kleiner weißgekleideter Herr, den ich an einem feuchten tropischen Nachmittag in ein Pferdewägelchen einsteigen sah. Er hatte es angehalten, indem er seinen Bambusspazierstock hob. Als er sich umständlich hineingestemmt und -gezogen hatte und sich auf den verblichenen gestreiften Kissen niederließ, nahm er den Hut ab und trocknete sein Gesicht mit einem großen blutroten Tuch aus seiner Brusttasche. Er warf mir einen Blick zu, mitleidig und spitzbübisch, als das Wägelchen mit einem Ruck anfuhr. Ich ließ ihn fahren in den heißen Nachmittag hinein. Sogleich verwandelte er sich in einen anderen Alten, der im Milchladen stand und aus einem dicken weißen Porzellanbecher trank. Die krausen Haare, die seinen Mund umgaben, hingen voller Milchtropfen. Das kleine Mädchen, das zugeschaut hatte, an ihn gelehnt, wischte sie mit der Hand fort. Ich sah, daß er weinte, oder war es nur das heiße Getränk, das ihm die Tränen in die Augen trieb. Auf seiner Mütze schmolzen die Schneeflocken zu durchsichtigen Perlen. Der gebeugte haarlose Greis, den ich im Fernsehen gesehen hatte, in einer Sendung über hohes Alter, wollte keine Auskünfte geben: »Nicht fragen, wie alt ich bin«, murmelte er. »Vielleicht hat man mich ja vergessen.« Er sprach das Wort Tod nicht aus, aber für einen Augenblick war es, als fühle er seine lähmende Gegenwart nahe im Raum, seine Augen trübten sich, er wandte das Gesicht ab und bedeckte den Mund mit der Hand, einer alten gefleckten Hand, unsicher, und auch ich, auf dem Sofa liegend vor dem blau flimmernden Bild, fühlte diesen eisigen Schatten und erschauerte.

In der Nacht war mein Alter noch einmal neben meinem

Bett erschienen und hatte lange geschwiegen. Er stand da, klein und grau, wie mit Schimmel überzogen. Später sprach er, aber was er sagte, hatte ich am Morgen vergessen, ich bildete mir ein, er hätte gesagt, »ich bin allein«. Aber er klang wie Manos, und das machte mich wütend: Manos, seine Ideen und seine Sehnsüchte. Ich wollte nichts damit zu schaffen haben.

»Vielleicht läßt du ihn im Pro-top gewinnen«, hatte Manos einmal gesagt, »im Alter braucht man Geld, glaube mir.« Ich wollte nichts davon hören. »Er könnte damit … soll ich dir aufzählen, was er alles kaufen könnte?« Ich wußte, was Manos im Sinn hatte oder glaubte es zu wissen. Er hatte eben lange angehalten am Zeitschriftenladen, um die Titelbilder der Männerhefte zu betrachten. Wir kamen von der Post. Meine Regisseurin ließ mir sagen, sie müsse das Projekt abbrechen – aus Geldgründen. Die See sei noch immer stürmisch, *himonas* Winter eben. Man könne nichts machen.

Als ich abreiste, regnete es. Aus dem Busfenster glaubte ich den Alten dann noch einmal zu sehen. Es war schon dämmrig, und in den Vorstadtstraßen, durch die wir fuhren, sah ich in kleine Läden, in Wohnzimmer und verglaste Cafés. Er saß an einem Tisch, und ihm gegenüber beugte sich eine Frau in einer dunkelgrünen Strickjacke über einen Teller. Aber die Scheiben waren verschmiert und die Luft drinnen voller Rauch. Wir fuhren vorbei, und schon an der nächsten Straßenkreuzung mußte ich mir eingestehen, daß ich mir nur eingebildet hatte, ihn erkannt zu haben, daß ich mir gewünscht hatte, ihn so zurückzulassen, an einem Tisch, umgeben von Menschen, die sprachen und lachten. Ich wollte auch ihn lachen lassen, wollte ihn seine dicke Brille abnehmen lassen, weil sie beschlagen war, weil ihm heiß war vom Trinken und Lachen. Das alles hätte er in meiner Geschichte getan, wenn ich sie hätte schreiben können. Ich hätte ihn gerettet, ich hätte mich gerettet, noch einmal, mit ihm.

Keto von Waberer
Die Mysterien eines Feinkostladens
Erotische Geschichten

KiWi 601

Was die Heldinnen in ihren erotischen Geschichten allesamt haben wollen, ist nicht schwer zu erraten, meist gehen sie recht zielstrebig vor. Und doch wird ihnen die Erfüllung ihrer Wünsche mitunter auf ungewöhnliche Weise kredenzt ...

»Ihre Liebesgeschichten machen süchtig nach mehr.«
Hajo Steinert, Tagesspiegel